各國幼兒教育

魏惠貞 著

作者簡介

魏惠貞

台北市立教育大學幼兒教育系專任副教授，自一九八四年起，服務於台北市立教育大學幼兒教育系，迄今二十四年。一九八〇年畢業於師大家政教育系（現改名為人類發展與家庭學系），於台北縣樹林國中任教兩年。復於一九八四年自師大家政教育研究所幼兒教育組第一屆畢業，並進入台北市立師專（現改制為台北市立教育大學）任教迄今。期間於一九八八年赴美國明尼蘇達大學專攻幼教課程與教學完成碩士學位。為繼續深究幼兒教育師資培育，復於一九九七年至二〇〇〇年到美國阿肯色大學完成教育學博士學位。自二〇〇〇年來，每年出國發表教學研究與輔導相關論文，八年來進行長短期不等的博士後研究，專攻各國幼兒教育。

推薦序

牛頓說：如果我看得比別人遠，那是因為我站在巨人的肩上。

拜讀惠貞教授的大作《各國幼兒教育》，我從英國、美國、日本及加拿大等重要國家幼兒教育的論述與評析中，擷取他山之石「知得失」的智慧，正如牛頓名言所說，我的幼教視野頓時更明亮也更開闊；當我再回首面對台灣的幼兒教育時，我有了更周延與更明智的理論基礎與實務措施。

以「人」為研究對象的社會科學領域中，一向以西方理論佔據主導地位，學習和借鑑國外的研究成果，目的為使本國在社會科學發展上猶如站在巨人的肩膀看得比別人遠些，同時減少重複的學術工作；甚至希冀移植已開發國家發展出來的社會科學理論，本國便能迅速躋身已開發國家的行列，收到立竿見影的效果。然而移植和推廣某些外來社會科學理論後，本國人民與國情文化並無法完全適應這些理論與成果。當然，借鑑或移植他國幼兒教育理論的「應然面」或尋訪標竿園所案例「實然面」的種種特色，也會因為國情生態的迴異、文化多元的烙印，以及研究對象文本（context）的不同等諸多因素，產生「借」與「鑑」的種種窒礙與難處；這是撰寫各國幼兒教育甚或比較分析時，一方面得關照「綜合」與「整體」的系統，另一方面又得掌握「動態」與「實證」的不易之處；吳文侃、楊漢清及霍力岩針對這四個原則有很好的闡述：

1. 綜合性原則：比較幼兒教育學研究的對象是教育領域，教育領域的現象與其他系統，如：政治、經濟、社會與文化是相互聯繫，且相互制約的關係。
2. 整體性原則：幼兒教育作為一種社會現象，它與教育行政、各級各類學校教育，以及教育目標、教材教法、評量或評鑑等各個環節唇齒相依。

3. **動態性原則**：幼兒生態學（child ecology）是教育生態學的一支，本質上它是一門應用生態學，探討生態學在幼兒教育上的應用與評價。生態學被應用到幼兒教育，強調不僅大到幼教政策、與行政制度，小到個體直接面對的人或事物，都受到生態變動微系統、外系統、中系統，以及大系統的影響。事物是發展變化而非靜止不動，所謂「牽一髮」而「動全身」，此原則在比較幼兒教育學應更有其意旨與深意的內涵。
4. **實證性原則**：遵循實踐—認識—再實踐—再認識的原則，是檢證人們認識事物的方法途徑。研究各國幼兒教育不僅要蒐集真實可靠的資料，進行有科學根據的分析；此外，透過比較研究的結論，還必須回到實踐中接受實踐的檢驗，以證明結論的正確性。

惠貞教授《各國幼兒教育》的撰寫與出版，掌握了英國、美國、日本、加拿大與台灣幼兒教育在史哲、行政組織、師資培訓、幼教評鑑與幼教政策、課程與教學、環境與設備的發展及現況論述，更重要的每個國家的幼兒教育均提供二至三個園所的實踐案例與分析；第七章更針對全世界「少子女化」的因應政策與具體作法、條理井然見樹見林的作法，提供正在更革的國內幼兒教育另一個「視野」與「作法」。

期待各位幼教夥伴們，站在「大作」的肩膀上，做個「冷眼熱心」的評友——做個台灣幼兒教育的「革新人」，讓台灣的幼兒教育看得更高也發展的更完美更卓越……。

盧美貴

亞洲大學講座教授

台北市立教育大學前幼教系教授兼系主任

作者序

撰寫本書的緣起之一，是前台北市立教育大學幼兒教育系盧美貴系主任的出書構想與心理出版社提供的機會，加上筆者博士後研究的興趣在於進行各國幼兒教育比較，除了開授「各國幼兒教育」課程與主持幼兒教育政策專案研究之外，筆者有心分享盧主任多次栽培晚輩出國深造的研究心得，希望多開一扇瞭解各國幼兒教育的窗口，滿足幼教師生的好奇——「世界先進國家是如何創造高品質的幼兒教育？」為了回答這個問題，筆者實際查訪世界先進國家，比較研究結果發現，不論是何種課程模式與教學方法，都一樣不離課程四架構「目標、內容、方法、評量」，與教學四流程「引起動機、主要活動、發展活動、綜合活動」。尤其「最好的幼兒課程」就是簡單一句話：「幫助幼兒能主動與環境中的人、事、物等學習刺激產生互動探索的機會之創造」。而成功的「高品質幼兒教育」秘訣在於幼兒教師創造「最好的幼兒課程」之關鍵能力。

根據二十四年來筆者致力於幼兒教育系的教學、研究與輔導的豐富經驗發現，幼教界教師最感困擾的是行政工作的負擔，其次若能節省教具製作的時間也是職場教師的需求。至於園所長最需要的是，購買教具的同時，廠商能同時提供整套的師資培訓，教導教師們如何運用教具創新價值；可惜廠商缺乏具有幼教系教授專業水準的研發部門，無法提供職場需求的軟體工程建設，供需間的落差是產學問題的所在。為了解決這些問題，二〇〇〇年來筆者除了應用博士論文與國科會研究成果，落實輔導幼兒教師具備職場應有的教學能力之外，更實際進行系列行動研究改進教學提升品質，包括：籌畫 e 化幼兒學校行政自動化管理產學合作研究案，以幫助幼兒老師解決行政處理耗時的問題；開發 e 化幼兒多元智能評量平台與教具；建置 e 化幼兒情緒智能檢測系統，並研發教具，提供家長與園所培養高EQ幼兒，發展學校特色；長期進行幼稚園主題教學教材教具研發的基礎研究，並提供輔導的園所應用

的機會；進行 e 化教學檔案互動平台國科會三年期研究，以增進實習生與輔導教師及指導教授的夥伴關係；進行 e 化幼兒學習檔案互動平台國科會三年期研究，以提高親師滿意度；創造台北第一幼兒未來教室方案教學，提供師資培訓與情境規劃等等。為分享筆者長期的教學、研究與輔導心得而出版本書；未來將積極運用多年來的研發成果，陸續出版系列好書，為國內幼教靈活運用 e 化與世界趨勢接軌，盡一份心力。

本書共分七章，第一章是緒論，介紹各國幼兒教育史大事紀、各國幼兒教育的特色、與各國幼兒教育的發展趨勢。第二章至第五章分別介紹四個國家的幼兒教育，分享筆者多次赴英國、美國、日本與加拿大，進行各國幼兒教育研究的心得，深入探討的主題包括：幼兒教育史與幼兒教育哲學、行政組織與幼教政策、課程與教學、環境與設備，並介紹造訪的學校。第六章是我國幼兒教育，論述架構同上。第七章為各國幼兒教育專題研究，這是本書的一大特色，筆者特別針對目前全世界少子女化的趨勢與所衍生的問題，深入探討法國、韓國、瑞典、芬蘭等四國成功因應少子女化的幼兒教育政策進行案例分析，進而比較國內及國際少子女化幼兒教育政策實施現況與困境，也深入探討國際因應少子女化幼兒教育政策，對我國的啟示與可行性應用，最後提出具體可行的近程與長程之落實幼兒教育及照顧政策的因應措施，提供政府作決策的參考。

目錄 CONTENT

第一章　緒論 001

第一節　各國幼兒教育史大事紀 003
第二節　各國幼兒教育的特色 009
第三節　各國幼兒教育的發展趨勢 019

第二章　英國幼兒教育 027

第一節　幼兒教育史與幼兒教育哲學 029
第二節　行政組織、師資培訓、幼教評鑑與幼教政策研究 035
第三節　課程與教學 048
第四節　環境與設備 056
第五節　英國幼稚園實例舉隅 068

第三章　美國幼兒教育 085

第一節　幼兒教育史與幼兒教育哲學 087
第二節　行政組織、師資培訓、幼教評鑑與幼教政策研究 095
第三節　課程與教學 114
第四節　環境與設備 124
第五節　美國幼稚園實例舉隅 134

CONTENT

第四章　日本幼兒教育 149

第一節　幼兒教育史與幼兒教育哲學 151

第二節　行政組織、師資培訓、幼教評鑑與幼教政策研究 155

第三節　課程與教學 167

第四節　環境與設備 177

第五節　日本幼稚園實例舉隅 183

第五章　加拿大幼兒教育 195

第一節　幼兒教育史與幼兒教育哲學 197

第二節　行政組織、師資培訓與幼教評鑑 200

第三節　課程與教學 204

第四節　環境與設備 214

第五節　加拿大幼稚園實例舉隅 222

第六章　台灣幼兒教育 233

第一節　幼兒教育史與幼兒教育哲學 235

第二節　行政組織、師資培訓、幼教評鑑與幼教政策研究 239

第三節　課程與教學 275

第四節　環境與設備 289

第五節　台灣幼稚園實例舉隅 308

CONTENT

第七章　各國幼兒教育專題研究：以因應少子女化政策措施研究為例 329

第一節　「我國少子女化幼兒教育趨勢、議題與問題」專題研究㈠ 331

第二節　「各國因應少子女化問題的幼教政策成功案例分析」專題研究㈡ 342

第三節　「國內及國際少子女化現況探討、問題分析比較與可行性應用」專題研究㈢ 358

第四節　「落實幼兒教育及照顧政策的因應措施」專題研究㈣ 365

參考文獻 411

第一章 緒論

【教學目標】

1. 認識幼兒教育重要大事紀。
2. 增進對幼兒教育的國際觀。
3. 認識各國幼兒教育的主管。
4. 明白各國幼兒教育的目的思潮。
5. 比較各國幼兒教育的課程教學。
6. 研究各國幼兒教育的政策措施。
7. 認識各國幼兒園所的環境設備。
8. 知道各國幼兒教育的發展趨勢。

本書第二章到第六章介紹英國、美國、日本、加拿大，與台灣五個國家的幼兒教育，第七章進行各國幼兒教育比較，特別針對少子女化世界趨勢，探討沒有少子女化嚴重問題的國家，例如：法國、韓國、瑞典，提供政府決策單位的參考。本章先介紹世界幼兒教育大事紀年表，接著對照說明英國、美國、日本、加拿大，與台灣等五個國家的幼兒教育目的、幼兒教育思潮、幼兒教育政策、幼兒園所課程教學與環境設備等，最後分析各國幼兒教育的發展趨勢。

各國幼兒教育史大事紀

1524　馬丁路德（Martin Luther）建議德國政府應為所有幼兒提供就讀公立幼兒園所的機會（德國）。

1628　柯美紐斯（Comenius）在《大教育論》（*The great didactic*）一書中大力倡導依據自然法則教育幼兒（德國）。

1762　盧梭（Rousseau）在《愛彌兒》（*Émile*）一書中闡明，幼兒教育應根據幼兒的生長、發展與興趣，給予最適性的教導（法國）。

1780　瑞克（Robert Raikes）在英國推動幼兒主日學校，教導幼兒讀聖經（英國）。

1801　培斯卡洛齊（Pestalozzi）在《如何教導孩子》（*How gertrude teaches her children*）一書中提倡發現學習與幼兒家庭教育（瑞士）。

1816　歐文（Robert Owen）在英國的新藍納克棉製工廠（New Lanark Cotton Mills），設立企業附設托兒所，提供員工子女能就近就讀，擁有及早開始接受教育的機會，幫助經濟弱勢家庭子女，不因家庭沒錢買書籍對幼兒造成不利影響（英國）。

1817　Thomas Gallaudet 在美國康乃狄克州哈特福德市，為聾人創辦了第一間寄宿學校（美國）。

1824 美國假日學校聯合會開始在美國各地興建假日學校並闡揚創辦的宗旨（美國）。

1836 William McGuffey 開始為小學階段的兒童撰寫讀本，他的寫作對於十九世紀的道德教育和幼兒文學產生了很大的影響作用（美國）。

1837 福祿貝爾（Froebel）在德國的布蘭肯堡創立了世界第一家幼稚園，因此他被世人尊稱為幼稚園之父（德國）。

1837 Horace Mann 本來是麻州教育委員會的秘書，後來他被尊稱為公立小學教育之父，因為他扮演了一個重要的角色：幫助美國建立系統化的小學教育行政組織（美國）。

1837 法國的 Edouard Seguin 受到 Jean Itard 的影響，開始在法國設立智能不足兒童學校（法國）。

1856 Margaretha Schurz 太太在美國威斯康辛州的華特城，創立了美國的第一間幼稚園，這間學校是為了德裔移民的小孩而設立，而且課程實施方案也是從德國傳入（美國）。

1860 Elizabeth Peabody 為了說英語的孩子，在麻州波士頓開了一家私立幼稚園（美國）。

1869 第一個為聾人成立的特殊教育班是在波士頓（美國）。

1871 北美洲第一個公立幼稚園，肇始於加拿大的安大略（美國）。

1873 Susan Blow 與當地的教育督導 William Harris，在美國密蘇里州的聖路易合開了第一家公立幼稚園（美國）。

1876 一所示範幼稚園在費城舉行的百年博覽會中正式推出（美國）。

1880 第一個幼稚園師資培育機構始於費城的奧什科什師範學校（美國）。

1884 美國小學、幼稚園和托兒所師資培育協會成立，旨在提供其他領域的教育者諮商服務（美國）。

1892 國際幼稚園聯盟（International Kindergarten Union, IKU）成立（美國）。

1896 杜威（Dewey）在芝加哥大學設立他的實驗學校，旨在強調生活經驗，且以幼兒為中心的學習（美國）。

1905 佛洛依德（Freud）寫了三篇性別理論的雜文，強調幼兒時期健康環境的重要性（奧地利）。

1907　蒙特梭利（Montessori）在羅馬開始了她的第一家學前學校，叫作「兒童之家」，她著名的教學模式是以孩子在完全準備好的環境中自我學習爲基礎（義大利）。

1909　Theodore Roosevelt 舉行了第一次白宮兒童會議（美國）。

1911　格賽爾（Arnold Gesell）以學前教育重要性的研究著名，他在耶魯大學開始了兒童發展的研究（美國）。

1911　Margaret 和 Rachl McMillan 在英國首先設立了戶外托兒學校，也就是在戶外上課，強調健康的生活（英國）。

1912　Arnold 和 Beatrice Gesell 合寫了一本名爲《正常孩子和初等教育》（*The normal child and primary education*）的書（美國）。

1915　Eva McLin 在美國紐約市開設了第一間美國蒙特梭利托兒學校（美國）。

1915　紐約市的兒童教育基金會要求托兒學校以蒙特梭利的原則爲教學基礎（美國）。

1918　第一間公立的托兒學校是在英國（英國）。

1919　Harriet Johnson 成立了托兒學校教育性實驗的事務處，更在後來發展成了河濱街課程（美國）。

1921　Patty Smith Hill 在哥倫比亞師範大學開始了進步實驗托兒學校（美國）。

1921　尼爾（Neill）成立了夏山學校，主要是以盧梭和杜威的教育思想爲主的實驗性學校（英國）。

1922　Edna Noble White 是位於底特律一所名爲「美瑞帕瑪托兒所」的第一任所長，此所設立目的在於提供婦女適當的幼兒照顧，同時「美瑞帕瑪托兒所」也以母親及家管的指導著名（美國）。

1922　Abigail Eliot 受到英國戶外學校的影響，認爲個人衛生保健及適當的行爲很重要（英國）。

1924　「兒童教育」（*Childhood education*）是第一本有關兒童時期教育的專業雜誌，於一九二四年由國際幼稚園聯盟發行（美國）。

1926 國際學前教育委員會由Patty Smith Hill在哥倫比亞師範大學開始發起，現在稱為國際年輕兒童教育聯盟，它提供了學前教育之指導方針及教育者的諮詢服務（美國）。

1926 美國托兒教育協會成立（National Association for Nursery Education, NANE）創立（美國）。

1930 國際幼稚園聯盟改名為兒童教育協會（美國）。

1933 工作計畫管理會提供了一筆經費，幫助失業的老師可以找到工作。

1935 Toy Loan 在洛杉磯創立第一個玩具出借庫（美國）。

1940 拉漢法案（Lanham Act）在第二次世界大戰期間提供了兒童照顧基金，主要提供給兒童照顧中心的孩子，因為這些孩子的母親幾乎都在戰爭中參與協助的工作（美國）。

1943 凱瑟兒童照顧中心在奧勒岡州的波特蘭成立，提供二十四小時的兒童照顧，讓那些必須在戰爭相關工廠工作的母親得以安心（美國）。

1944 美國托兒教育協會出版第一本期刊「幼兒教育」（*Young children*）（美國）。

1946 Benjamin Spock 博士寫了一本書，名為《育兒寶典》（*The common sense book of baby and child care*）（美國）。

1950 艾瑞克森（Erickson）把一個人一生的發展任務與危機分為八個階段，發展成功則人格健全，發展任務未達成則變成危機（美國）。

1952 皮亞傑（J. Piaget）的《兒童智力的起源》（*The origins of intelligence in children*）英文版發行（瑞士）。

1955 Rodolf Flesch 寫的《為什麼強尼不能閱讀》（*Why Johnny can't read*），強調學校教導閱讀和其他基本技能的方法論（澳洲）。

1957 蘇聯發射了人造衛星，引起大家對教育的重視，尤其是幼兒教育的發現學習（蘇俄）。

1958 國際教育防護法案通過，以增進科學、數學及外國語文教育為目標，並提供聯邦政府基金作為支援（美國）。

1960 Katharine Whiteside Taylor 為了那些有興趣交換學前教育想法的人，發起美國父母合作議事會，之後也變成國際性父母合作的學前教育學校

（美國）。

1960 美國嬰幼兒托育及兒童發展委員會組織，旨在倡導高品質的兒童照顧與服務（美國）。

1964 在邁阿密海灘會議，美國托兒教育協會（NANE），更名爲美國幼兒教育協會（National Association Education of Young Children, NAEYC）（美國）。

1964 經濟機會法案通過，其記錄了戰爭帶來的貧窮，並奠定了「起頭方案」（Head Start Project）之基礎（美國）。

1965 通過國小和中等教育計畫（The Elementary and Secondary Education Act），聯邦政府藉此計畫對受到教育剝奪的兒童加以補助（美國）。

1965 起頭方案開始實施，由聯邦政府分配經費到學前教育上，兒童發展中心也開始了解早期方案（美國）。

1966 身心障礙教育諮詢處成立（美國）。

1967 續接方案的建立，擴展了起頭方案使其成爲最優先的方案（美國）。

1968 史金納（Skinner）出版《科技教育》（*The technology of teaching*），書中初步描述了學習大綱的取向（美國）。

1968 聯邦政府建立身心障礙兒童早期教育計畫，提供了身心障礙兒童的早期教育楷模（美國）。

1970 白宮成立了兒童及青少年議會（美國）。

1971 波士頓的 Stride Rite 企業，是第一個提供兒童照顧的企業（美國）。

1972 爲了讓家長參與兒童的教育，因此成立由家開始方案（Home Start Program）（美國）。

1975 國際公法 94-142 條通過了身心障礙教育法，認爲身心障礙兒童的教育必須是免費的。同時也顧及了身心障礙兒童及其父母的權利（美國）。

1979 由美國發起訂定「國際兒童年」，並由官員制定相關法令（美國）。

1980 美國第一間玩具出租圖書館（lekotek）在伊利諾州埃文斯頓開幕（美國）。

1980 白宮成立了家庭協議機構（美國）。

1981 起頭方案法案於一九八一年通過（在一九八一年多項預算一致行動，

國際公法 97-35 條），為讓起頭方案能夠延伸實施得更徹底，其致力於提供更廣泛的幫助給家庭經濟狀況不良的兒童及家庭（美國）。

1981 「強化及推動教育法案」（The Education Consolidating and Improvement Act, ECIA）通過，使聯邦政府得以提供更多的教育方案（美國）。

1981 教育部秘書 Terrell Bell 宣布成立「傑出教育全國委員會」（National Commission on Excellence in Education）（美國）。

1982 美國密蘇里州的立法機關下令要求普及全美的公立幼稚園（美國）。

1983 美國阿肯色州代理州長柯林頓（Clinton）呼籲要訂定幼稚園的規章及降低早期教育的師生比（美國）。

1984 高瞻教育基金會發表一篇研究，對於高品質的幼兒教育方案之價值提出了證明：此研究證明近年實施的起頭方案和其他早期教育計畫的成效（美國）。

1985 結合參眾兩院的決心，重申國會的支持來慶祝起頭方案之實施二十週年（美國）。

1986 美國教育部秘書長公布國小的入學年齡，並說：「幼兒在小學階段這決定性的幾年中，讓我們提醒每一位國民，要讓兒童在小學中快樂度過這段日子（美國）。」

1986 國際公法 99-457 條（修正身心障礙教育法）中要求建立全國性的早期介入政策，具結其福利，並提供協助讓各州建立服務傳達系統，也認同家庭的角色對於有障礙兒童的重要性（美國）。

1987 美國國會新增了國家的職權來預防嬰兒的死亡，以降低嬰兒死亡率（美國）。

1988 美國佛羅里達州發布以檔案來評量幼兒的計畫，取代從前由分數來評定幼兒的模式（美國）。

1989 美國管轄兒童權利的機構由美國國會調整為州議會（美國）。

1990 在二十個州的簽署後，美國兒童權利由國會正式下放至州議會（美國）。

1990 起頭方案慶祝二十五週年（美國）。

1991 替代教育等的興起，一營利組織在邁阿密和佛羅里達創立南角小學，這是第一個由私人組織成立的公立小學（美國）。

1991　卡內基理工學院基金會提出「學習的預備度」，計畫讓幼兒在學前具備足夠的預備度（美國）。

1994　美國宣布這一年是屬於本地幼兒的年份（美國）。

1995　起頭方案重新建立一個「早期起頭方案」，此方案主要是針對低收入的懷孕婦女和有嬰兒及學步兒的低收入家庭（美國）。

1997　教育部實施「特殊教育法案」（Individual with Disabilities Education Act, IDEA）（美國）。

1999　擴展特殊教育機會給六百萬名有障礙的幼兒（美國）。

1999　佛羅里達州率先通過全國學校證書計畫，此計畫提供公立學校中學科成績不佳的幼兒，有機會以公費進入私立或是宗教學校（美國）。

2000　起頭方案慶祝三十五週年（美國）。

2002　美國總統布希（Bush）簽署國際公法 107-110 條，是在二〇〇一年提出的"No Child Left Behind"法案（NCLB）。NCLB 包含對結果負起責任、增加彈性和地域性管轄，讓家長有更多的機會；同時，也強調數學教育的重要是經過證明的（美國）。

2003　美國國會為了減少文盲，因此發起了「十年文學」（Literacy Decade, 2003-2012）活動，其主題為 Literacy as Freedom（美國）。

2005　慶祝起頭方案四十年的成功（美國）。

資料來源：Morrison, G. S. (2007).

各國幼兒教育的特色

以下介紹的國家各自有不同的社會與文化背景，因此發展出不同的教育制度與模式。本節對於各個國家的幼兒教育主管部門、教育目的、教育思潮、課程領域、機構種類、人事編制、經費來源、環境設備等八個部分加以介紹，使讀者能對於各國幼教的特色有初步的了解。

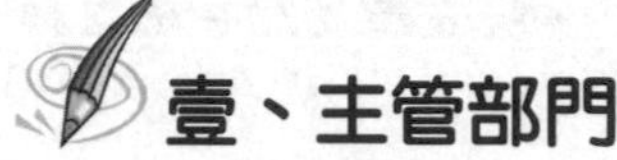

壹、主管部門

幼兒教育的主管部門，是各國幼兒教育政策之規劃與執行的主要機構，因此對於幼兒教育目標的訂定到幼兒教育政策的實施，都有很大的影響力。需要有主管機關來提出正確的領導方向並評估執行的成效，國家的幼兒教育才能夠順利的推展。以下彙整英國、美國、日本、加拿大與台灣的幼教主管部門，如表 1-1：

表 1-1 中指出，英國的教育主管部門為「教育與技能部」（Department for Education and Skills, DfES），是由原本的「教育與就業部」改制而來。該部門的主要特色在於英國皇室督學的視察制度與中央集權的教育行政模式。

美國的行政組織分為聯邦政府、州政府與地方政府三個層級，故在教育主管部門也細分為「聯邦教育局」、「州教育董事局」與「地方教育董事局」。主要的特色在於地方政府的教育行政是個別獨立出來的，以減少其他行政單位過分干預教育的行政運作。

日本管理教育的部門設立於中央行政機關的「文部科學省」，也就是台灣所謂的教育部。在地方縣市的教育管理部門則為「都道府縣教育委員會」與「市町村教育委員會」（高義展，2004）。日本教育主管單位的主要特色是以中央集權為主，以地方縣市委員制度為輔。

加拿大的主管部門與美國雷同，均設有聯邦政府。唯一不同的是，加拿大的聯邦並未設置有關教育行政的主管機關，因此主要的教育行政運作是由省教育廳負責。由此可知，加拿大教育主管部門的特色是在於地方教育行政的制度，而非中央集權制。

我國主管教育的部門是中央政府教育部，在各縣市政府設置教育局。而台灣幼兒教育主管部門的特色在於由兩個不同機構管轄，幼稚園由教育部管轄，托兒所則是由內政部與各縣市政府的社會局負責。

表 1-1　英、美、日、加、台幼兒教育主管部門摘要表

特色／國家	主管部門
英國	◎教育與技能部專職負責教育，包括幼兒教育的部門。 ◎托兒所收托出生到五歲的幼兒，其負責管理單位為衛生福利部。 ◎托兒班收托三到五歲的幼兒，其負責管理單位為教育科學部。
美國	◎教育部的社區管理服務處為專職負責幼兒教育的部門。 ◎地方政府設立幼兒教育委員會，直接負管理之責。
日本	文部科學省（也就是教育部），是專職負責幼兒教育的部門。
加拿大	◎加拿大省幼兒教育是由教育部幼兒服務決策顧問委員會負責。 ◎在各地方的幼兒教育則由學校、個人及幼兒服務顧問委員會負責。
台灣	目前幼稚園收托四到六歲幼兒，隸屬於教育部管轄；托兒所則收托二到六歲之幼兒，隸屬於內政部管轄。

貳、教育目的

有關教育的目的，東西方所重視與解釋的方向各有不同。以東方為例，最著名的教育家孔子，他主張教育最重要的目的在於道德與仁義，認為教育可以開啟人們的智慧，了解宇宙與生命的真理，並能使人獲得完整的人格發展；孔子也強調教育環境的重要性，他認為良好的教學環境可使受教者專心的學習與追求新知，所謂「孟母三遷」，就是最好的例證。

西方學者佛洛依德則提出出生至六歲是人格發展的關鍵期，雖然後天的教育可以帶來成長的空間，但一個人的人格模式是穩定的，所謂「三歲定終生」，就是最貼切的形容，由此可知幼兒教育的重要性。

表 1-2 以教育目的為主軸，對照比較英國、美國、日本、加拿大與台灣的幼教重點訴求。

表 1-2　英、美、日、加、台幼兒教育目的摘要表

特色／國家	教育目的
英國	幼兒教育最主要目的除了保護幼兒免於貧窮、文化不利與其他不良環境對幼兒教育所造成長遠的影響之外，也將其視為重要的幼兒權利。
美國	幼兒教育最主要目的在於認知發展、社會、身體、情緒發展與良好人際關係的培養，以促進幼兒的成長與發展。
日本	幼兒教育最主要目的在於發展幼兒的品德、健全身心、社會性與知性文化的涵養。
加拿大	幼兒教育最主要目的在於滿足幼兒健康、教育、社會情緒及身體方面之需求。
台灣	幼兒教育最主要目的在統整幼兒健康教育、生活教育及倫理教育為一體。

教育為百年大計，而幼兒教育更是所有教育的起源，是一切教育的基礎，因此以幼兒的發展與需求設計合宜的教學目的是相當重要的。美國幼兒教育協會與美國的起頭方案中，也提出幼兒適切發展的重要性，為了讓幼兒教育有更高的品質與水準，幼兒教育的原理與原則需要藉由身處幼教第一線的教師與保育員積極實現；而幼兒教師在施行幼兒教育時，也需要依賴幼兒教育目的為指引，才能促進幼兒身心完整的發展。因此在幼兒教育中，教育目的是引導幼兒教育的圭臬。

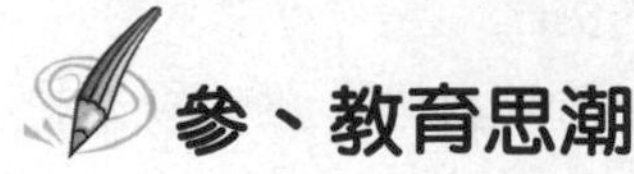

參、教育思潮

思潮是教學的靈魂，有了思潮，教學活動才有目標，才有方向，教學者與研究者才能將學說理論徹底實踐。各國都有屬於自己所重視的思潮文化，表 1-3 彙整了英國、美國、日本、加拿大、台灣的幼兒教育思潮。

認識了各國的教育思潮後，不難發現，許多學說理論的推廣與流傳是沒有國界的，各國的幼兒教育思潮都有其相通與相異的地方，不同的文化背景

表 1-3　英、美、日、加、台幼兒教育思潮摘要表

特色／國家	教育思潮
英國	◎英國的幼兒教育思潮早在最開始時就是採用由德國傳至英國的福祿貝爾教育模式，而福氏教學理論最廣為使用的年代是在一八五〇年之後；蒙氏教育是在一九六〇年代之後才傳入英國。 ◎在兩種不同的教育思潮並行運用的同時，英國的幼兒教育部門則開始針對幼兒的發展與需求設計適合的教學政策（李德高，2001）。
美國	◎美國的教育思潮非常多元化，最初是由德籍移民 Carl Schurz 夫人所創立的第一間以德、英語為主的雙語學校，開啟美國多元文化教育思潮的源頭。 ◎另一例就是福祿貝爾教育被引進美國之後，獲得廣大的好評與回響，加上當時許多團體與政府對福祿貝爾學派的支持，使福氏的恩物與教材在美國順利的發展起來（李德高，2001）。
日本	日本教育學家井深大提出早期教育法的概念，其學說內容主要強調及早開始的幼兒教育。他認為幼兒的頭腦就像海綿，它可以吸收許多東西，與佛洛依德一樣，他認為三歲以前幼兒接受的教育很重要，是學習的黃金時期（彭書淮，2003）。
加拿大	◎加拿大的文化是由各民族組合而成，聯邦政府也相當尊重各州原有的風俗文化，所以在教育思潮上較偏向多元文化的教育。 ◎加拿大本身相當重視科技教育的發展，以加國的英屬哥倫比亞省為例，在該省就發展了一整套類似的課程（葉忠達，2001）。
台灣	◎台灣的幼兒教育思潮最早是由陳鶴琴先生於一九二九年所訂定的「幼稚園課程暫行標準」開始。陳鶴琴先生的五指教學法，主要是以單元為主。陳鶴琴先生的學說中，還包括了佛洛依德、培斯塔洛齊、杜威與盧梭的教育哲學思想。 ◎此外，一九四六年張雪門先生的教學思潮被引進台灣。一九八〇年代，政府訂定了課程標準的相關政策，一路修改沿用至今（簡楚瑛，2001）。

會塑造出不同的思潮，但是幼兒教育的理念與幼兒教育學者的幼兒教育觀點，也會打破國家的疆界，廣泛地流通於世界各國。

肆、課程領域

課程領域與教學目標兩者是相輔相成的，課程領域訂定出來之後，還需配合教學目標的內容，讓教師可以參照兩者，設計教學的活動，使幼兒能接觸到各個領域的知識，以多元化的方式學習到更多領域的課程內容。

表 1-4 彙整英國、美國、日本、加拿大與台灣的課程領域做說明。

訂定課程領域的目的在於讓幼兒接收與學習各領域的知識，使教學活動不偏向某個領域，能夠達到平衡，健全發展。幼兒教育應提供幼兒多元的探索機會，假若只特別重視某種領域的課程，就違背了全人教育的幼兒教育原則了。幼兒有權利選擇自己想學的、想探索的事物，並將所接收到的訊息內化到自己的經驗當中，若是成人們不斷的干預幼兒探索與了解事物的空間與新鮮感，那麼幼兒主動學習的動機與機會便會大幅減少，著實是件相當可惜的事。所以，除了適性的發展課程之外，顧及全面性的課程領域設計也是相當重要的。

表 1-4　英、美、日、加、台幼兒教育課程領域摘要表

國家＼特色	課程領域
英國	課程領域依機構而有不同： ◎托兒所：語言、音樂、體能、詩歌、自我認知、人際關係、獨立性等訓練。 ◎幼兒學校：語言、數學邏輯、科學、審美觀、社會性發展、身體動作協調度的培養。
美國	各種學習區塊的探索與操作也是課程發展的重點。依照美國的「課程綱領」課程領域細分為：語文、數學、自然、社會、美勞、音樂、體能、戲劇、營養保健、安全……等。
日本	課程領域包含：健康、社會、自然、語言、音樂律動、手工、繪畫……等。
加拿大	語言、自理能力、認知、情緒、動作、知覺、社會和自我概念的發展。
台灣	健康、遊戲、音樂、工作、語文、常識的六大領域。

伍、機構種類

各國依幼兒教育的目標、家長的需求與可分配的資源，幼兒教育機構有不同類型，大致來說，許多國家幼教機構的屬性、收托的年齡與教學的目標……等，大都類似，但卻不一定相同。表 1-5 彙整英國、美國、日本、加拿大與台灣的幼兒教育機構種類做說明。

表 1-5　英、美、日、加、台幼兒教育機構種類摘要表

特色／國家	機構種類與收托年齡
英國	保育學校（2～5 歲）、保育班（3～5 歲）
美國	保育學校（0～6 歲）、幼稚園（3～7 歲）
日本	幼稚園（3～6 歲）、保育所（0～5 歲）
加拿大	幼稚園（4～5 歲）
台灣	幼稚園（4～6 歲）、托兒所（2～6 歲）

英國的保育學校，主要重視的是健康福利，雖然該國的義務教育是從五歲之後才開始，但仍有許多幼兒到各類的學前教育機構就讀。英國保育學校的師生比在一九九五年時為 1：21.7。

美國的學前教育機構也配合起頭方案的政策，使文化不利的幼兒能盡早入學，接受教育。相較與英國的師生比，美國的比例要低一些，幼稚園每個班級大概二十人，保育學校每個班級大概為十六至十八人。台灣的師生比例是十五位幼兒要配置一名教師，加拿大的師生比例差異大，由 1：8 到 1：22 都有。

日本的保育所與台灣的托兒所意思雷同，主管機關皆屬於社會福利部門。加拿大的幼兒教育部門則是由各省教育廳所管轄（黃政傑、沈姍姍，2000；高義展，2004）。大致來說，保育所在各國的定義裡是屬於社會福利部門，幼稚園則是屬於教育類的部門。幼兒教育與幼兒保育兩方面原本就屬於相輔

相成的結合，兩者在服務的性質雷同，管轄的部門與法則卻不同，這也是台灣與日本提出「幼托整合」方案的原因之一。

陸、人事編制

園所要順利推展其教育理念，除了良好的硬體設備之外，人事編制更是重要的一環，因為教職員的能力與工作態度，是園所成功的最重要關鍵；而教師專業能力的培養也是影響幼兒教育品質的重要因素。表 1-6 簡單的介紹英國、美國、日本、加拿大、台灣幼兒教育幼教機構的人事編制概況。

表 1-6　英、美、日、加、台幼兒教育機構人事編制摘要表

特色／國家	人事編制
英國	托兒所：所長、保育護士、教師、保育員。 （托兒所所長一定要具備所長資格、所內需有合格的保育護士、教師必須具有學士資格、保育員至少需在推廣教育學苑接受兩年專業訓練。）
美國	幼稚園：督導、教師、助理員、廚師、醫護人員和事務員等。 （教師必須在大學修業二至四年，並修習有關幼兒教育的課程。）
日本	幼稚園：園長、保育員、書記、外科醫生、牙醫、藥劑師等。 （幼稚園教師需學士學位或短期大學畢業，托兒所人員要求為托兒所師資訓練所畢業。）
加拿大	幼兒園：教師、助教、助理以及其他行政人員。 （加拿大的幼兒教師必須具有大學學位，且必須是專攻幼兒教育的。）
台灣	幼稚園：園長、老師、行政人員、護士。 （幼稚園教師需大學相關科系畢業之後修習教育學程，並實習半年，考試取得教師證後，方可成為合格的幼稚園教師。）
	托兒所：所長、保育員、護士、社工人員。托嬰部應增置特約醫師及專任護理人員。 （保育員則是需大學相關科系畢業。）

表 1-6 主要的目的在於整合比較各國人事的編制與任用情況，由表中可以清楚的看出，一個園所的運作是需要眾人的共同努力才能順利進行的。以教師資格為例，各國的幼兒教師在任用資格上必須具備一定程度的教育水準，可見師資品質的良窳對幼兒在各方面的發展具有一定的影響。行為學派的學者認為，幼兒的行為是經由模仿而來，也就是說教師們的一言一行都是幼兒學習的對象，教育人員素質的重要性可見一斑。

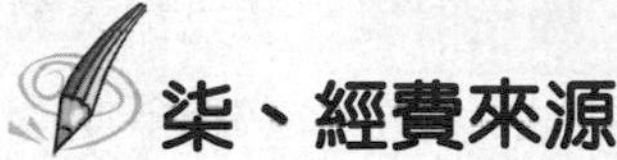

柒、經費來源

財政經費的來源不論對公立或私立的幼兒教育機構都有著重大的影響，有了足夠的預算，幼兒教育機構才有能力發展園所的業務，使幼兒受到良好的教育與照顧。幼兒是未來國家的主人翁，若想打造優良素質的國家人民，首先應從學前教育開始著手。

表 1-7 簡單的介紹英國、美國、日本、加拿大、台灣幼兒教育的經費來源概況。

表 1-7　英、美、日、加、台幼兒教育經費來源摘要表

特色／國家	經費來源
英國	中央政府負擔 65%，地方政府負擔 35%。
美國	美國幼稚教育的經費由聯邦、州、地方政府及私人團體、個人、父母……等，共同分擔。
日本	國立幼稚園由國家負擔，公立幼稚園由地方政府負擔，私立幼稚園由創辦人支付，並收取學費。托兒所由地方政府做部分的補助。
加拿大	幼兒教育的經費主要來自省教育廳的補助款，每次的補助足以提供五百四十小時的半日制課程。
台灣	公立幼稚園的經費主要來自教育部，公立托兒所則由內政部補助。私立幼托機構由創辦人支付，收取學費，地方政府做部分的補助。

由表 1-7 了解各國經費預算的來源之後，也讓我們對各國行政主管在財政編列管理的部分有了更深一層的認識。期望在有限的經費資源下，各國的園所都能開源節流，一同為幼兒教育的努力邁進。

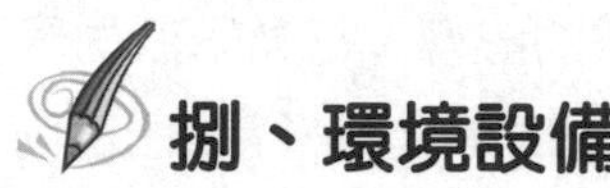

捌、環境設備

各國園所設備的設置與發展，受到文化價值觀、地理環境、幼兒需求與經費多寡的影響，而有些國家則顧慮到幼兒空間的使用與安全，立法限制園所設置的標準。表 1-8 依據英國、美國、日本、加拿大與台灣的幼兒教育環境設備做說明。

表 1-8　英、美、日、加、台幼兒教育機構設備摘要表

特色 / 國家	環境設備
英國	學校設有戶外活動場、室內遊戲場、花園、會客室，並有各種教材、用具、玩具等。
美國	單層建築，佈置各種學習角落和教材中心。
日本	以一層樓為主，充滿感官訓練的設備與遊戲場。
加拿大	單層建築，設有學習中心和活動中心、遊戲器材及各種教材。
台灣	幼稚園與托兒所的建築要在二樓以下，有一定比例大小的室內和室外的活動場，地下室可做儲藏室。

以台灣的幼稚園為例，依照幼稚園的設置標準，明確說明了室內外幼兒與空間的密度比例。以室內的活動空間密度來說，在院轄市內，每一位幼兒不得小於 1.5 平方公尺，郊區與其他地方，每一位幼兒不得小於三平方公尺；以室外的活動空間密度來說，院轄市內，每一位幼兒不得小於二平方公尺；郊區與其他地方，每一位幼兒不得小於六平公方尺。

美國依據聯邦與州政府的規定，以室內的活動空間密度來說，每一位幼兒不得小於 2.8～4.6 平方公尺；另外日本的文部省也規定，幼稚園每位幼兒

活動空間密度不得小於 1.8 平方公尺（湯志民，2001）。

每個國家均受地理環境的影響，使得某些設備或場地無法充分的被運用，因此主管機關應考量不同的因素，制定合適的活動空間比例，如此才不致使幼兒與園所在空間的使用與規劃上造成困難。

各國幼兒教育的發展趨勢

每個國家發展幼兒教育的重點與方面都不盡相同，在各國科技進步的今日，藉由電子與平面媒體的宣傳，讓我們能更有效、及時的掌握各國幼兒教育的發展脈動與各國相關的學術訊息。

壹、英國

過去一向重視遊戲功能的英國，在近年來大幅修正了其過去對幼兒教育的觀點與方向，是什麼影響了該國的教育理念，而原先的教育思潮，又被現今的何種論點給取代了呢？以下將根據英國幼兒教育發展的趨勢做說明。

一、由遊戲轉為讀寫

過去以重視遊戲為主的英國幼兒教育，近年來掀起了一股以讀寫能力為主的新潮流。原本提倡自由開放的教育風氣，也漸漸受到英國學者的質疑，而英國由尼爾創辦以人本教育著名的夏山學校也走入歷史，許多教育學者認為英國的幼兒教育應要重新回歸到注重讀寫的教育上。

英國幼兒教育對學科與讀寫方面的重視，反應在國家統一制定課程裡，英國國定課程（National Curriculum, NC）的規範包含了四個學習階段，階段一的內容為幼兒教育（KSI），在此階段中，幼兒需學習三個核心科目：數學、科學、英文；與七個基本科目：設計與科技、資訊與溝通科技、歷史、地理、藝術與設計、音樂、體育（NC, 2001）。根據國定課程的訂定，不難發現英國在幼兒教育上是相當重視學科與讀寫能力的培養。

二、重視科學教育

英國幼兒教育較為獨特的地方，在於英國相當重視科學在幼兒教育中所扮演的角色，希望能夠經由探索活動及經驗的累積來豐富幼兒科學的能力，並在日常生活中讓兒童察覺科學的重要性，鼓勵幼兒發展基本的科學技巧及積極的學習態度，並強調讓幼兒透過第一手的經驗來培養科學的能力。

英國科學概念的培養，主要是經由主題的設定來進行，這些主題的設定也常會透過方案的模式來執行，以方案的模式進行科學教學，除了讓幼兒能決定自己有興趣的主題之外，還能培養幼兒積極主動的探索精神，實為進行科學教育的最佳途徑。

貳、美國

美國的幼兒教育除了著重多元文化的發展之外，對於幼兒的基礎能力與創造力也是相當重視，其中隱藏著什麼樣的原因呢？以下將根據美國幼兒教育發展的趨勢做說明。

一、重視學習準備度測驗

美國幼兒四歲進學前班，五歲的時候需要通過學習準備度測驗才能進入幼稚園，在國小一年級入學時又要經過標準化測驗。由此可知，美國很注重幼兒的基本能力測驗，認為幼兒要達到相當程度的能力之後，才能夠進入下一個學習階段，在幼兒教育的機構中，除了提供教保服務外，也相當重視幼兒能力的養成訓練，希望藉此讓幼兒順利通過基本能力測驗。

二、重視幼兒創造力

目前美國的幼兒教育著重在幼兒創造力的培養，教師常使用六W（WHY、WHAT、WHO、WHEN、WHERE、HOW）的發問技巧，來啟發幼兒創造思考的能力，藉此激發幼兒的創造力，導引幼兒自己尋找問題的答案，把學習融入生活中，強調其自發性。除此之外，也提供幼兒多樣化的素材，讓幼兒盡情發揮他們的想像力，鼓勵幼兒創作、思考，並學習獨立自主的行為。

創造力的培養在美國廣泛的受到推廣，他們認為幼兒創造力的培養與啟發，是幼兒教育的重要方向，幼兒的創造力能夠充分發展的話，其他方面的能力也會跟著提升，因此，創造思考的教學方法成為美國幼兒教育模式當中的一個主流。

參、日本

日本是屬於全世界生育率較低的國家，如此造成了人口結構的不平衡，也衍生出許多社會問題，日本政府的教育單位應該如何訂定配套措施來因應這個現象呢？以下將根據日本幼兒教育發展的趨勢做說明。

一、重視兒童福利，對抗少子女化

目前日本少子女化的現象日益嚴重，讓日本政府甚為憂心，為了鼓勵民眾生育的意願，政府提供各項生育、幼兒教育及兒童福利方面的福利措施，希望能夠使少子女化的情況獲得改善。

日本的兒童福利措施在一九九四年修訂，並依據一九九七年四月頒布的「兒童福利法」執行。幼兒教育階段的補助主要分為「機構補助」和「幼兒津貼」兩部分。補助的範圍包括保育所的設備及各種事務費，此項經費由中央行政機關負擔二分之一或三分之一，都道府縣負擔三分之一或四分之一；除了機構的補助外，另外一項重要的補助措施是「幼兒津貼」的發放。

根據調查統計，日本公私立幼稚園每人每年繳納費用相距約新台幣四萬元之多，政府基於減輕家庭負擔及確保教育水準，制定了日本兒童津貼「排富條款」及「分級補助」制度。

二、托育時間彈性大，減輕家長負擔

日本雙薪家庭的比率很高，因此幼兒的照顧問題亟需解決。日本的幼教

機構為了因應這樣的情況，紛紛提供完善的托育服務，除了提高幼教機構的品質，也拉長了托育時間，方便家長在工作時能讓幼兒受到妥善的照顧。

日本的幼兒教育除了提供以幼兒為中心的幼兒本位教育之外，還提供了以家長為中心的幼兒托育服務，也就是說，園所會依照家長的需求調整托育時間的長短，此一情況對於幼兒而言，不一定是一件好事，因為幼兒在托育機構的時間拉長，與父母相處的時間也就相對縮短了，因此，這樣的措施雖然提供家長便利性，但需考量是否真正適合幼兒。

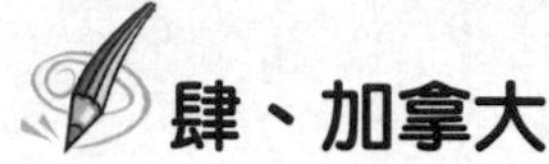

肆、加拿大

加拿大與美國一樣是個聚集各族群與文化的國家，在這樣一個民族融合的狀況下，該國對幼兒教育的發展重點會著重於哪些方面？目前該國針對幼兒又實施了哪幾項相關措施呢？以下將根據加拿大幼兒教育發展的趨勢做說明。

一、重視兒童福利

加拿大於一九九六年成立「全國兒童聯盟」（National Children's Alliance, NCA），是一個提倡幼兒與少年福利的全國性組織。NCA在一九九八年提出全國兒童政策書（Investing in Children and Youth: A National Children's Agenda），結合了不同組織的資源，呼籲聯邦政府應頒定政策來領導幼兒教育。作為聯邦政府著力的方向，政策書中列出聯邦政府的行動計畫：

1. 收入保障：此項計畫始於一九九八年的兒童福利政策，最初的補助經費為八億五千萬加幣，到二〇〇〇年七月，增加為十七億加幣，由此可見加國政府對幼兒教育的重視。聯邦政府透過兒童福利（National Child Benefit）、免稅額、勞工保險、改進育兒假期等政策，讓有幼兒的家庭獲得收入的保障。
2. 社會與社區支援：家長在照顧幼兒時，需要各種的支援服務，尤其需要以社區為基礎的社會與健康服務，包括家庭支援計畫，讓父母可以相互交流，分享育兒的經驗與心得，以及幼兒的照顧與教育。

3. 全國研究與監督：政策需要依成效改變修訂，透過資訊交流與研究調查可以檢視兒童發展的情況。因此，加拿大需建立有關幼兒發展與教育的全國性研究機構，及監督與報告兒童健康與福祉的機制。

4. 建立行動力：全國兒童政策如果沒有全國與地方的非營利機構積極參與，就無法實行。要成功落實，政府應喚起社會對幼兒與少年福利的關注，促使個人與地方參與。

二、以幼兒為中心的學前教育

現在在加拿大，無論教師或家長都很尊重幼兒。對於幼兒的決定，成人都會保持同理與尊重的態度，培養幼兒的獨立性與自主性，並建立其自尊與自重。在加拿大，成人大都是以「商量」、「約定」的方式和幼兒溝通，因此幼兒也較願意對家長或教師表達自己的想法，這一點是很難能可貴的。

這種尊重的態度，也反應在幼兒教育上，教師會讓幼兒自己選擇與決定想要從事的活動，對於幼兒想要做的事則是採取支持與鼓勵的態度，讓幼兒有更多的發展空間。

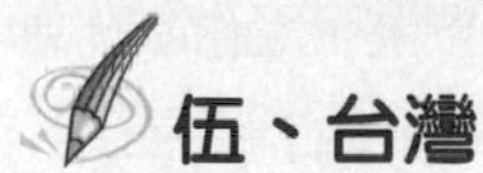

伍、台灣

台灣的政府機關提出了許多幼兒教育相關的政策與法規，有些政策行之多年，已有不錯的成效，有些政策則是搖擺不定，造成了教育者與教授者的困惑，也衍生出不少相關議題。該怎麼做，才能使台灣的幼兒教育步向更完善的境界呢？以下將根據台灣幼兒教育發展的趨勢做說明。

一、幼兒教育券

幼兒教育券是八十九學年度開始發放的，其對象為年滿五足歲，就讀立案私立幼稚園及托兒所之幼兒。其目標是：

1. 整合並運用國家總體教育資源，促進資源分配合理效益。
2. 改善幼稚園及托兒所生態與環境，並提升幼兒教育水準。
3. 縮短公私立幼稚園與托兒所學費差距，以減輕家長教養子女之經濟負擔。

二、幼托整合

幼托整合乃是現在台灣極力執行的一項政策，預計於二〇〇九年正式實施。由於托兒所和幼稚園所提供的服務相似，卻分屬不同部門管轄，造成了政府資源的浪費。加上同年齡的孩童卻有可能身處不同的教育環境，這也是不公平的，基於以上的考量，政府提出了幼托整合的計畫。

幼托整合此一概念從十多年前就開始籌劃，但是一直無法正式的實施，直到現在幼托整合的政策與法令已經漸漸的具體制定出來，使幼托整合方案有了實施的依據。以下規定為教育部於二〇〇三年三月三日公布的幼托整合政策規劃報告：家庭托育或托嬰中心收〇至三歲的幼童，由社福部門主管；幼兒園統一招收三至五歲的幼兒，由社福部門主管、教育部門協辦；五至六歲的部分，則成立國幼班，由教育部門管理。在教師資格方面，也有明確的規定：

1. 幼教教師：大專以上幼教相關科系畢業或大專以上畢業修畢幼教學程者，取得教師資格者，得擔任國幼班教師，適用師資培育法。
2. 教保員：大專以上幼教、幼保相關科系畢業，或大專以上畢業修畢幼教學程並取得教師資格者。負責五歲以下幼托工作。
3. 助理教保員：高中職以上幼保相關科別畢業，及高中職以上修畢幼保資格認可學程者。協助教保員從事五歲以下之學前幼托工作。
4. 保母：通過保母證照檢定，從事〇至二歲托嬰工作。
5. 課後照顧人員：依「國民小學辦理課後照顧服務級人員資格標準」辦理。

由幼托整合政策規劃報告可以發現幼托整合已經漸漸完善，而台灣的幼教機構也將整併，期望能提供更高品質的幼教服務。

三、文化不利幼兒之補助

在台灣，原住民幼兒與中低收入家庭幼兒的補助已經受到一些福利條款的保障，例如原住民就讀公私立幼稚園學費的補助、中低收入家庭幼兒托育補助。

而現在台灣面臨的是新台灣之子（外籍配偶子女）的問題，現今新台灣之子的比例漸漸攀升，而他們的家庭一般也是處於中下社經地位居多，因此常常無法受到很完善的教育，關於此一議題，應該在學前教育時期就開始受到重視。對於新台灣之子的補助應該在學前教育階段就開始，讓他們也有受幼兒教育的權利。此一層面已經受到各界關注，唯待明確之福利條款制定。

四、幼小銜接

幼兒教育與國小教育係屬兩個不同階段，幼兒教育屬於學前教育，國小教育屬於初等教育，兩者無論在教學目標、課程內容、教學方式、上課時間、學習評量、家庭作業等各方面，均有極大的差異性。現今幼小銜接，多以幼兒教育去適應小學教育的方式來解決，但唯有這樣單向度的適應是不夠的。

在具體施行方面，教師為讓幼兒在入國小前能夠先了解國小的教學與生活型態，大都於畢業前一個月以上，模擬國小規定每節上課時間與教學模式，讓幼兒體驗國小的生活，但是此一方式仍然無法完全幫助幼兒適應變換所需要的心理需求。因應此一議題，台北市為改進幼稚園與國小銜接之缺失，積極試辦「幼稚園與國小一年級教學銜接實驗研究」，鼓勵試辦「幼稚園與國小一年級銜接計畫」、規劃在職訓練課程、增進國小教師對幼小銜接的專業知識、逐年充實國小低年級班級基本設備、加強幼稚園與小學之間教師、設備、課程、活動等的相互交流。

五、教育部統編幼兒教育教材

目前幼稚園教育無統編教材或教科書，教學雖然是參照教育部訂頒之「幼稚園課程標準」，然而課程標準中對於課程的編製、教材的編寫等，僅是提綱挈領的規定，沒有具體規劃，因此目前一般幼稚園仍需仰賴坊間的教材進行教學。

為因應此需求，教育部將加強研發幼兒課程與教學之參考教材，提供教師運用。此外，對於落實幼稚園安全教育，加強教師危機處理能力，及加強生活禮儀教育等，教育部承諾將繼續開發各種教育手冊，充實幼教老師專業知能。

1. 根據主管單位對機構的配置，說出你的看法。
2. 比較三個不同國家的教育目標，並配合課程領域說明該國家教育發展的重點。
3. 分組討論教育思潮對各國幼兒教育的意義。
4. 配合師資培訓的議題，請敘述台灣幼兒教育在人事編制上的優缺點，並提出改善的措施。
5. 試想你是一位編列教育財政預算的官員，請問你會如何配置在幼兒教育上的經費使用。
6. 分組討論各國在幼兒教育中最重視的發展潮流，並深入探討分析其原因。
7. 比較各國幼兒教育的發展史與目前發展趨勢的異同。
8. 探討現今各國幼兒教育所面臨的問題，並針對所提出的疑問，討論可行的因應措施。

第二章 英國幼兒教育

【教學目標】

1. 了解英國幼兒教育的制度如何在中央與地方之間取得平衡。
2. 學習英國對於幼兒教育的開放精神。
3. 探討英國幼兒教育哲學有何特點。
4. 認識英國的角落學習區，並與其他國家做區分。
5. 了解英國幼兒教育之評鑑模式。
6. 能夠完整的描述英國的幼兒教育架構。

幼兒教育史與幼兒教育哲學

壹、英國幼兒教育史

英國工業革命前多屬私人辦學，工業革命後由工廠創立私立保育學校，英國幼兒教育強調幼兒的需要與興趣，重視做中學與日常環境的探索，英國政府也慢慢重視幼兒的教育，並將其納入教育體系當中。

工業革命之前，英國屬於封建社會，農業為其主要的生產方式，家中的孩子多半在家裡幫忙，或是出外拜師學藝，習得一技之長，以增加家中經濟來源，因此，並沒有讓孩子受到統一教育的機會；家境較富裕的孩子，則在家中接受家教，而非到學校接受教育。工業革命後，英國的工商業急速繁榮，產業模式也由原本的農業經濟邁入工商業經濟，政府意識到幼兒教育的重要性，設立公立的學前教育機構（霍力岩，2002）。

英國幼兒教育史的發展，可以分為以下幾個主要階段：

一、一八一六年到一九一四年（創始期）

一八一六年到一九一四年，是學前教育的創始期。十八世紀初，歐文（1771～1888）於一八一六年在新藍納克的工廠中創立一所保育學校，英國從此開始提供組織性的保育學校。在保育學校中，主要是收托三歲至十歲之幼兒，這是世界上第一所為工人階級子女創辦的學前教育機構。

歐文是培斯塔洛齊的門生之一，培斯塔洛齊不贊成強迫小孩學習與懲罰的管教方式，歐文受到盧梭的影響，他認為應該讓幼兒自己承擔行為的後果，使其學習解決問題的能力，而不是一味的使用懲罰的手段解決幼兒的行為問題。歐文的幼兒學校重視感官學習、故事啟發及鄉土教育等，這樣的教育理念在當時的確是很先進的作法，可惜的是，他所創立的學校未能維持下去。

英國政府於一八七〇年頒布了初等教育法，明文規定「入學兒童的最低年齡為五歲」，降低了兒童入學年齡。英國政府之所以制定此政策，乃是由於英國政府發現以下幾種現象：(1)貧民與工人的子女到學校就讀，比待在家裡安全；(2)到學校就讀的幼兒，其接受學習與適應環境的能力，比待在家裡的幼兒強；(3)到學校就讀能培養幼兒良好的生活禮儀、習慣、常規和清潔衛生。因此，政府積極呼籲父母讓五歲以上的兒童能到學校就讀。同樣地，對當時已進入幼兒學校的五歲以下幼兒，英國政府仍鼓勵他們繼續留在幼兒學校，享受免費的義務教育，所以，此一時期的幼兒就學率不斷攀升。一九〇〇年後，由於各地學校經費開始發生困難，一九〇五年時，視察委員會在經過調查評估後，決定要求五歲以下幼兒不能進入幼兒學校就讀，此後幼兒學校逐漸成為五歲以上幼兒專門接受教育的地方。

不能就讀學校的五歲以下幼兒，無法得到學校及家長有效的照顧及教育，導致幼兒健康狀況變差，幼兒的受傷及死亡率也愈來愈高。因此，在社會一片譁然下，一九一一年時，Rachel McMillan 和 Margaret McMillan 在倫敦的戴普福特首先設立了保育學校，這個保育學校的對象乃是針對五歲以下的貧窮兒童所設立。

二、一九一四到一九三九年（初步發展期）

一九一四年到一九三九年，是學前教育的初步發展期。第一次世界大戰後，英國面臨了經濟衰退的衝擊，因此英國政府開始意識到，教育是使國家繁榮並能夠培育出優秀人才的不二法門，而教育的基礎是幼兒教育，所以此階段中，英國政府開始注重幼兒教育，各派教育理論也在英國國內不斷被試驗與實行。以蒙特梭利的教育思想為例，在這個發展的階段裡，蒙特梭利曾到英國倫敦進行研究並將其自由主義教育思想傳進了英國，英國也創辦起蒙特梭利式的「兒童之家」及幼兒師範學校，徹底施行蒙特梭利教育思想。一九三五年在倫敦召開的「世界教育會議」中，蒙特梭利也親自出席會議，並藉此宣導她所重視「以幼兒為中心」的理念。此外，杜威的實用主義也對英國的幼兒教育產生了極大的影響。因此，這個階段可說是各理論學派兼容並蓄的時期。

英國國會在一九一八年頒布了「費雪法案」（Fisher Act），使這時期的學前教育有了很大的進展。費雪法案的內容中，明確地保護了兒童的教育及健康衛生的權益，對於兒童福利的保護有很大的貢獻。費雪法案主要有下列六大要點，分別說明如下：

1. 「以兒童為中心」，要求地方教育局應為二歲到五歲的幼兒普設保育學校。
2. 小學分為兩個階段，五歲到七歲和七歲到十一歲。
3. 提供免費就讀小學的機會。
4. 確立教育一貫體制，包括保育學校、小學、中學和專科學校的系統。
5. 把義務教育延長到十五歲。
6. 嚴禁十二歲以下的兒童做工，並限制十二歲到十四歲的童工每天工作時間以六小時為限。

到了一九二三年，英國成立了保育學校協會，開始積極的推動保育學校發展事宜，保育學校協會開始督促政府注重五歲以下幼兒的教育權，只可惜最後沒有顯著的成效，但也讓人漸漸開始重視幼兒的教育權。

三、一九三〇年到一九七〇年（學前教育重視期）

第二次世界大戰的爆發，由於男人必須支援戰爭所需人力，所以女人就必須外出工作，保育機構的設立不但可以讓母親放心外出工作，也對戰亂中孤兒和私生兒的照顧提供了良好的場所，讓幼兒不至於流離失所，造成社會嚴重的負擔及問題。英國對幼兒教育的需求因此變得大量且急切，尤其是對倫敦、曼徹斯特和蘭夏斯特等較繁榮的地區而言，設立保育學校和保育班更是刻不容緩的工作。在這樣的需求下，保育學校和保育班的設立在大戰期間如雨後春筍般的成立，帶動了幼兒教育市場的蓬勃發展。

英國政府在一九四三年頒布了一項教育法令——「巴特勒法案」（Butler Act）。此法案乃是以費雪法案為藍本，確定了英國教育體系的基礎，規定五到十五歲為義務教育階段。巴特勒法案將英國的學制分為三個階段：(1)初等教育，包括保育學校、幼兒學校；(2)中等教育；(3)高等教育。

一九四四年的教育法案中，明文規定辦理保育學校及保育班為地方政府的責任，法案中也明確規定保育學校由國家教育部門和地方教育局雙重管轄，使得英國學前教育有了雙重的體系，得到了很大的發展。

學前教育的發展一直到了一九六七年的「卜勞頓報告書」（the Plowden Report）提出「教育優先區」（Educational Prior Area, EPA）的概念後，才秉持「防止種族與性別岐視的積極行動」（positive discrimination）原則：以平等對待平等、以不平等對待不平等（John Rawls 的正義論兩項原則），頒訂相關教育政策。台灣在前一陣子所提出的「教育優先區」觀念乃是承繼學習英國此一政策的精神。

英國之後將「教育優先區」更名為「社會優先區」，以傳達對於社會不利族群的重視。教育資源不利的地區，牽涉到整個社會、社區中的弱勢，而不單指教育機構中的硬體資源問題。

目前此一政策又改名為「教育行動區」（Educational Action Zone），充分顯現了政府投入改革行動的決心。

四、一九七〇年迄今

英國政府在一九七七年由工黨執政後，一場被許多人稱為「靜悄悄的革命」之幼教改革開始展開，政府著手改革沿襲多年的幼教政策，在改革中，最主要的具體措施在於對三歲以上幼兒提供免費的教育，將幼兒教育的普及化當作政府的一項重要政策，特別是政府所提出的，把幼兒教育作為是政府建立「學習型社會」（learning society）起始階段的主張，不但讓幼兒教育受到各界的重視，更促成英國幼兒教育的迅速發展。

在「靜悄悄的革命」中，政府開始進行多項促進幼兒教育發展的全國性計畫，訂定多項具體的措施。其中規模較大的有在英格蘭地區實施「早期發展合作計畫」（Early Years Development Plan, EYDP），主旨在要求各地方政府透過各種途徑和措施以發展該地區的幼兒教育，並明確提出如何實行政府、自願團體和組織以及私人機構一起維持學前教育機構的政策；目前政府的計畫主要是先從四歲幼兒開始，然後慢慢的逐步向下普及。

一九九八年後，政府開始實施大規模的「全國兒童保育戰略」（National

Childcare Strategy），此政策主要是把先前實施的早期發展合作計畫擴充為「早期發展和兒童照顧計畫」（Early Years Development and Childcare Plans; EYDCP）。在此計畫中，要求各地方教育局若欲制定各項政策，必須經由中央政府批准成為年度具體方案，透過這種具有規範性的合作途徑，發展當地的幼兒教育。一九九八年九月提前達到普及四歲幼兒入園計畫的目標後，政府隨即又將該計畫向下延伸到三歲幼兒，實現了工黨當初所提出的政策。

教育改革法於一九八六年年底，由教育與科學部大臣 Baker 所提出，作為其一九八七年英國大選時，保守黨競選的政見之一。這段期間 Baker 時常出席廣播電台、電視台的各種座談節目，直接傳達與討論他所提出的草案。報章雜誌如《泰晤士報教育副刊》（*Thames Educational Supplement*）等也熱烈地評論，並接受社會大眾的投書；各個學校則舉行座談會向家長說明，並聽取、蒐集家長的意見，以作為修正此法案的基礎。此外在國會下議院（the House of Commons）也歷經了二百二十二小時的長時間辯論，上議院（the House of Lords）則經過了一百五十四小時的審議方獲通過，並諮請女王公布實施。在經過各界的努力之後，法案才成功的實施，本教育改革法有五項重點：

1. 國定課程之實施。
2. 開放入學名額限制。
3. 學校自理財政。
4. 中央津貼補助學校的設立。
5. 城市技術學院的設立。

英國長期以來一直把幼兒教育納入終身教育的體系中，以多途徑的方式去發展幼兒教育。不過，在英國的幼兒教育中，沒有形成較完整且統一的體系，全國各個地區各行其道，沒有統一的規範，導致各個地區的差異性較大，也使整個國家的不平衡性較高，相對的造成了學齡前幼兒接受保育和教育的比例較歐洲大陸的許多國家來得低。整體而言，英國政府還是不夠重視幼兒教育，需由政府出面來統一制定幼兒教育的政策與標準。

貳、英國幼兒教育哲學

英國的教育哲學大都是受到英國的政策與法案的影響，由於政策法案的推行，讓英國的幼兒教育機關與學者達成相當程度的共識，因此在幼兒教育界形成一股潮流。以下簡介對英國教育影響最大的思潮：

一、社會福利的幼兒教育哲學

英國本著社會改革和拯救貧困兒童的精神，對於幼兒教育一向保持著高度的關切，加上受到英國宗教人士的熱烈支持和鼓吹，貧困兒童至今仍然享有福利措施；幼兒教育也一直受到關注。

英國先進的幼兒教育思想，使英國的幼兒教育哲學一直都引領著其他各國的幼兒教育哲學，成為各國幼教政策的楷模。英國幼兒教育對兒童福利的重視，更讓世界各國紛紛重視兒童福利的政策措施，讓幼兒的權利有保障，並維護幼兒的人權。

二、教育機會均等的教育哲學

英國的幼兒學校為五到七歲兒童的義務教育機構，在英國幼兒學校中，視每一位幼兒為自動學習者，認為幼兒會向老師暗示他們的需求和欲望。因此在英國的幼兒學校中，每天都會提供一段很長的時間讓幼兒自由探索他們有興趣的事物，也特別重視體育活動和大肌肉的運動，更認為自由活動和遊戲能夠促進幼兒的學習能力。成立幼兒學校的主要目的在於提倡教育機會均等的理念，讓義務教育的年齡向下延伸，完成幼兒教育義務化。

三、夏山學校的幼兒教育哲學

在夏山學校（Summer Hill）的幼兒教育哲學中，寧可學校教出個快樂的清道夫，也不願見它培養出一個不快樂的學者。夏山學校採取混齡教學，個別化的教學設計，幼兒自己決定學習內容及生活規則，尊重幼兒的個別差異，教學及學習內容具彈性、多樣化，注重幼兒全面性發展，拋棄一切管訓、約束、指導、道德訓練，讓兒童自由發展。強調民主自治，也強調讓學校適應幼兒而非幼兒適應學校，以幼兒為中心。夏山也許可以稱為是一個遊戲至上的學校，讓孩子透過自由探索而快樂成長。

夏山學校主要是在落實尼爾（1883-1973）的開放教育理念，當開放教育盛行時，各國紛紛效仿。如美國的開放教育便與夏山學校有些雷同，但又比夏山學校更為放縱，因此比夏山學校更無法在社會中長久立足，而開放教室則更早就被社會所淘汰。

行政組織、師資培訓、幼教評鑑與幼教政策研究

壹、行政組織

一、行政機關管轄

英國是實施地方自治法的國家，地方行政區域大致上分為威爾斯、北愛爾蘭、英格蘭、蘇格蘭等四大地區，因此幼兒教育行政單位主要分為中央及地方政府兩個層級。

中央及地方政府各自劃分其學前教育中不同的執掌範圍和部門來管理，〇至三歲的學前教育在中央是隸屬於健康部門管理，在地方則由衛生部門負責管理且同時設立公立機構。基於英國提早將四歲納入國民教育中的特殊學齡制度，因此四至五歲的幼兒也歸於教育部門主管，不過此階段的義務教育並非強制入學的，而且由於各地方政府的差別，會有不同的設置與名稱，有些是獨立的學校，其餘則是附設於小學之中，其共通點在於：學費由政府負擔。

由於中央、地方兩層的行政權責劃分，因此原先英國的中央政府對於幼兒教育政策的實施與管理並沒有實際的權責，而是將管理權下放至地方，至於地方政府也因為受自由主義的影響，對於學校並沒有積極的管理。直到一九九七年教育券政策施行後，才改變了這樣的局面，由於參與教育券計畫的學校必須事先向政府提出申請，因此教育券政策等於是提供了政府直接控管學校的最佳途徑，透過合約內容，政府可以對於學校的教育理念與行政制度做有效率的監督。

二、幼教機構種類

英國的幼教機構相當分歧，早期如同保守的德國一般，政府不積極鼓勵機構式幼兒教育，因此僅有少數企業附設的或是濟貧式的私立托兒所被設置。其中，公立幼兒教育機構出現兩次的成長潮都是為因應世界大戰的需求而生，並且在戰後迅速萎縮，這種情況顯示出英國政府對於幼兒教育的不重視，政府寧可將他們的資源以現金津貼方式發給家長，也不願意擔任提供幼兒教育服務的角色，使得英國的幼教機構必須大幅仰賴私立機構的設置來滿足幼兒托育與教育的需求（Daniel & Ivatts, 1998）。

英國的幼教機構從性質上來說，分為地方教育當局舉辦的機構（約佔59%）、私立的機構（約佔30%）、社區和志願者機構（約佔9%），這些公私立的機構，只要接受和通過教育標準機關對其教育質量的評估，被認定能通過政府所提出的三至五歲基礎階段目標的話，都可以成為合格的幼教機構，並且能獲得政府資金的支持。英國不同於其他歐洲國家，主要是英國從四歲開始就可以進入學校接受教育，不同的地方政府也會產生不同制度的機構與服務，例如蘇格蘭新學年從冬天開始，因此九月到次年二月出生的幼兒四足歲入學，而三月以後出生的幼兒便是五足歲入學；但是在北愛爾蘭，凡是四歲幼兒都一次入學，而且是義務教育。目前全英國主要的幼兒教育機構與名稱大致如下：

1. 保育學校和保育班：通常，保育學校和保育班因設立單位性質不同，可以分為下列幾類：

⑴地方當局設立的保育學校。

⑵附屬於幼兒學校或初等學校的保育班。

⑶直接補助學校，是直接接受教育和科學部補助的學校。

⑷被認可的獨立保育學校。

⑸獨立保育學校是屬於財政獨立不受公款補助的學校。若是獨立中學或小學附設獨立保育學校，必須向地方教育局登記；若是單獨設立收受五歲以下的幼兒保育學校，則必須到衛生福利部登記。

2. 托兒所：過去，英國托兒所向地方健康機關立案。現在，托兒所向社會福利機關登記立案，而英國托兒所大致又可以分成下列三項：

⑴臨時托兒所：收托三至四歲的幼兒。屬於臨時性托育工作，早期是由家長（婦女）組成的互助性組織「學前學習聯盟」，屬於非營利機構，並獲得政府的資助，但到了近期許多機構已經改變成為營利性質，目前學前學習聯盟為英國三至四歲機構最大的供應者。

⑵公立托兒所：收托三至四歲的幼兒。主要的服務對象是特殊家庭、殘障或受虐兒童，費用完全由政府提供，雖然規定收托時間只有半天，但實際編列的預算經常是以全天計算。

⑶私立全日托兒所：收托〇至五歲的幼兒。由私人設置，可提供全天照顧服務，配合家長上班時數收費。

3. 學前遊戲小組：英國民間開始在大城市裡設立簡易幼稚園，叫作「學前遊戲小組」。由家長準備玩具、圖書……等，讓孩子定時到公共空間裡玩耍，也可以把遊戲小組的玩具、圖書……等借回家去玩一兩週。小組每週開放兩到三次，每次兩到三小時。這種學前遊戲小組的活動方式不但得到英國官方的支持，也被世界學前教育組織評為一種適應現代社會的新的學前教育方法。

在英國的傳統上，托兒所收托的幼兒年齡為〇到五歲。但是，根據英國法令規定，兩歲以下的幼兒最好是由父母親親自照顧，因此，目前托兒所的收托年齡主要為二至五歲。根據英國一九九六年的教育法案，保育學校（nursery school）之定義為：「主要在提供二至五歲幼兒教育目的之初等教育學校（primary school）」。在此法案中，不強制要求「地方教育局」（Local Education Agency, LEA）義務提供五歲以下幼兒教育，而是讓各單位可以依照其意願選擇是否提供，不過地方教育局對二至五歲具有特殊教育需求者，有責任確保其受教機會。另外有些保育學校則是由家長或其他自願團體所設立，依據一九八九年的教育法案規定，私人設立的保育學校需經各地方「社會服務局」（local social service authority）登記許可後，才能開始經營。

依據一九九六年「幼兒教育與中央直接補助學校法案」（Nursery Education and Grant-Maintained School Act）規定，自一九九七年四月開始實施幼兒教育券計畫（Nursery Education Voucher Scheme）。但在一九九七年五月，新工黨政府以教育「券」有施捨之意為由，廢除此一計畫，但仍實施性質相近之「早期發展計畫」，並由地方教育局負責執行，英國幼兒教育的提供正面臨改革。

貳、師資培訓

在英國學前教育的師資方面，由於英國的幼教機構類型之多樣化，使得英國在師資培育方面必須有不同的方式。針對〇到三歲的幼兒，主要是以保育工作為主；四歲以上的幼兒所處的學前教育班，其師資與教學內容已經與小學相同，實際上已是小學一年級，依照教育部門規定的教育課程為主來進行教學；針對三到四歲的幼兒來說，主要是在地區公立托兒所接受托兒所教師及護士的教育及保育的專業訓練。在托兒所的師生比中，主要是以 1：13 為主，也就是一個合格的老師要負責十三位幼兒（邱志鵬，2005）。英國幼兒教育的師資培訓茲說明如下：

一、教師

成為一個合格的幼教老師，必須經由一系列的專業教育，然後在大學階段選擇師範學院或是選擇各大學內的教育系就讀，再經過三年的「教育證書」課程或是四年的「教育學士」課程後，還必須到社會上的幼兒保育學校實習一年。一年實習結束後，如果成績合格，教育和科學部會發給教師資格證書（PGCE），拿到證書後即成為一位合格的幼教老師。

目前，三年制師範學院的課程大致可分為下列三項：

1. 專門學科課程（Main Subject Course）。
2. 教材研究課程（Curriculum Course）。
3. 教育專業課程（Education Course）。

四年制教育學士課程與三年制教育證書的課程有些雷同，只是必須修讀兩種專業學科。為了培養出一位合格且優良的老師，各地區的師範學院和大學的教育系必須要有一些基本的培育目標，這些目標分別為下列幾項：

1. 讓未來的老師了解正常兒童的身心發展並且能夠與激發性遊戲互相配合。
2. 讓未來的老師了解如何教導孩子基本的讀寫算技能和基本的身體協調動作。
3. 讓未來的老師了解兒童期的異常行為和人格，並了解如何運用各社會福利機構所提供的支持性服務。
4. 讓未來的老師了解家庭環境對幼兒人格和教育成就的影響，以便協助幼兒的家長教育幼兒。
5. 讓未來的老師了解語言發展的本質，並且有診斷的能力，以便能確定影響幼兒語言發展的問題並尋求專家協助。
6. 讓未來的老師了解醫藥與急救措施，並且了解社會服務的知識。
7. 在訓練的過程中，學校要提供老師更多的教學實習機會，以便讓理論和實際能配合。

二、保育人員

一九六七年的卜勞頓報告書中，建議保育學校和保育班的保育人員都應接受正式的專業訓練，依據教育與科學部的 39/73 法令之規定，保育人員的任教資格以獲得國家保育考試協會證書為主（Certificate of the Social Care, NEEB）。若要拿到此證書，必須先修畢兩年保育人員訓練的課程，才能獲得參加考試的資格。

目前，「進修教育學院」（College of Further Education）的課程已經開始進行，這是一種以職業為導向的課程，以下將介紹此課程的內容。

1. 職業目標：訓練照顧〇至七歲的兒童，並從事家庭工作。
2. 適用範圍：欲獲得專業證書者，適用於從事與兒童有關的工作，如：保育人員。

3.培育機構：擴充教育學院。

4.入學資格：十六歲以上，通過一科或多科普通級的中等教育證書考試（GSE）。

5.課程來源：一九四五年健康部和教育部共同設定。

6.課程目標：促進幼兒個人發展，獲得必要知識、技能。

7.修業期限：兩年期間內，達到兩千小時。

8.實習時間：佔課程的40%。

課程設計的內容如下：

1.兒童照顧與發展（理論與實務）。

2.兒童的健康與照顧。

3.家庭社區服務。

4.一般科目。

5.溝通和創造性藝術（creative art）。

6.環境研究。

7.家庭和社會。

托兒所保育護士和保育人員，其任用資格較為廣泛，只要修完 NEEB、PCSC（Preliminary Certificate in Social Care）、CSS、COSW……等課程，就可以參加考試，通過考試後，方可以成為合格的保育人員。通常以上所提的課程都是由擴充教育機構所開設的。

三、幼兒遊戲指導員

地方當局實施「幼兒遊戲指導員」的訓練計畫與一般師資培育不太一樣，但基本內容大同小異，謝夏爾學前遊戲小組委員會（Cheshire Playgroup Committee）開設了一個訓練課程，訓練時間為四週，一週兩小時，課程內容包括了「幼兒遊戲指導的創始與組織」、「兒童發展」、「音樂」、「藝術」、「語言和實際工作」……等。

英國於一九七五年頒布了「幼兒遊戲指導員基礎課程訓練綱要」，讓各地主管機關作為參考資料，此綱要也成為訓練幼兒遊戲指導員的參考指標，主要為兩年的訓練課程。課程內容如下（OECO, 1981）：

㈠目標

1. 增進成人了解兒童發展和需要的能力，包括情緒的、社會的、認知的、審美的、生理的。
2. 改善學前遊戲小組的管理和計畫。
3. 改善家長參與的意義與品質，引導家長了解成人在家庭和社區之間所扮演的角色。

㈡課程內容

1. 兒童發展。
2. 家庭和兒童。
3. 兒童和遊樂園。
4. 遊樂園和社區。
5. 幼兒遊戲指導實務。
6. 成人與兒童、家庭和社區的關係。

㈢訓練時間

因應各地區的不同而不同，主要有下列範圍：

1. 每週一天，但需超過三十週以上。
2. 每週一個半日和一個晚上，兩年共需達到一百二十個小時。
3. 十週六次，兩年共需達到一百二十個小時。

四、托兒所保育護士

擴充教育機構負責開設專業課程，主要招收十六至十八歲的幼兒，修業年限為期兩年。課程以個別教育和職業課程兩部分為主，其中 3/5 是實習，2/5 是理論。職業課程包括兒童發展的研究，以及〇至七歲兒童生理、智力、情緒、心理需求與社區服務的研究。此外，保育師資訓練學院協會（Association of Nursery Training College）還設立了五所保育訓練學院，其幼兒入學年齡比兩年制擴充教育機構的入學年齡還高，開設課程的水準也較兩年制擴充教育機構高。

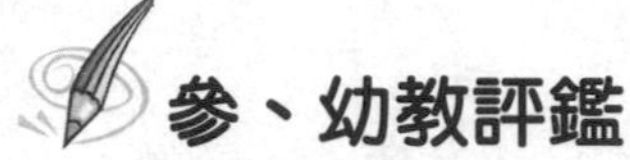

參、幼教評鑑

英國在各學習層級的分類上不同於我國，他們的學前教育及小學教育分為三歲至四歲的學前教育（或稱養護教育）及五歲至十一歲的小學教育；我國則將學前教育的年齡層定義為三歲至六歲為主。因此，在教育評鑑上，英國學前教育的入學年齡跟我國會有些不同，但是其評鑑的基本內容和精神還是很值得我們效法，在下列介紹的內容中，所指的「英國」主要是指英格蘭地區，而「教育評鑑」主要是針對五歲至十六歲之中小學義務教育而言。

一、緣起

想了解英國學前教育之評鑑概況，首先必須對英國教育評鑑機構的緣起和歷史有所認識，如此才能了解英國學前教育評鑑的重點和內容為何，以下介紹英國由十九世紀開始到近期評鑑工作的發展沿革：

英國十九世紀初期的教育主要是由教會辦理，直到一八三〇年代才有第一所公立小學，有了公立小學之後，英國政府為了維持其品質，因此有了學校視導與評鑑之需求，而「皇家督學」（Her Majesty's Inspectors, HMI）的名詞也就這樣產生了。

首任的皇家督學任命於一八三九年（Education and Employment Committee, 1999），一開始為了避免教育視導受到政府的控制，皇家督學一直被視為獨立的專業人員，主要任務包括教育經費之督導，並維繫最基本之教育品質，因此，皇家督學也常被視為不受歡迎且總是懲罰他人的角色（溫明麗，2004）。

二十世紀以後，依據一九〇二年教育法案（1902 Education Act），由國家資助的中等學校蓬勃發展，因此不但成立地方教育局，皇家督學也大量增加，開始負責小學、中學和技術中學之評鑑任務（Education and Employment Committee, 1999）。但是由於當時英國的中小學課程採取自由放任方式的地方分權制，學校教師需自行設計並決定教學內容，故皇家督學也未對學校課程加以督導。

一九六〇到一九七〇年代，由於兒童中心教育理念之興起，皇家督學也開始注意學校的課程，但課程的督導權仍大部分委由地方教育局處理；一九七〇年代以後，皇家督學評鑑制度逐漸步入軌道，除了需要定時的實際到學校視導，進行學校品質之調查外，也開始有些全職的督學出現，並將評鑑和視導結果知會教育部，於一九八〇年代以後出版學校評鑑報告書（溫明麗，2004）。

值得一提的是，皇家督學不僅針對英國的學校教育實務勤加視導，也認真研究各國教育制度和經驗。皇家督學處每年出版甚多的教育報告書，在英國稱為「紅皮書」，其中有關中小學課程目標和內容的報告書，對於教育改革方向有著重大的影響；另外，有關各國優越教育措施的研究報告也不少，特別是德國、美國及日本等國（李奉儒，2001）。

英國教育部自一九八八年以後，陸陸續續成立了「英國教育標準局」（Office for Standards in Education, OFSTED）、「英國繼續教育撥款委員會」、「中小學教育撥款委員會」、「中小學教學大綱與評價總局」及「教師培訓局」等半官方機構，負責具體的行政事務。其中，「英國教育標準局」的前身就是由「皇家督學處」改設而來，但是執行評鑑的「皇家督學」名稱仍未更改。

同時，英國政府為了擴大學校辦學自主權，將學校人事編制、經費使用及教學大綱等，在校董會的領導下由校長負責。上述半官方機構確立後，與教育部不再維持行政上的隸屬關係，變成了獨立的行政部門，直接向英國教育大臣負責，每年根據政府對教育發展的原則性立場制定具體實施計畫並落實之。政府職能分解後，教育部擺脫了過多的行政事務，同時加強了對各執行部門的指導與監控，各行其職，教育管理體制日趨合理化（岑建君，2006）。

二、架構與內容

為了能有效的評鑑學校品質，並提供幼兒和家長一個合適的教育環境，英國政府將欲評鑑的項目和內容，結合成一個「評鑑架構」（inspection framework），此「評鑑架構」的產生，也讓參與評鑑的人員有所依據，如此一來就不會雜亂無章、漫無目的地評鑑學校、老師及幼兒的學習，「評鑑架構」包括下列主要部分（溫明麗，2004）：

1. 學校的基本資料：如學校大小、幼兒數、出席和考試結果……等，訂定確切的評鑑標準。
2. 幼兒態度、價值觀和個人發展的結果。
3. 教師教學的情況。
4. 課程的安排以及學校提供幼兒學習機會的好壞程度。
5. 學校對幼兒的照顧程度。
6. 學校與家長的關係：進行評鑑時，評鑑人員會提供家長一份問卷，藉此蒐集家長對學校經營的觀點。該問卷內容包括其子女對學校的喜好、在學校學習的情況、家長對學校的觀點。
7. 學校的經營情況。
8. 學校可以進一步改進的可能性。
9. 學校提供的資料和其他特色。

三、流程

英國的教育評鑑除了針對教師的教學和幼兒的學習外，更涵蓋整個學校的環境和人員，接受評鑑的人員包括校長、師生、家長及學校行政人員及職員。評鑑的流程包括評鑑前、評鑑中以及評鑑後三階段，各階段的工作也都有細部的流程，以下分別介紹三階段評鑑的內容（溫明麗，2004）：

㈠評鑑前

參加評鑑的人員必須先行開會，以建立評鑑的共識，確保評鑑時不致失焦；在正式評鑑之前，皇家督學必須先行參訪學校，並閱讀相關的資料，進一步了解學校的現況，例如，了解學校的特質、目標、設立宗旨等，在了解學校現況後，參加評鑑的人員必須設定評鑑的焦點，另外，也要先預防被評鑑學校與評鑑人員間不必要的誤解和緊張。除了了解學校的現況外，評鑑的人員也必須蒐集家長對學校觀點的初步意見，作為評鑑時的參考。

㈡評鑑中

在評鑑過程時，主要是針對老師的教學活動和學校的課程進行情況，當然也包括幼兒學習的整體表現，如學習速度、學習成就、進步情況、個別差異幼兒的教與學等，同時，評鑑人員也需要和行政人員、教師和家長訪談，並對於學校之優缺點提出綜合評鑑說明，與受評學校進行討論，以建立評鑑結果的共識。由此可見，教育評鑑並非完全以結果為依據，而是同時兼顧過程評鑑，畢竟，評鑑時對於如何進步沒有一點了解的話，評鑑便沒有抓住要點。

㈢評鑑後

在評鑑之後的一個半月，皇家督學必須將評鑑結果的正式報告提出並知會學校後，再請學校針對評鑑結果提出改進之行動策略。評鑑結果的報告主要包括三項：

1. 學校評比的等級、學校的優缺點、學校已經改進之處、幼兒的態度和價值觀、教和學的情形、學校整體的經營情況，以及家長對學校的觀點。
2. 評鑑人員的評論和建議。
3. 家長對學校態度問卷的統計摘要。

在評鑑報告出爐後，學校必須在兩個月內按照評鑑的結果與建議提出具體的改革策略，並將改革策略提交教育標準局和家長作為參考，如此一來，不但可以作為學校改進之依據，也可以提供下次評鑑時作為參考的指標。如果學校的經營有重大缺失需要改進，皇家督學將於一兩年之內，對該校進行缺點改進之視導，如果是無嚴重缺失之學校，則通常四至六年評鑑一次（溫明麗，2004）。

由上述各點可知，英國對於學前教育的學校、老師、幼兒和家長間的關係非常重視，也成立了許多相關單位及皇家督學來評鑑學校教育的品質，從這些點可以看出，英國對於評鑑制度的確下了很大的功夫，很值得我們效法。針對「幼兒學習」這部分，從資料上來看，並沒有特定的評量規定，但是有一般性的建議，這個建議為「幼兒的進步及未來之學習需求，應透過不斷觀察的方式加以評量與記錄，並與家長一起分享。強調幼兒早期特殊需求的掌

握，並做適時的介入與支持」。由此來看，英國對於幼兒的學習還是非常重視，並且強調父母在幼兒學習時的重要性。

肆、幼教政策研究

英國和其他西方已開發國家一樣，面臨少子女化以及人口老化的危機，由於婦女的生育意願降低，迫使英國當局重視人口政策的制定與執行，以挽救日益老齡化的社會結構，以及人口結構改變所帶來的競爭力低落的情勢。

一、英國生育率折線圖

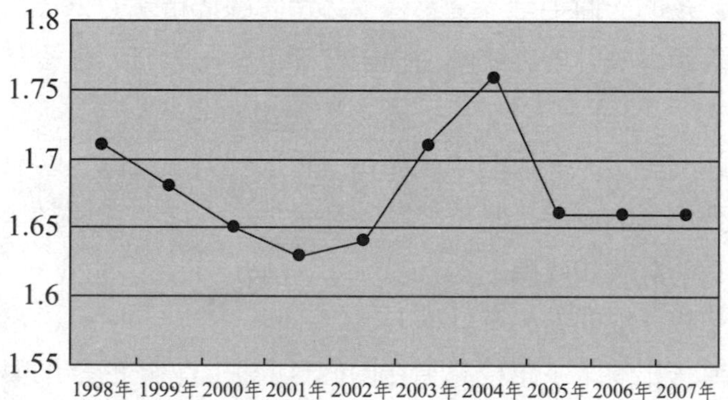

資料來源：Sleebos, J. E. (2003).

圖 2-1　英國近十年出生率變遷折線圖

由圖 2-1 可知英國的生育率在二〇〇〇年時每位婦女平均生育 1.65 個孩子，到了二〇〇七年則增加為 1.66 個。

二、英國少子女化現況及相關因應政策之利弊分析

1. 現況

(1)背景：英國由於劃分許多行政區，幼兒機構顯得相當分歧，而且政府並不鼓勵民營托兒所，只有少數企業設置附設幼稚園或濟貧性質的托

兒所，兩次的公立托兒所成長是因應世界大戰，也因此公立托兒所數量不多，對於托育問題大部分仰賴私立幼托園所。

⑵社會脈動：自一九九〇年代末期，私立幼托園所的規模難以有規模，需由家長自行負擔高額的托育費用，同時少數民族和城鄉差距的問題迫使英國政府開始重視幼托問題，將幼托服務公共化，計畫在每一個社區推動「確保啟動方案」（sure start），彌補公立幼托園所之不足。

2.政府的相關因應政策和措施

⑴親職假：英國在一九九九年十二月新修訂親職假，婦女於分娩前後共有十八週的一般產假及四十週的附加產假。同時五年內享有十三週不支薪的育嬰假；家庭中的子女若有緊急變故或生病時可以申請「家庭照顧假」（魯文雯，2001）。

⑵各項津貼：生育津貼每週可支領 39.25 鎊，共支付十八週，如果在同一企業任職兩年以上，前六週為薪資的 90%，後十二週則為每週 37.25 鎊。

⑶政府提供不孕治療的補助：夫妻接受人工受孕，可獲得來自政府的補助。

⑷減稅政策：有兒童稅及工作稅抵減額（台灣經濟永續發展會，2006）。

⑸設立完善的托育制度與學前教育：自一九八〇年起將四歲幼兒納入義務教育中，開始接受正式的學前教育。但是〇至三歲的托育問題，英國政府則提供免費服務，每位幼兒可享有每週 12.5 個小時，每年三十三週的免費教保服務。

3.政策與措施之利弊分析

英國政府雖然將義務教育向下延伸至四歲幼兒，對於〇至三歲的幼兒也提供免費服務，但是由於公立幼托園所的數量較少，形成私立幼托園所的盛行。早期政府當局只希望藉由發放津貼來解決托育問題，現今政府強調結合民間企業、志工團體、社區部門一起提供聯合式的托育服務，以提升英國婦女的生育率（謝子元，2005）。

*4.*窒礙難行之現況

由英國政府所提供的免費幼教服務雖然向下延伸至四歲，但是卻只有半天的課程，加上教育券使用引起公私立幼托園所的不當競爭、城鄉之間的差距、志工團體任用大量非合法的教保人員，造成英國幼兒教育的質與量並未獲得提升。

*5.*建議

⑴策略：①提升教保師的素質，增加教保人員的訓練經費，確立完善的證照制度，促使幼教相關人員認同其角色，提高其社會地位。②建立整合完善的照護體系，協助單親家庭或經濟弱勢家庭照顧其子女。

⑵在我國的應用之可行性：由於我國在建置單親家庭或特殊家庭的照護體系上，尚未聯結成一個整合式的系統，目前仍由各政府部門、志工團體、民間企業各自進行，若能統合所有部門的資源，相信能提供父母們更有效益的托育服務。

第三節

課程與教學

壹、課程標準

英國的學前教育並沒有所謂的「國家課程標準」這個稱謂，主要是由中央的「教育與科學部」制定學前教育方針，然後再由各地方當局配合此方針，制定合適的課程目標和綱要，英國政府在二○○○年時頒布了「基礎階段課程指南」（the Foundation Stage Curriculum Guideline），使三至五歲的學前幼托機構有一個清楚的課程準備目標，不至於造成各地課程規劃上太大的落差。總而言之，我們可以把英國的課程標準當作是國家課程中各學科所欲達到的學習目標（Attainment Targets, AT）和學習計畫（陳霞，2003）。

另外，「基礎階段課程指南」使英國的幼兒課程發展產生了相當大的變化，將在下一節課程架構時詳談，而在二○○○年以前的幼兒課程之教保目標又是如何呢？以下分別介紹幾個地方教育局或委員會所設定的目標：

一、英國學前教育計畫學校委員會（Schools Council Pre-School Education Project）

一九七四年擬定了一個評價學前教育課程的標準，用以評價保育學校和保育班是否達到教育目標，其標準如下：

1. 養育、保護、照顧每一位幼兒。
2. 認識每一位幼兒的獨特性。
3. 提供幼兒實驗和體驗的機會，以獲得原初性的學習經驗。
4. 提供幼兒探索、表現好奇心、表現自我、自由選擇的情境。
5. 提供發問和討論的機會。
6. 提供一個學習的環境，發展和諧的人際關係。

二、得貝郡委員會（Derbyshire County Council）

一九八四年地方當局擬定了一個學前教育發展方案，而該郡的教師諮詢委員會（Advisory Committee）也提出了一個配套的課程方案，該委員會的課程方案中提出的教育目標如下：

1. 促進幼兒更獨立。
2. 幫助幼兒更有能力控制自己的情緒。
3. 發展幼兒的工作態度，幫助幼兒對事情能更集中注意力與培養耐心。
4. 發展幼兒的好奇心。
5. 擴大幼兒的興趣。
6. 發展幼兒推理的基礎能力。
7. 發展幼兒的基本技能。
8. 促進幼兒獲得積極的自我觀（positive self-image）。
9. 發展幼兒做合理選擇的能力。
10. 促進幼兒意識並接受社會的道德觀和社會觀。

上述各點，可以看出英國非常重視幼兒的學習自主權，並且積極培養幼兒具有獨立自主的能力，期盼可以培養出一個具有主見、可以獨立解決問題的個體，可見英國在制定以上教育目標是站在幼兒的立場上來思考的。

貳、課程架構

長期以來，英國學前教育一直缺乏一個全國性統一的課程標準，由於英國有許多不同類型的幼托機構，導致英國的學前教育呈現了多元化的樣貌，再加上英國物博地廣，各地區的課程標準也未必相同。所以，英國政府在二〇〇〇年時終於頒布了「基礎階段課程指南」，好讓三至五歲的學前幼托機構有一個清楚的課程準備目標，不至於造成各地課程規劃上落差太大。

「基礎階段課程指南」把基礎階段的課程主要分為下列六大領域：

1. 人格、社會性和情緒性發展（personal, social and emotional development）。
2. 語言溝通和讀寫能力（communication language and literacy）。
3. 數學能力發展（mathematical development）。
4. 知識和對世界的理解（knowledge and understanding of the world）。
5. 身體性發展（physical development）。
6. 創造性發展（creative development）。

「基礎階段課程指南」主要是針對幼兒三至五歲時基礎的身心發展來制定的，這些領域的制定可以看出其「全面性」的發展面向，且對幼兒是重要的技能發展。當幼兒達到法定的入學年齡時（五歲），學前機構也會對幼兒進行包含有人格、社會性和情緒性發展，語言溝通和讀寫能力，數學能力發展，知識和對世界的理解，身體性發展及創造性發展等六大領域的基本水平評估（baseline assessments）。以讀寫能力為例，年滿五歲的幼兒應該可以達到將語音和字母聯繫起來的能力，例如，會運用語音來拼寫簡單的單詞且努力拼湊一些更複雜的單詞等能力（劉焱，2003）。

「基礎階段課程指南」中，英國的教育傳統肯定了「遊戲」的重要性，但也提出了一個新的概念來區別傳統的自由遊戲，這個新的概念即「精心設計的遊戲」（well-planned play）。有別於傳統自由遊戲，「精心設計的遊戲」

更強調老師的作用，老師會慢慢開始設計遊戲的形式並試著和幼兒討論，此類的遊戲也帶有愉悅性和挑戰性，提升幼兒學習的興趣。

雖然「基礎階段課程指南」中強調「精心設計的遊戲」之重要性，但是許多幼教工作者對於英國政府在「基礎階段課程指南」中強調讀寫能力和數學能力這方面有很大的反彈，原因在於這樣的統一措施會造成幼兒的學習壓力，導致孩子可能因此而失去學習興趣。英國長期以來，就一直針對「什麼樣的課程適合幼兒」之議題做探討，源自於Robert Owen和Margaret McMillan以「兒童為中心」的觀點，以自由遊戲為基礎的課程，現在因為「基礎階段課程指南」的提出，知識技能的學習開始慢慢被重新重視，這樣的轉變，的確引起傳統派的幼教人士很大的反彈。不過，從「精心設計的遊戲」的提出，也看出了今天英國幼教工作者在保持傳統和面對現實的張力中所選擇的「中間道路」（劉焱，2003）。

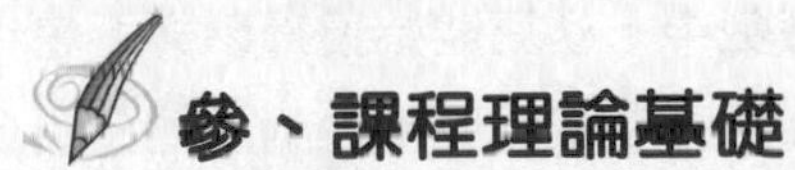

參、課程理論基礎

「遊戲」一直以來都是英國基礎教育學習的主要方式，英國的基礎教育課程當然也是依照著「遊戲」這個大原則來制定的，到底為何英國的基礎教育會如此強調「遊戲」的重要性？哪一派的哲學和理論觀點影響著英國基礎教育的課程模式？只要在我們閱讀下列篇章過後，應該就可以清楚的知道英國的學前教育課程基礎為何。以下是對影響英國幼兒教育課程模式的主要哲學和理論觀點所做的整理：

一、福祿貝爾的哲學

福祿貝爾是最早將遊戲納入課程當中的人，他認為遊戲是一種喜悅、自由、平和的活動，無論是人與物遊戲或是人與人之間的遊戲，都可以養成自動參與的生活習慣，亦可培養耐心。此外，福祿貝爾獨創「恩物」，就是「神恩賜兒童的玩具」。福祿貝爾認為自然是神賜給人類以認識神性的禮物，其創製的恩物就是依照自然界的法則、形狀及性質等所製成（朱敬先，1999）。

由於福祿貝爾教育的傳入，使得英國的幼兒教育十分重視遊戲對幼兒的影響，肯定遊戲對幼兒社會情緒及認知拓展的重要性，認為遊戲有助於幼兒內化其學習，並幫助幼兒發現自我，與他人互動，發揮友愛的精神。

二、艾薩克的經驗主義論

艾薩克（Isaac）的經驗主義中指出，教學的組織應該是基於活動的。幼兒在整個童年期，總是在遊戲、歡笑、爭吵、友愛及思考和提問中度過，艾薩克也提到大人應該觀察兒童在自發遊戲中的行為，同時也要觀察兒童在有組織活動中的行為。

三、維高斯基的遊戲理論

維高斯基（Vygotsky）認為遊戲發生在兒童期是因為幼兒有自己的需要。維高斯基認為，我們要「以最廣闊的意義來了解幼兒的需要，其應包括所有能引起行動的動機」（Vygotsky, 1978）。在遊戲中，幼兒開始獲得參與社會生活所必須的動機、技能與態度。同時，根據維高斯基的鷹架理論，他認為老師不應只有引導的角色，老師同時要從幼兒的遊戲中體認到幼兒想要了解的事，積極地指導他們去學習這方面的知識。

維高斯基說：「學齡前兒童就像是進入一個想像的、虛構的世界裡，在那裡無法了解的趨勢（unrealizable tendencies）都將能夠被了解。這個世界就是我們所說的遊戲。」（Vygotsky, 1978）。維高斯基的遊戲理論使得英國開始重視遊戲對幼兒的影響，並試著將遊戲視為課程內容的一部分。

根據上述的理論觀點，大致可以確立出英國基礎教育的理論，對於幼兒來說，交流的價值遠遠超過傳授「什麼是真實的和正確的」活動之意義。老師與幼兒之間的關係應該是成熟的，應該形成一種基於真正友誼的人際關係，這種友誼關係的特點就是自然、冒險及愉悅。

肆、課程與教學模式

英國的幼兒教育機構非常多元化，所以會造成各種不同的教學模式及活動時間表，而其幼教機構主要可以分為「保育學校」、「保育班」及「托兒所」，以下分別介紹這些學校的教學模式及上課活動時間表：

一、保育學校及保育班

保育學校和保育班注重幼兒的發展需求，並且會提供足夠的資源和機會讓幼兒親自去嘗試，也會在教室中設置許多角落區，讓幼兒在角落中學習探索。例如在美勞角中，會提供各種材料，像是畫紙、蠟筆、剪刀及膠水等，讓幼兒進入美勞角後可以自由創作想要做的作品。

基本上，課程是由教師所安排，老師會將適合幼兒身心及認知發展的東西運用在課程中，不過，老師在設計課程時的大方向還是不會改變，也就是將課程融入「遊戲」之中，讓孩子從遊戲中學習。有些學校會實施「整合教學日」，所謂的「整合教學日」就是幼兒可依據自己的興趣、能力與動機，去選擇自己想要從事的活動，通常這些課程涵蓋了創造性、藝術性、知識性及體能性等。

在教室中，教師們藉由桌椅和工作櫃創造出許多角落，幼兒就是在這些角落中學習及探索，教師在教室中沒有自己的桌椅，通常老師會在各角落區觀察並回應幼兒的需要，給予其適時的協助。

保育學校及保育班的上課時間可以分為早上制、下午制及全日制三種，通常以半日制最多，時間是從上午九時至中午十二時；全日制是從上午九時至下午三時半，每年上課平均約四十週左右（簡明忠，1987）。

二、托兒所

英國的托兒所主要收托〇到五歲的幼兒，一個班級最多能收托三十名幼兒，而托兒所保育人員與幼兒的比率是 1：13。托兒所中會提供給幼兒許多不同的刺激，例如：聽覺、視覺、形狀、色彩及方位等刺激，托兒所的教學活動主要是讓幼兒自由選擇。

托兒所的上課時間也可分為早上制、下午制及全日制三種，但是，托兒所的時間比較長，家長可以早上七點半就把幼兒送到所內，下午五點半再到所內接回幼兒，這對於有工作的父母親來說，是一個很好的時間安排。

教學活動方面，一般而言英國學前教育的教學活動偏向以幼兒為中心，教師擬定一個開放性架構的學習活動，利用非正式的教學方法，引導幼兒學習並獲得經驗。教學活動範圍的劃分，各地方教育局略有差異，不過一般都包括認知、教學、操作、自然、社會、生理、音樂與遊戲等八個範圍，下列以兩個地方教育局制定的課程分類加以說明：

㈠德貝郡（Derbyshire）

1. 創造的工作：激發想像的、批判的思考，發展使用各種不同東西的技能。
2. 構造的工作：發展辨別性的技能，例如，操作各種工具。
3. 探索自然事務：利用學校和附近社區的環境，促進調查、觀察和因果觀念的發展。
4. 角色扮演的工作：激發幼兒觀察別人，欣賞別人的觀點，充分表現出遊戲中的角色特徵。
5. 故事、韻律、音樂：傾聽音樂，促進情緒的滿足，聽故事，以了解文化遺產。
6. 物理遊戲：促使兒童體驗空間的遊戲，並發展信心以及使其在大空間中能了解自己的方位。

㈡蘭開夏郡（Lancashire County）

1. 創造經驗：繪畫、剪貼、塑膠模型、音樂、審美、自然。
2. 數學和科學經驗：科學、數學的理解與運用。
3. 語言和溝通：想像遊戲、說故事、參觀、朗誦詩歌、韻律。

一九八三年皇家督學在一項教學活動的調查中發現，教師的教學活動注意到課程的每一部分，包括：

⑴增進兒童發展的活動，包括故事、兒童詩、押韻詩及能擴大幼兒想像、了解知識的多種活動。

⑵提供閱讀圖書的活動。

⑶在適當時機，以非正式方法進行的閱讀活動。

⑷訓練傾聽技能的活動。

⑸透過遊戲以發展早期經驗的活動。

⑹提供幼兒有機會體驗到不同形狀、大小、關係、平衡等概念的活動。

⑺鼓勵幼兒注意周圍的世界。

⑻提供早期的科學經驗，包括對某些物體屬性的了解。

⑼鼓勵幼兒了解時常接觸的人。

⑽戶外參觀，提供各種機會，發展幼兒合作和協調的態度，以及表達自己的思想和感情。

⑾利用創造性和結構性材料進行想像遊戲，包括角色扮演。

⑿提供幼兒傾聽聲音的活動，促進知覺發展與區別人我關係。

⒀增進幼兒對音樂的節奏、強弱、始末的了解。

⒁利用爬行的設備或演唱的音樂遊戲，提供爬、滾、跳等運動遊戲。

英國目前正展開一場新的知識革命，由英國二〇〇〇年所制定的「基礎階段課程指南」來看，主要是針對幼兒基本的身心發展來制訂的，這些領域的制訂可以看出其「全面性」的發展面向。從實行層面來看，英國目前非常重視幼兒的讀寫能力與數理程度，雖然英國慢慢不這麼強調遊戲的重要性，可是在教學的時候，老師還是設法將教學設計得多元有趣，肢體動作也更為豐富地來教導幼兒，讓幼兒更有興趣的學習，以下舉一個例子來證明英國目前的課程走向；

英國的小學在上課時，通常會利用前十分鐘將孩子聚集在語文區中，然後老師常常會利用繪本或是童書作為輔助教材，幼兒天生就喜歡看圖畫書，因此，很快就能融入老師的故事當中。如果老師配合故事內容再加上一些生動的表情和抑揚頓挫的聲調，幼兒們一定會聽得非常起勁。老師有時候也會在故事書的一個段落後發問，讓孩子進入狀況，孩子通常也會很興奮的分享自己的經驗，老師在這時候就可以慢慢讓孩子發表並修正自己的觀念。經驗豐富的老師，在故事講完之後還會請小朋友上台分享甚至表演，小朋友也會很大方的上台分享。

英國的小學並沒有明確的回家作業，但是幼兒每天回家都要讀課外書，有的學校更要求家長每天必須督促子女閱讀一小時以上，並且要把閱讀內容重點記錄在「閱讀記錄簿」上，作為老師指導的參考。幼兒閱讀書籍的來源，通常是學校的圖書館，或是社區裡的圖書館，幼兒也常常會在圖書館裡組成讀書小組，彼此分享自己的經驗。

筆者相信幼兒喜好閱讀的興趣是可以培養的，也認為除了在園所內的公共圖書區放置各種不同的書籍外，也能實際帶領幼兒到公共的圖書館去參觀，藉此使幼兒對圖書、閱讀樂趣有更深的體會。

以上的例子可以看出，英國慢慢重視孩子讀寫能力的發展，期待孩子可以透過閱讀書籍，慢慢建構孩子多方面的知識，以培養終身學習、終身閱讀的習慣。

第四節 環境與設備

英國的幼兒教育機構主要是由保育學校、保育班及托兒所負責，學習環境設備及相關安全標準尤其受到嚴格的監督與重視。因此，英國政府為了讓各幼兒教保機構對幼兒的學習環境設備及相關安全標準能有一個共同的基準，設定了許多相關的法規，主要法規包括有：一九八九年兒童法案（Children Act 1989）；一九九七年工作場所火災警戒規範〔The Fire Precautions（Workplace）Regulations 1997〕；一九九〇年食物安全法案（The Food Safety Act 1990）；一九九六年健康與安全規準（Health and Safety Regulations 1996）；一九九六年學校視察法案（School Inspections Act 1996）；一九九六年保育教育與補助學校法案（Nursery Education and Grand-Maintained School Act 1996）及一九九九年教育（學校建築）規範〔The Education（School Premises）Regulations 1999 No. 2, England and Wales〕等（段慧瑩，2001）。

負責督導幼兒教育機構的學習環境設備及相關安全標準的是：

1. 教育就業部（Department for Education and Employment, DfEE）。
2. 營造與建築人員分局（Architects and Building Branch）。
3. 健康部（Department of Health）。
4. 資格暨課程局（Qualification and Curriculum Authority, QCA）。
5. 教育標準局（Office for Standards in Education, OFSTED）。

此外，英國政府也同時出版許多專業書籍指引，例如《三至四歲兒童設備規劃指標》（*Designing for 3 to 4 year-olds -Guidance on Accommodation for Various Setting,* DfEE, 1999）；《五歲以下高品質的托育服務》（*Quality in Day Care Services for Under Five,* Department of Health, 1996）等（段慧瑩，2001）。這些專業的書籍可以提供給各幼托機構參考，同時也讓家長在選擇幼兒的學校時有所依據，為幼兒選擇一個安全快樂的學習環境。

壹、學習中心／區／角落

一、自然科學角

自然科學角設於安靜的區域，可以讓幼兒專心觀察、做實驗，此外，自然科學角附近也設有水源、光源及電源，好讓幼兒在進行科學實驗時或是自然觀察時，能夠順利的進行，一般自然科學角都會準備一些實驗器材，如：望遠鏡、放大鏡、磁鐵、人體構造模型、魚缸等器材，老師也會替幼兒準備一些記錄簿及蠟筆，作為記錄實驗之用。

圖 2-2　觀察箱

二、語文角

語文角是設在僻靜的區域，在角落中有充分的天然或人工光線、地毯、書架、大軟墊、抱墊及舒適的椅子，供閱讀、故事分享等安靜活動。在這裡，幼兒可以一同閱讀書籍，一同分享書籍中的內容，然後幼兒可以彼此討論，不斷建構自己的知識經驗，此外，老師也會在此為幼兒說故事，讓幼兒習慣語文角，自然而然的慢慢喜歡接近語文角。

圖 2-3　語文角(1)

圖 2-4　語文角(2)

三、積木角

屬於大型建構的活動，通常積木角裡會準備大積木、拼裝火車軌道等建構活動素材，主要的建造積木可以分為單元積木組、中型積木、小型積木、海綿積木、樂高積木及一些機械裝置等。積木角在空間配置上，需要有大型的創作空間，且必須在地板上鋪上一層地毯，以減少聲音的干擾，此外也有大型收藏空間及乾淨的地板供幼兒聚集。

圖 2-5　積木角

四、娃娃家

幼兒天生喜歡角色扮演的遊戲，藉由角色扮演可以增進其語言溝通能力，也可以把真實生活中的經驗運用在角色扮演中，重新塑造生活的情境，創造一個屬於他們自己的生活經驗。在娃娃家中，園所會提供衣飾、掛衣架、鏡子、家具、小道具及足夠的角色扮演空間，讓孩子在娃娃家中可以隨心所欲的扮演。

圖 2-6　娃娃家

五、美勞角

幼兒非常喜歡畫畫，也喜歡接觸各種形形色色、色彩鮮豔的作品，因此如何將美勞角設置得很完善是很重要的。通常孩子會在美勞角中進行一些桌面活動，例如：繪畫、縫工、模型設計、基本讀寫、計算等，桌椅必須能依教學活動需求調整位置，以及要有收納櫃空間存放教具及基本器材。美勞角中的基本器材，具備了各種大小、顏色及不同材質的紙張，此外，也會有一些圖畫器具，例如：彩色筆、蠟筆、鉛筆、水彩筆及簽字筆等，而一些裝訂工具，如：安全剪刀、釘書機、打洞器、膠水、口紅膠及細繩等更是不可或缺。

六、體能遊戲區

通常這個角多設置於戶外，但是有些學校也會將這個角特別置於體能教室之中，主要的體能教具有球池、小型溜滑梯、鑽洞區及小型玩具車等，讓小朋友在體能區中可以隨意運動、遊戲及鑽爬，充分發展大小肌肉。園所會將體能區設置足夠的設施與流動空間，並設置安全防護墊，以避免造成幼兒的運動傷害。

圖 2-7　室內活動場

圖 2-8　體能區與體能用具

七、音樂角

這階段的幼兒喜歡哼哼唱唱，也喜歡敲敲打打玩著樂器，幼兒可以是個音樂創作者，也可以是個隨音樂起舞的舞蹈者，在音樂角中，他們唱歌、聽歌、編屬於自己的歌、玩樂器及舞動自己的肢體，幼兒融入在音樂之中。因此，音樂角的擺設及空間配置非常重要，因為需要發聲，通常他們會將音樂角置於娃娃家或是積木角附近，有些學校會有單獨的音樂教室，如此一來，可以避免影響其他班級教學，在收納樂器部分，園所會提供矮架或儲藏櫃擺放樂器。

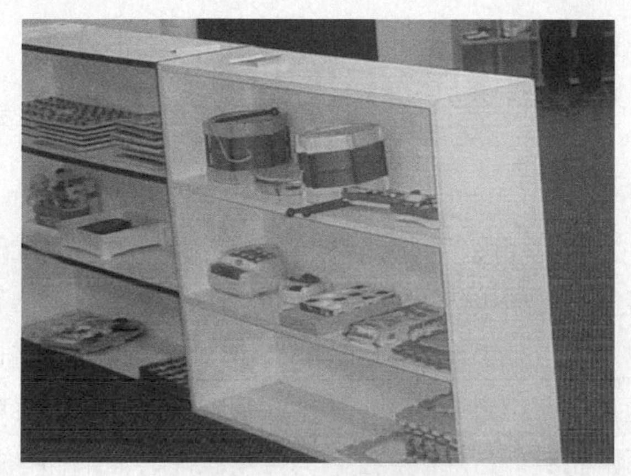

圖 2-9　音樂角

八、電腦角

電腦在英國的家庭中是很普遍的資訊產品，幼兒常常對這些資訊產品產生很濃厚的興趣，重要的是，電腦的運用已經成為他們日常生活中的一部分。因此，學校通常會在某角落中或是獨立電腦教室設置兒童電腦、視聽設備等，讓幼兒從小接觸電腦，學習簡單的操作方式，例如：簡單的電腦繪圖、玩配對、比較及記憶的遊戲等。通常電腦角會設在遠離潮濕的區域，必須設置符合幼兒高度的電腦桌椅，螢幕高度不超過幼兒眼睛視線，桌面深度在七十五公分以上，才能正確使用電腦螢幕、鍵盤等，以避免反光。

九、烹飪角

這個角落在我國比較少見，園所設置這個角落必須要合乎衛生及食物安全法案中所要求的設備，需要替幼兒準備圍裙、適合幼兒高度的桌子及清潔洗滌設施等，可供幼兒切、揉、捏、攪拌等簡易烹煮活動。另外，老師一定要在旁邊嚴密注意使用炊具、爐架等，以確保幼兒的安全。通常烹飪角最好設在一個專屬空間，但不是在廚房之中。

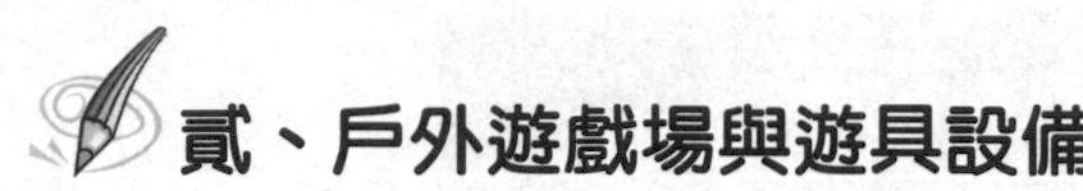

貳、戶外遊戲場與遊具設備

英國首相邱吉爾（Churchill）曾經說：「人類創造了空間，空間反過來更可創造人類。」在幼兒階段，可以看出英國政府對於環境空間的重視。英國曾在一九七二年時頒布「學校建築法規」，而「學校建築法規」對於當時的保育學校和保育班的戶外遊戲場地及相關設施有了明確的規定，這也奠定了英國往後戶外遊戲場地及相關設施的基礎。通常在英國的戶外遊戲場中，最常見的是體能遊戲區，而體能遊戲區中最常出現的遊具設備有溜滑梯、盪鞦韆、平衡木及攀爬區等。除了體能遊戲區外，通常也會有騎乘區、沙水遊戲區及跑步的空間。根據「學校建築法規」的規定是「在戶外遊戲場中，每一位幼兒應該有 9.3 平方公尺的活動空間，其中至少有 3.7 平方公尺要鋪有水泥」。

在英國的戶外遊戲場中，依遊戲器具來分，主要可區分為以下幾個區域，下列除了介紹該區域的特性及位置外，也將介紹該區內的遊具設備：

一、體能器具區

戶外遊戲場中的體能器具區是最普遍也最常出現的區域。一般來說，這個體能區中會設有大型遊具，這些大型遊具可能包含了多功能的設備（見圖 2-10～2-12），通常會附有溜滑梯、鑽爬區、盪鞦韆及攀爬區等多樣化功能。體能器具區大部分會置於草坪上，以減少幼兒跌傷的可能性，大型遊具的設置一定要有國家安全標準的檢驗才算合法，國家在安全措施上必須嚴格把關，例如，止滑墊的設置、扶手的設置及護欄的設置等都是必須的，如此才能確保幼兒的安全。

既然稱為「體能器具區」，其功能當然是以幫助幼兒大小肌肉的發展為主，提供幼兒跑步、抓握、跳躍、擺盪及騎乘等一些身體性的運動。除了上述的大型遊具外，通常也會放置足球、籃球、呼拉圈、跳繩及翹翹板等遊具（見圖 2-13～2-15），讓幼兒可以隨時取用。但是，非常重要的一點是，老師必須要在幼兒使用遊具前，先告知他們正確的使用方法，逐步的慢慢引導，等幼兒學會了一項遊具的使用功能後，再慢慢的引導幼兒如何使用其他的遊

具。遊具的擺設原則是，不要一次就將全部的遊具放入遊戲場中，主要的目的，在於培養幼兒學習排隊輪流使用的好習慣，也能讓幼兒對較少接觸到的遊具保持新鮮感。

圖 2-10　多功能綜合遊具(1)

圖 2-11　多功能綜合遊具(2)

圖 2-12　多功能綜合遊具(3)

圖 2-13　攀爬架

圖 2-14　翹翹板

圖 2-15　溜滑梯

二、遊戲器具區

這個區域中，主要是採大型的開放空間，讓幼兒可以在這個區域中盡情遊戲及奔跑，通常這個區域會鋪上軟軟的草坪，幼兒可以在這裡做奔跑、翻滾等遊戲，在跌倒時因為草坪的保護，可以減少受傷的可能性。

除此之外，還可以進行班級的團體教學活動、韻律活動、大型的規則遊戲活動及全園的活動，老師常會運用這裡的資源作為設計課程的依據。通常老師在課程中需要大場地且不怕嘈雜的環境時，這裡常常是最佳的選擇，例如，課程中需要做體操或暖身操，或是進行一些全班性的競賽活動時，像是滾輪胎大賽、兩人三腳等競賽時，這個區域提供了很好的活動空間，以提供師生在這邊進行教學的活動。

圖 2-16　搖搖船

圖 2-17　三輪車

圖 2-18　踏板車

圖 2-19　小巴士

三、沙遊戲區

幼兒天性就愛玩沙，藉由玩沙可以增進其創造力、審美力及觸覺上的發展，因此，如何設計出一個乾淨整潔的沙池，的確是一項很重要的工作。英國的沙坑通常位於戶外（見圖 2-20），而且會獨立出來，主要是因為設在獨立區域上，可以保持其他區域的整潔，也不會對草坪有所破壞。在沙坑附近一定要具有水龍頭或是幫浦等給水設備，一方面幼兒在玩沙時可以更具變化，另一方面幼兒要清潔時，也可以就近洗手和洗腳。在使用沙坑之後，一定要使用帆布把沙坑蓋住，這樣一來，不但可以保護沙坑不受破壞，也可以防止沙子被風吹出來。

在沙坑中，老師通常會放置一些塑膠製的鏟子、桶子、小型玩具和澆水器等遊具，讓幼兒在遊戲時可以更有變化，更富趣味性，幼兒也可藉由這些遊具，發揮自己的想像力，創造出不同的沙雕或是城堡（見圖 2-22～2-23）。

圖 2-20　沙池

圖 2-21　室內沙池

圖 2-22　沙池區

圖 2-23　沙池區

四、水遊戲區

從英國著名 Pen Green Nursery 的設備來看，他們設有獨特的水遊戲區，這個水遊戲區是讓水順著水管由上慢慢往下流，幼兒可以在這個長長的水滑梯中（見圖 2-28），觀察水的流向及特性，甚至可以自己伸手去體驗水的觸感，也可以利用一些工具，例如：細軟的水管、小水桶及滴管器等來體驗水的奧妙。這個水滑梯是運用高低的特點來接水，這邊流完後會接到另一個水滑梯中，幼兒可以藉由遊戲中觀察出「水往低處流」的特性，給幼兒實際的知識經驗。

圖 2-24　戲水道具

圖 2-25　戲水區(1)

圖 2-26　戲水區(2)

圖 2-27　戲水區(3)

圖 2-28　水滑梯

在水遊戲區中，最重要的是水質的維護及排水的安全措施，通常水的來源以自來水為主，且水質需要達到一定的標準，此外，水池及水滑梯應該定期清洗並保持水的流動，以維護水質的潔淨。在排水的安全措施上，必須在排水管上裝上通氣蓋，並且指導幼兒不能進入，地上的防滑措施也必須完善，以免幼兒在遊戲中跌倒受傷。

五、轉換區

遊戲區裡，如果設有轉換區，可以幫助年紀較小或是較怕生的幼兒先觀察其他幼兒遊戲的情形，等到熟悉環境與操作模式後，再進入遊戲的場所與大家一同遊戲。通常在轉換區中，可以設一些小座椅或是小涼亭，讓幼兒在其中休息或是觀察。在英國 Pen Green Nursery 中，可以看到他們的轉換區中設有「樹屋」，幼兒可以在樹屋中休息，也可以將這裡當作是他們的家，並進行角色扮演的遊戲，幼兒喜歡有自己可以隱蔽的空間，通常「樹屋」提供了他們這個空間。

此外，Pen Green Nursery 也設有「小橋」，這也是個很好的轉換空間，幼兒通常會經過這個小橋到達教室，從教室到戶外遊戲區時也是藉由這座小橋，因此，「小橋」可以作為教室和遊戲區間一個很好的緩衝橋梁。

圖 2-29　樹屋

圖 2-30　小橋

第五節

英國幼稚園實例舉隅

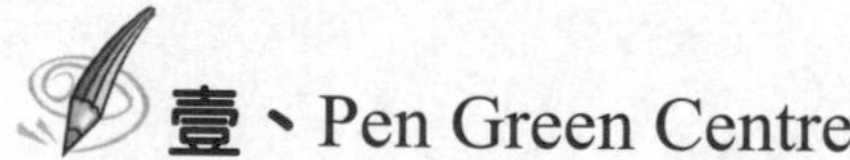

壹、Pen Green Centre

一、簡介

圖 2-31　Pen Green Centre 校門

圖 2-32　Pen Green Nursery 門口

Pen Green是位於英國的北安普敦郡科比的一個早期療育中心，早期科比是一個煉鋼社區，家長大都需要輪班，所以成立了 Pen Green 以提供社區的教育和醫療衛生方面的服務。其中，教育機構與照顧機構是屬於同一個董事會來管理，Pen Green 的中心，是 Pen Green Nursery。Pen Green Nursery 位於北安普敦郡，屬於二到四歲幼兒的社會照顧和健康中心。在Pen Green Nursery中，佔了比例一半的是需要社會照顧和特殊教育的幼兒，還有少數屬於需要學習英語作為第二外語的人。這裡提供不需要註冊的一個半小時課程，課程可以是在早上、下午或是晚上，目的是為了讓家長能參與中心的課程。托兒所也提供重要的回流教育管道，讓成人能夠得到開放大學網（Open College Network, OCN）的認可，成為合格的托兒所保育人員，此外，也對學齡兒童提供課後托育服務。

二、Pen Green Nursery 的教育哲學觀

㈠熱情

Pen Green Nursery 的教師對幼兒都很親切，因此幼兒與他人互動時也都很和善，會表達自己的想法，也會有同情心與同理心。

㈡自尊

在 Pen Green Nursery 中，十分重視幼兒自尊的培養，認為幼兒應該要學會尊重自己，並且學習去尊重他人。

㈢自主

Pen Green Nursery 的教學中，認為教學的活動應該要讓幼兒有選擇權，學會自己做選擇，並且讓幼兒學會為自己的選擇承擔責任。

㈣自我價值

致力於培養幼兒的自我價值觀，讓幼兒認為自己能夠去掌控事情，認為自己是有能力的，並且願意將自己的能力貢獻在社會上。

三、Pen Green Nursery 開放時間

Pen Green Nursery 是一家設有三十五個據點的全日托育機構，提供二到四歲的托育服務。星期一到星期五的早上八點開放到晚上六點，由地方政府所提供的托育服務機構。

四、Pen Green Nursery 師資來源

無論是幼兒教師或是照顧人員，都是由非常優秀且具有豐富經驗的工作人員來擔任。

五、Pen Green Nursery 的優點

1. 對於家庭提供很大的支持。
2. 與家長間的互動良好。
3. 保育員精通於傾聽幼兒、觀察幼兒、計畫課程和評量教學。
4. 在各個學習區中，都能發揮有效的教學。
5. 無論在中心內或是中心外的地方，均提供教職員良好的進修機會。

六、Pen Green Nursery 需要加強的地方

1. 參與政府事前的規劃和評鑑。
2. 與科比社區中的居民保持密切的互動。

七、Pen Green Nursery 托育機構舉隅

(一) Lloyd's Educare

這個全日托兒所中，除了注重幼兒的健全發展，也相當重視幼兒生理與知識的發展，因此提供營養的食物給幼兒，在教學法上，教師會事先設計與規劃課程活動，讓幼兒能夠透過課程學習到六大領域的知識。

(二) Crèche

這個托兒所在 Pen Green 中，對於提供高品質的服務扮演著重要角色。

因為Crèche提供了良好的幼兒照顧，也提供家長很棒的機會，讓他們能夠練習並增進自己的育兒技巧，這裡的資源雖很有限，但是機構中的成員卻都很努力的推廣這個機構。

八、Pen Green Nursery的教學特色

㈠注重父母與社區的參與

Pen Green的工作人員會邀請父母加入決策者的角色，徵求父母的意見，並且融入每個孩子學習與發展的過程中，目前已經有超過80%的父母參與幼兒學習計畫（Parents Involved in Children's Learing, PICL）。這個制度不是為了彌補中心的不足，而是想讓更多的人知道貧窮對於幼兒和他們家庭有多大的影響，並鼓勵父母們以積極與配合的態度面對服務機構。

Pen Green的運作是以社區教育為原則，其認為社區教育應當：

1. 關注兒童個體的自主能力。
2. 幫助兒童個體主導自己的生活。
3. 幫助兒童提高自尊。
4. 灌輸兒童終身學習的思想。
5. 灌輸兒童機會均等的思想。
6. 訓練兒童凡事能屈能伸。
7. 教導兒童不用忿忿不平，因為並不是每件事都如同我們所想的那樣。
8. 鼓勵兒童相信自己擁有改變事物的能力。
9. 教導兒童懂得自我滿足。

㈡課程的質量和範圍

提供良好、廣泛的學習活動，讓幼兒可以自由選擇。若一個班級中有超過三分之一的幼兒是剛進入托兒所的，教師會先幫幼兒設計好適合他們年齡的課程之後，再讓幼兒去選擇他們想要從事的活動。教師設計的課程兼顧深度和廣度，提供幼兒豐富的機會。

㈢針對特殊需求幼兒的服務

Pen Green Nursery 在特殊教育方面，也做得非常好。對於有特殊需求的幼兒會特別關心，並考量特殊幼兒的能力來設計教學內容，將訊息以特殊的方式讓特殊幼兒可以了解，也讓父母在日常生活中可以融入幼兒的生活。

㈣提供第二外國語言的訓練機會

提供以英文作為第二外語的幼兒有效學習英文的途徑，讓他們學到英文的知識，並且能夠加以應用於口語上。同時也必須尊重每一位幼兒的母語，並讓幼兒的母語成為學習英文的基礎。

㈤注重幼兒精神、道德、社會和文化方面的發展

透過精神、道德、社會和文化方面的教育，讓幼兒學習與人溝通，當面臨衝突時能夠確實了解別人的觀點。教師鼓勵幼兒思考自已想要做什麼，並且鼓勵幼兒蒐集生活中較特別事件之經驗。

㈥小組時間

有特別的小組時間，可以讓幼兒分享彼此家庭中的事件，學習討論、等待、寬容、親切與傾聽。幼兒們一起在小組中唱歌、跳舞、烹調、分享故事或進行園所附近的戶外參觀。

九、Pen Green Nursery 的基模

基模（schema）是一個簡單的行為模式，若是了解幼兒的發展基模，再仔細的去觀察幼兒的行為，我們就能發現其行為遵循著某種基模。基模共分為三十六種，比較重要且常見的基模有：軌道（trajectory）、圍繞（enveloping）、旋轉（rotation）、運輸（transporting）、連接（connection）等等。

在 Pen Green Nursery 中，很重視幼兒的發展基模，認為教師必須要了解幼兒的發展基模，而且與幼兒相處和設計課程時，必須依照幼兒的發展基模來設計適合幼兒的活動，如此一來，教師可以更加了解幼兒行為的原因及動機，也有助於更好的幼兒發展。

圖 2-33　體能課

圖 2-34　課後輔導活動照片

圖 2-35　倡導早期家庭教育

圖 2-36　幼兒照片牆

圖 2-37　室內空間標示牌

貳、Slough Centre Nursery School

一、辦學目標

1. 在托兒所內建立一種歡樂與具安全感的氣氛。針對幼兒先前的經驗做出一番評估，並針對個體的不同需求做出回應。
2. 了解幼兒是獨立的個體，並鼓勵他學習，擁有決策能力，並且支持其原創的想法。
3. 提供幼兒一個具刺激、挑戰的環境。
4. 發展幼兒對學習的自信、熱情與好奇心，給幼兒時間去探索，並發展出想法與興趣。
5. 鼓勵幼兒的成就，並採取正向態度，相信每個人在某些方面都是好的。
6. 在所有學習領域上設立高標準，並盡可能地讓幼兒在早期學習目標中，有大幅的進步。
7. 鼓勵良好的社會關係，發展幼兒與他人合作的能力。
8. 鼓勵幼兒尊重自己與他人。
9. 提供另一階段學習的基礎。

圖 2-38　公佈欄

圖 2-39　保健室

二、作息

午別	時間	備註
上午	09：00am～11：30am	
下午	12：45am～3：15pm	
整天	09：00am～3：15pm	
特殊日	07：30am～5：30pm	特別安排的日子

三、課程

托兒所的課程可被分成數種「課程區塊」，這些已經在政府所出版的「基礎階段課程指南」被明確定義。例如，數學課程、科學及技術的活動課程，與創造性活動課程。物理的、個人的、社會發展與語言、讀寫能力等，則橫跨每一個區塊。在所有的學習區域中，並備有書籍、標記的材料，以及電腦。

托兒所時間被劃分為報到、主要活動時間、自由玩耍（戶外的玩耍也含在內）、整潔時間、食物與牛奶時間和故事時間。

圖 2-40　美術角活動

圖 2-41　幼兒從戶外活動回教室，老師請幼兒喝果汁同時用大繪本說故事給幼兒聽

圖 2-42 角落時間(1)

圖 2-43 角落時間(2)

四、招生

家長想讓幼兒在法定的年齡入學，因此，他們會先在學校簽下幼兒名字。當幼兒三歲時，就要開始為其入學做準備，在 Slough，許多學校將招收五歲的幼兒。讓園所了解你的幼兒是否已經具備進入小學的能力，這是相當重要的。

職員提供合適的學習與發展機會，並建立實際可行的、有挑戰性的期望，以配合幼兒多樣化的需求。我們相當明白幼兒在開始進入托兒所時，都會擁有不同的既有經驗、興趣與能力。因此，我們的計畫是配合男孩與女孩的不同需求、有特殊教育需求的幼兒、具有能力的幼兒、殘障幼兒，以及來自所有不同社會、文化與宗教背景，以及種族的幼兒。

五、遊戲

在 Slough 托兒所中心，我們相信遊戲是有效的教學活動，幼兒能透過遊戲從中學習並發展能力，因此遊戲對學習而言是一種刺激的因素。在學校的環境中，遊戲的概念是平衡的、廣泛的，能供給幼兒的發展，並迎合幼兒需求與個體的權利。

圖 2-44　搖搖馬

圖 2-45　汽車方向盤

圖 2-46　平衡木

圖 2-47　手拉車

圖 2-48　綜合攀爬遊具

圖 2-49　沙坑扮演區

圖 2-50　戶外沙坑

圖 2-51　平衡木

什麼是遊戲？

不同的人們有不同的認知……

遊戲是複雜的
遊戲是自然的念頭
遊戲是活躍的
遊戲是費力的工作
遊戲是「具體的」，不是「抽象的」
遊戲是正在做的
遊戲是假扮的
遊戲是真實的
遊戲是自我表達
遊戲是情緒的釋放
遊戲是兒童福利的好指標
遊戲是「兒童在哪裡」的好指標
遊戲是研究性的
遊戲是語言發展
遊戲是溝通
遊戲是參與社交的
遊戲是激發的
遊戲是發展審美觀
遊戲是發展生理的協調
遊戲是獨自的、平行的，或合作的
遊戲是計畫的與做決定的
遊戲是放鬆的
遊戲是費勁的
遊戲是激烈的
遊戲是喧鬧的
遊戲是文靜的

在不同的時間……

遊戲是創造性的
遊戲是有挑戰性的
遊戲是做決定的
遊戲是安全堡壘
遊戲是問題解決
遊戲是冒險
遊戲是成功的
遊戲是學習新技能
遊戲是練習已存在的技能
遊戲是重複的
遊戲是鞏固知識
遊戲是學習新知識
遊戲是健康的
遊戲是模仿的
遊戲是幻想的
遊戲是全神貫注的
遊戲是投入的
遊戲是可預期的
遊戲是冒險的
遊戲是分析探究的
遊戲是分享的
遊戲是移情的
遊戲是信任的
遊戲是微笑的
遊戲是適應的
遊戲是歡樂的

保存紀錄

為了要記錄幼兒的發展，當他進入學校後，職員將開始對他做詳細的紀錄。在規則的基礎之上，這些紀錄被職員所完成。你能在任何時間要求去看這本書。

在開始的前六週，幼兒的主要工作者將和你有段談話，內容是關於你孩子的安頓狀況。然後，他將訂立每學期的約會，跟你討論關於你孩子的成就。這些記錄成就的書籍將在最後一個學期時交給你，請在你孩子進入下一間學校時分享它。

計畫

活動在學期、週、天的中間基礎上被計畫著。職員針對六個「學習區塊」的每一區塊規劃選擇主題，他們也針對本週聚焦的主題計畫一些特別的活動。你可能被要求要提供一些東西給幼兒使用，或在「分享和說話」時間展示給班級。

六、領域

托兒所根據 DFEE「基礎階段課程指南」提供幼兒結構性活動與教師細心計畫的遊戲，以資學習。這些課程涵蓋以下的領域：

㈠個人與社會發展

透過課程的觀點，個人和社會的技能被發展出來。我們的第一個目的是幫助每一位幼兒進入托兒所學習。每一位幼兒在托兒所中，被視作一個有價值、有貢獻的個體。

1. 鼓勵幼兒培養與他人合作、分享，和傾聽彼此的能力。
2. 培養熱心和好奇的學習態度。
3. 在遊戲結束時，鼓勵幼兒協助收拾環境。
4. 當幼兒在活動中被鼓勵時，其專注能力將獲得發展。
5. 了解園所的規則，並能按照規則發展出解決問題的方式。

㈡語言和讀寫能力

我們提供機會去發展每位幼兒的語言能力，這些幼兒以過去舊有的經驗，參與了語言的活動。這些經驗能讓幼兒與朋友和成人溝通，並且學習到新詞彙。

1. 每位幼兒的聽力與專注力是每日遞增的。
2. 幼兒有機會去閱讀書籍，並且藉由聽故事、和同儕或成人在圖書館閱讀書籍來提前發展閱讀的技巧。閱讀技巧包括教導幼兒如何看圖片和解說圖片的內容、使用圖片來重新口述一個故事、從信件中找出自己的名字，以及從左到右地看一本書。
3. 這些幼兒透過有效的方法被引導成為提早學會寫字技巧的幼兒，例如：當幼兒寫名字的時後，開始從字母所得到的訊息中去做記號；或當幼兒正在玩醫院或郵局角色扮演的時候，填寫出表格；或製作卡片等方式。

圖 2-52　語言學習區佈置圖

㈢數學能力

幼兒參與有關探索的活動，他們樂在其中，並發展出一些數學相關能力的知識，例如：

1. 數字能力：有多少位幼兒在托兒所裡面，所以我們需要幾個牛奶盒子；幼兒唱著有關數字旋律的歌曲；當幼兒根據玩具的顏色做分類或數一數玩具共有幾個的時候，幼兒開始做加與減的運算。
2. 測量能力：幼兒能比較出輕和重的差異在哪裡；比較滿和空的差別；觀察到當把東西加到天秤上面的時候，天秤會產生什麼樣的變化。

3. 辨別各種的能力：談論有關樣式的事、模仿那個樣式，和從包裝紙上或壁紙上或從有結構性的物體上找出一些相關的樣式。
4. 形狀和空間概念的能力：討論幾個簡單的形狀，例如，圓形、正方形、三角形和長方形。感覺和描述出形狀的樣子，運用直線或曲線創造出一個形狀、數一數每一個形狀是由多少個角組成的。幼兒可以出外走走，從街道的招牌、房子，或是交通工具上找出一些形狀，並運用各種形狀創造出一幅圖畫。

㈣知識和對世界的了解

這一類的知識包括科學、歷史、地理、科技資訊，和設計。幼兒藉由下列幾種方式去探索、提問、研究他們身邊所接觸到的世界是什麼。

1. 談一談幼兒可以在托兒所裡面看到什麼，和如何去找到這些東西。
2. 談一談幼兒所居住的地方在哪裡，和他們到學校的路程中會遇到些什麼，這路程是怎麼樣的。
3. 列出一些與幼兒有關的生活事件，談論與事件有關的顏色、皮膚，和數字等等。
4. 使用電腦和收音機等設備。
5. 使用一些具有建構性質的玩具。
6. 探索不同的物體。

㈤肢體發展

包括精細動作和粗動作的控制能力：

1. 精細動作控制能力：把線穿過針、用手指握住鉛筆、把拼圖拼湊起來、使用剪刀等。
2. 粗動作能力：跑、爬、跳的能力。
3. 培養幼兒保持身體健康與安全的觀念。
4. 每一位幼兒需要被鼓勵成為一個獨立的人、發展自我，幫助一些能力的建立，例如，使用玩具和收拾玩具、把外套扣上釦子的能力。

圖 2-53　教師與幼兒一起活動，訓練幼兒肢體平衡能力

㈥創造力的發展

這個領域包括藝術和設計，音樂和動作，角色扮演和想像遊戲等方面的能力。讓幼兒有機會去分享和發掘一些想法和內心的感覺。

1. 藝術和設計，畫圖、印刷、做出盒子的模型、切割和黏貼。

2. 音樂和動作，唱有關動作的歌曲，並探索聲音的大小、長短。

3. 角色扮演和想像遊戲，在某個角落扮演醫院、商店的遊戲。

1. 英國的幼兒教育哲學與其他各國相較之下，有何特點？
2. 比較台灣和英國幼教師資培訓制度的差異？
3. 你認為英國的幼兒教育課程與台灣的幼兒教育課程何者較佳？為什麼？
4. 影響英國幼兒教育最大的因素為何？
5. 學習中心在英國與在其他各國有何不同？
6. 影響英國幼兒教育史的重要事件有哪些？
7. 英國的評鑑模式優點為何？缺點為何？
8. 英國幼兒教育在中央與地方如何分權？
9. 看過了英國學習中心／區／角的規劃，說說看是否有引發你相關靈感？或是有可以借鏡的地方，以運用於國內幼教現場或是你自己的班級上？

第三章 美國幼兒教育

【教學目標】

1. 認識美國幼兒教育史及了解美國幼兒教育哲學。
2. 認識美國幼教的行政組織。
3. 知道美國幼教老師的師資培訓過程。
4. 探討美國幼教評鑑的優缺點。
5. 認識美國幼教的課程標準及課程架構。
6. 探討美國幼教的課程理論基礎及教學模式受到哪些教育家的影響。
7. 認識美國的學習角落區有哪些，和台灣有哪些不同。
8. 了解美國幼教機構的戶外遊戲場與遊具設備。

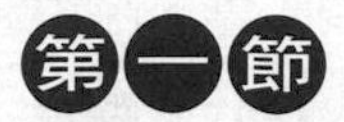

第一節 幼兒教育史與幼兒教育哲學

壹、美國幼兒教育史

美國幼兒教育發展的歷史要從第一次世界大戰以後才正式的發展。而美國幼兒教育的歷史也是深受許多歷史事件的影響，因為經歷這些重大的歷史事件，讓美國的幼兒教育漸漸改變，才形成今天的風貌。迄今，幼兒階段的發展已成為美國民眾與政府決策中最重要的議題之一，多元化是美國幼兒教育的一大特色，依據不同時間、文化與社會事件，美國的幼兒教育機構發展出適合幼兒的教育哲學。以下介紹美國幼兒教育的背景及對美國幼兒教育有重大影響的事件。

一、美國幼兒教育的發展背景

自十八世紀中期啟蒙運動開始，哲學家與心理學家就已試圖發展關於幼教與幼兒發展的現代概念，並成為今日幼兒教育的基礎。洛克（Locke）與盧梭首先開始重視幼兒時期，並發展出一套可行的辦法幫助發展幼兒的智力與情感。雖然多數人認為幼教的概念與實務早已深入民間，但佛洛依德和杜威的研究卻證明人類在啟蒙運動前，對於幼教的著眼確實很少。在十九世紀，幼兒教育歷經了一次國際性的改革運動，美國的幼兒教育受這些哲人與改革運動的影響，可分為以下兩大階段。

㈠可救贖的幼兒（一八三〇至一八六〇年）

身為一個理想主義的文明國家，美國希望能依循最高道德標準來生活，然而美國人自己卻常常面臨內心欲望與理想的衝突。十九世紀初，美國第一次公開辯論要如何使幼兒遠離罪惡，同一時間，為幼兒權利而起的運動也開始悄悄進行。一個多世紀以來，美國的改革者受到盧梭與洛克的影響，呼籲給予幼兒適當尊重與特別照顧。到了一八三五年，幼兒教育已經是一個經常被大家討論的重要議題。這時美國的母親普遍以「溺愛」的方式顯示自己對幼兒的愛，她們以為自己的仁慈、愛和溫柔的照顧，就足以讓幼兒茁壯並過著道德的生活。另外，對神的敬愛雖然也有助於教導幼兒道德，但這卻不甚足夠，於是「老師」的出現就顯得很重要。老師教導的不只是知識，一些基本的技能也必定是每個幼兒所要學會的，畢竟，「精神力量」比知識力量來得重要許多。到了一八五〇年，學校的教科書主要可分成六種科目：閱讀、拼字、算術、文法、歷史和地理。美國的歷史也為幼兒提供了很好的道德教材：在神的導引與幫助之下，一個人如何追尋自由。

㈡救贖幼兒之人（一八六〇至一九〇〇年）

今日我們在幼兒教育上常見的議題如專門化、終身教育、嚴厲或鬆散等，這些早在一八九〇年時就已被學校評論家拿來廣泛地討論。雖然當時的學校相較於一八三〇年代的情形早有很大的改善，但輿論依然對於教師造成龐大壓力，外界對教師也依舊存有過多聯想，導致老師與家長常常因為認知上的差異造成不快。強調個性與自我表現的進步教學法也在此時碰到了難題：在二十世紀的城市社會中，該如何保留早期幼兒世界裡的某些價值觀？適時出現的「新教育」科學教育方法，似乎對如何保留美國傳統價值與信仰這問題提供了解決之道。杜威認為：改革派與保守派之所以無法達成共識，是因為他們各自欠缺一套自己的哲學，因此沒有真正所謂的舊教育或新教育，有的只是一些膚淺的、分歧的「趨勢」罷了。在當時的觀念裡認為：老師最重要的任務就是引發幼兒創造力的本能，因此在幼稚園裡，道德學習有時也可以變得不用那麼循規蹈矩。杜威又指出：學校本身就應該像個活潑的社區，而不是一個和現實社會脫節、單純學習的場所。至一九〇〇年時，杜威不再堅持他早期所相信的黑格爾派理想主義，轉而支持探討經驗與價值觀重要性的自然主義論：幼兒唯有透過實際生活的經驗，才能達到真正有效率的學習，這種學習的過程也才最有價值。

二、影響美國幼兒教育的重要事件（表 3-1）

表 3-1　影響美國幼兒教育之大事紀

時間	事件
一八五四年	◎英國倫敦舉辦教育會議，美國代表 Barnard 當時參觀了福祿貝爾所設計的幼稚園，回國後出版相關書籍，喚起美國對幼兒教育的興趣。 ◎同年由於工業革命思潮的影響，使得婦女大量投入職場，當父母親整天在外工作，因應而生的是以安全、清潔、餵食為主的托兒所。而美國的第一家托兒中心便在此背景下成立於紐約的兒童保育醫院。當時托兒所服務的對象，大都為社會階層較低下的藍領階級。
一八五六年	美國第一所的幼稚園，是由 Carl Schurz（1832-1876）創立於威斯康辛州瓦特城家中的前院及客廳。Schurz 女士為美國的德國移民者，故此幼稚園以德語發音為主，目的是為了保留德國的文化傳統。
一八六〇年	Elizabeth Peabody（1804-1894）有鑑於 Schurz 對幼兒教育的貢獻，故成立了第一家以美語為主的幼稚園，其承襲福祿貝爾的幼兒教育理念及教學方式，並與美國各地的基督教團體與社會福利機構合作，設立幼稚園。
一八七二年	◎美國政府召開第一次公共幼稚園組織會議，主要目的在探討與福祿貝爾相關的幼兒教育理念，希望可將其教育理念納入公共教育制度上。 ◎一八七二年往後二十年的時間，幼兒教育協會在美國的大都市內普遍的成立，例如，紐約東部的塞拉投格、芝加哥、舊金山、華盛頓州、底特律、洛杉磯等等。 ◎幼兒教育協會的主要功能有兩個，一是鼓勵民間團體、慈善機構參與支持幼兒教育。二是藉由協會的力量，督導各地區的幼兒教育部門，使幼兒教育工作更具專業化。
一八七三年	Susan Blow（1843-1916）與聖路易公立學校的督學 W. T. Harris 共同成立了第一所公立幼稚園。
一八八〇年	全美國當時已有七十五個贊助幼兒教育的婦女俱樂部，婦女俱樂部是由 Peabody 女士所支持發起的，在俱樂部成立之後，大家便積極的提倡、資助幼兒教育工作。例如，協助募款建立幼稚園基金會，幫助貧童進入幼稚園就讀，提高其接受教育的機會。

（續上表）

時間	事件
一八八四年	美國聯邦政府在教育衛生的福利部門中，開始設立幼兒教育科。
一八九〇年	幼兒教育廣為教育家與政治領袖所認同，在此期間，全美大部分的大城市裡皆有一個幼稚園學會。由於社會的接納度提升，使公立幼稚園的入學率大幅提高。
一八九三年	美國舉辦第一次幼兒教育展覽會，由Peabody女士擔任本次的展覽小組召集人。此展覽會最重要的收穫在於刺激民眾對幼兒教育的認識，另一方面，經由各組與會人員的討論，交流許多關於幼兒教育的內涵、功能，並藉由會議達到對此議題的共同認知。
一九三〇年	經濟蕭條衝擊全國景氣，政府因此縮減了大部分公立幼稚園的預算，此現象導致幼稚教育從公立學校制中被刪除，造成許多幼稚園遭到停辦的命運，也使大量的老師失業。
一九三三年	◎為了搶救失業教師，聯邦政府積極頒布聯邦緊急救濟方案（FERA），之後世界計畫教育組織（World Projects Administration）提供經費，在美國各主要都市廣設保育學校，以挽救失學的幼兒，而最主要的目的則是在於保育學校得以任聘失業的教師，有效的增加社會的就業率。 ◎艾薩克出版兩本幼兒教育的相關書籍，《幼兒智慧的成長》（*Intellectual Growth in Young Children*）、《幼兒期的社會發展》（*Social Development in Young*），這兩本著作對當時的幼兒教育有很大的貢獻。幼兒教師開始注重並了解幼兒人格特質、情緒發展、認知能力與神經系統等各方面平衡發展的重要性。
一九三五年	經由S. Blow與其他熱心人士的努力倡導，幼稚園終於在一九三五年被接納為美國教育系統中的一部分。
一九三九年	Doroth Buruch出版《父母和孩子同時入學》（*Parents and Children Go to School*）。由於Doroth與一九三三年出版《幼兒智慧的成長》的艾薩克均認為，佛洛依德在解釋幼兒發展階段時，太過於強調運動神經的重要性，而忽略了兒童在其他面向的發展。此理論被提出之後，佛洛依德學說便不再像過去幾年那麼受到推崇。
一九四一年	聯邦政府頒布「拉漢方案」（Lanham Act），再次編列有關照顧兒童的經費預算，支持飽受戰火摧殘地區的兒童。此時大部分的國防工業中心皆成立托兒所，而保育學校也演變為托兒中心。

（續上表）

時間	事件
一九五〇年	◎幼稚園教育在此時又重新受到重視。在心理學界裡，透過許多實驗和研究結果發現了早期教育對幼兒發展的重要性，這使得美國許多的州政府又開始支持幼稚園教育的政策，而政府為幼稚園所編列的預算經費也因此提升。 ◎由於社會大眾對幼稚園學校的需求增加，並開始重視其保育與親職教育的品質，許多家長們也合作經營保育學校（Parent-Cooperative Nursery School）。此類學校的董事會由家長所組成，並共同參與課程討論與決策訂定等。
一九五四年	美國政府為了確保幼教師資的專業化，成立了「全國師資培育機構評審會」，主要的工作為培育師資人才。
一九六四年	強森（Johnson）總統簽定「經濟機會法案」（Law of the Economic Opportunity），此法案之後成為「經濟機會均等委員會」（Office of Economic Opportunity）。此委員會最主要的目的在於建議聯邦政府以提供經費預算，支援全國幼兒的教育計畫。此計畫的名稱為「起頭方案」。
一九六五年	◎美國的一份研究報告指出，美國近三千萬的貧民中，有一半是兒童，這些貧童絕大部分都只接受過一年的學校教育。有鑑於此，美國的強森總統在隔年發起「反貧窮之戰」（War On Poverty）。強森總統與當時的政府皆認為，要抑止貧窮與社會問題的根本，首要從教育著手。 ◎一九六五年一月，聯邦政府正式頒布「起頭方案」，這是針對全美學齡前幼兒所發起的一項幼教推廣計畫。強森總統每年撥十五億美元作為此方案的教育經費。主要內容在於補助窮困與低收入戶家庭的幼兒提前入學，除此之外，此法案服務的對象也包括了身心障礙的幼兒，增進他們學習與適應的機會。
一九六七年	成立「續接方案」（The Project of Follow Through），主要目的是針對低收入戶幼兒進入小學之後，在課業上與生活上輔導的計畫，並針對中學的低收入戶幼兒進行輔助的計畫。
一九七〇年	受到布魯姆（Bloom）的幼兒智力發展學說與行為主義學派學說的影響，加上「起頭方案」的實行，使美國人相信幼兒愈早接觸外來的刺激，對其認知發展的學習愈有幫助，而「早期介入」（Early Intervention）也開始慢慢的受到重視。

（續上表）

時間	事件
一九七九年	◎西屋研究機構（Westinghouse Study）和俄亥俄大學研究中心合作（Learning Corporation, Ohio University, 1969），對「起頭方案」做過一次長期的追蹤調查，計畫的研究對象為參加「提前入學計畫」的兒童進入小學三年級時，智商的快速成長有減緩，甚至有停止下來的趨勢。 ◎以《新樂觀派學前教育》（*New Optimism About Preschool Education*）該書對「起頭方案」的研究做以下的解釋；「起頭方案」的利弊不能僅用於被研究者的智商提升與否作為單一的標準，應從多方面比較該計畫的利弊較為適宜，以綜合性的比較作為評估的標準來看，此計畫的結果是利多於弊。
一九八〇年	一九八〇年代初期，全國幼兒教育學會積極提倡「適性教育」（Education of Appropriateness），強調幼兒教育應注重「全人教育」，除了各方面的均衡發展之外，課程對幼兒的適切性也是相當重要。在早期介入的實行上，課程應以幼兒發展上的適切性作為教學考量的因素之一。美國的教育學者認為，適性教育除了考量幼兒在年齡上的適切性之外，幼兒的個別差異性也是相當重要。

貳、美國幼兒教育哲學

美國的幼兒教育哲學是源自於許多位歐洲幼教先驅學者的理論融合的一種多元化哲學觀。以下介紹對於美國幼兒教育影響最深遠的學者：

一、柯美紐斯

柯美紐斯認為幼兒的發展有一定秩序，必須順著春、夏、秋、冬的順序，並認為一天之中早上就像是春天、中午就像是夏天、下午就像是秋天、晚上就像是冬天，而在教育幼兒時也必須依循這樣的秩序，提供符合幼兒發展階段的適當指導與教育，才能讓幼兒得到良好的發展，避免揠苗助長。

柯美紐斯也很重視幼兒具體操作的經驗，認為唯有透過具體的操作過程，幼兒才能真正學習。

二、盧梭

盧梭重視幼兒的人權，而且一反中古世紀時認為「幼兒天生是邪惡」的觀點，提出「幼兒天生就是善良純潔」的觀點，並認為對幼兒的教育要能反應這份善良，並允許幼兒有自我發展和自我活動的空間。

盧梭視每一位幼兒是獨特的、寶貴的個體，主張教育幼兒時不需有太多限制，而應該提供幼兒附有彈性的空間去配合幼兒的個別差異。盧梭認為幼兒本身是學習的主體，幼兒會主動的去參與學習，這樣的學習歷程並非外界提供的刺激可以促成的。盧梭最重視幼兒身體健康之養護，認為書本及社會上的知識長大以後再學即可；幼兒時期重視的是實際操作上的發展。認為違反幼兒天生興趣、超越幼兒認知能力範圍的事，都應加以排除。盧梭的思想對於美國幼兒教育哲學有很大、很深遠的影響。

三、培斯塔洛齊

培斯塔洛齊主張要先認識兒童的心理，再施以教學，於是在此實驗教育心理化的教學，所謂的教育心理化，就是「直觀教學」，也就是經由直觀實物本身（非抽象）進行語言教學，並強調愛為品格陶冶的原動力，使學校像家庭一般。

培斯塔洛齊提出了愛的教育思想，認為對於幼兒的教育必須要保持愛幼兒的心，並主張教師應特別關懷環境差的孩童。培斯塔洛齊認為各類教育，尤其是幼兒教育，品德之價值高於知識的價值，而最高尚也最具尊嚴的品德，莫過於「愛」。培斯塔洛齊重視愛的教學，強調學校家庭化，教學要安排順序，包括實物教學應先於抽象概念，如此循序漸進、逐步累積；強調教育應遵循自然法則施行，重視學校改良社會的功能。培斯塔洛齊認為教育愛的精神在於「付出」與「奉獻」，而不計較報酬，此種大愛令人敬佩。培斯塔洛齊的「教育愛」及「直觀教學」等學說，對於當前的「教育機會均等」理念以及「建構式教學」，有相當程度的影響與啟示。

四、福祿貝爾

福祿貝爾的幼兒教育思想在十九世紀時對美國產生了很大的影響力，使得美國的幼兒教育十分重視遊戲對幼兒的影響，肯定遊戲對幼兒社會情緒及認知發展的重要性，認為遊戲有助於幼兒內化其學習，並幫助幼兒發現自我、與他人互動，因此在施行幼兒教育時，遊戲為不可或缺的角色。

美國的幼兒教育哲學中，十分重視對於師資的訓練，此一觀點也是由福祿貝爾所提出。而福祿貝爾亦認為教師應先觀察幼兒的能力及興趣發展的情形，於適當的時機提供幼兒適當的學習機會，如此一來才能使幼兒得到最好的發展。福祿貝爾教育思想深植於美國，影響美國幼兒教育哲學極為深遠。

五、皮亞傑

皮亞傑的認知發展論認為幼兒有其發展的階段，主要分為感覺動作期、運思前期、具體運思期、形式運思期四個階段，教育幼兒時必須依照幼兒固定的發展程序來教導，認為每一位幼兒的發展順序是一致的，但是每位幼兒達到階段的時間會有一些差異，而教師必須了解每一位幼兒的差異，提供適合幼兒個別差異的學習機會，讓幼兒能夠主動建構自我，幫助幼兒的認知發展。

皮亞傑提出許多發展歷程中的特點，諸如：物體恆存、自我中心、質量守恆、逆向思考、萬物有靈論等，對於幼兒教育哲學的科學化有很大的成就及貢獻。

六、杜威

杜威是一位對於近代各國教育思想皆有極大影響力的學者，他所提出之做中學（learning by doing）的教育哲學更是產生很大的回響，使得現在各國幼兒教育皆重視幼兒實際操作的這個部分，讓幼兒透過實際操作來累積經驗，並在舊經驗的基礎上提供幼兒新經驗，讓幼兒能在透過舊經驗與新經驗的交替轉換中，建立起有系統的學習。杜威也認為教育即經驗不斷的重組與改造，因此在教育幼兒時，幼兒的經驗才是教學的主軸。

杜威並不贊同皮亞傑的階段論，他認為生長及發展是連續性的，因此不能任意劃分，重視幼兒成長脈絡的一致性。杜威的實用主義觀點認為，幼兒需要學習的東西是可以應用在生活上的，因此將幼兒生活周遭的情境放進幼兒教育中，讓幼兒學習到的是可以用在生活中的事。這個理論也讓美國開始重視培養幼兒的生活能力。

第二節 行政組織、師資培訓、幼教評鑑與幼教政策研究

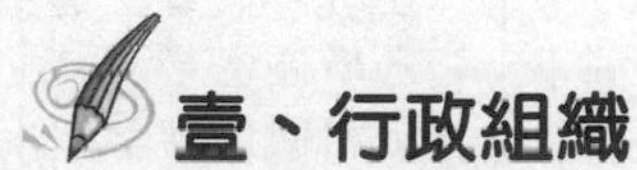

壹、行政組織

一、行政機關管轄

美國負責教育的行政事宜，是依據憲法的「保留條款」，也就是美國憲法修正案中的第十條規定：「本憲法所未授予合眾國或未禁止各州行使之權力，皆由各州或人民保留之」，教育體制的管理係由聯邦、州、地方共同負責。聯邦政府對全國具有廣泛影響，州政府負責重要的責任，地方政府負責具體的責任，美國將教育行政以不同政府層級作為分類管理，這是其最大的特色之一。表 3-2 將介紹美國不同政府層級的教育行政概要。

表 3-2　美國教育行政概要

單位 行政概要	聯邦政府教育行政	州政府教育行政	地方政府教育行政
主要職責	◎支援各州與地方政府於教育方面的需求。 ◎保障全體公民受教育的平等機會。 ◎聯邦政府的教育計畫相當鼓勵幼兒、家長及其公民積極參與。 ◎經由評估、研究、情報交流三方面工作來提高教育的品質。	◎州政府： 監督州政府所管轄的公立學校。 針對教育諮詢和教育資料進行服務。 訂定州政府的相關教育政策。 ◎州教育廳： 管理州政府的教育經費。 執行州內的教育相關事務。 制定州內的教育計畫、目的、制度章程。	◎設立學區教育委員會，將學區分成五大類，以單獨、州、縣、鎮和鄉、市為單位劃分。 ◎學區教育委員會的主要職責為訂定教育計畫、聘任教育人員、遴選學區督學、訂定相關的辦學方案。
相關概要	◎美國聯邦政府於一八六七年開始設立相關之教育行政機構。 ◎美國國會於一九七九年通過了在聯邦政府設置教育部的提案，原有的教育總署因此晉升為內閣級的教育部。聯邦教育部的負責人為教育部長。	◎各州設有教育廳，負責發展州教育事宜的是教育廳長。 ◎聯邦政府與州政府教育經費的運用分配。 ◎訂定教育相關法令制度，監督實行品質。 ◎向行政官員解釋州所實行的教育方案。 ◎全國與州內的教育評鑑。 ◎協調各級學校與各教育制度的相關事項。 ◎頒布、提倡、實行教育方案。	◎地方政府將學區再細分為學片，所謂學片是依照行政、社會、地理等各種因素劃分的。 ◎每個學片的大小不盡相同，基本上一個學片裡會有不同層次的學制。

資料來源：霍力岩（2002）。

二、幼教機構種類

美國的幼教機構分為幼稚園、保育學校、托育中心、實驗保育學校、家長合作學校及軍中之托育課程等六種不同型態，分別介紹如下：

㈠幼稚園

美國的第一所幼兒學校是一八五六年設立於威斯康辛州的歐特岡幼稚園（Octogan House Kindergarden），當時設立幼稚園的主要目的是教育由德國移民而來的幼兒，並保留德國固有的文化與傳統。在二十世紀之後，許多幼兒教育思潮與教學模式蜂擁而至，此時美國聯邦政府對幼兒教育存在必要性深感認同，於是決議將國民教育向下延伸一年，並訂國民教育最初始的四年為幼兒教育，爾後幼稚園正式加入了公立學校的行列。

㈡保育學校

其成立的主要重點在於幼兒保育照顧，保育學校的發展比幼稚園晚了五、六十年，並於一九二〇年代開始大量增設。

㈢托育中心

托育中心最初的發展是在美國的內戰時期，由於戰爭的緣故，造成了許多家庭離散，幼兒在當時缺少父母親的陪伴，在生活上也無法獲得妥善的照顧，對其身心發展有相當負面的影響，有鑑於此，美國政府在當時成立了最早的托育中心。一般來說，托育中心在收托幼兒的時間較其他機構來得長，有些是提供全天服務。

㈣實驗保育學校

美國實驗學校是美國早期保育學校之一，第一次世界大戰之後陸續在許多大學院校中建立。學校主要收容兩歲半至五歲幼兒。此外，部分地區之公立中、小學內附設實驗保育學校也會提供家長教育課程，而家長教育課程主要對象可能為未婚青少年或已婚男女，以學習準備為人父母。此類保育學校提供學員實習場所，課程內容與所收容兒童之年齡與一般保育學校相似。

㈤家長合作學校

此類學校是由家長團體設立並主持運作，然後聘請受過專業訓練之人士為教師。這群家長通常有自己的幼教理念或特定教育目標，對幼兒之學習過程投入較長的時間。不過這樣一來也衍生出許多問題，就是家長搞不清自己的角色，容易受到混淆，因此在制定許多政策時，會出現許多困擾及矛盾。

㈥軍中之托育課程

為照顧服務軍旅家庭之幼兒，美國國防部在各地陸海空軍事基地普遍成立了軍中托育中心（military child care center）。此類學校通常對於幼兒年齡、托兒時間長度、收托對象等制度均有較為完善的規劃。部分中心之服務對象為新生兒至五歲兒。托兒時間有計時、半日、全日、二十四小時、週末、夜間托育等。聯邦政府提供軍中之托育課程，是軍人福利部分之一，而學校經費也是由國防部支付。

三、管轄與督導

根據一九四〇年的研究調查指出，家中有子女之職業婦女比率佔 10%，一九九〇年的比率則提高到 60%，由於社會經濟結構的改變，影響到多數家庭的生計，更對於家庭與幼兒的生活造成相當大影響，當家庭無法適時給予嬰幼兒照顧時，同時也凸顯了家庭社會對幼兒保育與教育需求增加的事實。依一九九六年的統計，三、四、五歲的幼兒入園率分別為 43%、64%、92%（NCES, 1999），如此高的幼兒入園比率，突顯了幼兒教保育專業的重要性（表 3-3～3-7）。

美國幼稚園的招收年齡以五歲的幼兒為主，並將五歲的幼兒教育歸納為公立學校學制中的一部分，教育經費由地方政府負擔，所以幼兒可以免費入學就讀，有一部分的州政府更將其定為義務教育。由於聯邦政府對幼兒發展、幼兒照護及其相關議題相當重視，其中有關幼兒教育的補助款終於在一九九〇年通過。一開始，美國幼兒教育的補助重點是在於協助貧窮幼兒，不過由於現今的幼兒教育已被普遍的重視，再加上社會結構的改變，單親家庭的父母在幼兒入學受教育的方面倍感壓力，種種的原因，始得美國政府對於幼兒福利相關的經費補助也日益增加。

表 3-3　經濟合作發展組織會員國的幼兒淨入學率（1995）

	三歲			四歲			五歲			六歲			平均合佔比率
	幼教機構	初等教育	合佔	幼教機構	初等教育	合佔	幼教機構	初等教育	合佔	幼教機構	初等教育	合佔	
加拿大	—	—	—	48	—	48	70	27	97	8	92	100	88
美國	34	—	34	62	—	62	94	6	100	15	85	100	74
日本	58	—	58	93	—	93	99	—	99	—	102	102	88
英國	41	4	45	11	83	94	—	100	100	—	99	99	85

資料來源：Sleebos, J. E. (2003).

說明：美國與加拿大、日本、英國的公私立小學幼稚園之入學率，包含三至六歲各年齡層幼兒之入學率，以及小學的入學比率；從上表指出，美國的入學率最低。

表 3-4　世界主要國家各級教育公共經費（經常門）支出一覽表

國家（幣別）	年代	總經費	各級教育佔總教育經費支出百分比（%）					
			學前教育	初級教育	二級教育	三級教育	其他形式	未分配
美國（美元）	1992	328,396	3.7	34.7	36.5	25.2		
中國（元）	1994	100,128	1.4	35.5	31.5	16.5	15.2	
日本（圓）	1985	15,280,808	3.4	27.8	32.3	21.4	9.0	6.2
英國（英鎊）	1992	32,162	1.6	30.6	45.4	22.3	—	—

資料來源：Sleebos, J. E. (2003).

表 3-5　經濟合作發展組織會員國各級教育幼兒單位成本

單位：美元

	幼兒教育	初級教育	二級教育	三級教育	所有階段
加拿大	5,410	—	—	11,300	6,640
美國	—	5,300	6,680	15,510	7,790
日本	2,450	4,110	4,580	8,880	5,070
英國*	5,080	3,360	4,430	7,600	4,340

資料來源：Sleebos, J. E. (2003).
說明：1. *含公立與公家補助的私立機構。
　　　2. 美元已依 PPP 匯率公式換算。

表 3-6　經濟合作發展組織會員國各級教育階段相較於初級教育階段幼兒單位成本

	幼兒教育	初級教育	二級教育	三級教育
加拿大	—	—	—	—
美國	—	100	126	293
日本	60	100	112	216
英國*	152	100	132	226

資料來源：Sleebos, J. E. (2003).
說明：*含公立與公家補助的私立機構。

表 3-7　經濟合作發展組織會員國幼教階段教職員與師生比

	幼教階段教職員與師生比
加拿大	21.1
美國	21.3
日本	18.1
英國	23.2

資料來源：Sleebos, J. E. (2003).

貳、師資培訓

以美國來說，幼兒園的師資養成是由教育相關學校或科系所培育，日托機構的師資養成則是由兒童發展相關的學校或科系所培育。有關這方面的師資培訓最主要分為「職前教育」與「在職進修教育」兩種（霍力岩，2002）。

一、職前教育

職前學校主要分為職業中學、初級學院、大學教育和研究生教育等四種教育模式。

㈠職業中學

以家政科系為主的職業中學，需修習二至四門的學前教育課程，在學期間學生必須到幼兒園做觀察並學習如何教育幼兒。

㈡初級學院（兩年制短期大學）

以社區裡沒有機會到外地高等院校學習的中學畢業生為主，這些學生在社區裡接受一至兩年的高等教育。修業期滿，可擔任幼稚園的助理教師、托兒所保育員、日托中心的老師，也可升入四年制大學。初級學院的主要學習目標有四個方向：⑴為進入四年制大學或學院做準備；⑵社區服務；⑶普通教育；⑷職業教育。

在初級學院的學前教育課程中，學生兩年之內要修滿六十個學分，其中二十至二十五個學分是專業課程，包括幼兒心理學、生理學、營養學、幼兒文學、幼兒教育、幼兒觀察等等，在第一年學生要進入園所對幼兒做觀察，第二年則是實際參與教學活動。

㈢大學教育

學生於修習專業的幼教課程之前，應先學習通識教育課程，在大學教育裡，主張學生應先透過基礎的一般課程充實本身的知識領域，在專業領域上，則是透過課程與實際參與教學的進行，使其所學能更完整的運用於幼兒教育上。

四年之內需修滿一百二十至一百三十個學分，其中的四十個學分為專業領域的課程。畢業後，除了可獲得學士學位外，並可任教於幼兒園或小學的低年級。第一年學生要到幼兒園進行觀察，第三年開始修習專業課程。

㈣研究生教育

1. 碩士學位：課程包括專業領域和必修課程兩大部分。研究所在學期間，每學期需修讀二十四至三十個學分，研究論文的提交則沒有統一的規定。
2. 博士學位：教育學界中的最高學位，修業重點在於：⑴強調學科和理論基礎的重要性；⑵研究方法與研究工具的訓練；⑶深入研究與探討相關的專業議題；⑷強調幼兒在不同模式的幼兒園實際教學的經驗。

二、在職進修教育

幼兒教育的在職進修教育有兩種，一為實施幼兒教育發展計畫，另一為幼兒教師的在職進修。

㈠幼兒教育發展計畫

配合「起頭方案」的實施，一九七二年美國兒童發展局擬定了兒童發展工作人員合格證書的制度，培訓的對象是針對已有六百小時以上的幼教工作經驗、但未受過幼兒專業訓練的工作人員，進行短期的在職教育。

為了保障培訓人員的專業水平，幼兒發展總部訂定了合格教師的六項評估標準：

1. 優良學習環境的建立，保障幼兒的安全。
2. 培養幼兒在認知、體適能、人際關係和創造方面的能力。
3. 引導幼兒在獨立和社會化情感的過程。
4. 在職場上、家長交流上有良好的互動。
5. 秉持專業理念完成工作，並持續加強自我的專業能力。

㈡在職進修

美國是個相當重視教師在職進修的國家，除了大學會利用寒暑假舉辦幼教相關的短期培訓課程之外，在坊間還有許多專業的培訓中心，例如蒙特梭利培訓中心，為了確保教學模式的品質，幼兒教師若有意願在蒙特梭利學校任教，則必須經過中心的專業訓練才能進入該機構服務。

表 3-8 說明美國幼教師資證書，適用於教導出生到小學八年級兒童。

在美國的各州裡，目前最廣泛要求的證書是名為「早期兒童教師證書」（Early Childhood Teacher Certification）。而各州政府對各項證書的適用年齡和年級均有不同的規定，簡介如表 3-9（霍力岩，2002）。

對於幼兒教育專業人員的聘用，漸漸的有較一致的標準，主要有三種人員的聘用資格，其規定如下：

表 3-8 美國各州「幼兒教師證書」適用年齡和年級彙整表

適用年齡或年級	州（數）
出生至四歲	1
出生至幼兒園：出生至六歲	2
出生至八歲	2
前幼兒園：四至五歲	3
保育學校和幼兒園：三至六歲	7
保育學校至小學三年級：二至八歲或三至八歲	9
幼兒園至小學三年級	1
幼兒園	5
幼兒園至小學三年級	15
幼兒園至小學四年級	1
幼兒園至小學六年級	1
幼兒園至小學八年級	4
未採用這個名稱	3

表 3-9　美國幼教教師職務、職責以及必備資歷摘要表

職務	職責	必備資歷
助理教師	在教師指導下協助進行學校之活動	高中畢業或同等學力曾參加職業發展方案之研習
協同（副）教師	獨立進行教學活動，亦可能負責照顧和教育一個班級的幼兒	CDA*修業證明或二年級制幼兒教育／兒童發展之結業證件
教師	負責照顧和教育一個班級的幼兒	幼兒教育／兒童發展學士學位
專業教師	監督和訓練教職員工，設計課程，並負責行政管理工作	幼兒教育／兒童發展學士學位並具有至少三年全職幼兒教學經驗，幼兒教育或兒童發展碩士／博士學位

資料來源：阮碧繡等（1994）。

* 美國兒童發展協會於一九七二年成立 CDA「兒童發展博士」證照制度，主要是用來解決美國缺乏幼教合格教師的問題，參加者必須修滿兩年大學專業學分並有於公立學校服務幼兒的經驗，兩者條件兼具，便可取得 CDA 的修業證明。

1. 幼兒園教師聘用資格

美國對幼兒教師資格的重視，從政府長年來對教師任教證書的要求可見一斑。以一九六一年來說，全美有四十個州要求其幼兒園教師必須有合格的任教證書，到一九七七年增至四十七州，直到現在，各州政府對幼兒教師的任用都有這方面要求。

以學歷標準來說，幼兒園教師的學位以學士為主，而美國的教師證書包含早期幼兒教師證書、幼兒園教師證書、小學教師證書，在此以早期兒童教師證書為主。有關專業訓練方面，不同的州有不同的要求標準，以目前來說，大部分的州，除了要求學位、學分或專業培訓之外，還要求教師必須通過能力測驗。

2. 保育學校教師聘用資格

一九八〇年，在美國五十個州裡，有二十三個州的公立保育學校教師被

要求必須有任教證書，目前，美國各州對保育學校教師均有任教資格方面的要求。

美國教育學者Robert Wong，將保育學校的教師聘用資格做了以下四種歸類（其中包含助理老師）：

⑴高中畢業在任教過程中累積工作經驗，因應需求而修習相關的專業課程。

⑵在職業技術機構或在社區學院進修一年至兩年，獲得早期兒童教育證書。

⑶完成社區學院的修習，取得早期幼兒教學副學士學位。

⑷完成四年制大學取得學士學位，主修課程有早期幼兒教育、兒童發展等。

3. 日托中心教師聘用資格

對此，各州的聘用資格是分為兩大類，一是由州政府有關社會服務、福利、健康等相關部門或是由聯邦政府的日托中心條例來訂定。各州的相關部門在裁定聘用標準前，通常會先與教育部門共同協調討論。

一九八六年美國幼兒教育協會訂定了「認可制度」（accreditation），並與其相關機構，全美幼教專業發展所（The National Institute for Early Childhood Professional Development）合作，共同負責擬訂不同幼教專業工作人員的資格認定標準。

根據美國幼兒教育協會的「認可制度」，美國的幼教專業工作人員可分為四類：助理教師（early childhood teacher assistant）、協同教師（early childhood associate teacher）、教師（early childhood teacher）、專業教師（early childhood specialist）（阮碧繡、李連珠，1994）。想成為一位合格的幼教教師，取得幼兒教育相關學系的學士學位是必備的條件，若教師想升格為專業教師，則需經過年資與教學經驗的累積，才有機會往更高階的職等邁進。

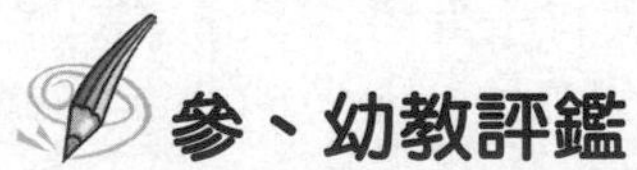

參、幼教評鑑

一、幼教機構評鑑

關於美國的幼兒教育評鑑，早期只有 NCATE（Accreditution of Teacher Education）進行這個項目，內容則是針對師資培訓與幼教師資機構做認可與評估，一九八五年起，美國幼兒教育協會也加入這個工作行列，針對的內容包含了幼兒教育方案與機構的認可與評鑑。此項評鑑工作的主旨在於提升與確保幼兒教育服務機構的專業與品質。

評鑑對象包含兩大類，一是服務範圍在〇至五歲幼兒的機構，二是除了〇至五歲幼兒外，在機構內另附設兒童課前、課後保育的機構。參加評鑑的工作人員多為全國知名的幼兒教育專家、幼教機構主管與教師等，採取自願參與的方式進行。評鑑工作的程序分為三個步驟：自我評估（self-study）→鑑定（validation）→認可（accreditation）。

㈠自我評估

美國幼兒教育協會彙整各界專家的意見，訂定出“The accreditation criteria & procedures”作為幼教評估的審核標準，以便日後各機構進行自我評鑑時，可以此為依據。各機構自我評鑑的時間平均約為六至八個月，機構需配合評審手冊的項目提出相關書面報告，主要目的是各機構根據評審標準及自我的需要，加以改進。

㈡鑑定

自我評估結束後，再由當地的專業人員前往申請認可的機構探訪，確認機構內所提出之自評資料是否無誤。

㈢評鑑

最後一個步驟，是聘任三位幼教專家或在職的幼教專業從業人員為評鑑委員，對機構進行最後認可、評估的步驟。

美國幼兒教育協會對幼兒教育機構之評鑑內容共有十大項：

1. 師生互動。
2. 教師與家長聯繫。
3. 餐點營養。
4. 課程內容。
5. 師資。
6. 人事組織。

*7.*環境設備。

*8.*健康與安全。

*9.*評量。

*10.*行政管理。

上述的十項內，每一大項裡分為六至二十六個小項，又再細分為關鍵性項目與非關鍵性項目。評審的方式不是採用對不同項目記分的方法，而是評審委員在每個小項上註記「通過」或「不通過」來作為記錄的方法。

雖然幼兒教育機構的評鑑是件相當費時、費力的工作，但是美國幼兒教育界卻相當支持這項決策，主要是因為評鑑活動是由全國幼兒教育協會所主辦，其評鑑的內容與標準皆由幼兒教育的專家所擬訂，所以具有相當的可靠性。評鑑的目的與優點則在於提升幼兒教育專業化的地位與水準，作為各個機構改進服務內涵以及提高專業的依據，對幼兒教師來說，可有效的提升士氣與自我成長的意願，同時也提供了家長作為孩子入學時選校的參考。

二、幼兒教學評量

上述的評鑑內容包含了幼兒教育方案與機構的認可與評鑑，而此項評鑑工作的主要任務在於提升與確保幼兒教育服務機構的專業與品質，而在幼教評鑑方面，除了上述所提的幼教機構及師資評鑑外，對於幼兒的評量方式也是非常重要的，老師如何了解幼兒所學到的東西；家長如何檢視自己的孩子學到了什麼；而孩子也可以因為評量的方式及內容，藉由看到自己的作品及他人的讚美，更加認識自己也知道自己的專長在哪，因此評量對於幼兒的教學是非常重要的。而評量是個多元化的過程，其中包括了資料蒐集、分析、評量所得到的訊息，最後統整比較，看出評量前和評量後的差別。以下分別介紹幾項美國幼兒的教學評量方式及內容：

㈠表現評量

*1.*幼兒學習檔案評量（表 3-10）

此評量法為美國一九九〇年代最被推崇的教學評量法之一。美國教育學界認為過多的標準化常模參照測量法並不能為孩子帶來完整的評量方法與結

表 3-10　「幼兒學習檔案評量」需要蒐集三種資料

資料來源	內容
發展指引與檢核表	發展指引是根據幼兒不同年齡的各方面發展與國家的課程標準的配合下，設計出適切幼兒的相關性指標。內容包括老師對幼兒的觀察記錄。
幼兒作品集	老師與幼兒可共同蒐集幼兒平時的作品，以內容向度的不同再細分為核心項目與個人項目。所謂核心項目指的是幼兒在各項領域、課程中的表現與進步品質。個人項目指的是幼兒在不同領域中所表現出的獨特性。 作品集的優點是： ◎了解幼兒許多不同領域的表現。 ◎幼兒可自行決定所要保留的作品，教師可從中看出幼兒的自我概念與期待。 ◎協助家長了解幼兒的學習經驗。
綜合報告	根據上述兩項資料來源，並參考幼兒發展常模，對被觀察的幼兒做個案評估的結論。

資料來源：廖鳳瑞（2002）。

果，有感於此，美國教育學者 Samuel J. Meisels 開始對於幼兒的個別差異性研發相關的評量方法——「幼兒學習檔案評量」。這套系統是以下列七大領域為主要觀察幼兒發展的目標：

(1)個人與社會關係發展：幼兒的自我認知與社會行為的發展。

(2)語文：注重語文運用、釋義、統整技巧的能力。

(3)藝術：幼兒參與活動的表現，注重其思考、應用藝術本質的能力。

(4)數學：邏輯概念、思考如何解決問題的方法，強調對數學概念的了解與應用。

(5)科學：重視幼兒對自然科學環境的探索方法。

(6)體能：粗細動作的運用技巧、肢體協調與平衡的能力。

(7)社會文化：幼兒透過自我探索、團體接觸經驗，了解人際與社會文化的關係。

2.「表現評量」的特色

(1)環境與評量內容的真實性：評量應在於教學活動的時間內進行，而非脫離真實情境另尋時間、空間做評量，主要目的在於觀察幼兒於平日的表現。

⑵注重幼兒的表現：表現評量的最主要在於探索每位幼兒的核心能力，評量時，著重於幼兒是否具備建構、創作、統整的能力，而非只有單純的記憶、背誦的能力。

⑶評量與教學課程的一致性：以教學課程的內容作為評量的依據，在進行教學之前，老師應視幼兒的發展、能力與老師對幼兒的期待來設計教學活動。

⑷強調長期、持續性的教學與評量：表現評量以蒐集作品、觀察、測驗等方法來了解幼兒的學習成果，進行的方式是長期、累積的，如此才能有效的看出幼兒的改變。

⑸重視幼兒會什麼：表現評量在於了解幼兒的能力和興趣，所以強調的是幼兒已經學會、已經能做的事情。

㈡多元智能評量（光譜計畫）

此評量法是依據美國哈佛大學的迦納（Gardner）教授與塔夫特大學的David Feldman教授兩人的學說共同發展而成。迦納提倡的多元智能理論中，他認為每個幼兒在不同層面裡均有其發展過程，而每個人都有自已較優勢的能力，並相信這些層面的發展是一樣重要的，表3-11分別介紹迦納提倡的多元智能理論中的內容和項目：

1. 光譜計畫的評量方式

除了計畫中所測量出來的分數之外，老師還必須加上平日對幼兒的觀察記錄評估其表現，並確保評估幼兒不同向度能力的完整性。光譜計畫的評估總共分為七大領域、十五項活動評量，依據此模式進行評量活動，找出每位幼兒在不同領域的優勢與獨特性的能力。光譜計畫中有一項「工作風格檢核表」，記錄幼兒十五項活動評量中所發生的不同情況。

2. 光譜計畫有四個重點

⑴強調評量的真實性：評量的環境與活動均為幼兒平時在教學活動中所接觸的事物，不因為是評量的關係而訂定另一套系統和標準來作為評量的依據。

表 3-11　多元智能之領域與評量

七大領域	十五項活動評量
動作技能	◎創意肢體動作 ◎障礙賽課程
語言能力	◎故事板活動 ◎小記者活動
數學邏輯	◎恐龍遊戲 ◎公車遊戲
自然科學	◎發現角 ◎尋寶遊戲 ◎浮沈活動 ◎組合活動
社會關係	◎教室模型 ◎同儕互動檢核表
藝術領域	◎藝術檔案
音樂領域	◎歌唱活動 ◎音樂知覺活動

資料來源：引自 Krechevsky (2001).

⑵評量與課程的結合：在做評量時，教師所設計的活動需是幼兒課程中的一部分，在熟悉的環境下，可透過老師的引導來協助幼兒表現其能力。

⑶評量方法的公平性：不刻意透過語言與邏輯思考來評判幼兒，而是以日常生活中幼兒在不同領域的表現做評量的依據。

⑷工作風格表的應用：此檢核表內容包括每一個活動項目中，針對幼兒工作的不同態度予以評量，藉此我們可以了解幼兒不同面度的情緒發展與人格特質（Krechevsky, 2001）。

㈢課程模式評量法

美國的教育學者發展出許多不同理念的教學模式，除此之外，也有一些在美國風行一時的，表 3-12 將以教學模式來介紹其評量方法。

表 3-12　美國幼教課程模式之評量方法

教學模式	教學目標	評量法
河濱街	強調人際關係與認知能力的發展有著密不可分的關係。認為課程的過程與結果一樣重要，並重視幼兒的創造力、統整力。	◎行為評定量表（Behavior Rating Analysis of Communication in Education, BRACE）。 ◎以作品蒐集、老師的觀察記錄為主要評量依據。並將作品整理成一份完整的評量檔案，老師藉此了解幼兒的能力、興趣。
高瞻	以plan-do-review（計畫—執行—回想）的方式來進行教學課程，強調幼兒主動學習的重要性與入小學前的基本認知能力的培養為主。	此教學模式有一套系統的觀察記錄工具 High/Scope Child Observation Record（C. O. R.）用來評估幼兒的學習狀況。
方案教學	以做中學為導向，鼓勵幼兒從參與的過程中，獲得解決問題的實際經驗。此課程以幼兒的興趣為主，老師則是從旁協助其發現與探索新事物。	成果發表會為方案教學的評量方式之一，根據主題，以作品展示或實際活動來了解幼兒在過程中參與、學習的狀況。
蒙特梭利	以教具的反覆操作，強調幼兒自動學習、自我修正的能力，著重感官教育的發展。	透過觀察的方式來了解幼兒是否具備正確操作教具的能力。其教具類型眾多，老師可藉此了解幼兒在各面向的發展程度。

「評量的本質是目標與結果的比較；評量的目的是改進和控制。」由此可見評量的重要性，不但可以比較出教學前的目標與教學結果的差距為何，亦可以藉由評量來改進教學和控制教學過程，所以說教學與評量是密不可分的，也可以說評量是教學流程中不可或缺的一環，而美國又特別重視評量的歷程，所以，造成其今日幼教的專業性，各國紛紛到美國幼教機構觀摩，可以看出他們的成功。

肆、幼教政策研究

自一九九〇年以來，美國生育率下降的趨勢開始逆轉，加上新移民對美國人口成長做出的貢獻，使美國社會逐漸趨向年輕化，然而，此時的歐洲卻正邁向高齡化危機，未來人口結構的改變將強化美國在世界經濟與軍事上的主導權。

一、美國生育率折線圖

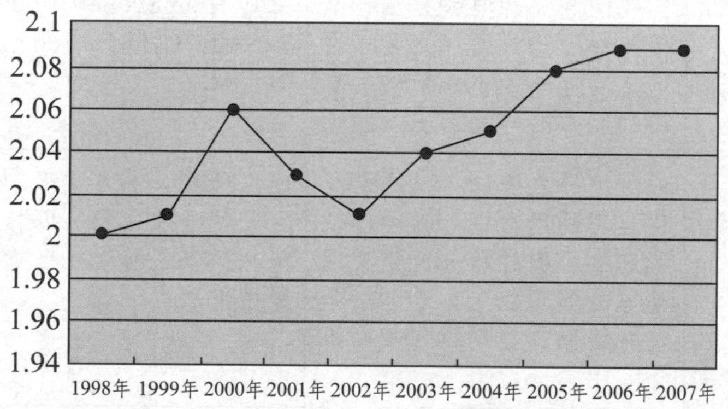

圖 3-1 美國近十年生育率變遷折線圖

資料來源：Sleebos, J. E. (2003).

由圖 3-1 可知美國的出生率由二〇〇一年每位婦女平均生育 2.03 個孩子，增加為二〇〇七年的 2.09 個。

二、美國少子女化現況及相關因應政策之利弊分析

㈠現況

1. 背景：美國的兒童福利政策是針對經濟或文化上弱勢家庭的子女給予教育及托育方面的協助，因此美國的幼教相關業務是歸屬於社會救濟為主的部門主管。此外，外來移民的擴增、貧富差距、城鄉差距的問題，促

使美國政府希望藉由提升教育品質來提高經濟生產能力。

2. 社會脈動：由於近二、三十年來，經歷失業問題的日益嚴重、兩次石油危機與通貨膨脹，使得美國政府對幼兒教育更為重視，認為優質的幼教會促使社會更加安定，減少犯罪率，同時加上職業婦女的就業比例增加，提高勞動生產力，到了一九七〇年代時，公立幼托園所的成立大幅增加。近十年來，美國歷任總統也提出有關兒童福利及幼兒教育的法案，試圖解決托育問題來協助父母投入就業市場。

㈡政府的相關因應政策和措施

1. 親職假：一九九三年的「家庭暨醫療假法」中規定，婦女可向資方申請十二週無給性質的休假（陳惠銛，2004）。
2. 政府提供免費學齡前教育：美國政府將全國的幼稚園納入公立學校中，針對五至六歲的幼兒提供半日的托育服務，並由政府負擔學費。
3. 起頭方案：美國政府對於弱勢家庭的幼兒提供教保服務，甚至還擴大至中、小學的課後輔導工作（謝子元，2005）。
4. 發放生育津貼：各州發放比例標準不一。
5. 減稅政策：依據家庭的大小、婚姻狀況與兒女的多寡給予減稅（有些州的個人每年的所得稅在生第三個小孩子後可減少三倍，例如：第一、二胎時可減稅兩千五百美元，到第三胎時則可減稅七千五百美元）。

㈢政策與措施之利弊分析

由於美國政府的移民政策和減稅政策對於提高出生率有了顯著的成效，依據許多研究發現外來移民的生育率普遍較高。但是美國政府在親職假方面則無全國統一的法令規定，直至一九九三年的「家庭暨醫療假法」中規定，超過五十名員工的企業必須依此法的規定，給予企業中的婦女十二週的無給休假，並保障員工在休假結束後可以返回原工作或相當的職位上（陳惠銛，2004）。此外，由於政府只提供幼兒半日托的服務，造成一位幼兒會由兩個不同幼托園所托育的現象，容易引起在接送、照顧方面的銜接問題。但是「起頭方案」的實施，確實提供全美之經濟弱勢、少數族群的移民家庭的子女在教育及照顧上的協助。

㈣窒礙難行之現況

陳美伶（1990）在其研究中指出，美國的兒童照顧政策只具備部分紓解家庭經濟壓力的功能，公立托兒機構很少，政府的政策以公共救助和提供給中低收入戶的賦稅優待為主，此外，全國對於母親及其子女無統一的政策，呈現出片斷性的政策，並沒有統整性可言。

㈤建議

1. 策略：⑴制定全國統一的親職假法令，以提升各州的出生率；⑵延長學齡前幼兒的托育時間，盡量減少一兒多托的問題。
2. 在我國的應用之可行性：美國的起頭方案提供了弱勢族群之子女的教保服務，因此我國也應積極擴大對經濟弱勢家庭、新住民之子家庭、單親家庭的補助，以確保每位幼兒都能獲得相同品質的教保服務。

第三節 課程與教學

壹、課程標準

美國是一個聯邦體制的國家，一些教育政策及教育法規是由各州部門逕行規定，讓各州因地制宜去制定適合該州的政策，所以有關學前教育和幼稚園之課程並無全國性之統一標準。因此美國在課程指導綱領上以行政管轄權來區分，美國之幼兒教育亦分別隸屬於兩支系統，以下分別介紹之：

1. 州政府教育部（Department of Education）或教育董事會（State Board of Education）監督之公立學校幼稚園和預備幼稚園（prekindergarten）：有關幼教課程之規定，各幼稚園學習以州政府教育部門頒布之「課程指導綱領」為課程發展依據，此綱領之內容與形式各州均有不同，不過幾乎都大同小異，而且異中有同，歸納起來的話，可以看出美國幼教的主要課程特色。根據蒐集自美國各區州政府文獻所規範之課程內容，發現一般課程內容都會涵蓋語文、數學、自然、社會、美勞、音樂、體育、健康等領域，關於各領域之教學目標、內容和方法，許多州都有詳盡之說明，而每一領域有一獨立之指導綱領手冊，其中有按 K-12 年級加以細分，可說是非常完備周全。除了上述基本課程內容之外，有些州之幼稚園課程亦包含健康、營養和安全、戲劇表演、閱讀文庫和圖書館媒體等學習領域。

2. 由社會福利部（Department of Social Services）或健康福利部（Department of Health and Human Service）所管理之各類型學前教育機構，包括保育學校、學前學校、托育中心、兒童發展實驗學校：這些學前機構主要的設立宗旨為「協助職業婦女和一般家庭照顧嬰幼兒」，所以說其課程較偏重於營養、安全、健康、衛生等層面的保育工作，對於學前教育課程法規並無明確規定。一般而言，原則上只強調學前機構所安排的學習活動必須兼顧嬰幼兒各領域的均衡發展，並且強調透過遊戲以達成教保目標。

一般而言，各州政府所訂之幼教目標均以達成幼兒各領域均衡發展之「完整兒童」（the whole child）為目的，亦即包含身體、情緒、社會、人格及體育等各方面的發展目標。然而，隨著時代潮流之演變，許多州已立法將公立學校入學年齡降為四足歲，也就是所謂之預備幼稚園。而幼兒入學年齡的降低，使得學前機構除了在保育之外，還必須兼顧幼兒基本的學業能力的工作，因此近年來，學前機構之課程亦相當程度地走向智育的途徑，自此幼稚園與學前學校課程內容之差異也愈來愈不明顯。

另外，學校接受聯邦政府資助的「起頭方案」、「續接方案」等，則由聯邦政府規定這些教育方案之課程設計和實施，必須獲得大學相關科系學者之贊助指導，由學前教育機構依其幼兒需求、幼兒特質和發展目標等考量，尋找願意幫助學校的大學學者來指導，只要一找到，就可以向聯邦政府提出申請，若聯邦政府核准，則可以接受國家的經費補助。

貳、課程架構

近年來，新的課程理論強調「課程是經驗建構」的概念，也就是認為課程乃是教師和幼兒在幼兒園與環境中所有的人、事、物交互作用而獲得的所有經驗（黃政傑，1985）。雖然課程架構依據不同的理論而發展，但是隨著時代的進步，「課程是經驗建構」的概念也慢慢影響著美國，這也就是美國為何慢慢地開始重視幼兒的生活經驗，而且美國的幼教老師於從事課程發展之前，會為孩子尋找最值得幼兒學習的知識，不再局限於課本上的知識，而美國幼兒教育的目標最主要在培養認知能力、道德觀念，強調情緒發展的重要性，並提供增進社會化的環境與功能，托兒中心建立的目標，主要是為了協助幼兒身心理的適切發展（歐用生譯，1988）。

美國大部分州的教育廳都會設有「幼稚園課程標準」，通常這些州的「幼稚園課程標準」都會包括數學邏輯、健康、音樂、工作、語文、社會科學、自然科學及遊戲八大領域。而美國的幼兒教育除了上述所提到的目標之外，亦積極幫助幼兒獲得適性的保育照顧、協助幼兒發展身體的功能與活動的技巧、培養生活基本常識與獨立思考的能力等，因此，從美國「幼稚園課程標準」就可以看出，美國的確非常重視幼兒的發展歷程及幼兒最值得學習的知識（黃政傑，沈珊珊，2000），表 3-13 為台灣與美國的學程標準之比較。

根據美國幼兒教育協會所提倡的「發展合宜課程」，其內容強調教學、課程的設計需基於尊重幼兒身心理的適切發展理論。評估幼兒發展必須借助許多測量工具，測量之前應以不同的國情文化背景為考量，以減少種族間可能造成的差距。為了要達到合宜的教學，美國幼兒教育協會認為教學當中應具備以下四種學習目標，包括知識、技巧、氣質、感覺（廖鳳瑞譯，2002），由此可以看出，影響美國課程理論基礎除了浪漫主義派、文化傳遞派和進步派以外，美國幼兒教育協會也會對美國課程理論提出許多改進方法，而除了上述會影響美國的課程理論外，美國政府及州政府制定的政策及改革方案也會對美國課程有很大的影響，以下就是很好的一個例子：

表 3-13　台灣與美國幼教課程標準／綱領之比較

	台灣	美國
使用名稱	◎幼稚園使用「幼稚園課程標準」。 ◎托兒所使用「托兒所設施規範」有關教保之規定。	◎幼稚園使用「課程綱領」（curriculum guidelines）。 ◎學前學校、保育學校、托育中心等使用「立案規章」（licensing for child care settings）有關課程之規定。
制定機構	◎「幼稚園課程標準」由教育部制定頒布。 ◎「托兒所設施規範」由內政部制定頒布。	◎「課程綱領」由州政府教育部門制定。 ◎「立案規章」由州政府社會福利部門制定。
課程目標	◎幼稚園之課程為教育導向；托兒所之課程為保育導向。 ◎偏重健康、生活、倫理與實施通則。	◎預備幼稚園、幼稚園之課程為教育導向；托育中心之課程為保育導向。 ◎以培育「完整兒童」為目標。
組織架構	包含教育目標、課程領域與實施通則。	涵蓋教育目標、課程內容與實施方法；各州之形式不同。
課程領域	健康、遊戲、音樂、工作、語文、常識。	語文、數學、自然、社會、美勞、音樂、體能、戲劇、營養健康、安全、閱讀文庫、圖書館媒體等。

「全國性教育改革方案」於一九八九年由美國總統布希集合各州長舉行高峰會議時所提出，此法案於一九九四年正式定案通過，並成立「全國教育目標委員會」，此法案中最主要的內容為：

1. 所有美國的幼兒在進入小學前均應做好學習的準備。
2. 全美的高中生畢業率需提高為 90%。
3. 鼓勵教師從事在職進修，並為接近下個世紀的教學計畫做準備。
4. 在幼兒四、八、十二年級的階段，進行學習的評鑑測驗。
5. 推展親職教育，鼓勵家長參與學校的活動。
6. 培養幼兒自然科學與數學的能力，期許在二〇〇〇年時，自然科學與數學成就為世界第一。

7. 每個成人都應具備全世界的經濟競爭力。

8. 杜絕暴力與毒品等有害物質於校園之中，提供良好的學習環境（高義展，2004）。

從1.、4.、5.及6.點等來看，可以看出政策會決定未來理論課程的走向，而從第6.點來看，可以看出美國偏向培養幼兒自然科學與數學的能力，所以在自然科學與數學課程上，會投入更多的經費及舉辦更多的活動，以吸引孩子的加入。

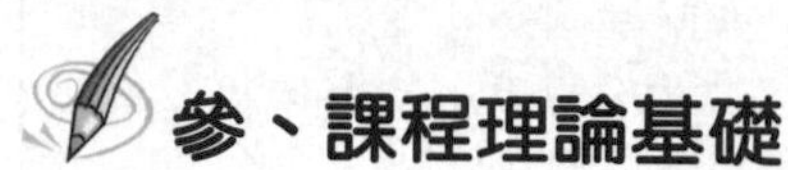

參、課程理論基礎

課程學者Spencer（1860）曾經指出所有課程的根本，都是源自於對「那些知識是值得學習的」問題來思考，而目前的課程體制的確是有朝「那些知識是值得學習的」問題來制定。不過，重點在於思考者是以本身的經驗來思考，還是以幼兒的角度來思考課程。在我國傳統的課程架構之下，教師是課程的說服者（conveyor），教學是為了傳授已計畫好的課程，並能達到課程目標；而幼兒則是去學習學校所提供的教材及老師所安排的課程，在這樣的傳統教育架構下，幼兒被動的接受知識，只會接收訊息，而不會主動發出訊息、尋找訊息，這樣的教育方式是一件很危險的事。由於美國就像個大熔爐，集結世界各地的哲學理念及理論觀點，因此他們獲得了最新的資訊和理念，自然而然觀念也就比我們進步與多元，這樣的情況在幼兒教育的課程理論上也不例外。影響美國的學前教育課程設計存在著三個不同的主要派別，即浪漫主義派、文化傳遞派和進步派，現分別敘述如下（霍力岩，2002）：

一、浪漫主義派

1. 浪漫主義派（Romanticism）源於盧梭，其後的追隨者是佛洛依德和格塞爾。

2. 浪漫主義派強調對兒童進行教育時，必須遵循自然的要求，順應人的自然本性，反對成人忽略幼兒的想法，強制兒童接受違反自然的所謂教育，干涉或限制兒童的自然發展。

3. 自然的教育必然是自由教育，它要求保護兒童善良的天性，使其身心得到自由的發展，主張尊重兒童的自由，讓兒童有充分自由活動的可能與條件，反對壓制兒童的個性、束縛兒童的自由，把兒童培養成自由的人。這一派在心理學上是屬於成熟論的。

4. 浪漫主義的主要觀點：先天的成熟和後天的學習是決定兒童心理發展的兩個基本要素。他們認為成熟是按照一定順序的固定模式完成的。兒童發展過程各階段的轉化依賴於自然的成熟。學習只是對成熟起一種促進作用，關鍵還在於成熟本身，不成熟就無從產生學習，因此他們主張是，等幼兒的技能發展到成熟階段後再教他們。

5. 根據浪漫主義的一般理論，以佛洛依德的精神分析理論和格塞爾的成熟理論為基礎，Joanne R. Nurss 及 Walter L. Hodges 提出了美國現代學前教育的一個課程模式，稱為發展成熟論模式（Development Maturity Model）。它的教育目的、教育內容和教學方法如下：

⑴教育目的：是發展兒童的自信心、創造性、敏感性和實效性。

⑵教育內容：在大綱的內容中，特別強調遊戲的作用，認為遊戲是學前兒童學習的主要途徑。其次，是由個人的生活逐步擴大到社會上的購買食品、遵守交通規則、參加集體學習和發展語言等活動。

⑶教育方法：在教學方法上強調透過自由遊戲，即一切活動不必按照一定的順序，聽憑兒童自己的興趣進行。兒童可以自己選擇、自己設計、自由活動，不受任何約束。教師的任務就是設置一個良好的環境，把教室作為兒童的創造室，給兒童直接實踐的機會，讓兒童的內心世界得到充分發展。並制定對待兒童的工作計畫，以促進兒童的獨特性、新穎性及個性的自由發展。

二、文化傳遞派

1. 文化傳遞派（Cultural Trasmission）之思想源自於西方教育的古典學術傳統。傳統教育家認為，教師的基本任務就是把前人的知識經驗傳授給下一代，教育者的工作就是直接傳授。因此主張教幼兒算術和識字，學習社會公認的知識和價值觀，而不主張追求獨特的、新穎的、個人發展。

2. 當前在美國學前教育領域中，這一派的代表人物是Bereiter和Engleman。

3. 文化傳遞派的主要觀點是：行為是透過外界影響形成的，只有透過環境的作用才能使兒童得到發展，強調環境決定論，反對自由教育。

4. 在這種理論基礎上提出的課程模式稱為行為環境論模式（Behavioral Environment Model），又稱之為直接教育模式。它與美國傳統的「自由主義」體系相反，把兒童的積極性減少到最低程度，用預先制定的教學大綱嚴格控制整個教育過程，以直接傳授的方式，對處境不利的兒童在語言發展和閱讀能力方面進行訓練。它的教育目的、教育內容和教學方法如下：

⑴教育目的：加快兒童的學習速度，提高兒童的學習技能。

⑵教育內容：在教育內容方面，重視兒童的語言發展，透過語言的教學，兒童正確使用語言，可以促進兒童思維的發展。

⑶教育方法：在教育方法上，直接教學模式首先要求教師制定嚴格的教學大綱，按照一定的課本，要求孩子每天參加兩小時的學習，每天上三節課（每節課二十至三十分鐘）。一個教師指導五個孩子學習，在發音、閱讀和句法方面訓練兒童。

三、進步派

1. 進步派（Progressivism）源於杜威。杜威對傳統派教育思想提出了針鋒相對的觀點，其主要論點是：

⑴反對以教師為中心，反對教師權威，提倡以兒童為中心開展教學，讓兒童自由發展。

⑵主張把兒童從傳統的重視機械學習、死記硬背及教科書中解放出來。認為直接經驗所引起的興趣是刺激學習的最好形式。

⑶反對孤立於社會現實之外的圍牆教育哲學。提倡在現實的社會生活中，根據兒童個人需要進行教育。

⑷認為教師應該是研究人員，同時又是學習活動的指導者。

2. 美國一些學者認為，在兒童發展觀上，皮亞傑和杜威都是摒棄成熟論和環境決定論的。他們都認為，兒童的發展既不是生理上的成熟，也不是直接學習的結果，它是透過內因和外因相互作用而不斷發生結構上的質變過程。他們雖強調內外因的相互作用，但又強調發展，雖強調發展與環境有關，但又認為環境並不起決定性作用。環境只是必要條件，而不是決定條件。他們並不重視教育在兒童發展中的作用，而只是要求兒童能在做中學、進行實驗探索，讓他們自己去發現事物的簡單規律。

3. 進步派的教學模式稱為認知相互作用論模式（Cognitive Interaction Model）。它的教育目的、教育內容和教學方法如下：

⑴教育目的：發展兒童的思維能力，鼓勵兒童自己去發現問題，發展兒童的表達力，強調兒童的自我指導和自我紀律。

⑵教育內容：在大綱中認知派著重於發展兒童的數的觀念，認識時間、空間及事物的因果關係等。

⑶教育方法：要求教師首先要提供認知方面的材料及完成的步驟，然後再讓孩子以小組方式進行教學活動，鼓勵兒童自己動手參加各項活動，並在活動中探索問題、解決問題。教師應少說多問，從而促進兒童相互間的討論和交流。此外，教師還要做好家長的工作，使他們配合幼教機構教育自己的子女。Nurss 和 Hodges 認為蒙特梭利教學也是屬於認知相互作用論模式的範疇。目前，這種模式在美國受到普遍重視，被廣泛採用。

肆、課程與教學模式

先前有提到過美國就像個大熔爐，集結世界各地的哲學理念及理論觀點，因此，他們獲得了最新的資訊和理念，自然而然，他們集多元文化於一身，包括福祿貝爾、蒙特梭利、皮亞傑及杜威等大師的教育理念。美國許多幼教機構根據大師的教育理念及教育方式提供了多樣化的幼托服務需求，有些學前機構負責人認同福祿貝爾的理念，就會依他的教育理念來設計課程，並提供「恩物」，教導孩子使用「恩物」；而有些機構認同蒙特梭利的理念，就會依她的教育理念來設計課程，並提供「真實」、「自然」、「美感」的環境給孩子。所以說，美國的幼教提供了多元化選擇，而為了要更了解美國的課程與教學模式，以下分別介紹美國多樣化的課程模式：

一、福祿貝爾課程模式

美國第一個福祿貝爾式學校於一八五五年由Schurz所創立。福祿貝爾的幼兒教育思想，在十九世紀時對美國產生了很大的影響力，因此使得美國的幼兒教育十分重視遊戲對幼兒的影響，肯定遊戲對幼兒社會情緒及認知發展的重要性，認為遊戲有助於幼兒內化其學習，並幫助幼兒發現自我、與他人互動，因此在施行幼兒教育時，遊戲為不可或缺的角色。

直至杜威的實驗主義興起，在此教育風潮影響下，由Patty Smith Hill所領導之幼教課程改革運動乃開始對福氏課程模式進行批判，福氏的「恩物」操作逐漸被生活化之具體教具所取代，不過，福氏課程的內涵還是各界幼教學術研究之重點，只是採用此模式的幼教機構已是相當少的了。

二、蒙特梭利課程模式

蒙特梭利的理念可以說是「真實」、「自然」、「美感」的集合，所謂的「真實」，即提供幼兒真實的事物，例如：在教導幼兒「蘋果」時，老師不應該拿「蘋果」的圖片來教學，而是應該拿「真的蘋果」，讓幼兒聞一聞蘋果的味道、看一看蘋果的顏色、試一試蘋果的味道及摸一摸蘋果的觸感。而老師如果是拿圖片給幼兒看，這樣他永遠不清楚什麼是蘋果，蘋果跟橘子又有哪裡不同。因此，「真實」性很重要；而所謂的「自然」，即提供幼兒認識自然界的事物，例如：老師會帶幼兒到森林或是山上體驗一下自然的魅力，而孩子也可以觀察野薑花是怎麼開花的？蜜蜂是如何採蜂蜜的？所以，提供自然性的元素給孩子，會讓孩子更親近大自然；最後的「美感」，蒙特梭利非常重視審美觀的培養，因此他很重視幼兒審美觀的訓練，例如：在其教室裡，會在桌上放花瓶並放置真實的花；在教室的佈置上也會強調美感，讓幼兒欣賞美麗的事物是蒙氏的理念。

蒙氏模式課程於二十世紀初期自歐洲傳入美國，而蒙氏學校在培養師資上非常謹慎，必須要接受過蒙氏專業課程訓練者才可以擔任老師，也會發給蒙氏專業執照，此外，蒙氏也很重視教學的人性化，例如：混齡教學的編排方式、個別化的教育及自由尊重的教學態度等，這些人性化的教學也是蒙氏學校目前在美國還是主流學校的原因之一。

三、行為主義課程模式

行為主義課程模式（Behaviorism Curriculum Model）的開始是由心理學家桑代克（Thorndike）首先提出的，他提出了「刺激—反應」（S→R）的學習律理論，他主張將此理論應用於幼稚園之教學中（Thorndike, 1903）。他認為「刺激—反應」的學習律理論可以幫助兒童建立良好習慣，並去除不好的習慣。

接續桑代克的後起之秀是心理學家華森（Watson），他將桑代克的學習律理論發揚光大，以下是他提出的四點理念：

1. 個體的行為不是與生俱來的，而是從生活環境中學習。
2. 人的行為是可預測、控制和改變的。
3. 個體的反應是構成行為的基礎，而反應的形成則是經由制約學習（conditioning）的歷程。
4. 學習的環境因素比遺傳因素更為重要。

行為主義的課程模式很重視教學的技巧和效率，其教學目標的訂定也非常明確，在課程內容方面以讀、寫、算（3Rs）的練習為主，所以非常重視學習的結果和成就，而行為主義除了用在課程外，也可以用於改變兒童之行為，好的表現給予獎勵，出現偏差行為就給予處罰，藉由制約讓孩子改變其行為模式。

四、皮亞傑課程模式

依據皮亞傑的觀點，他認為知識並非是靜止不動，而是個體透過與環境之互動，經由同化（assimilation）與調適（accommodation）之交互作用過程不斷累積變化而產生的。而學齡前幼兒這階段的發展本來就尚未完整，例如：感覺動作期這階段的幼兒處在自我中心、不可逆性、無保留概念及缺乏抽象思考能力等。所以，要教導這時期的幼兒必須在課程安排上強調具體實物的操作，以協助幼兒建構其認知基模（scheme），而不是一開始就使用圖片或符號等抽象的物品來教導孩子。

五、杜威課程模式

Dewey 是實用主義教育家，他認為教育即生活、教育即生長、教育即經驗的不斷改組和改造，而且這種改組和改造又必須透過環境才能完成，因此他認為教育必須發展個人的創造和適應環境的能力。杜威的「從做中學」的觀點，實際上就是「從活動中學」、「從經驗中學」的觀點。這種方法有利於培養學生觀察、分析解決問題的能力和獨立工作的能力。在有關課程的問題上，杜威提出教育應從兒童的角度來選擇學習內容的觀點，並認為應該強調學科間的聯繫甚至打破傳統的學科界限；在教材和教學中應該充分利用學生在校內外生活中獲得的大量經驗，創造充分的機會讓學生參與實踐活動，加強學生的生活與各學科知識間的整合。

第四節

環境與設備

根據美國聯邦或州政府的規定，每一名幼兒在教室內的室內空間需要有三十至五十平方英尺（約 2.8～4.6 平方公尺）。而美國幼兒教育協會要求每一名幼兒在教室內的室內空間需要有三十五平方英尺（約 3.2 平方公尺）。從以上的數據來看，美國非常重視幼兒的生活空間，Weinstein 在一九七九年曾指出：「當空間受到限制，幼兒在活動中會較少參與且似有社會性退縮；此外，當空間減少時，身體的攻擊也會增加。」因此，給孩子一個寬敞舒適的活動空間是很重要的，很值得國內的幼教機構及負責人作為一個借鏡。

以下分別介紹美國的室內空間和角落區及戶外遊戲場，希望可以藉由以下的介紹，讓大家更了解美國幼兒教育機構的設備與環境。

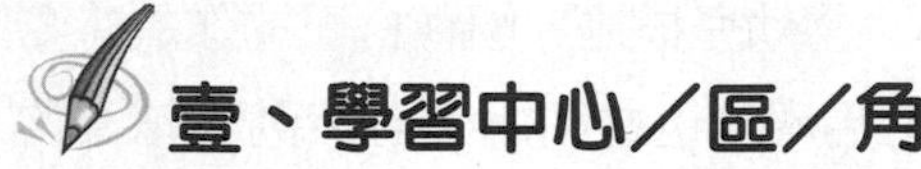

壹、學習中心／區／角

㈠語文角

在語文角中，主要是讓孩子可以在這個區域中自由地閱讀故事書，並藉由閱讀童書及繪本，學習認字及閱讀的能力。而之所以稱為「語文角」，主要就是要顯現出這個角落強調語言及文字的認識，所以這邊的活動多以故事、圖書、遊戲以及文學欣賞為主要活動內容。

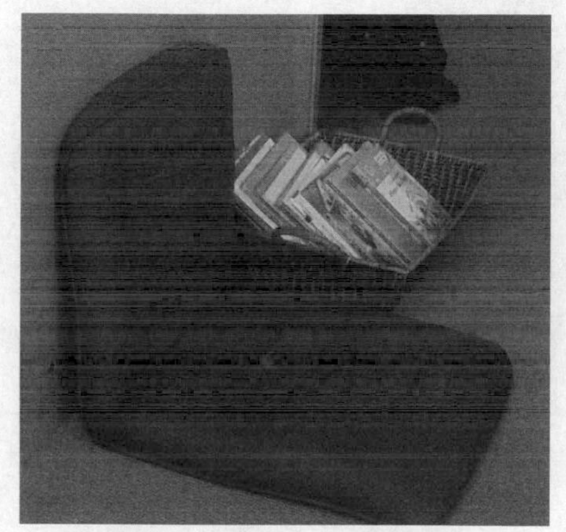

圖 3-2　語文角擺設⑴

圖 3-3　語文角擺設⑵

語文角裡需要有足夠的空間及舒適的閱讀空間，如此一來，孩子才會有興趣來語文角中。美國的語文角中，通常會擺設一張桌子及幾張小椅子，讓幼兒可以自由拿起書籍閱讀。而這些故事書和書籍不只可以在這邊閱讀，也會定期讓小朋友帶回家，和父母一起分享閱讀，增進親子關係。

㈡美勞角

美勞角是讓幼兒發揮想像力最好的地方，通常在美勞角中最常出現的活動內容有鉛筆畫圖、水彩畫、剪貼、黏土、紙工、蠟筆畫及自由創作等。而幼兒在進行美勞活動時，可以讓幼兒宣洩他們的恐懼、緊張和敵意。「藝術治療」常常會利用兒童的作品來進行分析，當幼兒描述、解釋自己的作品時，也同時表達了他們的需要和情緒，而藝術治療家也會利用美勞活動來輔導孩子，例如：讓孩子在畫畫當中，如果表現得好就給予讚美。美勞活動除了可以減輕孩子的情緒壓力外，也可以培養幼兒的想像力，孩子的想像力常常讓人為之驚嘆，而孩子的作品就常表現出其創造力。

教師有必要為幼兒創造一個自由表達的創造性環境，例如：在教室後面佈置一面牆，讓幼兒在上面自由作畫，或是貼上自己的作品。

圖 3-4　美勞角擺設

㈢娃娃家

娃娃家是一個可以讓幼兒隨心所欲扮演的地方。幼兒可以學習社會角色，把所見到的角色表演出來，例如：扮演醫生、護士、警察、消防隊、爸爸、媽媽及小孩等，經由角色扮演，讓幼兒學習社會規範及扮演人物可能講話的語氣。而幼兒在娃娃家玩時，老師會仔細觀察他們的活動，當孩子需要協助時，老師才會進入角落區幫忙，否則，老師通常會在角落外靜靜地坐著觀察孩子的行為。

圖 3-5　嬰兒娃娃家(1)

圖 3-6　嬰兒娃娃家(2)

圖 3-7　娃娃家擺設

㈣操作角

孩子非常喜歡玩積木、做木工及敲敲打打等一些操作性的活動，由於這階段的孩子正在發展大肌肉及小肌肉的功能，因此孩子對於一些工具的操作很有興趣。在美國，園所會設置一個操作角落區，裡面放一些鐵鎚、釘子、螺絲起子、各種大小的螺絲、刻有圖案的印章、印泥及釘東西的器具，讓孩子可以使用這些工具去固定、切割、釘住及印刻材料。

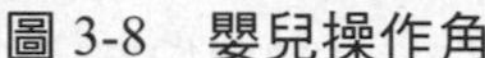

圖 3-8　嬰兒操作角

圖 3-9　操作角擺設

這個角落在台灣很少見，有些園所會有木工角，跟這個角落的理念很相同，只是美國提供了更多樣化的工具及材料供孩子選擇。而幼兒在進行操作角時，老師除了在旁邊觀察記錄孩子的使用情形外，也會問幼兒一些問題，加強孩子對材料的性質和工具使用方法的認識。

㈤自然科學角

這個角落提供給幼兒自然科學的探索，包括了自然環境的觀察及科學的認識，在這個角落中，必須使用到室內及室外的空間，而且自然科學角在室內及室外都非常重要。在室外，可以讓孩子有空間去觀察沙子、泥土、水、石頭、葉子及樹木等自然生態界的元素，此外，園所也有養動物和昆蟲，讓孩子試著去照顧牠們，並記錄下來照顧的情形或是動物的特徵；在室內，老師可以進行一些科學活動，例如：磁鐵的科學原理，讓孩子去探索原理為何、觀察磁鐵的形狀及哪些東西可以被磁鐵吸起等。

在一個學校中，必須要有豐富想像力的老師，還要有豐富的自然景觀生態，例如：可以設有小橋流水、花草樹木和一些岩石景觀，這些自然景觀其實都是孩子日常生活中的元素，學校將它們擺設出來，可以讓孩子主動去觀察、去學習，加深自己對生活環境的認識。

圖 3-10　科學角

貳、戶外遊戲場與遊具設備

美國許多州要求幼教機構每位兒童的平均室外空間為七十五至二百五十平方英尺（約 6.9～23 平方公尺）（湯志民，2001），而室外場地也不是愈大愈好，太大的場地孩子容易迷路，尤其小班的孩子方向的概念還在發展，因此，設置一個安全大小合宜的室外場地是各幼教機構都必須努力的方向，而美國地大物博，其幼教機構大多數的室外空間都很寬敞舒適，而且也會依據場地規劃許多戶外遊戲場和體能遊戲區，讓孩子盡情遊戲。

美國會如此重視戶外遊戲場的空間和大小是有其發展歷史的，而且美國對於遊具設備的設置也是有其依據的；另外針對行動不便幼兒的戶外遊戲也必須要加以考量，如此一來，行動不便的幼兒也能享受到遊戲的樂趣。最後，美國對於戶外遊戲安全評量非常重視，負責單位會定期檢查，以免孩子受傷。以下分別介紹美國幼教機構戶外遊戲場的發展、遊具設備、行動不便幼兒的戶外遊戲考量，及美國戶外遊戲安全評量的內容：

一、美國戶外遊戲場的發展

早期的戶外遊戲場是由美國發展出來，當時的遊戲場有許多設備，例如，溜滑梯、沙箱、翹翹板、盪鞦韆。過去戶外遊具的功能較為單調，且大多數的戶外遊具均有年久失修造成潛在危險的問題，許多家長與教育學者、兒童發展學者、幼教組織，例如，全國幼兒教育協會、美國和國際兒童遊戲權利協會等，開始重視戶外遊戲的安全性與價值後，經由結合空間設計師與遊具商開始發展出遊戲功能與結構較為完整的設備，讓幼兒更能從遊戲中探索來自不同領域的刺激與學習。

美國於一九七六年開始建立許多「冒險遊戲場」，顧名思義，這個遊戲場有許多不同於一般遊戲場的遊具與設備，例如，鐵槌、鐵釘、鏟子、鋸子、繩索、木板、電線、池塘等等工具，且需要一名成人的指導員在旁協助孩子進行遊戲，美國有十四個機構的資料顯示，冒險遊戲場的功能比起傳統遊戲場要來得好，因為它不需要多大筆的費用來維護環境，且能獲得較多的社區支持和參與，最主要的是讓孩子有機會在戶外從事較多創作性的遊戲，但基於安全的考慮、場地的尋求不易，加上必須支付指導員長期的薪資，故美國許多州政府並不贊同建立類似的遊戲場（湯志民，2001）。

除上述的說明之外，亦有學者將美國戶外遊戲場的發展分為下列三期：

㈠創作設備期

一九三〇年代期間，幼兒的戶外遊戲與青少年的遊戲場所是合併在一起使用的，此時有專家學者建議將嬰幼兒的空間獨立出來。這個時期的遊戲場除了有基本的遊具之外，也開始重視遊戲場的周邊設施，例如：洗手台、飲水機、廁所、照明設備等等。

㈡新奇性期

這是個戶外遊戲高度發展的時期，許多設計者與遊具設備廠商均開始強調用具的創造性、實用性、美觀與提升幼兒體適能為主的功能。而產品製造商藉由大量的廣告與創意遊戲商品的發展，將此時期的遊戲種類推向另一個新的潮流。此時發展的重點在於材質的應用，例如，不鏽鋼、塑膠運用在不同遊具上的質感，以及遊具造型的變化，雖然賦予遊戲許多表面上的進步與更新，但卻忽略了最基本的安全問題。

㈢現代期

著重在遊具的複雜性、連結性與多元性，由於戶外遊戲意外事件的產生，使得美國消費者產品安全委員會與家長開始重視起遊戲安全的部分。此時遊具的設計製造者與教育學者對戶外遊具的理念有了很大的歧見。設計製造者強調高級、大型的遊戲設備，不重視其對安全與整理環境的影響，而教育學者則是固守舊有的遊戲設備與環境設計，如此一來更加證實了理論與實務合作的困難，如何克服這個盲點，是美國目前正應努力思考的部分。

二、遊具設備

美國政府對於每位幼兒平均的室外空間密度是七十五至二百五十平方英尺。針對美國消費者產品安全顧問委員會（CPSC）指出，高度在二十英寸以上的學齡前幼兒遊戲設備需多設計一個跳落空間，讓幼兒在活動當中有足夠的彈性區域。下列介紹美國各遊戲設備的設計標準：

㈠鞦韆

美國消費者產品安全顧問委員會認為，鞦韆的材質應以輕軟的帆布、塑膠為主，而不建議以木頭或鐵製座墊為選擇。而大輪胎雖然不屬於輕軟的材質，但具使用多元性的功能，並對幼兒的潛在傷害力較小。兩個鞦韆的距離以不互相碰撞為主，至於鞦韆的跳落空間應視其不同的高度而定。

㈡溜滑梯

在溜滑梯的種類上以波浪形、螺旋狀、圓筒狀與平緩四種為主，建議斜度在三十度以內較適宜，而溜滑梯兩側的輔助高度則不得小於 2.5 英寸，最後出口與地板的平行長度至少要有十六英寸，出口應高於地面約九至十五英寸為佳。

㈢攀爬架

美國消費者產品安全顧問委員會建議攀爬架上以五歲幼兒手握的支架為標準，應以十五／八英寸為主。攀爬架手握橫桿的最大間距是十二英寸，水平梯橫桿的間距以九至十五英寸為標準。走道可行走的高度範圍若超過三十英寸，則需加裝高度至少三十八英寸的垂直保護欄杆。攀爬的繩索應以較易抓握的繩索為宜，避免造成對幼兒手部的傷害（湯志民，2001）。

三、行動不便幼兒的戶外遊戲考量

對於行動不便的幼兒，美國住宅和都市發展部（U. S. Department of Housing and Urban Development）認為，在遊戲場應鋪設寬度至少三十六英寸的無障礙道路以便輪椅經過，而無障礙道路的範圍應包含整個運動場，無障礙道路的斜度不得大於 5%，無障礙的坡道不可大於 8.33%。在遊樂設施上，在所有的坡道和設施旁均應設立欄杆和扶手，並且讓行動不便的幼兒都能以最方便的方式使用。對於盲童的需求，則要設計出運用多面向感官知覺為主的遊戲場所，以聽覺、觸覺和空間感覺為主。例如，不同質地的導盲磚道、高度適宜且不同材質的攀爬設備，方便盲童能更快的去熟悉遊戲場所的環境（湯志民，2001）。

Thompson 和 Bowers（1989）從美國十八州裡抽出一百九十八個社區公園遊戲場進行調查，結果發現了幾個重要的安全問題。其中以攀爬架出現尖銳邊緣及突出物的情況最為嚴重佔 87%，其次為沙坑未能防止動物進入或未加蓋而造成維護困難、攀爬架規定的高度平均以 7.4 呎為標準，但經由這次的調查結果顯示，以高度九呎的不合格比例最多，而在旋轉設備發現許多尖銳邊緣及突出物，與溜滑梯破損嚴重的情況也佔有不小的比例。

Wortham 和 Frost（1990）從美國三十一州裡抽出三百四十九所幼稚園的戶外遊戲場進行調查，結果發現遊戲設備的內容偏向傳統遊戲場，但遊戲設備當中包含了許多可移動的遊具，例如：三輪車、手拉車等等。遊戲設備和器材底下，大部分以草、沙土為主，一般遊戲設備最多的是鞦韆、溜滑梯，這兩項的數量各佔了全部遊戲設備的兩成之多，其次是平衡木、過頭平行梯與搖擺設備。透過這次的調查，Wortham 與 Frost 發現了許多潛藏在戶外遊戲場的危險問題，其中以沙箱未加蓋、翹翹板設備不牢固、鞦韆鐵鍊兩側未加裝防止夾傷的保護套、溜滑梯缺少以緩和速度為主的出口面、旋轉設備不牢固等居多。

根據上述的研究報告，我們能更清楚的了解戶外遊戲場的安全問題，為了能提供更良好、更安全的遊戲品質，園所和政府機關應定期維護戶外遊戲設備，並多加強這方面的安檢，以確保幼兒生命健康的安全。

四、美國戶外遊戲安全評量

根據美國國家娛樂及公園協會訂定之「公共遊戲器材之安全標準建議案」所提出的戶外遊戲場所安全檢視表（表 3-14），可以看出處於戶外的設備和器材有相當多會遭受到損壞的風險，若不稍加注意，很容易忽略了檢查項目與內容的注意事項。由於戶外遊戲場與戶外遊具一旦受到破壞，對幼兒在使用時可能會造成相當嚴重的傷害，為了確保幼兒使用戶外遊戲場的安全，政府機關與設有戶外遊戲場的園所應定期做修護。

表 3-14　戶外遊具檢查表

檢查項目	檢查內容
結構	是否斷裂、脫落、歪斜、破損、扭曲？
器材之表面	是否無保護套膜？是否生鏽、腐蝕？有裂縫、碎片或是有害之防腐劑與油漆？
金屬設備	是否斷裂、脫落、破損、扭曲？吊鉤與扣環是否鬆脫？
邊緣、稜角	是否有尖銳之角度或稜角？是否有突出之接合或其他突出物？
夾、壓點	注意能移動部分的接合點，及暴露在外的部分。
機械設計及其他移動部分	是否有損壞之軸承或支點？保護性之覆蓋物或包紮物是否遺失？潤滑劑是否足夠？
手扶欄杆或安全裝置	是否扭曲、破損、脫落？樓梯及爬梯梯級是否遺失或破裂、鬆脫？
鞦韆座椅	是否遺失、破損、脫落、有尖銳之角？底台是否破損？
器材下之保護墊或物	是否夠大？是否足以保護？是否足以包括可能影響之區域？是否不乾淨？排水是否通暢？

資料來源：根據美國國家娛樂及公園協會所定之「公共遊戲器材之安全標準建議案」。引自國立台東大學幼教教師進修網，陳淑芳 http://www.nttu.edu.tw/ecte/home_school/06.asp

在「國際兒童教育協會自我評估工具」裡面共有下列六個評估項目：環境與空間、課程內容與教學、幼兒保育工作者、與家庭和社區的夥伴關係、有特殊需要的幼兒。在此，我們擷取了環境與空間的評量表做呈現，發現到評量表裡，以不同的戶外遊戲場、室內情境與使用案例來評估環境與設備本身是否符合適用的條件，在觀察後需寫下評語以方便作為改善的依據。我們也發現到，設備和建築定期清掃、戶外環境含有兒童可自行建造遊戲玩具的安全材料，這兩項的評量定義較接近美國國家娛樂及公園協會所定之「公共遊戲器材之安全標準建議案」的安全條件。此外，針對有特殊需要的幼兒，這個評量工具也提供了檢視其戶外遊戲安全的評估項目。

第五節 美國幼稚園實例舉隅

壹、Tutor Time Child Care/Learning Centers

一、Tutor Time 的幼兒教育哲學觀

Tutor Time 希望能夠促進幼兒發展、建立幼兒自尊，並發展幼兒的想像力與創造力，培養幼兒的注意力及安全感。希望在幼兒生命的第一個階段就培養幼兒喜愛生命及對學習的興趣。

二、關於 Tutor Time

建立於一九八八年。Tutor Time 隸屬於 Learning Care Group 之下，對於美國的嬰幼兒照顧和幼兒教育有很大的貢獻。他們認為對幼兒的照顧與指導是他們的任務，也認為他們已經達成了更為卓越的專業幼教服務文化，因而他們對於自己在幼兒保育上的成就感到驕傲，並準備要成為世界上首要的幼兒及親職教育公司。這樣的自信與決心，引發了他們提升幼兒照顧品質的動力。

三、目標

Tutor Time的目標為發展創新的學習及照顧方式，推廣終身學習的觀念，提供家庭問題解決辦法，提升家庭生活品質，且冀望 Tutor Time 能夠提供幼兒和家庭更好的服務，並透過 Tutor Time 的熱情及領導，提供一個安全的、細心關心的、多元豐富刺激的和促進幼兒全人發展的環境，以幫助幼兒發揮最有效的學習，並提升 Tutor Time 的品質，解決幼兒教育和家庭問題，鼓勵終身學習，成為此方面的國際領導人。

四、教育原則

誠實、信任、創新、熱愛學習，以及追求卓越。

五、課程焦點

1. 有全天也有部分時段的課程。
2. 致力於幼兒的全人發展。
3. 注重幼兒全人發展。
4. 讓幼兒學習做計畫，並執行自己的計畫。
5. 以學習中心的方式規劃教室，讓幼兒獲悉最適合他們攜手及建構的知識。
6. 培養幼兒自省及問題解決的能力。
7. 鼓勵幼兒社會化的團體活動。
8. 顧及幼兒適性發展。

六、環境設備

1. 創造適合幼兒學習的理想氣氛。
2. 為幼兒打造個人空間，並鼓勵幼兒發現、探索和問題解決的能力。
3. 讓每一個年齡的幼兒都可以得到適合他們的學習機會。

七、戶外活動場

㈠戶外活動的重要性

戶外活動是幼兒很重要的經驗，可幫助幼兒在教育、心理、社會方面的發展。無論是嬰兒或是各個年齡層的幼兒，每天至少應該有一次的戶外活動時間，讓幼兒可以發展他們的大肌肉，也可以體驗天氣的變化。在戶外活動的設計與規劃上，應該有不同的區域，讓不同年齡的幼兒有適合他們發展的活動區，幫助幼兒內在的自我建構。

㈡戶外活動的學習功能

Tutor Time的戶外遊戲場不只是一個遊玩的場所，也是一個學習的場所。戶外遊戲時間是學習科學、自然及健康教育最好的場所，幼兒可以學習科學的經驗和技巧，而戶外的團體遊戲也可以培養幼兒的社會技巧；戶外個人遊戲則可以培養幼兒的想像力，激發幼兒的內在動機，並幫助幼兒訓練注意力。

㈢戶外活動的設計

健康的身體與健康的心理一樣重要，因此，Tutor Time 的教師會在戶外活動場上帶領幼兒從事健康又有趣的活動，希望透過這樣的方式讓幼兒從小就培養良好的習慣。

㈣戶外活動的安全

在戶外遊戲設備上，應該定期檢查以確保幼兒安全。戶外遊具的外表應該要有安全的顧慮，對於一些比較容易造成傷害的遊具，則應該鋪軟墊，以創造一個安全的戶外活動區。

八、暑期課程

㈠內容

Tutor Time 的暑期課程，提供幼兒無限的夏日樂趣。在暑期課程中，提供類似極限運動、不可能的任務、間諜特訓等，讓幼兒覺得很酷的活動主題，結合有趣的活動和戶外旅行，讓各個年齡層的幼兒都想要在這裡度過整個暑假。

㈡方式

在 Tutor Time 中，暑假絕對是一個歡樂的假期，同時也是一個學習經驗的大好時機。每一個星期進行一個有趣又富有教育意義的主題，讓幼兒透過戶外旅行及活動，一起建構屬於他們的主題。

㈢主題

Tutor Time 致力於在安全的環境中，創造一個結合了樂趣和學習的暑期課程，讓幼兒建構他們感興趣的主題，並使幼兒認為暑假在 Tutor Time 就是一個快樂的假期。

㈣安全

暑期課程營造了安全又歡樂的夏日氣氛，戶外探索活動在暑期課程中佔很大的比例，而在要進行戶外探索活動時，幼兒會穿著容易辨識的Tutor Time的 T 恤，讓教師能夠方便管理幼兒，Tutor Time 做到讓幼兒在暑期課程中不僅玩得開心，也玩得安心。

九、分齡課程

㈠嬰兒教育課程（Infant Education Program）

1. 對象：六周到一歲之嬰兒。
2. 發展特色：嬰兒極速的成長與改變。
3. 教學重點：教師以身體擁抱與體貼的師生互動，使幼兒感到受關愛，並透過唱歌和交談與幼兒互動。提供安全、乾淨、健康的環境，讓幼兒有無限發現和學習的機會。

㈡學步兒教育課程（Toddler Education Program）

1. 對象：一歲到二歲之學步兒。
2. 發展特色：學步兒正在學習走路，且喜歡四處探索。

3. 教學重點：此時期的課程提供學步兒足夠的時間去調查與探索，並且在一種安全卻刺激的環境裡探險。教師提供溫和的指導，深化幼兒運動技能，並鼓勵幼兒使用語言溝通。

㈢探索者教育課程（Twaddler Education Program）

1. 對象：二歲到三歲之幼兒。
2. 發展特色：是積極的探索者，喜歡角色扮演的遊戲。
3. 教學重點：教師鼓勵每一位幼兒去想像，教室的佈置要讓幼兒能夠盡情的去探索，並能發揮其想像空間。每天要有足夠的時間讓幼兒交談，發展幼兒的社會互動技巧。

㈣預備教育課程（Prepare Education Program）

1. 對象：二歲半到三歲半之幼兒。
2. 發展特色：由學步期過渡到學齡前期，自我意識的增強。
3. 教學重點：教師讓幼兒學習自我控制，發展自我意識，並促進幼兒自尊的發展。教師以問答的方式讓小孩適應即將要接受的教育。

㈤學前教育課程（Preschool Education Program）

1. 對象：三歲到四歲之學齡前幼兒。
2. 發展特色：開始真正的發現世界，開始識字，並理解數目的概念。
3. 教學重點：提供機會讓幼兒去調查與探索，讓幼兒學習解決問題之技巧，並讓幼兒發揮其創造力。教師提供更有組織、也更多元化的環境，並給幼兒足夠的時間去自我探索與發現，培養幼兒入小學所需要的能力。

㈥幼稚園前教育課程（Pre-Kindergarten Education Program）

1. 對象：四歲到五歲之幼兒。
2. 發展特色：社會和情感的發展需求。
3. 教學重點：讓幼兒接觸與幼稚園相似的環境，並讓幼兒學習去思考，如何能夠更有創造性的解決問題。也要提供充足的時間，讓幼兒進行遊戲。

㈦私人幼稚園教育課程（Private Kindergarten Education Program）

1. 對象：五歲到六歲之幼兒。
2. 發展特色：渴望獲得更多的知識。
3. 教學重點：在私人幼稚園中，提供幼兒附有多元刺激、快樂、自然的環境，讓幼兒發揮其創造力。師生比率低，讓幼兒充分受到照顧。

㈧課後教育課程（Before and After School Education Program）

1. 對象：六歲以上之兒童。
2. 發展特色：對生活漸漸開始了解。
3. 教學重點：提供他們一個可以探險的環境，並培養兒童獨立的能力。透過多元化的環境，激發兒童對各項活動的興趣。教師會讓兒童幫助教學，並促進兒童的友誼和社會支持。

貳、University of Minnesota Child Care Center（UMCCC）

一、幼兒教育哲學

㈠起頭方案（Head Start Project）

所謂的“Head Start”就代表提早、啟蒙或起頭的意思，為美國在一九六五年提出的一種補償教育方案，目的在於提供低收入家庭兒童及早接受幼兒教育，使貧窮或弱勢家庭的幼兒也能有接受教育的機會，希望讓這些孩子提早受到良好的照顧，以打破因太晚受到教育而導致貧窮世代傳遞的惡性循環。

起頭方案提供全面性的服務、家長參與和家庭支持，能夠符合地方性需求。實施以來獲得相當大的成效，其成功的主要原因在於不管補償教育方案採取何種方式，都有共同的目標及努力方向：

1. 所有方案都強調早期教育的重要性，補償教育愈早實施效果愈佳。
2. 所有的方案都是針對弱勢族群或文化不利地區之兒童。
3. 多數方案都重視語言學習、閱讀技巧、數學學習、自我觀念和學習態度的培養。

此方案的施行，帶有著教育機會均等的意義，逐步實現不管來自任何階層的兒童應當都有接受同等教育與保障其教育機會。

UMCCC 認同起頭方案的觀念，認為對於幼兒教育必須要及早開始，而且愈早讓幼兒接受教育愈好。同時也對於弱勢家庭提供教育機會，希望能夠達到幼兒教育機會均等的理想。

㈡反偏見

在 UMCCC 中，將反偏見的理念融入各項課程中。由於每一位幼兒都生長在不同的環境、與不同的人互動，因此，每一位幼兒之間的差異會很大。為了不讓這樣的差異造成幼兒之間的隔閡，所以 UMCCC 致力於反偏見觀念的實施。UMCCC 努力降低幼兒的偏見，透過各項課程與活動讓幼兒學習接觸彼此的文化與生活環境，讓幼兒學會彼此尊重。

㈢無暴力

UMCCC 相信大多數幼兒的傷害行為是一個幼兒滿足立即需要的嘗試動作。而對於這種傷害行為的衝動，隨著年齡的成長才慢慢學會去控制，因此基於保護幼兒安全的原則，UMCCC 禁止幼兒攜帶危險的物品或是武器到托育中心；也用技巧性的教學方法，讓幼兒學會彼此互助合作，一起為相同的目標而努力，並在彼此互動的過程中，培養幼兒解決衝突的技巧；在提供給幼兒的學習素材中，也會選用較柔和、柔軟的玩具與教具。

二、收托對象

UMCCC 的收托對象是針對明尼蘇達大學中，教職員或是學生的子女，年齡從三個月大到進入幼稚園之前的幼兒進行托育服務。

除了對於 UMCCC 教職員或學生的子女，如果有人來到了明尼蘇達，因為要參加會議而住了下來，在參加會議時，若是其子女無人照顧，其亦可提供托育照顧的服務。

三、幼兒飲食

1. 包含營養的早餐、午餐及下午的點心。
2. 注意餐點營養均衡。
3. 提供的餐點美味並具創意。
4. 菜單採用週循環。

四、教學目標

在 UMCCC 的幼兒教育中，主要是幫助幼兒培養以下的特性：

1. 自尊：自我概念、自尊和信任的感覺。
2. 內在調節的能力：自我控制的感覺。
3. 解決問題和化解衝突能力：推理的感覺以及責任。
4. 自治和獨立：選擇及自我決定的能力。
5. 彼此互動的能力：與其他人相處與互動的能力。
6. 對差異的尊重：理解彼此的差異，尊重彼此的差異。
7. 創造發明：信任和發展的感覺，和想學習。
8. 開放：信任和誠實的感覺。
9. 意識變化：感受自己內在的力量，並加以追求。
10. 情感的承認：喜愛並且享受樂趣的能力。

五、入學須知

許多人會去登記排隊，期望自己的小孩可以進入 UMCCC。一般等待的時間至少一年，也常常需要等待十六個月以上。

六、費用

UMCCC 主要是以明尼蘇達大學教職員的子女為主要收托對象，對於教職員提供有保障的優惠，每一個家庭的收費不超過五千美元。

七、地點

UMCCC 本來是從一九七四年於美國西岸的一間倉庫開始經營起的，在一九九二年搬遷到羅林斯大街明尼阿波利斯的東南部，並且擴建園所，採用更現代化的設施。

八、收托人數

四十名幼兒。

九、人事組織

㈠管理人員

1. 一名全職主管。
2. 一個全職教育執行者。
3. 一全職管理的專業人士／登記執行者。
4. 一位全職主要帳戶專家。
5. 兩位全職辦公室專家／接待員，一個兼職秘書的助手／接待員。
6. 一位兼職的大樓和庭園工人。

㈡食品計畫人員

1. 一個全職廚工。
2. 一個全職高級食品服務工人。
3. 一個兼職廚房助理。

㈢嬰兒（年齡三到十六個月）照顧者

1. 三名全職教師。
2. 三名 80%到 100%的兼職副教師。
3. 師生比是 1 ： 3。

㈣學步兒（年齡十六到三十三個月）照顧者

1. 六名全職教師。

2. 四名 80%到 100%的兼職副教師。

3. 師生比是 1 ： 4 和 1 ： 5。

㈤學前幼兒（年齡三十三個月以上）照顧者

1. 八名全職教師。

2. 四名 80%到 100%的兼職副教師。

3. 師生比是 1 ： 8 和 1 ： 9。

十、生涯服務

提供生涯服務給明尼蘇達大學的教職員，所提供的資訊包含：家庭照顧及資源、父母教養方式、教育、個人財務管理及日常生活的資訊。教職員們可以透過網站：http://www.clalliance.net，並輸入帳號：University；密碼：Minnesota，然後登入網站去取得這些資訊。線上資料庫中包含幼兒照顧和老人照顧的相關資訊，另外也可以透過電話諮詢的方式來了解這些資訊，生涯服務提供的時間是週一到週五的早上八點到下午五點。

參、University of California Los Angeles Child Care Center（UCLACCC）

UCLACCC 是附屬於加州大學洛杉磯分校的幼兒托育中心，而且是通過全國幼兒教育協會認證的幼兒教育機構。重視幼兒教育的品質，認為幼兒的教育必須及早開始，因此提供幼兒保健、家庭資訊及社區的資源，期望幫助幼兒正面的成長。

一、幼兒教育哲學

1. UCLACCC 將他們的幼兒教育分為認知、社會、情感和物理幾個方面，並認為這些方面是會互相影響的，因此注重幼兒在這些層面的發展。

2. 重視幼兒的安全和健康，認為安全與健康是幼兒發展的基礎，因此要提供給幼兒秩序感與舒適感。

3. 適時透過肢體的接觸給予幼兒安全感，並配合幼兒的發展給予適合的刺激。
4. 提供幼兒適合幼兒發展的照顧，對於幼兒的照顧、保護和身體的舒適甚為重視。
5. 堅持要支持與順應幼兒的發展，不以外力加以改變。

二、收托對象

必須是洛杉磯加州大學的全職學生和教職員才有資格申請，提供二個月以上到六歲幼兒托育與教育。對於二至十七個月的嬰兒、十八至三十五個月的學步兒、三十六個月以上的學前幼兒和六歲幼稚園的幼兒，提供不同的托育與教育。

父母在十一月時必須上網填寫候補名單，並繳交五十美元的註冊費用，但是若為學生家庭，則可以不用負擔此種費用。

三、收托時間

UCLACCC 的收托時間是星期一到星期五的上午七點半到下午五點半。在聖誕節和新年期間是假日，不提供托育服務。

UCLACCC 主要提供全日的托育，但是對於學生兼職的家庭則會提供一些額外的服務。並會對於教職員提供訓練課程。

四、教學目標

1. 建立幼兒、教師與家長之間的信任關係。
2. 仔細調整 UCLACCC 的幼兒教育，促進幼兒的探索經驗、重要認知、合作遊戲及彼此尊重。

五、職員

每班有三名全職且取得認可的幼兒教師，許多教師都有很高的研究學位。而教師也享有洛杉磯加州大學所提供的員工福利。

六、費用

在註冊時繳交五十美元，若是申請後能夠進入 UCLACCC，則收取全日托的學費。以下是全日托的收費：

1. 嬰兒（二至十七個月）：一千二百三十美元。
2. 學步兒（十八至三十五個月）：一千兩百美元。
3. 學前幼兒（三十六個月以上）：一千美元。
4. 幼稚園：一千美元。

學費是採年費的制度，但為了家長的方便，分成月繳的方式。

七、地點

位於洛杉磯加州大學中，而其中三個幼兒教育與托育的機構則分布在校園的數個地點。

八、課程

UCLACCC 的每日課程中，提供平衡活動與安靜時間，也提供大團體與小組時間，讓幼兒能夠與同儕及教師有充分互動的時間。並相信要配合幼兒發展來設計課程，幼兒就會在準備度良好的教師陪同下主動探索。

UCLACCC 有「走向科學的幼兒教育」的專業資訊，提供教師如何激發幼兒的創造力。UCLACCC 的幼兒教育課程也受到 High Scope 教育研究基金會和 NAEYC 的認可，被認同是模範校園幼兒教育課程。

九、幼兒家庭學費補助

UCLA 十分關心幼兒的早期教育，因此對於幼兒家庭提供數種類型的不同程度的補助。若是父母雙方都在 UCLA 中就讀或是就業，則其中一位父母必須證明是全職的學生或是全職的工作者，並且必須對幼兒的需要表現出關心。對於低收入的家庭也提供獎學金的措施。

十、幼稚園鄉村課程

幼稚園鄉村課程必須要家長是 UCLA 全職的學生或是教職員才能夠申請。課程是以一整年為單位來設計的，以科學為基礎特別設計，在每天的課程中，涵蓋語文、算術、重要的認知和社會技巧。在 UCLACCC 中，幼稚園鄉村課程的時間符合，甚至超過加州規定的標準。

此課程也開放讓家長參觀幼稚園鄉村課程，開放時間是星期一到星期五上午七點半到下午五點半，此課程的學費包含了早餐、午餐和下午的點心。

圖 3-11　校外環境

圖 3-12　校門外

圖 3-13　室內環境

圖 3-14　戶外活動區

圖 3-15　室內佈置(1)

圖 3-16　室內佈置(2)

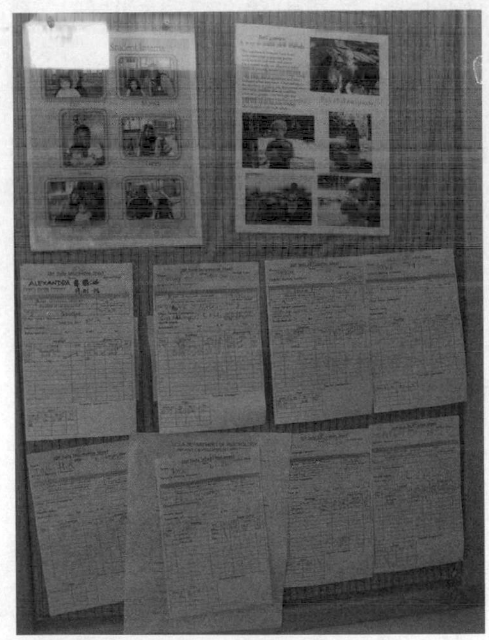

圖 3-17　室內佈置(3)

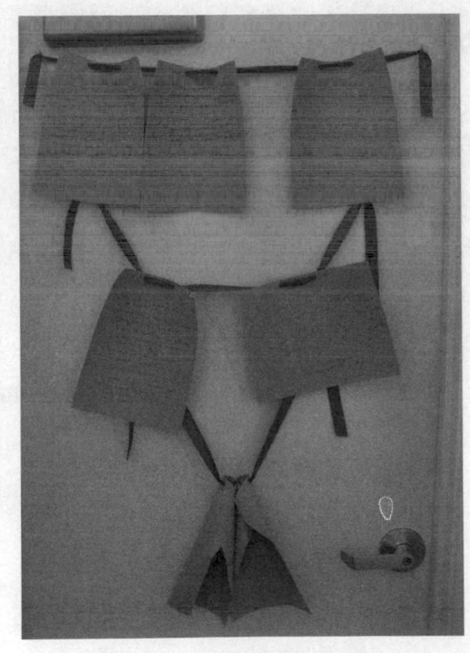

圖 3-18　室內佈置(4)

1. 和同學討論美國幼兒教育的歷史為何？並討論哪些教育家的哲學思想影響著美國的幼兒教育？
2. 舉出三項美國的幼教行政組織，並說出這些組織的功能。
3. 比較台灣和美國幼教師資培訓過程的異同。
4. 寫出美國幼教評鑑的優點及缺點各為何，又台灣的幼教評鑑應如何改進？
5. 比較台灣和美國的課程標準及課程架構，並說出兩方都重視些什麼？是否還應該增設哪些項目？
6. 舉出三位影響美國幼教課程理論及教學模式的教育家。
7. 和同學討論美國的學習角落區有哪些？和台灣有哪些不同？如果可以再設哪些角落區會更好？
8. 看到美國幼教機構的戶外遊戲場與遊具設備後，試著說出自己的感想為何？如果你將來成為一位幼教老師，你會建議學校在戶外遊戲場設置哪些遊具設備呢？

日本幼兒教育

【教學目標】

1. 認識日本幼兒教育史及影響日本幼兒教育的哲學理念。
2. 認識日本幼教的中央及地方行政組織。
3. 知道日本幼教老師的師資培訓過程。
4. 認識日本幼教的課程標準及課程架構。
5. 探討日本幼教的課程理論基礎及教學模式，及受到哪些教育家的影響。
6. 探討日本的學習角落區和台灣有哪些不同。
7. 了解日本幼教機構的戶外遊戲場與遊具設備。

幼兒教育史與幼兒教育哲學

壹、日本幼兒教育史

一、萌芽期

日本的明治維新為國家現代化奠定了基礎，從科學、工業、技術和教育制度開始改革，當時教育部長田中不二磨從美國考察回國後，便主張設立幼稚園。

日本最早的幼稚園可追溯至明治九年（一八七六年），模仿美國所設立的東京女子師範學院附屬幼稚園。專收三至五歲幼兒，以年齡分班，每班平均有四十名幼兒。其教育目標為：培育心靈、增進健康、開發兒童潛能、培養良好生活習慣、發展人際關係的能力。園所採用福祿貝爾的教學方法，引導遊戲、黏土、繪畫、歌唱等。雖然此時政府尚未對幼稚園立法，但東京女子師範學院附屬幼稚園的設置規則仍普遍被接受。

一八八九年和一八九〇年，日本政府制定幼稚園規則，訂定幼兒教育目標，爾後幼稚園的數量漸增，到一八九七年約有兩萬名幼兒入園。為因應入園人數漸增之現象，文部省於一八九九年頒布「幼兒教育設施及設備規則」，規定入園年齡、在園時間、幼兒人數、建築、設備、課程內容與幼兒教育的基本問題等（簡紅珠等，1987）。

隨著婦女就業機會增加，當時幼兒園的資源已不敷使用。一八九〇年，赤澤鐘美夫婦於新潟市創立第一所托兒所，專門招收貧民子女；一八九四年，大日本紡織公司也設立了托兒所來照顧員工子女，爾後托兒所紛紛設置；一直到一九二一年，公立托兒所已超過一百所。

二、發展期

明治後期，日本放寬幼教政策，一九二六年文部省制定「幼兒園令」和「幼兒園法實施細則」，使幼兒園的數目漸增，不過城鄉分布不均，多數學校集中於都市並以私立為主。另一方面基督教也開始興辦幼兒園，傳教士在日本創辦的幼兒園和保母訓練機構，這也是私立幼兒園興起的原因之一。

二次大戰期間所有建設暫時停擺，直到戰後隨著社會、政治、教育的改革，幼兒教育才開始蓬勃發展，主要歸因有三：

㈠法律和法規的支持

日本政府對學前教育進行了一系列的改革和一系列的措施：

1. 一九四六年公布「生活保護法」，規定保育費用由國庫負擔 80%，府縣負擔 10%。
2. 一九四七年制定了「教育基本法」和「學校教育法」，明確訂定幼兒園隸屬於國家教育體制內，並規定幼兒教育目的與教師資格。
3. 一九四七年制定了「兒童福利法」，明定保育所是以保育嬰幼兒為目的，若家庭無法交納費用，則由國家或地方代為付之。

㈡經濟的支持

隨著國民所得提升，奠定了幼兒園的物質基礎，有了經濟上的支援，使得幼兒教育開始蓬勃發展。

㈢戰後嬰兒潮的湧現

嬰兒的出生率在戰後大量出現，這批幼兒出生後，直接刺激幼兒保育與幼兒教育的市場需求，這對二次大戰後的幼兒園和保母訓練機構來說是個相當大的發展機會。

文部省制定了幼兒園振興計畫，一九六四年日本施行第一次幼兒園振興計畫（又稱七年計畫），該計畫的目的是為了提升五歲幼兒的入園率；一九七一年實施第二次幼兒園振興計畫（十年計畫），目的在促進四至五歲幼兒入園；一九九一年實施第三次幼兒園振興計畫（十年計畫），希望所有三至五歲幼兒都能入園就讀（霍力岩，2002）。

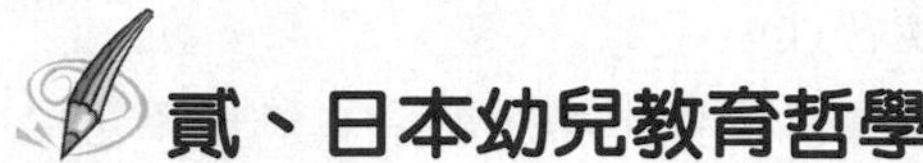

貳、日本幼兒教育哲學

一、軍國主義

日本幼教創建初期，以培養幼兒成為國家未來領導的接班人為目標，幼兒教育的目的，主要在於發掘幼兒的天賦知覺，啟發固有的心靈，促進身體健康，培養社會能力及良好的習性。資本主義盛行時，日本幼兒教育很重視幼兒身心健全的發展；之後為響應日本軍國主義政策，開始推行法西斯教育，灌輸幼兒的忠君愛國、皇民感情等思想，培養幼兒純真虔誠的性格，這成為日本幼兒教育的哲學思想。

在此時期，幼兒教育的目的只是為了要控制幼兒的思想，以灌輸的方式將幼兒塑造成大人們想要的模式，在此一時期的幼兒教育是屬於制式化的，以成人作為幼兒教育的本位，幼兒沒有屬於自己的選擇權。

二、幸福和平

第二次世界大戰後，日本為建立民主和平的國家，於一九四七年公布的「教育基本法」中提出：「教育目的是為了培養和平國家與社會的建設者」。經歷了二次大戰的動盪不安，使日本人民更渴望追求平穩安定的生活，因此幼兒教育哲學也跟著產生轉折，從原有的日本軍國主義轉變為和平的教育哲學觀，這樣的轉變，對幼兒教育來說，無疑是開啟了另一道通往幸福的道路。

此時，日本開始重視幼兒的幸福，因此漸漸將幼兒教育的中心由原本成人主宰的模式轉移到幼兒身上，重新思考幼兒的思想、需求及感受，民眾也開始追求幼兒教育的品質與專業。

三、人文主義

一九七〇年代以後，國際教育思潮產生很大的轉變，其中以人文心理學的發展最被重視。人文心理學學派強調人性本善，認為人是有理性的動物，理性的存在，也是人與動物的最大差異；因此人能夠主宰自己、發揮自己的潛能，此學說也強調了人性的積極面與獨特性。

在這波人文主義的思潮下，日本也深深的受到影響，讓原本神聖不可侵犯的學校開始受到質疑，甚至出現了「反學校化論」，此一理論乃是反對學校制式化的教學模式，認為學校透過制式化教材會阻礙幼兒的發展，甚至認為學校是個大官僚、階級性組織，因此主張廢除學校這個機構，並以更自由、更個人化且更輕便的學習組織加以取代。這種「反學校化論」雖然沒有真正推翻學校組織，卻讓學校開始改革，使學校漸漸成為人性化的機構。

人文主義中，很推崇馬斯洛（Maslow）的需求層次論，強調追求自我實現的理想，幼教機構也不例外，因此幼教機構開始檢討自己的制度，並致力於改革，追求更專業的幼教服務品質。此時，學校不再是完全權威的角色，而必須做適度的改變以配合社會的變遷與幼兒的需求。

四、全面發展

一九八〇年代，為了適應新的經濟需求與提高社會競爭力，幼兒園教育目的所強調的重點在於發展幼兒的能力。在當前技術革命的浪潮下，幼兒教育主要是為了培養有個性、擅長創造、表達、對於新技術革命有適應能力和高度能力的人，因此幼兒教育的目的便在於幼兒的全面發展。這個趨勢的流行，使得幼兒教育重視幼兒身體、心理、社會的發展，落實了以幼兒為本位的幼兒教育，將原本只重視學業成就的幼兒教育環境，漸漸轉變為在輕鬆快樂下，培養幼兒發展各方面能力的學習環境。

行政組織、師資培訓、幼教評鑑與幼教政策研究

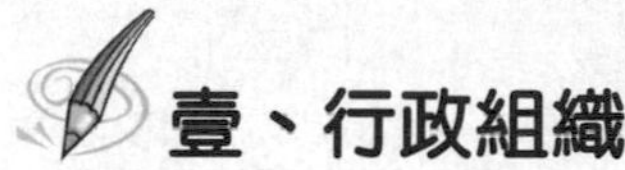

壹、行政組織

日本教育行政分為中央和地方兩個系統，包括中央教育行政機關和地方教育行政機關，以下分別介紹「中央教育行政機關」和「地方教育行政機關」。

一、中央教育行政機關

中央教育行政機關是文部省，其功能主要是「擔負振興和普及學校教育、社會教育、學術和文化事業，負有全面完成有關上述事項及國家的宗教行政事務的責任」（一九八四年頒布文部省設置法第四條）。文部省長官為文部大臣，文部省內設大臣官房、初等及中等教育局、大學局、學術國際局、體育局及文化廳等機構；同時，文部省內設有各種審議會，如：中央教育審議會、教育課程審議會、保健體育審議會、教育職員養成審議會、學術審議會、社會教育審議會。

文部省的職權主要有以下幾項：

1. 為發展教育、學術和文化事業，進行調整研究並制定規劃。
2. 依照各級學校和教育機構的物質設備、人員配置、組織與教育內容，規定標準。
3. 執行教育預算，支配教育經費。
4. 審定中小學教科書，管理義務教育學校教科書的購置及供給事項。
5. 審核大學和高等專科學校的設置。
6. 對大學、高等專科學校，以及地方教育行政機關，提供指導和建議，對

縣內一級教育委員會教育長的任命權。

二、地方教育行政機關

地方教育委員會是地方團體的教育行政機關，根據地方自治的原則而設立，並將「教育委員會」分為「都道府縣教育委員會」和「市鎮村教育委員會」，以下介紹「都道府縣教育委員會」和「市鎮村教育委員會」的教育委員會任期和負責處理的日常事務。

委員任期為四年，地方教育委員會多由五名委員組成，而人數少的市鎮村教育委員會也可以由三名委員組成。教育長統籌教育委員會，事務局則是負責處理各項日常事務。都道府縣的教育委員會事務局設有指導主事、事務職員、技術職員和其他職員，市鎮村教育委員會可設職員。

教育委員採中央集權的任命制，文部大臣任命都道府縣的教育長，都道府縣的教育長任命市鎮村教育長，地方自治團體的首長任命地方教育委員。如此環環相扣加深了國家與地方上下層級的關係。

知事、市鎮村長負責管理大學、私立學校以及教育行政等事務。其他一切教育行政事務均由教育委員會管理和執行。教育委員會的職權包含所屬學校的設置、管理或撤銷；學校財產的管理；人事的任免；幼兒的入、轉、退學事宜；學校的組織編制、課程、學習指導和職業指導；校舍設備的維修；教職員的進修、福利、學校伙食等等。

日本的學前教育機構分為兩類：以教育為主的「幼兒園」，由文部省頒布的「學校教育法」設立的幼兒園機構系統；保育為主的「保育所」，由厚生省頒布的「兒童福利法」設立保育所機構系統，以下分別介紹「幼兒園」及「保育所」。

㈠幼兒園

「學校教育法」規定，幼兒園需先經有關機構審查、立案後才可設立。幼兒園分為國立、縣（市）立和私立三種。第七十七條規定，幼兒園的目的在於「養育學前階段的幼兒，提供適應的環境，以發展健全的身心」，招收三歲到入學前的幼兒。

幼兒園並不屬於義務教育，父母必須自行負擔學費，私立幼兒園由設立幼兒園的團體或個人負責，政府對私立幼兒園經常進行補助，在一九七八年，私立幼兒園費用每月為 11,160 元。國立幼兒園的經費由國家負擔，在一九七八年，國立幼兒園的學費為每月 2,200 元。公立幼兒園由地方政府支持，在一九七八年，公立幼兒園每月為 2,067 元。同時，對低收入戶每年至少補助入園所費 80,000 日元。

一九九〇年代以來，日本推行三年幼兒園教育，重點在於讓三歲幼兒盡可能都進入幼兒園，並接受三年連續幼兒園教育。日本推行三年幼兒園教育的理由是：

1. 幼兒的健康成長：獨生子女增多，易導致溺愛、管理不善。
2. 社會生活方式的變化：家長對學校不再只要求保育，認為學校需肩負起教育的功能，並在教學上有新的突破。
3. 幼兒園能提高兒童的社會性、表現能力、運動能力，使幼兒教育能更有效、更具科學性。

㈡保育所

保育所分為國立、縣立、鄉鎮立和私立等，依日本厚生省一九四七年頒布的「兒童福利法」規定，保育所主要目的是因應監護者的要求，照顧學齡前（即六歲以前）的幼兒。

一九七〇至一九八〇年間，保育所平均每年增加 763.5 所；一九八〇至一九八五年間，平均每年增加 172.6 所。一九八五年入所幼兒增加到 1,843,550 人，保母人數也達 177,379 人。

這個時期保育所的發展特點是：

1. 公立保育所增加的進度比私立保育所快。
2. 保育所的兒童多為四歲、五歲。
3. 保育所的幼兒年齡較幼兒園低。

關於這個時期保育所發展情況可通過下面表 4-1、4-2 分別來說明：

表 4-1　保育所設施數和入所幼兒數

年度	設施數			入所幼兒數		
	公立	私立	合計	公立	私立	合計
1970	8817	5284	14101	690344	441017	1131361
1976	11545	6693	18238	1012290	618735	1631025
1980	13311	8725	22036	1188340	807742	1996082
1981	13466	9021	22487	1162742	819788	1982530
1982	13528	9181	22709	1134794	821931	1956725
1983	13615	9243	22858	1110020	814986	1925006
1984	13813	9091	22904	—	—	1880122
1985	13599	9300	22899	1046599	793590	1840189

說明：一九七五年以後為各年度十月份統計數字，一九七〇年為截止十二月份的統計數字。

資料來源：日本教育年鑑刊行委員會編集（1988）。

表 4-2　保育所各年齡幼兒數

年度	總數	0 歲	1 歲	2 歲	3 歲	4 歲	5 歲	6 歲
1970	1131361	3047	19696	60792	148933	210166	398457	290270
1975	1630908	12167	55115	146360	298024	446865	475643	196734
1980	1996142	18697	84422	195845	386454	544873	552239	213612
1981	1964531	15218	83288	186872	371173	513637	553287	241056
1982	1956365	16046	84624	188293	362174	521082	537697	246449
1983	1924997	17248	87840	181108	354608	505798	527750	250645
1984	1880122	18353	92377	180429	337758	494127	511558	245520

說明：一九七〇年為截止十二月份的統計數字，一九七五年以後為各年度十月份的統計數字。

資料來源：日本教育年鑑刊行委員會編集（1988）。

貳、師資培訓

一、師資培育

師資培育主要可以分為以下三期，分別為「師資培育萌芽期」、「師資培育供不應求期」及「師資培育供過於求期」，以下分別介紹之：

1. 師資培育萌芽期：讓婦女到東京第一所剛成立的幼稚園來學習、參觀。
2. 師資培育供不應求期：
   ⑴教育部於一八七八年設置了幼稚園師資培育課程，主要招收年滿二十歲的女性，在東京女子師範學校修業一年，主要科目包含：福祿貝爾、教學原理、數學實習、動物學、物理、生物、代數、音樂等。
   ⑵教會學校在神戶開始培育師資，設立幼稚園教師養成學校。
   ⑶教育部於一八八九年規定幼稚園教師最低資格。
   ⑷在一八九二年的調查報告指出，當時設有幼稚園師資課程的學校，只有三間國立學校和九間私立專科學校。
3. 師資培育供過於求期：在一九七一年接受幼教課程的畢業生中，只有約33%的學生獲得教職工作。

二、職前教育與在職教育

㈠職前教育

取得幼兒園教師資格有以下兩個途徑，一是於文部省大臣認定的培訓機構內修滿課程和學分者；另一則是透過在職教育，在職部分留待稍後再做探討。職前教育又分為（表4-3）：

1. 一級普通資格證書：在大學中修滿一百二十四個學分。
2. 二級普通資格證書：在短期大學學完兩年課程，至少獲得六十二學分。

表 4-3 幼稚園教育在大學和短大的學習科目及學分數

	一般教育科目	基礎教育科目	外國語科目	保健體育科目	專業教育科目						小計
					保育內容研究	教育原理	兒童心理、教育心理	教育實習	其他	選修科目	
一級普通資格證書	18	18	8	4	12	4	4	4	4	32	124以上
二級普通資格證書	18			2	8	2	2	4	2		62以上

上述的學分規定只是基本原則，各學校可依學校特色來調整上述學分。其中，專業教育科目中的選修科目，包含：教育哲學、教育史、教育法規、教育行政學、教育社會學、教育統計學、教育財政學、教育心理學、教育評價、學校教育指導及管理、社會教育、學校保健、學校建築、視聽教育、圖書館學、職業指導等等。

㈡在職教育

「在職教育」是獲得幼稚園教師資格另一途徑，方法如下：

1. 獲得一級普通資格證書：在幼稚園工作五年，並在都道府縣教育委員會等所開辦的講習班或大學函授教育等課程中，獲得四十五個學分以上，並考試合格者。

2. 獲得二級普通資格證書：先具備臨時資格證書，在幼兒園工作六年，並在都道府縣教育委員會等所開辦的講習所或大學函授教育等課程中，獲得四十五個學分以上，並考試合格者。在職研習包含：

1. 經常性研習活動：

⑴以園長為主要參加對象的「幼兒園教育指導者講座」。

⑵以助教為主的「幼兒園實技講習會」。

⑶以教師為主的「教員中央研修講座」。

2. 主題性研習活動：

⑴以園長為參加對象的「園長研究協會」。

⑵以一般幼兒園教師為對象的「幼兒園教育課程都道府縣研究集會」和「幼兒園教育研究發表大會」。

⑶以各式的講習會來加深幼教工作者對「保育大綱」、「幼兒園教育大綱」及「幼兒園教育大綱」的理解與執行，以提升其專業素質。

日本文部省為創造更良好的幼教條件，於一九七八年十月新建了「兵庫教育大學」和「上越教育大學」，並設有學前教育研究部，專職培育幼教師資，主要目的在於提高在職教師的服務品質。

教師的在職教育主要目的在提升學校教育，良好的學校教育是一切教育的根基，為提升學校教育的專業化，日本對教職員的在職進修相當重視。希望透過不斷精進的專業知能來因應瞬息萬變的環境，並提升自我能力，達成教學相長的功能。

三、開放性儲備師資、幼稚園教師培訓機構、執照的種類

㈠開放性儲備師資

從古至今，只有師範學校的畢業生才能領取教師執照，隨著教育多元化，現在有心想取得教師資格的人只要修習必要課程，並且達到規定的學分就能有機會獲得執照。日本的大學或學院中，提供教師訓練計畫的課程，讓學生有機會考取一級普通資格證書或二級普通資格證書。

㈡幼稚園教師培訓機構

幼稚園教師的培訓機構分為兩類（表 4-4）：

1. 大學的學院專科：擁有教育部認可的訓練計畫，結業後能獲得一級普通資格證書。
2. 訓練學校：教育部指派專業化的機構，提供政府認可的訓練計畫，用來補充大學和學院專科的不足。結業後能獲得二級普通資格證書。

表 4-4　幼稚園教師訓練機構

	大學	專科	訓練學校	總計
國立	49	0	0	49
公立及非國立	4	14	6	24
私立	40	194	55	289
總計	93	208	61	362

資料來源：任慶儀（1988）。

㈢執照的種類

1. 第一級普通資格證書：發給大學中修畢課程及學分數之畢業生。
2. 第二級普通資格證書：發給專科中修習兩年以上，並修滿幼稚園教師訓練課程之學生。
3. 臨時執照：則發給已經通過檢定考試，卻未修滿必修課程之幼稚園教師。幼稚園教師還可藉由修習函授課程、旁聽、公開講座以及必要之考試，來取得更高一級的執照。

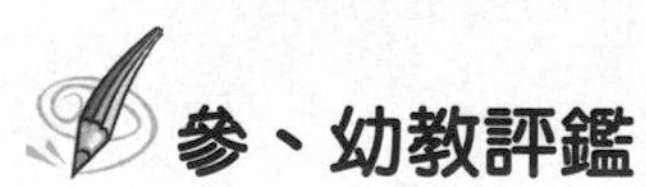

參、幼教評鑑

日本幼稚園依據文部省頒布的幼兒發展內容，共分為五大類：語言、人際關係、表現、健康、環境等，每一大領域中又有詳細的目標內容。每一學年幼稚園教師會對班上每一位幼兒進行這五大領域的評量。除此之外，各班老師又會依據班級風氣與幼兒的氣質，訂定適合該班的班級目標與幼兒需要加強的目標。班級目標大都集中於幼兒的團體適應及人際關係上，和文部省所訂定的五大領域間並沒有很大的相關。此外，文部省訂定五大領域下的小項目標，幼兒不一定都要達成，而是讓幼兒自行發展。

日本的幼稚園非常兩極化，一是強調入學考試，規劃許多讀寫算的課程，類似補習班或才藝班的學校；另一種則是以遊戲為主，幾乎沒有課程架構，強調孩子的主動探索與問題解決的能力。在都市中，多以考試入學的學校為主。

日本升學壓力之大，考試風氣已盛行多年，有些孩子從幼兒園就開始面臨入學考試，考試的內容包括對幼兒的部分和對家長的面談。在幼兒部分的考試內容多與日常生活應對有關的題目或生活自理，例如請幼兒剝一個橘子、拉起外套拉鍊、簡單介紹家裡的成員等等；而家長面談的部分也是相當重要的，如果家長無法配合園方的教學理念，即便幼兒考試的部分表現很好，也不會讓該生入園。值得一提的是，並非考上名校幼兒園的幼兒，在往後就能一路念到大學畢業，有些學校進入小學及大學的階段還是需要再經過考試。

日本政府並不採用評鑑幼兒園的方式讓家長作為選擇的依據，而是由口耳相傳的方式來打出幼兒園口碑。早在十年前日本政府就開始宣導「遊戲」是幼兒學習最好的方式，並將這樣的概念加入教育內容中，經過這些年的努力，許多家長都能接受「遊戲中學習」的概念。

日本教育人員在十幾年前注意到，人際關係良好的幼兒，在事業上的成就高於在學校中功課頂尖的幼兒，所以日本人引導家長們不要只重視孩子的課業成績，人際關係有可能是影響孩子們長大後成功的重要因素之一。日本重視「人際關係」，台灣強調「多元智能」，台灣在早些年開始進行教育改革，希望家長注意幼兒其他方面的優勢智能，像是體育、音樂等，不要單一關注在學校課業，本想藉此為單一升學管道找到另一個解決的方式，結果卻造成了孩子需達到各科均優的壓力，反而連輕鬆的藝能科都要仰賴補習來獲得好成績。

基本上中日的教育理念是相同的，只是作法不同；在日本以遊戲為主要活動的幼教老師，較以旁觀者、參與者或是記錄者的角度去看待幼兒的發展，讓幼兒依自己先天的氣質與興趣，做不同的成長。沒有每週活動設計，只有每個月向家長說明當月可能要進行的活動，結構性的活動不多，在教室也很少看見現成的教材。台灣並非沒有這樣的幼稚園，只不過，目前大都以「家長需求取向」的幼稚園掛帥，淹沒了這些以幼兒為中心的學校。

肆、幼教政策研究

日本是世界上第一個制定限制生育率與人口增長的國家。日本國會在一九四八年通過了「優生保護法」，以應對戰後嬰兒激增及有力的公共保健政策所致死亡率下降而帶來的人口快速增長的衝擊。但是，近幾年來，日本的出生率持續嚴重的下降，日本政府為防止人口不斷老化的問題，重新修訂人口政策，轉而實施獎勵生育的措施，以應對快速的人口老化及其所引發的社會經濟問題。

一、日本生育率折線圖

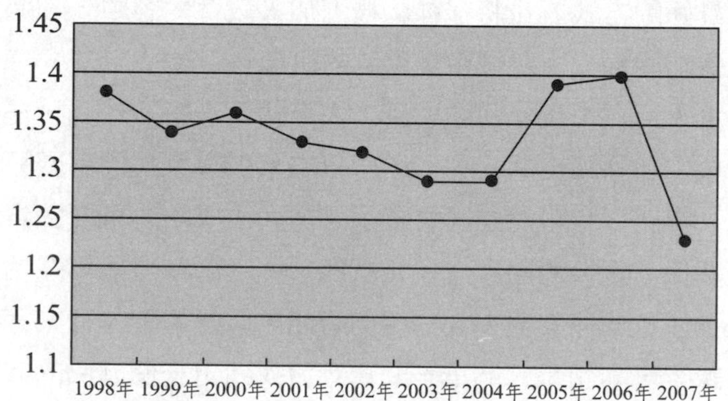

圖 4-1　日本近十年生育率變遷折線圖

資料來源：Sleebos, J. E. (2003).

由圖 4-1 可知日本的生育率在二〇〇〇年每位婦女平均生育 1.36 個孩子，至二〇〇七年的生育率則為每位婦女平均生育 1.23 個孩子。

二、政府的相關因應政策和措施

㈠現況

1. 背景：日本人口政策的發展，第一個階段為鼓勵人口政策，第二個階段

則為控制人口政策。二次世界大戰過後，日本隨著戰後嬰兒潮、社會經濟結構的變化、婦女生活價值觀的改變，幼托的發展也由原先的扶弱計畫轉變為對於家庭托育的支持。

2. 社會脈動：職業婦女的日益增加使得三歲以下幼兒的托育問題愈趨嚴重，日本政府自一九八九年起才提出包含托育改革計畫的少子女化對策（陳乃慈，2006）。

也由於經濟人口結構的改變、出生率的驟降、人口老年化帶來的問題，日本在二〇〇三年公布了「少子女化社會對策基本法」，用以減緩少子女化可能帶來的衝擊。

㈡政府的政策和措施

日本的夫妻之所以不願意生育小孩，是因為養育費用高昂。養育費包括對孩子的人力資本的投資，以及母親為培育孩子必須犧牲工作的費用等。日本政府也積極採取措施鼓勵生育。但是，效果仍不明顯。

1. 親職假：婦女生育時，可以享有十四週的產假，並可領取60%的每日平均基本薪資（陳惠銛，2004），另外也有一年的育嬰假。
2. 各項津貼：
   ⑴育嬰津貼：婦女在請育嬰假的期間，可以領取40%的薪資，二〇〇七年十月起可領50%的薪資。
   ⑵育兒金：新生兒與未滿兩歲的幼兒，每個月政府會發放五千日圓的補助金，第三胎則發放一萬日圓，直到小孩滿十二歲為止（許惠雯，2007）。
   ⑶生產津貼：政府補助產婦生產費用約三十萬日圓，由於產後孕婦也需要健診，因此將增加數萬日圓來補貼。
3. 日本執政黨擬定少子女化對策草案，少子女化小組委員會所提出的對策就是將小孩的成長階段分為五階段，包括妊娠生產到嬰幼兒期、到進小學、小幼兒期、中幼兒至大幼兒期、社會人士期，不同階段由政府進行各項補助工作（李建德，2006）。
4. 二〇〇五年至二〇〇九年的「新新天使計畫」：民間大型企業也積極擬

定對策，為員工營造出適合養兒育女的工作環境。例如豐田汽車公司為員工打造五處托兒所，包括接送專車及時間完全配合員工工作時間。

5. 對抗高齡少子女化，日本政府增加醫療保險的生產津貼。如此一來對於產婦的保障及照顧將會更為完善（東北亞研究中心，2006）。

6. 自一九九八年四月起實施兒童保育法制化下的各項措施，提供未能親自照顧兒童的雙親各種課後托育服務（魏意芳，2003）。例如「新天使計畫」、「幼兒教育振興方案」。

㈢政策與措施之利弊分析

日本政府雖然積極推動各項計畫，如天使計畫來提高婦女的生育率，但是托育的時間並未延長，加上都會地區的幼托園所供不應求，縱使政府當局發放許多津貼，仍然很難吸引日本婦女提高生育率。雖然日本認可的幼托園所數量不敷所需，但是政府獎勵民間企業設立托育機構，無疑為日本的職業婦女解決托育問題。

㈣窒礙難行之現況

現今許多日本的職業婦女對於托育的需求是日益增加，為了能在生產之後重返職場，她們必須將孩子托育於具備多樣功能的無認可托兒所。因為在日本的認可托兒所是不收一歲以下的嬰幼兒，而要進入認可托兒所的名額有限，因此使得「嬰兒托育旅館」大為興盛（陳乃慈，2006）。

而日本政府對於職業婦女在托育方面的需求只做到了半套的服務，嬰兒托育的問題則留給母親們自行解決。

㈤建議

1. 策略：擴大公辦民營幼托園所的設立，可以解決公立幼托園所供不應求的問題，合格的幼托園所將是職業婦女們可以安心工作的保證。

2. 在我國的應用之可行性：在台灣，課後照顧的服務體系尚無法制化的規範，雖然在二〇〇七年一月已通過的「兒童與少年照顧法」中，明定將課後服務的安親班等統一為「課後照顧中心」，但是對於服務的內容、品質並無統一的規定，因此政府相關單位除了擴大各學校閒置教室的使用之外，也要制定相關法令來強化課後照顧系統的設立。

第三節 課程與教學

壹、課程標準

日本的幼稚園課程標準主要是以日本政府所頒布「幼稚園教育要領」（The Guidlines for Kindergarten Education）的內容為主，而「幼稚園教育要領」又有新舊之分，舊版的「幼稚園教育要領」是在一九六四年立法開始實施的，教育的內容分為六大領域，其分別為：「健康」、「社會」、「自然」、「語言」、「音樂」及「美勞」。以下分別介紹該領域的內容：

1. 健康：增進健康的習慣與行為，各種不同的運動。增進安全的習慣與行為。
2. 社會：增進個人與社會團體生活的習慣與行為。培養兒童的興趣與關懷周遭的社會現象。
3. 自然：培養對待動物、植物的人性態度。培養對自然現象的興趣與關懷。訓練日常生活必備的簡單技能。培養數與量的觀念。
4. 語言：培養對口語文字的了解與表達。奠定日常生活中必需的日文基礎。培養對圖畫故事書及有關的興趣和創造力。
5. 音樂：培養唱歌與演奏簡單樂器的技巧。培養肢體動作的韻律感及集體表演的能力。訓練兒童透過歌曲與身體的動作表達個人的感情。
6. 美勞：培養經由繪畫、手工藝品之意念表達情感，養成設計、裝飾的興趣與關心。認識材料與工具的使用。培養美術的興趣。

由於舊版的「幼稚園教育要領」無法因應日本當時的需求，因此文部省於一九九〇年三月公布了新版的「幼兒園教育要領」，並於一九九〇年四月起付諸實施。新版的教育要領實行後，把原來的「健康」、「社會」、「自然」、「語言」、「音樂」和「美勞」六個領域，改為「健康」、「人際關係」、「環境」、「語言」和「表現」五個領域。以下分別介紹這五大領域：

㈠健康

1. 加強教師與幼兒之間的雙向接觸，使幼兒能積極愉快地參加各種活動，並提升幼兒在活動中的安全感，透過各種遊戲，充分活動身體。
2. 保持清潔衛生，穿脫衣服、吃飯、大小便等日常生活必要的活動能獨立地完成，藉此養成健康的生活規律。
3. 讓幼兒熟悉幼兒園的作息時間，並親自動手收拾場所。
4. 危險的場所、危險的遊戲都要避免，發生災害時的應變措施要完善。

㈡人際關係

1. 培養幼兒與老師和其他小朋友和睦相處。
2. 培養幼兒獨立思考、自主的能力。
3. 讓幼兒做自己能做的事。
4. 讓幼兒在與小朋友相處中，共同感受喜樂和憂傷。
5. 讓幼兒以正向的態度，將自己的想法傳達給別人，並注意和了解對方的表示。
6. 使幼兒感受到與同儕相處的方法與樂趣。
7. 使幼兒懂得注意遵守公共規則。
8. 讓幼兒認識到愛惜公用的遊具和物品，與輪流的重要性。引導幼兒認識禮節的重要性。

㈢環境

1. 在接觸大自然的活動中，讓幼兒領悟自然界之宏大、美麗和奧妙。
2. 引導幼兒對周圍事物、現象發生興趣，並積極參加小朋友之間的遊戲活動。
3. 認識季節的變化，並了解造成自然界與人類社會生活的變化情況。
4. 讓幼兒以親密情感接近周圍的動植物，並加以愛護。

5. 讓幼兒對周圍的物品有愛惜的態度。
6. 讓幼兒學會利用身邊的物品，設法當作遊戲的玩具。
7. 讓幼兒對玩具和用具的結構、構造產生興趣。
8. 在日常生活中，注意物品的數量和圖形。
9. 注意日常生活中簡單的標誌和文字。
10. 對生活有關的信息與設施產生興趣。
11. 透過幼兒園內外的各種活動，讓幼兒認識國旗。

㈣語言

1. 認真的與老師及小朋友交談、講故事。
2. 將自己所做的、聽到的、看到的，與感受到的事，用自己的語言完整地表現出來。
3. 將自己想做的事，和需要別人替他做的事，用自己的語言表達出來；或請教自已不會做的事。
4. 注意傾聽他人說話，並將自己想要說的事說明白。
5. 日常生活中所必要的語言能分辨清楚並會使用。
6. 遇到別人時，熱情打招呼。
7. 在生活中領會語言的美好，與使用語言時的樂趣。
8. 通過各種體驗豐富語言印象，以及增加詞彙量。
9. 提高幼兒欣賞畫冊的興趣與能力，體驗傾聽和想像時的樂趣。
10. 關心日常生活中常見的簡單標誌和文字。

㈤表現

1. 讓幼兒對生活中的各種聲響、顏色、形狀，以及在觸摸物品時的感受中，領會不同物品的不同感受。
2. 讓幼兒在生活中接觸真、善、美的事物，以培養對真、善、美的感受能力。讓幼兒相互交流對各種事件的感受，從中體驗交流感受時的樂趣。
3. 讓幼兒把自己所感受到的事，用語言和動作加以表現，或自由地描繪在圖畫紙上。讓幼兒接觸各種素材，並用此素材當作玩具來玩。
4. 讓幼兒欣賞音樂、歌曲，或使用簡單節奏演奏樂器，從中體驗音樂的樂趣。

5. 讓幼兒有興趣地畫畫，或製作手工作品，並裝飾在室內，且用這些成品和小朋友玩。
6. 讓幼兒用動作或語言，表現自己的想像力，從中體驗表演遊戲的樂趣。

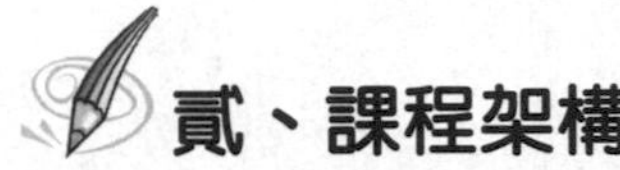

貳、課程架構

文部省於一九九〇年三月頒布「幼稚園教育要領」，其中規定幼稚園教育宗旨和教育目的（霍力岩，2002）。

一、幼稚園教育宗旨

幼稚園教師應和幼兒相互信任，創立一個良好的學習環境，並依據幼兒時期的發展特徵，透過環境來學習。

二、幼稚園教育目標

1. 培養良好生活習慣來符合基本生理需求之所需。
2. 良好道德教育之培養，並養成合群、合作的態度。
3. 培養對生活周遭事物的好奇，並能夠獨立思考。
4. 透過語言的聽、說、問，來加強語言的感受。
5. 透過多種活動來感受與培養創造能力。

三、幼稚園教育要領實行方針

1. 貫徹「以幼兒為中心」來進行活動。
2. 以遊戲的方式來綜合各大領域。
3. 依據幼兒的獨特性，給予個別指導與協助。

四、幼稚園教育要領內容

「學校教育法」為管理幼稚園的主要依據，立法對象從幼稚園一直到大學。在過去的幼稚園裡，主要是收托家庭教育功能不足的幼兒，但現今的幼稚園已不再替父母盡教育的職責，而是照顧與教育幼兒，並促進其身心發展（任慶儀，1988）。

維持了二十餘年的舊版幼稚園教育要領分為「健康」、「社會」、「自然」、「語言」、「音樂」和「美勞」六個方面，在一九九○年公布的新版法規中，將「人際關係」、「環境」和「表現」獨立出來，並合併與舊版重疊的部分，更新為五大領域「健康」、「人際關係」、「環境」、「語言」和「表現」，展現出不同於過去的教育內涵。

五、幼稚園課程實施方法

㈠自由活動 vs. 既定課程

大多數的學校，在每天的課程裡都會包括自由活動與既定課程。自由活動包含角落時間，可選擇性的到各個角落去操作參與，甚至是觀察。既定課程為固定時間所需做的固定事情，如：說故事時間、畫日記時間、體能課、才藝課、音樂課等。

大部分的學校都裝有電視，不過這並不包含在課程當中，只能算是輔助學習。另外還會有慶生會、戶外教學、畢業旅行、過年、中秋、端午的節慶性活動（任慶儀，1988）。

㈡保育時間 vs. 課程表

1. 保育時間：日本的幼稚園並非定位為替家長履行教育之義務，教育還是掌握在家長的手上，尤其目前還是以女性為主要照顧、保育孩子的對象。在幼稚園要領中提到，「孩子在校日超過二二○天，每日有四小時的在校時間」，大多數的學校也是採半天教學，僅加上午餐時間。只有少數幼稚園或托兒所才有整日托育，不過隨著雙薪家庭的增加，學校也漸漸開始配合家長的需求，幼稚園的全日班、臨時托育、夜間托育也有日漸增加的趨勢。
2. 課程表：依兒童的發展階段來決定課程的長度，一般多為二十至三十分鐘，以下舉常見的半天作息為例。日本幼稚園半日作息如表 4-5：

表 4-5　日本幼稚園半日作息表

0830	到校，室內、外自由玩耍
0930	集會（晨操、祈禱）
1000	分組（集體或分組）
1100	自由玩耍
1130	午餐準備，用餐，休息
1230	既定課程
1330	準備回家、回家

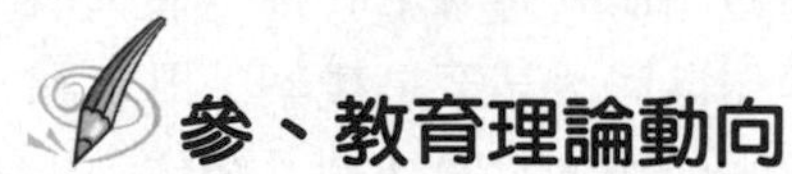

參、教育理論動向

一、日本民族性「團體與階級」

日本經過高度的工業西化後，展現在經濟、工業、教育等方面，皆有令人驚豔的表現，最特別的是，雖然接觸了西方的思潮，但日本還能夠完整的保有屬於自己的特殊文化。文化因素影響國家是全面性的，包括政治、經濟、宗教、社會、教育等方面，都深受文化影響，其中以「團體」和「階級」觀念影響日本教育最深。

㈠團體

諺語說「突出來的鐵釘會被打」，日本人強調團體成就表現，不崇尚個人英雄主義的西方國家。加上戰後愛國主義的興起，日本人深信，每個人都是天皇的臣民，應為國家創造最大利益。最明顯看到的是在日本企業下，每個人都有「不問企業為個人做了什麼，而是問自己為企業貢獻多少」的觀念。在學校中也強調團體表現，以追求團體利益為目的，因此，個別化的教學並不多見，大都是服從多數，並不尊重少數人的權利。

㈡階級

日本人的禮貌態度是眾所皆知的，從鞠躬彎腰的行動便可窺知一二，表現在語言上對長輩和晚輩所用的詞彙有所不同，在公司中的年資長短更是加薪晉級的重要參考，往往能擢升的都是「有資歷」的年長者。在企業中也有不成文的「終生任用制」，來禮遇這些有年資經驗的人。在學校教育中，依年級所分的「前輩」、「後輩」也都是服從的標準，並不因能力知識的高低相互請教、切磋。

隨著時代變遷，在日本泡沫經濟化下更考驗著傳統的階級制度，許多公司漸漸開始用「以能取人」作為發展取向，以業績和能力來作為取捨員工的標準。這也挑戰了學校和家庭生態，漸漸的，階級制度較不像從前那麼嚴格，學校教育也不再單一以年齡作為階級標準。

二、幼稚園教育要領

一九九〇年實施新版的「幼稚園教育要領」，將課程領域改為「健康」、「人際關係」、「環境」、「語言」和「表現」，並積極推動以「遊戲」來綜合各大領域，並以「幼稚園教育要領」作為大綱，讓幼稚園自行參照，發揮自我特色，創造學校本位課程。比較起一九五六年提出的舊版「幼稚園教育要領」中，將幼稚園視為小學準備，其學科色彩濃厚，重視知能與技藝教導的內容有很大的不同。

三、少子女化的衝擊

隨著醫療設備的完善、養生風氣的盛行、營養充足等，使得平均壽命愈來愈長，而日本人的長壽更是凌駕各國，老齡化的社會被視為是已開發國家的象徵，代表著文明、健康、福利等；相對的，這樣的現象也造成了「人口負成長」的問題。人口負成長已是各先進國家所面臨的嚴重問題之一，在二〇〇三年日本的出生率僅達 1.29‰，使得政府年年呼籲各界重視少子女化的問題，在二〇〇五年推動「新新天使計畫」，主要在擴增保育所名額、實施臨時托育、整合地方育幼系統。二〇〇一年至二〇〇五年的「幼稚園教育振興計畫」也針對幼稚園來提升品質。

四、現代化教育

科技日新月異，知識爆炸的時代來臨，在教育上也開始問道：「該教什麼？什麼是應該教的？教哪些東西是孩子能用得到的？哪些觀念需汰舊換新？」這都考驗著教育的本質，也困擾著所有的教育者甚至是父母親，教育開始傾向多元，如同中國古代諸子百家爭鳴。如今，大家所認同的，就是培養孩子學習的能力，來應付這個瞬息萬變的社會，以下的學習目標更是教育重點：

1. 強調創造力的個別化教學：不同過去以團體利益為最高準則，教育開始重視個人權益，鼓勵獨特與創新。以適性的發展，讓每個個體都能適得其所，發光發熱。
2. 全人教育的提倡：不再只重視考試成績，而是開始關注幼兒的發展與需求，培養一個能夠愛人與被愛的生命。包括尊重、包容、體貼、負責、熱愛生命等特質，這些特質，比學會任何技能都來得有用。
3. 終生教育的推廣：每個人生階段都有不同的學習目標，不斷的自我充實與調適，才能因應這個一日千里的世界。

肆、課程與教學

每個孩子皆有屬於自己的獨特氣質，我們需依照孩子獨一無二的特質，給予不同程度的協助，每株幼苗才能以自己獨特的姿態去綻放最美麗的花朵。在日本，幼兒教育尚未被納入義務教育，尚未義務化的結果，不論是眾人爭食大餅，抑或是尚未僵化的多元開放，都讓我們有著更多選擇，但也因為過多的選擇讓人眼花撩亂，以下針對兩個極端的態度「考試」與「開放」，來介紹日本幼教課程與教學。

一、淘汰競爭的考試制度

日本幼兒的自然與數學成績，在國際上可以說是名列前茅，這也和日本強調記憶背誦的教育有關，從幼稚園就開始強調讀、寫、算，唯恐幼兒輸在起跑點上，就如同台灣早期的填鴨式教育一樣。

日本幼稚園特別的是，貴族學校經常需要通過考試才能入學，並不因身分或學區，而有優先入學的優勢。幼稚園入學考試通常包含兩部分：一是對幼兒能力的評量，其二則是溝通家長的教育理念。

㈠幼兒能力的評量

依據不同學校有不同的施測重點，但會參考同年齡的發展水平，其中包含語言的聽與說能力、理解能力、肢體動作或步行跳躍、數算、生活自理、繪畫等方面的能力，來作為入學的參考。

㈡家長的教育理念

幼兒教育為家庭教育的延伸，家長扮演著無可取代的角色，家長的觀念左右了幼兒。最佳的狀況當然是家長和學校站在同一陣線，有著相同的教養態度與標準，幼兒自然能明白做事的準則。相反的，若是家長和學校意見相左，也可能令幼兒無所適從，產生矛盾的行為。一般學校會闡述自己的教學理念與特色，也會要求家長說明自己的教養觀念與孩子在家的生活情形。另外，學校也會提出需要家長配合參與的地方，來發揮學校教育的力量。與家長面談的部分，可說是相當重要的一關，單單只有孩子通過測驗，是無法進入這些明星學校的。

有些明星學校雖然需經過入學考試，但學校的教學內容不一定都是以嚴謹的學科來做劃分，也有以開放的角落來做教學的學校，以下便介紹日本幼教的開放教育。

二、個別化的教育開放

人類在物質富足後開始思索精神層面的提升，思考著教育的進步，而幼兒教育又被視為教育的根源，有良好的幼兒時期經驗，可助於人們日後的發展。加上現今資訊的多元化，與國際接觸的機會頻繁，每個人都有著更多更好的選擇，來決定自己所需。幼兒教育開始朝多元化發展，在日本的幼教現場也是百家爭鳴，以下只針對有特殊意義的課程模式加以介紹：

㈠福祿貝爾幼稚園

日本早在明治九年（一八七六年），就模仿美國設立第一所幼稚園「東京女子師範學院附屬幼稚園」。當時，這所學校便是採用福祿貝爾的教學法，引導幼兒遊戲、黏土、繪畫、歌唱等。並以培育心靈、增進健康、發展兒童潛能、熟悉良好生活習慣、增強與他人交往的能力作為教學目標。

現今更名後的「御茶水女子大學附設幼稚園」則是以幫助幼兒身心發展為其目的，希望培育出健康、獨立、合群、好奇、有創意的幼兒。並以尊重幼兒的方式進行教學活動，也穩坐明星學校的寶座。

㈡華德福幼稚園

華德福教育是以人為本的教育，藉由了解人的精神本質來協助個體發展，以及讓成長的潛能能夠在生命的過程中獲得滿足，尤其重視「規律與重複」及「模仿與典範」。

二〇〇三年北海道伊達市的山上正式成立了「人智學社區」，不過這裡的居民不多，大部分的人都是遠從日本各地來參加，為期兩年的師資培訓的種子老師。在這裡，可以見到富有「華德福」氣息的木頭的玩具、蠟磚等自然素材，甚至連說話的人都語氣平緩，態度專注。

至於瑞吉歐、蒙特梭利、角落教學、方案教學、雙語教學等，目前在日本都推廣至一定的程度，並有蓬勃發展的趨勢，日本的幼教界也因此愈來愈多元，還有更多開放教育的模式也融入了日本的本土文化，為新的幼教生態注入一股新血。

環境與設備

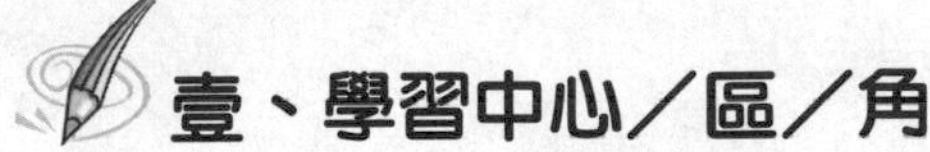

壹、學習中心／區／角

每個學校依據自己學校特色發展適合課程的教室角落空間，除此之外，也需參考文部省頒布的課程教育要領，教育要領將課程分為「健康」、「人際關係」、「環境」、「語言」和「表現」五個方面，將其融入角落教學中。每個學校所發展的角落不盡相同，甚至教師也可依據主題來做調整，以下列舉幾項常見於幼稚園的學習角落：

一、美勞角

早在一九六四年實施的幼稚教育要領中，就已經把美勞列為第六領域，主要在於培養美術的興趣，由此可知，日本對美術的重視。在這個角落中也提供了各式素材與色彩讓孩子發揮，自由的組合或是分解，透過繪畫或是拼貼來表達情緒。

圖 4-2　美勞角擺設(1)

圖 4-3　美勞角操作(2)

二、玩具角

包括各式積木、拼圖和益智玩具（也有可能獨立於益智角），積木的種類多元，木頭積木、樂高積木、海綿積木、塑膠積木，其各式各樣的形狀，對大小肌肉或是空間創意都甚有幫助。拼圖或益智玩具則有助於發展幼兒的邏輯推理與歸納。

圖 4-4　玩具角擺設(1)

圖 4-5　玩具角擺設(2)

三、裝扮角

「想像遊戲」是這個年齡層幼兒所樂此不疲的遊戲，這當中包含了人際關係互動、語言溝通、表現等幾大領域的展現，更是發揮創意與發展問題解決技巧的好地方。裝扮遊戲是幼兒生活的縮影，可以看見幼兒在家中生活的情形，或是價值觀念的澄清，也是學習領導與服從的合作性遊戲。

圖 4-6　裝扮角擺設

四、圖書角

「閱讀」已成為世界各國所發展的首要任務之一，隨著電腦與電視的普及，讓許多孩子不再重拾書本，紛紛沈溺於聲光媒體的刺激，所以培養幼兒體會閱讀的樂趣與習慣，成為教育的重點之一。舒適的空間、新鮮有趣的書本內容、充足的照明都是圖書室所必備的條件。

圖 4-7　圖書角擺設

五、音樂角

舊版的幼兒教育要領中，音樂也是其中的一大領域，培養幼兒欣賞音樂的能力，鼓勵唱歌與彈奏樂器。音樂角可放置簡單的演奏樂器，甚至是鼓勵幼兒自製樂器，不論是簡單的樂曲或變化的節奏，都可以讓幼兒透過耳朵的感受來體會美的律動。

圖 4-8　音樂角擺設

六、科學角

包含室內的科學實驗、室外的觀察生物聚落、飼養生物、種植植物、體驗四季等，這些都在科學的範圍內。現今的日本，愈來愈重視環保與自然環境的體驗，生命教育可透過動植物的變化來落實，當然若是有充足的戶外綠地，就會有更不同的自然體驗。室內的科學角也可利用遊戲的方式，讓幼兒去感受浮力、張力、重力加速度等基本的物理實驗，培養一顆樂於探索、充滿好奇的心。

教室中的角落遊戲區，可根據孩子的需要來做增減，需注意的是在空間上的配置，動靜需有所區隔，如圖書室不應緊鄰音樂角和扮演角，這樣容易

圖 4-9　科學角擺設

圖 4-10　科學角用具

圖 4-11　科學角操作(1)

圖 4-12　科學角操作(2)

打擾到閱讀的孩子，科學角也需一個安靜而獨立的空間操作。不過在角落中更重要的是，常常更新或補充角落素材與注意幼兒在角落遊戲中的發展情況。

文部省為規範幼稚園環境設備所需的最低標準，特此訂定了「幼稚園設備標準」，針對幼稚園的編制與設施做了詳細的規定，其中關於環境設備大約有下列數點：

1. 建築以一樓平房為主，若是興建達二樓以上，需將遊戲室與廁所設置於一樓。但若是建築有防火結構、防火建材，也裝置有逃生設備，則可以將廁所和遊戲室設置在二樓。
2. 幼稚園中需設有辦公室、幼兒教室、遊戲室、保健室、廁所，和飲水與洗手的設備。
3. 幼稚園內應有課桌椅、黑板、溜滑梯、盪鞦韆、飲水設備、飲食設備、圖書室、鋼琴、風琴、樂器。

貳、戶外遊戲場與遊具設備

一、日本戶外遊戲場

日本的「保育大綱」和「幼稚園設置標準」中對幼稚園的設施和設備做了詳細的要求，在大綱與設置標準中強調，好的戶外遊戲場能在夏天享受陽光，但不至於過度曝曬，冬天也不至於寒風直撲，有著山丘、平地、窪地等多種地形，提供幼兒進行大肌肉跑、跳、爬、滾的活動。能有一條能騎自行車的步道，讓孩子練習（霍力岩，2002）。

幼兒遊戲場分為室內室外，戶外的遊戲場不只包含遊戲器材（盪鞦韆、溜滑梯、蹺蹺板、攀登架、單槓及木馬等），還包括了沙水區或是有草皮、軟墊的空間，供給幼兒休息和提供奔跑的園地。以下分別介紹日本戶外遊戲場的「沙水區」及「遊具設備」：

㈠沙水區

沙水功能之多難以細數，玩沙對幼兒來說，具有安撫情緒的功能，水則能放鬆緊張的情緒，這類開放性的教材教具對幼兒的創造力培養有很大的幫助，同時又能促進幼兒同儕間合作的默契，對於探索與試驗都有所助益。

在日本幾乎每所學校都能見此設施，有些學校有游泳池或是水池的設備，並裝設了水龍頭，讓幼兒充分感受水的變化，有些學校甚至有泥地，幼兒可光著腳在上面踩來踩去，雨天也可撐著傘，感受泥淖的泥濘。沙水結合更可做多種變化，最簡單的玩法是像黏土一般，低結構性的素材，可塑捏成不同形體，自由的發揮想像。合作性的遊戲像是堆沙堡、挖渠道、疊山脈、蓋泳池等都需要幼兒專注與合作才能完成。日本園所的空間、設備及活動時段都比台灣點綴式的沙水活動落實許多。

㈡遊具設備

日本戶外遊戲場的遊具設備非常重視與周遭環境的配合，必須配合當地園所的地理環境、氣候條件、材料來源等來設計放置。通常日本的戶外遊戲場是設在草地上，主要原因是提供幼兒進行較緩和的活動和休息之用。此外，也會設置附屬的遊戲器材，如盪鞦韆、溜滑梯、蹺蹺板、攀登網、單槓、搖搖馬等，這些設施造型可能會很多樣性，例如：溜滑梯會設計成大象的形狀、盪鞦韆會將椅子設計成動物的臉，以提高幼兒遊戲的興趣，並鼓勵兒童攀、爬、跑、跳、轉等全面性活動。

日本戶外遊戲場的設立很重視幼兒的活動半徑，認為戶外遊戲場的大小必須考慮幼兒的活動半徑，太大不好，幼兒容易走失；太小也不好，幼兒失去了該有的活動空間，因此，設置一個大小適中的戶外遊戲場是相當重要的。除了考量幼兒的活動半徑外，日本的園所也針對不同年齡層的幼兒提供不同遊具的需求，這樣做主要是可以配合幼兒的發展，並給予其適合的遊具，以提供幼兒多方面的選擇。

戶外遊戲場是「兒童歡樂及遊戲的所在」，看到幼兒在戶外遊戲場中盡情的遊戲及歡笑，身為老師與家長也會感到非常開心，因此，提供兒童盡情歡笑與安全無慮的遊樂環境，對於園所來說是非常重要的一項工作。

第五節 日本幼稚園實例舉隅

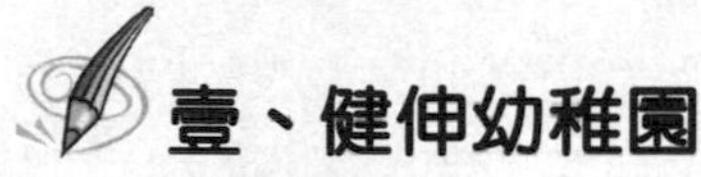

壹、健伸幼稚園

一、教育理念

㈠「生命力的跳動」

這句話出自中國《詩經》一書，園所解釋為「幼兒的生活就是遊戲」。因為園所認為幼兒在遊戲時，就像天空英勇飛舞的鳶；在水面跳躍鯉魚的身姿，可以藉由遊戲感到「生命力的跳動」，幼兒也會因為體驗生活的力量而感到驕傲。

㈡孩子應該在「夢」的世界培育

孩子應該在「夢」的世界培育，因為在「夢」的世界中，是沒有壓力的，也是很夢幻的。園所正希望幼兒可以發揮自己的想像力，然後在幼稚園中實現，幼兒可以因為自己的意志而產生「熱情」，讓自己具有「活的力量」。

㈢孩子隱藏「親自成長的力量」

孩子有「親自成長的力量」，藉由「親自成長的力量」讓幼兒了解自己具有堅強的「意志」和「熱情」。健伸幼稚園是哺育孩子「夢」和「熱情」的園所，讓幼兒個性和個性互相接觸的「互相成長的廣場」。

二、學校特色

㈠豐富的自然資源

走進健伸幼稚園，可以會發現園內有許多綠色的樹木和可以玩的「空間」，幼兒也有一群遊戲的「朋友」。處在綠色的世界，具有水和太陽的大自然中，讓幼兒感受到在這個園所中學習是很幸福的事。孩子心中的世界，可以用眼看、用身體感受、用手摸及用耳朵聽。保育員請幼兒發表的時候，他們可以用言詞、畫圖、唱歌及肢體動作述說他的所見所聞。

㈡體適能的培養

健伸幼稚園非常重視幼兒體適能的培養，園所會藉由一些體能器材和老師教學活動的設計，讓體適能融於遊戲活動中，幼兒可以很快樂的參與。園所也會提供多樣化的活動，讓幼兒及家長共同參與，例如：舉辦運動會，讓家長和幼兒可以一同參與，以增進親子關係。

㈢多元化的活動

園所會根據日本的節慶來舉辦活動，例如：立春節慶及夏祭節慶等，在立春的前一天，學校會舉辦撒豆子驅魔的活動，有些孩子可以很勇敢的撒豆子驅魔，有些孩子可能因為看到魔鬼的裝扮而嚇哭了。除了根據節慶來舉辦活動，園所也會根據課程安排出外參觀郊遊或是請一些團體來學校表演，印象很深刻的是，他們會請相撲選手來學校表演，並和幼兒一起活動；也有請雜耍團來學校表演騎單車、頂桌子或拋接特技，讓幼兒觀看並參與活動。由此可知，園所安排的活動都和孩子的日常生活有關，且都很豐富生動。

㈣真實、自然、美感的建築及環境

園所的建築和環境可以用真善美來形容，不但具有豐富的自然角落區，其建築設計更兼具了美感，包含了舒適的活動空間和通風透光的設計，讓人很難不多看一眼。

㈤完整的教育體制及豐富的師資

除了健伸幼稚園外，健伸學院還有小學部，讓幼兒可以唸完幼稚園，家長如果喜歡這邊的環境和教育理念，還可以繼續讀小學部。其豐富的師資和行政體制也是讓人非常羨慕的，從理事長、園長、副園長、教頭、教務主任、學年主任到老師，其行政層級非常明確，而且，每個年齡層的班級，除了會有兩個以上的學年主任，每班也會分三到四組，每組會有一個負責的老師，也就是說，每班會有三到四個老師。由此可知，健伸幼稚園具有非常豐富的師資。

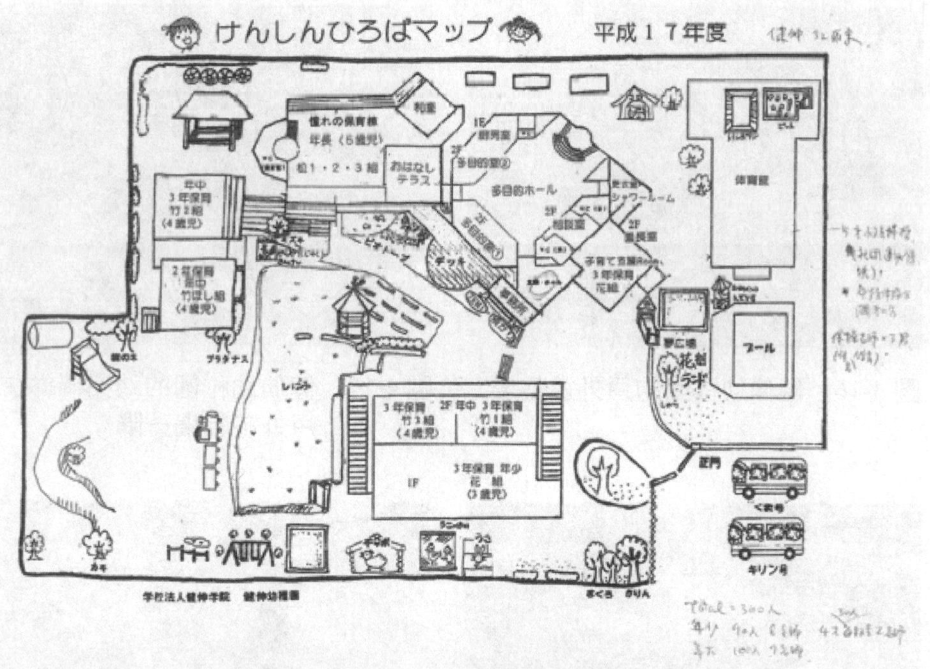

圖 4-13　健伸幼稚園

圖 4-14　健伸幼稚園的理事長及園長

圖 4-15　作者與園長討論健伸的課程

圖 4-16　健伸幼稚園的戶外遊戲場

圖 4-17　健伸幼稚園的幼兒徜徉在戶外遊戲場一隅

圖 4-18　健伸幼稚園的體能教室

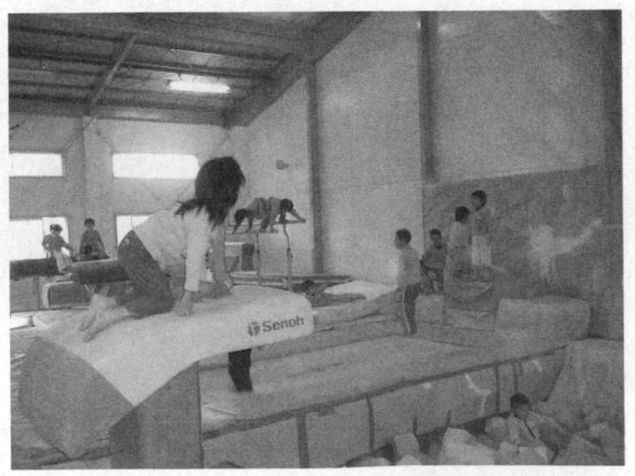

圖 4-19　健伸幼稚園幼兒的體能活動

圖 4-20　健伸幼稚園豐富多元的戶外環境

圖 4-21　健伸幼稚園老師與幼兒的親密互動

圖 4-22　健伸幼稚園真實、自然、美感的建築環境

圖 4-23　健伸幼稚園的幼兒置物櫃一隅

圖 4-24　健伸幼稚園美勞角

圖 4-25　健伸幼稚園豐富的圖書角

圖 4-26　健伸幼稚園親職教育的實施

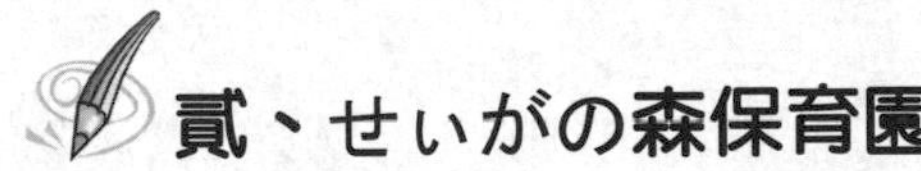

貳、せぃがの森保育園

一、保育內容

㈠幼兒的生活

保育園是家庭的延伸，是幼兒快樂度過一天的生活場所，也是代替父母實行養護和教育的地方，因此會讓幼兒像在家裡一樣地玩耍、在園外進行生活體驗、睡午覺、吃午餐和點心，或是有時會做料理與培養動植物。

㈡一天的作息

園所早上七點半開門，幼兒在七點半後會陸續到園，九點半之前要進園，三至五歲的小孩到九點四十五分左右是自由玩耍時間。十點左右開始是晨間集合，開始玩老師計畫的遊戲。之後吃午餐、睡午覺、起來之後吃點心、到外面去玩耍，四點以後就等接送回家。

㈢環境佈置

保育室中遊戲、吃飯和午睡的地方個別獨立。就像一般家庭一樣，會分開客廳、廚房和寢室。而由於場所各自獨立，能讓孩子玩到滿意為止，並允許孩子有用餐上的時間快慢，還能保障各個孩子就寢時間和午睡時間的差異。

㈣半開放的空間

園所的保育室基本上是開放式的空間，一樓和二樓根據不同種類的活動牆，可以將房間區分為很多個，如此可以確保符合地區需求的班級寬度，也可以作為符合入園兒童的人數和保育型態的保育空間。這種沒有完全開放的空間被稱為半開放的空間。

㈤保育者人數

保育園需要的老師人數也根據最低標準來決定。照顧者是根據小孩的年齡來決定，一名照顧者要照顧小孩的人數是〇歲的三名、一歲的五名、兩歲的六名、三歲的二十名和四至五歲的三十名。該園擔任班級導師的有十九名（其中有三名是男性），自由擔任者兩名，只值早晚班的計時制老師數名。除此之外，年中小孩的人數增加時，短期的照顧者和計時制老師也會增加。

㈥照顧者以外的職業種類

在保育園因要做午餐和點心，所以有烹飪員（廚師）。該園有管理營養師一名、營養師一名和烹飪員一名總共三名。且園所內也有照顧〇歲的嬰兒，所以有一名護士。除此之外，只有保育園設置以兒童心理臨床為專職的保育生活顧問。此外還有園長、副園長、理事長和業務員。

㈦護士之職責

有護士、嬰兒（未滿一歲）的保育園一定要有日常的健康管理（早晨的視診和傍晚的身體檢查、定期舉行的健康檢查等）以及舉行預防感染、衛生管理和安全教育等。嬰兒的健康管理極為重要，所以護士是以維持嬰兒生命和穩定嬰兒情緒為基本的養護專職。

㈧保育室之大小

保育所是按照兒童福利法所訂定的最適合基準。根據兒童福利法來決定一個人至少需要多少保育室面積。該園的地板總面積大約有一千平方公尺，遠遠超過最低基準。一樓的保育室寬度比基準多出 85%、二樓則多出 58%。而且庭園也是基準的 3.7 倍，可以盡情的玩、吃和睡。

二、保育的特徵

㈠保育情況

因為保育園是生活的場所，必須打造讓每個孩子都能安心生活的環境。即使是同年齡和同學年的小孩，發展的階段也有極大的個別差異。吃飯的量、嗜好、有無午睡習慣和生活上的時間分配都絲毫不同。以發展階段和生活特性為基礎，讓每個人都能悠然自得的生活。

㈡團體保育

保育園從一開始就採用班上有複數級任老師的複數級任制。以該園的情況來說，〇歲班級是四至六名老師，一歲班級三至四名老師，兩歲班級三至四名老師。但是，三歲、四歲、五歲班級則各置一名級任老師。於是，該園三至五歲的班級也和其他一樣有團體保育。三至五歲的班級共三名級任老師，再加上照顧者共四名。具體來說，四個人每週平均分擔領導、輔助、助手一、二的任務。

㈢團體保育之優點

複數擔任制的優點有：

1. 保育的選擇制等等，能設計注重孩子個性的多樣化活動。
2. 老師也有個性，豐富了與小孩之間的關係。
3. 老師間的交流能加深對小孩的理解和保育等等的優點。

雖然每個人負責的兒童人數減少最為重要，但光是人數減少有時也無濟於事，團體保育可以說是可能性最大的減少負責兒童人數的保育型態。

三、園所的遊戲

遊戲大致分為「室外遊戲」和「室內遊戲」。室外遊戲為散步和在庭園玩耍。室內遊戲為每個班級都有的遊戲區。遊戲區依班級準備符合兒童發展階段的玩具。

㈠室內遊戲

遊戲依班級而異，例如：如果是三至五歲的話，會準備扮家家酒、積木、製作和玩具等區。孩子也能玩小型的塗鴉本或圖畫書。在這種遊戲空間裡準備好的玩具跟保育材料多達幾十種。整理的方式是讓小孩想玩的時候能馬上拿到玩具，且讓孩子自己拿自己收拾。

㈡室外遊戲

大致上分為三個地區。首先，廣場大到能讓孩子不論是捉迷藏和躲避球等團體遊戲都能玩到盡興，也會舉辦運動會。第二，在溜滑梯和吊橋組成的大型運動器材旁邊有鞦韆、沙堆、房屋、單槓等玩具。第三，在廣場邊設立帶狀的生物聚落和菜園廣場，讓幼兒可以體驗養育動植物的經驗。

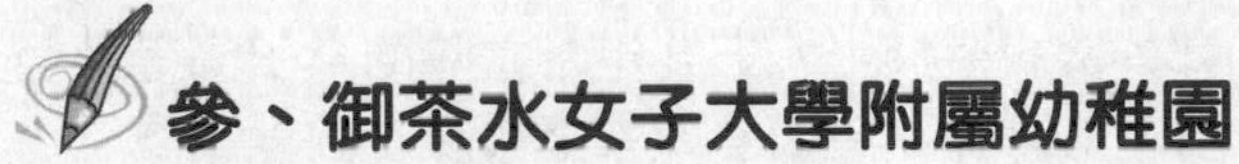

參、御茶水女子大學附屬幼稚園

一、教育目的

御茶水女子大學附屬幼稚園以保育幼稚園的幼兒和幫助幼兒身心發展為目的，特別是希望培育如下列敘述般的幼兒：

*1.*身體強壯有精神的兒童。

*2.*自己的事自己完成。

*3.*經常和朋友玩。

*4.*對於事物有新鮮、活潑的興趣。

*5.*對於所想的事情能清楚地表達且好好聽別人說話。

*6.*享受表現並富有創意的想法。

御茶水女子大學附屬幼稚園研究有關幼兒教育的理論與實踐。對於御茶水女子大學幼兒的保育來說，該幼稚園也是教育實習和研究的場所。其公開實際的研究和保育，對幼兒教育的進步和向上有卓越的貢獻。

二、教育態度

重視根據幼兒期的特性，讓幼兒各自尋找自己想做的事情，且致力於自己和他人和環境之間遊戲的關係。因此，一天的活動依據幼兒的興趣和關心的事而有所不同。重視孩子依照個人想法去活動，絕不會在同一時間對所有孩子教授同樣的事情。在各個時期按照適合每個人的方式指導，培育幼兒的興趣和意志且培育自己思考行動的態度。孩子們透過充分進行自己有興趣的遊戲，產生充實感和滿足感。充實感和滿足感對於和保育者的信賴關係、跟朋友間各式各樣的接觸等，將擴大與他人之間的關係。在自然生活演變中，人和人充分地接觸，體會多樣的感情是很重要的。

三、御茶水女子大學東村山郊外園的學習活動

御茶水女子大學東村山郊外園誕生於一九三九年。當時的女子高等師範學校（御茶水女子大學的前身）的校長和附屬高等女子學校（附屬中學、高中的前身）的主任為了實行勤勞教育，得到生和會和西武鐵路的協助，而開設現在位於東村山市萩山町三丁目的農場。

當時日本正朝向第二次世界大戰逐漸轉變，是學校大幅度地出現以勤勞教育為目標的時代。因此當時開設的郊外園，學習蔬菜等農作物的生產和農業技術，培養體力和團體行動和勤勉的勤勞教育才是主要目的。剛開始遍布石頭的土地，多虧學校教職員和幼兒的開墾，漸漸具備了農場的機能。

從開設到現在過了六十餘年，御茶水女子大學附屬幼稚園、小學、中學、高中的幼兒、兒童和學生每年必定數次回來拜訪，參加在學校內無法舉辦的寶貴學習活動。各校園在郊外園的學習活動，在年內的教育計畫裡佔有一席之地。實際上，一邊進行甘藷、馬鈴薯等的農作物從插秧、鋤草到收割的耕作工作，一邊活用郊外園自然環境的體驗學習。而且，郊外園一部分收割的農作物會請承蒙照顧的近鄰品嘗。

像現在這樣的郊外園，是透過農耕作業學習愛好勤勞和生物撫育精神的場所，且是學習習慣和自然共生的場所，也是體驗有關理科和技術、家政和環境的綜合學習場所，或是作為和各地區做交流的場所等等，做多方面的運用。

1. 日本的幼兒教育的歷史為何？並討論哪些教育家的哲學思想影響著日本的幼兒教育。
2. 舉出日本中央和地方的幼教行政組織，並說出這些組織的功能。
3. 比較台灣和日本幼教師資培訓過程的異同，何者較寬鬆？何者較嚴謹？
4. 說出日本的課程標準及課程架構重視些什麼？是否還應該增設哪些項目？
5. 舉出三位影響日本幼教課程理論及教學模式的教育家。
6. 和同學討論日本的學習角落區有哪些？如果你將來成為一位幼教老師，你會在室內活動設哪些學習角落區呢？
7. 了解日本幼教機構的戶外遊戲場與遊具設備後，試著說出自己的感想為何？如果可以再設哪些遊具設備會更好？

加拿大幼兒教育

【教學目標】

1. 認識加拿大幼兒教育發展的背景。
2. 了解行政組織與師資培訓的應用。
3. 學習加拿大課程模式與內涵。
4. 藉由實例深入了解加拿大幼教的運作過程。
5. 認識加拿大幼教的環境與設備的運用。
6. 了解加拿大幼教評鑑的模式。

幼兒教育史與幼兒教育哲學

壹、加拿大幼兒教育史

一、文化背景

加國的文化發展與其歷史淵源有著密不可分的關係，早在四千多年以前印第安人與愛斯基摩人就已在此駐足。爾後，隨著歐洲國家到此捕獵漁獲的同時，也將許多不同的文化帶入這個新大陸。加拿大也成為眾多民族的集散地，多文化的融合不但影響了加拿大的社會、經濟與政治，更影響了加國教育的發展與特色。

經由上述的介紹不難發現，加國社會最大的特色便是該國的人文景觀。目前的加國人口，大部分都具有歐裔血統，其中以英裔所佔的總人口數最高，有 61.3%，法裔佔 25.7%，其他 11%的比例裡，絕大部分是亞裔的移民家庭。這麼多民族共同生活在同一塊土地上，不難想像其語言複雜的程度。語言除了是文化交流的主要管道，也是影響加國在學校組織與課程教學上的重要原因之一，加拿大教育主要以英、美、法的傳統教育為其基礎。

加國的教育，沒有固定的文化模式，受到眾多民族文化的影響與一般國家不同之處，在於它呈現了多元的文化型態。因此也造成了加國在各省的學制、教育政策、教學資源等都存有差異，各省相當積極的提倡「保存各民族原有文化」之教育，這也充分的展現出加拿大在教育上的包容性。

二、多元文化的教育

從加拿大文化發展的歷史痕跡與該國於一九八二年的憲法（Constitution Act）及一九八八年的聯邦多元文化法（multiculturalism）來看，加拿大是個相當重視原住民教育與多元文化的國家，表 5-1 將介紹原住民教育與多元文化的內涵。

表 5-1　加拿大多元文化社會與原住民教育主要內涵之比較

特色＼名稱	多元文化社會	原住民教育
主要內涵	◎描述某一種特定人口和社會實體在文化上的差異性。 ◎用來描述社會意識型態或看法，在此意義下，不僅承認差異的事實，有時更努力去支持且發揚其存在。 ◎用來指一政治與經濟之實體，在此實體中，文化差異不僅存在，並經政府合法認同，而且所有群體均不受歧視的公平選擇社會參與的機會。	◎原住民文化的認識： 使所有幼兒均有機會對當代原住民所關心的主題、歷史，及文化傳統有基本的了解與鑑賞。 ◎原住民語言課程方案： 所有幼兒均有機會發展、綜合，及表達流利的原住民語言。 ◎提供額外服務： 學校另外提供諮商輔導、協助家庭作業完成，以及加強與家庭間的溝通等。 為原住民的社區及教育體制下的原住民幼兒提供成功的學習，已成為教育優先考慮的措施。教育當局排除各種障礙為幼兒安排各種課程設計，以確保學習機會均等，並保有自己的文化和語言遺產。

貳、加拿大幼兒教育哲學

一、聯邦分權的教育哲學

由於加拿大的政治制度是採聯邦與地方分權制，將教育的政策制度及規定也都交由各省政府去管理與規劃，因此加拿大中各省的教育制度差異性非常大，不過加拿大國民的教育水準都非常高。加拿大的幼兒教育是屬於自願性的，家長可選擇是否讓幼兒進入幼稚園就讀。加拿大的幼兒教育主要是由省教育廳負責管理，並且提供入小學之前一年的教育，加國各省皆採取這個幼教政策，除了愛德華王子島以外。

此種獨特的聯邦分權教育模式，對於幼兒教育產生的影響在於採用聯邦分權，因此幼教機構主要是由地方教育局管理，也因此各個地區能夠有空間發展自己的教育模式，可以保留各個地區的一些文化特色，讓加拿大的幼教可以有空間發展，並達到高水準的幼兒教育品質。

二、進步主義的教育思想

「教育要使學校適應兒童，而不是使兒童適應學校」，這是進步主義的重要主張，認為學校應該要提供幼兒所需要的東西，並且重視幼兒的個人需求、興趣、經驗和要求。這些觀點被表達成口號：「我們教的是孩子，不是物體」。因此要提供符合幼兒需求的幼兒教育，就必須要使教育不再受限於學校，而是包含社會利用來傳遞價值、態度、知識、技巧的所有附帶的和有益的活動。此一觀點也拓寬了幼兒的學習領域，進步主義教育強調經驗的重要性。杜威定義教育是經驗的再建構和再組織，認為教育必須再構思，不只是為了成熟做準備，而是心智繼續成長和生活的不斷啟發。學校只能給我們心理成長的工具，其他要靠經驗的吸收和闡釋，因此進步主義教育拓寬教育的概念透過介紹實踐、實用、功利主義到課程中。杜威主張適合美國社會的教育應該包含實用的，以及人文的和社會的。

進步主義在二十世紀初對於教育界產生的影響是顯而易見的，一直到二十世紀中這股熱潮才漸漸退去，但退去之後，卻依然留下了許多對幼兒教育哲學的影響，其中加拿大現在的幼兒教育哲學中，也保留了很多的進步主義哲學思想，並在幼兒教育哲學產生很大的影響力，成為加拿大幼兒教育的兩大主要哲學淵源之一。

三、幼兒中心的幼兒教育哲學

加拿大另一重要幼兒教育哲學思想是幼兒中心，加拿大的幼兒教育很重視幼兒中心的教育思想，因此無論是在法令、課程標準與內容、評鑑、日常生活教育中，都會以幼兒為思考的中心，重視幼兒的發展需求，也重視幼兒的個別差異。而幼兒中心的教育常常會因為過度以幼兒為中心，而造成在課程上無法達成進度及標準，針對這一點加拿大也提出了一些回歸方案，希望確保加拿大在使用幼兒教育中心的教學法時，能夠充實幼兒核心科目的知識及技能，並且不會忽視評量的標準。由於進步主義與實用主義的影響，加拿大採用實驗性質的學習方法，而現在則輔以更為多元的教學法，讓加拿大的幼兒教育更加完善。

第二節 行政組織、師資培訓與幼教評鑑

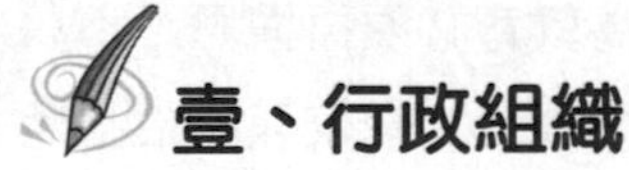

壹、行政組織

加拿大以聯邦政府為中心，另設有十個省與兩個特區，有關教育的決策事務與執行方面的職責，是由省和特區一同負責。但制度與實際執行方式則會因為省的不同而有所差異。聯邦政府於一九六七年成立加拿大教育廳長會議（Council of Ministers of Education, CMEC），主要提供各省教育廳長及其教育團隊一個討論教育問題的空間。除此之外，教育廳長會議也是加國在國際上發表教育立場的窗口（Council of Minister of Education, 1999）（表5-2）。

表 5-2　加拿大各行政組織簡介與職責

單位＼內涵	簡介與職責
聯邦	◎簡介： 加拿大的中央主管單位為聯邦政府，目前加國的聯邦並無成立任何專職管理教育的行政主管部門，這是因為加國憲法明定聯邦政府不得設置教育部。教育的政策由各省教育廳與各地方負責管轄，憲法如此規定的主要目的在於確保各省與地方充分的教育自主權。 ◎職責： 聯邦政府對於印第安人與愛斯基摩人的教育還是有其需善盡保護的職責。除了負責這兩大原住民的教育之外，監督兩個準省的教育、軍人學校與其眷屬的教育、提供教育相關的財政經費等，這都是聯邦政府的職責所在。
省教育廳	◎簡介： 加拿大總共有十個省，各省皆設有教育廳，加國各項有關教育的實際政策執行的權力是由這十個省負責。 ◎職責： 設立各級學校並定期視察督導其教學品質，在教育財政上則是負責資助與管理。制定省的相關教育政策並頒布實行，省教育廳除了廣設公立學校之外，也負責審核私立學校的資格並准予設立並制定。中小學與大學教育學院教學大綱與政策的立法、頒布與實行。至於各級學校的課程標準也是由省統一規定，另外教學單位所使用的教學資源，例如教科書，也是由省負責編定出版。
地方教育委員會	◎簡介： 在省的分支下，有地方教育委員會的成立，各地方先劃分出學區，再由各學區負責設置教育委員會，主要的任務在於協助省教育廳監督與實行教育事宜。 ◎職責： 地方教育委員會其主要的任務在於訂定學校的各種管理規則，對於地方教育提出相關政策與計畫。對於公立中小學進行管理督導。各地方的教育經費可透過省教育廳提出補助的申請。

貳、師資培訓（以安大略省為例）

加拿大於一九九九年開始針對教育的目標、課程、體制、責任、方法及措施做改革，這也影響到了師資培訓的改革方向，以下茲分成師資養成（initial/pre-service）訓練及師資在職進修（on-the-job）教育加以探討。

一、師資養成訓練

加拿大師資養成訓練是由大學院校的教育學院負責，該國目前沒有設置專屬的師範學院。加拿大國小教師的培育基本上是不分科別的，也就是說，教師對於學校所開設的任何課程，都需要有能力做全面的教導。

省教育廳負責制定各級學校的政策與教育改革的需求，藉由不斷更新課程與教學計畫，目的在於中小學機構對師資的需要，而加國教育師資機構之間的關係，基本上都是彼此熟悉與相互合作的。

二、師資在職進修教育

現在是人們終生學習的年代，對教師來說更是如此，唯有不斷的進修才能將所學知識不斷更新、不斷進步，世界各國目前也開始重視教師的在職教育，因為教師素質的提升是保證教學品質的不二法門。加拿大教師接受在職進修教育的動機可由以下幾點來討論：

1. 提升學歷的層級可獲得加薪與晉升的機會。
2. 藉由教育課程的改革，促使教師以進修的方式持續提升自我的專業度。
3. 根據職涯發展的原則，中小學教師必須訂定自我發展與自我培訓的計畫。委員會將定期對教師進行教學上的評估，未達標準者，則撤銷教師資格。

加拿大教師在職進修的教育管道有以下幾種模式：

㈠新任教師在職培訓

新任教師需要時間來學習與適應教學的模式與環境，基本上，加國政府很重視他們的在職訓練，主要的內容在於其擔任正式教師前的培訓作業。

1. 資深教師引導：由教師養成訓練中心指派資深教師對新教師進行引導，協助其能盡快適應與了解學校狀況，並有效的將所學技能實際應用於教學上。
2. 團體式培育：將新任教師集中在一起，共同進行職前培訓，培訓時間長短沒有一定的標準，主要培訓的內容分為兩大類：一是教師應具備的思想教育；二是實際參與教學指導。集中培育式的優點在於內容按照對新任教師的要求專門設計，培訓的時間集中，讓教師們便於深入鑽研與學習。
3. 新任教師研習：模擬教學現場上可能會遇到的狀況，將其以研究的方式加以討論，教師們可藉由互相交流的過程思考不同的教學方法。未來在實際面對突發狀況時，教師已有足夠的能力可以做出正確與有效的解決方式。

㈡課程為主的在職培育

對象為在職的教師與其他教育人員的培訓。以課程為基礎的培訓模式較為複雜，主要因為模式的層次較廣。以下分別介紹四種相關的培訓方式：

1. 學位課程培訓：以取得學位為主要導向的培訓過程，針對學歷尚未達到國家標準的在職教師，透過專業課程的修習後，取得學歷或學位。
2. 單科課程培訓：主要針對某一學科的知識和教育方法作為學習的目標。目的在於使教師接收相關教育理論、方法與發展內容的新知。
3. 專業教育課程培訓：此培訓內容的重點在於專業學科新知的接收和應用，培訓教師在職場上實際操作的能力。
4. 短期進修培訓：主要的目的在於教學發展上所遇重點問題的解決或落實。

加拿大師資的進修管道因各省文化與重視向度不同而有所差異，為了因應各省的不同方向，故於進修管道上採取多元化的教學方式，運用科技化設備與線上數位學習來進行教學活動，借重現代化的儀器有效的解決教學上的問題。

參、幼教評鑑

加拿大的教育制度採地方分權制，每一省都有屬於本身的教育制度、課程內容與評鑑方式。加國教學評鑑工作的方式，多以教室的訪視與觀察為主，教師及評鑑人員會將評量後的結果及在過程中的建議，一一詳記於報告之中，資料亦會存入學校資料庫保存，以利於教學內容的調整及日後參考調閱紀錄之用。

然則，加國對於評鑑過程的適當性實質上是頗有爭議性的。由於反對者認為學校是一個專業性的體制，但管理學校的人員缺乏足夠的專業知識來對教師的教學能力做判斷。加國的評鑑訪視是透過對教學的評量與觀察而來，教學過程對幼兒的影響不是評鑑和觀察的短時間可以衡量的，而評鑑的客觀性與一致性也會受到不同評鑑者主觀的影響。根據英屬哥倫比亞省的研究發現，在評鑑後會對教學有所改善的老師僅佔2%，因此可知，教師們對評鑑的意願度很低，為了減少由評鑑技術所引發的爭議，最近幾年來，在加國的英屬哥倫比亞省裡，開始以專業發展的活動取代過去的評鑑方式。在專業發展的活動中，教師們透過討論與交流的方式，改善其教學的品質與內容。

第三節 課程與教學

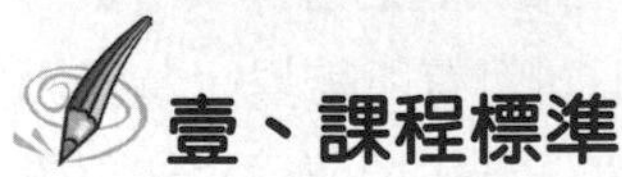

壹、課程標準

加拿大各省有獨立的教育制度，因而隨著每一省的語言、民族、文化、政治等差異而有不同，為了保有屬於自己地方的特色，因此所安排的課程內容亦有很大的不同。其中英屬哥倫比亞省位於加拿大的西岸，是加國經濟教育文化最先進的地區之一。另外，也列舉亞伯達省及安大略省，以此二大地區來詳加說明，進而了解加國每一省課程內容的差異性及其發展特色。

一、教育目標

㈠以亞伯達省而言

該省的幼兒教育致力於訓練且強化兒童本身的自尊及自我價值的實現，並且積極的與家庭系統保持密切的聯絡與互動，共同滿足兒童生理、心理、教育、娛樂等方面的基本需求。

㈡以安大略省而言

省教育廳在一九九八年頒布「幼稚園大綱」，主要的目的在於指導幼稚園的工作內容。其中包括教學目標、方法、課程內容等。根據「幼稚園大綱」來看，安大略省的教育目標有以下幾個特色：

1. 重視兒童多方面特質的培養：

⑴兒童天生具有好奇心，學習都是透過詢問而來的，幼稚園課程應當利用兒童這種學習和汲取資訊的天性，鼓勵孩子提問，以發展其好奇心與積極探索環境的動機。

⑵兒童多以肢體來認識周遭環境，亦要培養兒童關心且注意周遭環境的變化。

⑶對周遭事物的功能與作用有充分的理解與認識。

⑷具備規劃與組織的能力。

2. 幼兒喜歡創新與富有挑戰性的活動，因此教師在設計活動時除了要順應幼兒過去生活經驗與已具備的基礎能力之外，也需考慮幼兒的興趣與需求，隨時更新與調整教學內容。因此強調將習得的知識實際操作於環境中，把學習與日常生活相聯繫時，他們掌握知識最為容易和有效。所以教師應注意知識的相互關聯性，積極地製造情境或提供機會，以培養兒童解決問題的能力。

3. 重視兒童的自我意識與表達意見的權利：

⑴讓兒童學習認識自己，並了解本身所具有的優劣勢。

⑵藉由活動及課程設計，讓兒童在團體課程表達意見的同時，清楚了解自己的價值觀與獨立意識。

⑶透過課程讓兒童適當表達自己的想法，並彼此共同分享生活中所體驗的實際歷程。

⑷使兒童較能迅速去適應新環境、新事物。

⑸勇於嘗試新事物。

⑹在不同的環境中表現自我控制的部分。

二、課程領域

㈠以亞伯達省而言

該省的課程內容包括了語言、常識、認知、情緒、情意、動作技能、知覺、社會發展能力，與自我概念等領域（霍力岩，2002）。

㈡以安大略省而言

該省的課程內容以兒童學習領域來劃分，共分為五大領域：語言、數學、藝術、科學與技術、個人和社會發展等（劉麗，2005）。

貳、課程架構

上述的課程目標，提到許多加拿大部分地區的課程目標及課程內容，總括來說，加拿大各省皆重視關於技能等相關課程的學習，幾乎每一省都將科技或電腦素養相關課程納入其中，讓兒童生長在快速變遷的時代之下，能夠充分的習得必備的技能，來順應全球化的瞬息萬變。在此以英屬哥倫比亞省的科技課程領域來深入探討其課程目標、內容、方法與評量等面向。

一、科技課程基本概念

英屬哥倫比亞省從幼稚園到七年級都涵蓋了科技學習的課程，該課程實屬於實用技能的領域，其內容包含了科技教育、商業教育，和家政教育三大科目。在課程計畫中並不單於將實用技能設立為一獨立課程，而是將其內涵融入於各個領域的學習中，以期讓兒童在學習新課程的同時，能同時將每一領域的概念融會貫通，而非僅止於單一學科上的知識學習與建立，因此，科技教育課程在學習過程中是屬於整體課程的一部分。

二、科技課程目標

該省的科技教育目標，主要目的是為了讓兒童在時代變遷中，提供一套有效地生活與培養科技基本概念的課程，來協助兒童奠定日後解決問題的基礎。

英屬哥倫比亞省教育廳訂定了四點具體的課程目標：

㈠為日後工作機會做準備

面對大環境的變化及學習的機會倍增，對於未來生涯規劃的選擇將極為重要，必須培養出足夠適應社會環境的特質，危機處理、問題解決、獨立判斷的能力，繼而在配合本身所具備的充足專業知識與技能，以面對並解決各種狀況。然而，科技教育的提供即能幫助兒童事先準備有用的先備知識。

㈡即將成為社會人做準備

在成為社會人的一分子之前，應事先了解整體社會環境的變動，並了解科技所帶來的影響及衝擊，進而掌握最新的狀態。然而，科技教育的學習則幫助兒童在技能和態度上的發展與訓練。

㈢與每一個人相關

該省從幼稚園就開設科技教育的課程，並提供每一兒童擁有學習更廣泛的機會與能力。學校教師亦需準備完整的學習計畫與內容，讓兒童透過實際上的應用與經驗，來操作科技教育的技能，使其在未來面對問題時，能順利地解決並加以判斷。

㈣為未來教育做基礎

科技教育課程從幼稚園延續到第十二年級，此課程提供幼兒一個學習架構，利用基本的程序及策略來解決問題，並加以分析了解。此課程的目的在於讓兒童在科技變遷的社會中，有效地生活和培養所需的素養與技能。

英屬哥倫比亞省的科技教育課程，主要是採行分段的課程目標和具體學習目標，其共分為四大階段，幼稚園到三年級、四年級到七年級、八年級到十年級、十一到十二年級。主要論述第一階段的目標內容以供參考：

1. 幼稚園到三年級課程目標，開始注意科技存在生活中的每一角落，並藉由探索環境的過程中，熟悉了解科技在生活中所扮演的地位。進而在團體課程學習的過程中，透過同儕彼此的交流與互動，以及老師所提供的內容設計，使之發展出一套溝通、互動的程序。幼兒的活動則以教室上課的主題和自身經驗及個人興趣為基礎。
2. 幼稚園到三年級幼兒具體學習目標：
   ⑴使用有效果且具有親身經驗的相關工具。
   ⑵透過個人及團體活動來探索材料、工具及程序。
   ⑶了解問題的多面性，探討問題產生的背後意義及所表達出的各種意思。
   ⑷認識工具、材料的使用方式與適用時機。

三、科技課程內容

英屬哥倫比亞省關於科技的課程內容，主要可以分為自己和社會、傳播、製造等要素。這些要素是科技教育的主要內容，為學習目標提供了一套架構、知識、技能及方法。因此每一課程要素皆必須相互合作、交流，發展出整合性的課程來傳授，才能適用於生活中。

㈠自己和社會

科技資訊無時無刻與我們日常生活共存著，幼兒需要了解科技本質，認識科技所帶來的衝擊與影響，進一步學習其內在的專業技能。主要課程重點在於了解科技與社會、培養及訓練解決問題的能力、透過獨立或團體分工達成目標等，因此這要素可以說是所有科技教育領域的中心所在。

㈡傳播

每天的資訊、新聞等都穿梭在生活的周遭，訊息的流動更促使世界密切聯繫，因此不論身於何處，都將運用科技的基本能力，分享及傳播訊息。主要的課程重點在於手工和電腦的運用、設計及修改報告、使用語言和視覺傳播技能等。

㈢製造

幼兒應了解如何安全的操作工具和材料，進而認識科技所創造出的新事物，了解其需求與功能，並實際發揮其最大效益。此課程重點即為學習評鑑方式、安全須知等概念。

四、科技課程評量

藉由學習檔案的蒐集，觀察、衡量學習過程的表現及作品來加以判斷。教師可依據資料的蒐集來給予回饋與建議，並依照各個幼兒的學習狀態設計進度、目標及未來計畫，提供最適用於個體的評量方式、工具或技巧。其中評量的策略包含：觀察學習狀態、讓幼兒蒐集資料、成就表現評量、書面資料及自我評量等多元化的評量方式。

因此，雖然加拿大各省的省教育廳負責統籌全省的教育事務，但地方與學校教育委員會仍保有部分教學方法與評量的決定權，充分發揮多元化與地方化的特色（葉忠達，2001）。

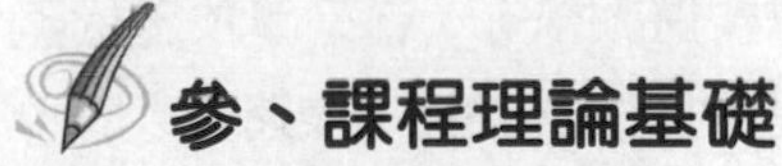

參、課程理論基礎

一、多元文化主義

加拿大亦被稱為「移民的國家」，由許多民族所構成，並且沒有一個民族人數超過總人口的二分之一，政府也相當鼓勵多元文化的存在與發展，這些不同種族所組成的機構團體，也能得到政府的許多補助。加拿大人為其多元文化驕傲，能尊重各種族的文化傳統，也設立了「多元文化法」來保障各族的權利。每年的六月二十七日也是加拿大的多元文化節，藉此促進多民族的共同發展。

多元文化的五大教學目標包含：促進文化多樣性的特性與價值、促進人權觀念和尊重個體之間的差異、促進每個人都有不同生活抉擇的機會、促進全人類的社會公平與機會均等、促進不同族群間權力分配的均等。也幫助幼兒接納自己，了解自我文化，也包容、尊重與欣賞異族文化。

多元文化已是一個普遍存在的社會現象，在課程中可以透過不同的文化來開闊自己的視野，賦予文化獨特的意義與價值，擴大到教導幼兒接受族群、性別、社會階層和殘障人士的不同文化。課程設計的模式也需依照幼兒的背景、幼兒的需求、教師的背景，與社會需要，來發展適合幼兒的教學模式。

二、現代化思潮

㈠兒童中心

早期的教育是以學科為中心，視幼兒為小大人，幼稚園課程為小學課程做準備、甚至是學習以後成人世界之所需。學習認知與技能，雖然這些學校現今還是存在，但已有愈來愈多的家長、學者、幼教工作者，能接受並落實「以幼兒為中心」。

「幼兒中心」的概念推行已久，也行之有年，在這樣的學校能發揮孩子的天性，順著孩子獨一無二的氣質，適性發展，養育出社會各個領域的中堅分子。像現今推行的方案教學、主題教學、學習區教學等，都是讓孩子依照自己的興趣去選擇，也重視問題解決與發現問題的能力，溝通、表達與人際，都是現代化學校所重視的課題之一，也是全人教育的第一步。

㈡品格教育

「品格教育」近年被各界所重視，世界各國也開始紛紛提倡起品格的重要性，不再單以學科成績作為單一評量的基準，要以品格作為學校重要宗旨。

加拿大安大略省約克區教育局推行的一項「品格可貴」教學計畫，從二〇〇〇年三月起，針對轄下一百五十三所小學與二十七所中學、從幼稚園到十二年級的幼兒，推行品格教育。品格教育為社會培養明日的公民與領袖。在愈來愈複雜、充滿更多挑戰的世界，我們要為二十一世紀的生活壓力做好準備，就是要遵行好的品格、價值。多倫多大學的安大教育研究所出版的雜誌指出，公民品格對加拿大的發展還有特別的意義：「期待加拿大繼續作為全世界最適宜居住國家的人都認同，我們公民的素質和品格會決定我們將變成什麼樣的社會。」

約克區九個市鎮共同成立「品格社區」，「要花一整個社區的努力來教養好一個孩子。」委員會裡有學校、家長、企業、政治人物、公共服務等單位的代表，集合社區裡各界的力量推行「品格可貴」的觀念。對於家庭也供給許多資源，並簽署「品格家庭」，每個月挑選一個主題，和小孩一起分享落實。孩子是我們的未來，如果我們喪失這個機會灌輸他們好的品格，我們的未來會是一片慘白！

㈢蒙特梭利教育

蒙特梭利中心的理念「不是為上學做準備，而是為未來生活做準備」，利用教材啟發孩子，教師示範教具操作方法，讓孩子了解如何開始操作、如何進行、如何結束，建立孩子的秩序感與專注力。幼兒透過操作各種教材學習數學、語文、科學文化和感覺訓練等面向，並進行生活自理的訓練。蒙氏的教師不以教授知識為主，反而是以觀察者的身分去觀察孩子之所需，提供合適的材料與活動，讓孩子依自己內在節奏成長，順其自然發展。

蒙氏教育在美國與英國廣受歡迎，以教學資源豐富、師資專業、適性化教學，受到學者與家長支持。加拿大原屬英國管理，與美國又有地緣之便，所以加拿大吹起一股蒙氏旋風，蒙氏機構紛紛成立，希望小孩培養出專注、獨立的特質。

肆、課程與教學模式

一、雙語教學

加拿大的官方語言包含英語和法語，除了魁北克外，全國61%的人口以英語為母語，21%人口以法語為母語，但魁北克有82%的人以法語為母語（王如哲，1999）。

加拿大的雙語教育始於一九六〇年代，當時魁北克省80%的法語人士無法得到與英語系人士的平等對待，於是想要脫離加拿大這個英語國家，這些不會說英語的法語派系開始有民族主義運動，認為法蘭西文化在加拿大地位岌岌可危，許多法裔子女只能被迫學習英文，犧牲了自我文化，最後魁北克甚至要求獨立。在一九六九年，加拿大政府宣布了「官方語言法」，英語與法語皆為官方語言，並讓英法雙語人才享有公職優先權，才解除了這個分裂的局勢。此後也奠定了雙語教學的基礎。

加拿大在每個學區針對父母不說法語的幼兒設立法語課程的學校，從幼稚園到低年級都用法語授課，之後便開始加入英語課程，到了高中就將英語課程比例增至50%左右，這種教學型態深受家長歡迎。同時在華人眾多的西岸，也有許多學校提供中文課程；中部的曼尼托巴省提供羅馬尼亞雙語課程；亞伯達省也有許多德語、西語、日語的課程可選擇。政府鼓勵學習多種外語，加上異族通婚的高比例，使得四分之一加拿大十八至二十九歲的年輕人精通兩國以上語言，擁有全球最高的比例。

現今地球村風潮，更吹起了這股語言熱，許多國家紛紛效法起加拿大，培養起雙語甚至是多語人才，連台灣也紛起效尤。加拿大本身就是個雙語國家，擁有雙語環境，若台灣想完全移植這樣的教學模式，似乎還要再多考慮本身的背景、文化、政策、環境與師資。

二、蒙特梭利教學

談到加拿大蒙特梭利教學，就要從美國與英國的蒙氏教育開始談起。蒙特梭利的教育理念強調後天學習環境與學習動機，和早期美國遺傳論背道而馳，剛傳入美國時並不受重視。直到開始有學者指出早期教育的重要，又遇上回歸基礎能力的教改，使得蒙氏教育開始大行其道。歐洲則在一九一四至一九三五年開始盛行（簡楚瑛等，2003）。

現今蒙氏在加拿大也很常見，乾淨光鮮的教室，豐富多元的教具，都是蒙氏的招牌。尤其是西方近來又開始思考基本能力的重要，蒙氏豐富的課程與專注力的培養，更讓家長趨之若鶩。蒙特梭利的適性化教育，重視環境教育的影響，都是符合現代潮流的幼兒理念。

三、角落教學

傳統教學以教師為經，學科為緯，教育的目的為傳承文化，單憑最後結果做成績評量，強調背誦與記憶的重要，幼稚園更被視為學前預備，教導認知與技能。現今的學前教育則強調「幼兒中心」，適性化的發展培養幼兒更多適應社會與認同自我的能力。

角落教學提供多元的學習環境，讓幼兒依個人的能力、興趣來學習，並能增加角落中與同儕的互動，更多學習人際與團體的機會，同時也以幼兒為學習中心，教師並不處於主導的地位，透過內在動機的學習，能有更強烈的學習意願，對事物能持久專注，遇到問題也更有探究的熱誠，而成就感也是讓幼兒更願意學習的因素之一。

角落設置需要考慮的因素很多，幼兒背景、教師專長、社會文化、幼兒發展、社區特色、班級文化、角落動線、課程主題等，都需詳加考慮。加拿大是一個多元文化的社會，在教室中也能看見異國文化的存在，教師可在角落佈置中放入異國的傳統文化，一方面幫助外國幼兒更快適應當地學校生活，一方面也讓其他幼兒透過異國文化來認識世界、接納更多不同族群，培養宏達的世界觀（好孩子育兒網，2004）。

四、回歸教育

西方教育一向以優秀的創造力見長於世界，豐富的想像一直是西方教育的資產，開放的環境與開放的心培育出活潑、勇敢、冒險犯難的孩子，也令東方國家起而效尤，希望能朝著這樣的目標前進，擺脫模仿、團體、服從、墨守的形象，不再單以智育作為評量，用開放的心態去接受每個獨一無二的個體。

蘇聯於一九五七年發射了第一枚人造衛星，這彷彿是在美國投下一顆震撼彈，使美國開始將教育目標導向基本能力的培養。近幾年東方幼兒在數理邏輯的成績耀眼，都讓西方國家再次重視學科能力，想要重回教師導向的考試制度。

這樣的意識反應在幼兒教育上，就是傳統教育的延伸，預習小學的課程，教導基礎的讀、寫、算能力，雖然並不是教育主流，但也反映了家長望子成龍的心態，不過加拿大是個多元民族的國家，對於不同文化有著一定程度的接受與包容，所以也能接受孩子的個別差異，尊重不同文化的特色與差異，不要求幼兒的一致性或做單一的評量。

加拿大是一個多民族、多文化的社會，雖然大家住在同一個區域，仍能保有各自的傳統文化與生活習慣。傳入的教學模式也會因為地方風俗改變而有所不同，變成更適合本土的教學模式，像是有些蒙特梭利學校也有標榜著雙語課程，在角落教學中也能看見異國文化，教導讀寫的學校也能用開放的態度去評量幼兒的多元智能，上述這些學校都是依個別需求而做融合的例子，更象徵著加拿大的多元開放。

幼教模式的開放多元似乎也象徵著每個幼兒的獨一無二，沒有一種教學模式能涵蓋所有不同氣質的幼兒，重要的是用心看每個孩子的特質，用心聽每個孩子的需求，依照不同的成長步調給予不同程度的照顧或協助，適性發展、因材施教，才能真正有所助益。

第四節

環境與設備

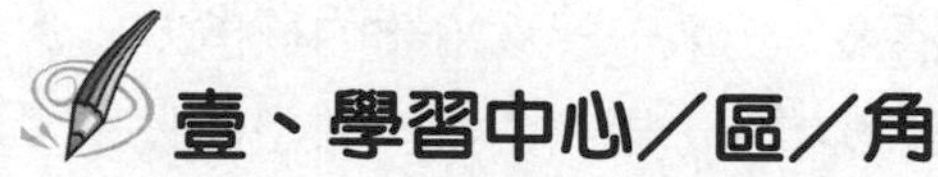
壹、學習中心／區／角

加拿大在幼教方面相當重視幼兒的自主與獨立性，故加國在園所裡，經常使用到學習區的操作，主要是因為在角落遊戲中，可以自由選擇想要操作的內容，透過各種探索與實際的遊戲進行，有助於培養幼兒獨立思考與解決問題的能力。角落的佈置與擺設，強調以幼兒為主，符合其適切發展的內涵。

一、圖書角

也稱為語文角，這個角落最大的特色就是藉由幼兒使用與語文相關的軟硬體設備，例如，繪本、書籍、錄音帶、光碟片、海報等語言相關的資源，培養其閱讀的興趣與能力。另外，針對年齡較大的幼兒，角落裡可以提供紙筆，讓幼兒有機會做運筆的練習，作為未來書寫能力的預備。

加拿大在圖書角的規劃上，較傾向於佈置溫馨的方式，例如，提供舒適的座位、柔和的燈光、可愛的周邊擺飾等等，讓幼兒在舒適的環境中培養對閱讀的興趣。

圖 5-1　圖書角擺設(1)

圖 5-2　圖書角擺設(2)

二、娃娃家

也稱為娃娃角，其主要的功能是提供幼兒進行裝扮遊戲的空間，教師在娃娃家的準備上，可以加入各式的日常生活用品，佈置一個以實際物品為主的操作環境。幼兒可藉由操作實物的經驗，學習如何正確使用日常生活用品。教師可以利用不同的教學主題來佈置娃娃角的情境，讓幼兒能夠在角落中做多樣化的學習，並將日常生活中的經驗以角色扮演的方式發揮出來。教師們也可藉由娃娃角觀察到孩子在語言、情緒、人際社會化的情況。

圖 5-3　娃娃角擺設(1)

圖 5-4　娃娃角擺設(2)

三、藝術角

屬於靜態的角落遊戲，主要的目的不是在於藝術的操作與創造，而是藉由角落裡所擺設的藝術品，培養幼兒欣賞藝術的能力。加拿大融合了各民族的文化色彩，教師在佈置藝術角時，可多提供多元的文化藝術品，讓幼兒有更多接觸不同藝術的機會。

四、數學角

主要的功能是在培養幼兒邏輯、建構的能力與有關數學的知識。教師應視幼兒的年齡與能力來佈置與設計本角的課程和材料。數學角的內容應是有

圖 5-5　數學角擺設

趣且多元的，本角最重要的是在引導幼兒的興趣及動機，而不是設計太多艱難的遊戲讓幼兒對數學失去信心。

五、科學角

在加拿大的幼兒教育裡，科學角是個重要的教學資源，由於科學知識的範圍涵蓋相當的廣，故在加國的角落遊戲裡相當受到重視。科學角的內容包含了動植物的飼養、種植與簡單的生活科學實驗等。主要的目的在於讓幼兒從科學的活動中實際發現有關日常生活的科學原理與生命演化的過程。經由科學實驗的操作，培養幼兒以較科學的模式思考去探索生活的經驗。

六、烹飪角

顧名思義就是讓幼兒有自己動手準備食物與製作食物的經驗。教師可以藉由烹飪角引導孩子了解食物的來源、製作過程與彼此分享。在午餐或點心時間，也可請幼兒幫忙準備的工作，藉此可以滿足幼兒的成就感。在角落遊戲的過程中，也可引導幼兒認識不同國家民族的食物，除了可以多方面了解各國的餐點特色之外，也培養其珍惜食物的觀念。

七、木工角

加拿大的角落遊戲裡，經常提供木工的材料給幼兒，主要是因為歐美國家的文化風俗裡，接觸木工的機會較多的緣故。教師可透過示範與引導，讓幼兒了解如何正確使用工具，教師在佈置木工角的過程裡，應注意材料的安全性與適切性。透過實際製作木工的成品，可培養幼兒的自信心與在操作過程中解決問題的能力。

圖 5-6　木工角

八、音樂角

音樂角屬於靜態的角落活動，所以應與其他活動力較大的角落分開，本角主要的目的在培養欣賞音樂的興趣，可以將角落規劃於比較不會與別的角落互相干擾的地方，如此一來幼兒可以比較專心的欣賞音樂。

除了音樂欣賞之外，教師也可與幼兒一同創作音樂類的活動，例如，操作樂器、幼兒律動等。讓幼兒從音樂中學習節奏感與樂器的使用。

九、秘密角

主要的功能在於提供幼兒一個私人的空間，當幼兒需要自我思考或心情不佳時，有一個屬於自己的空間讓他們調適心情與轉換情緒。秘密角是受到以幼兒為本的幼教思潮所發展出來的，本角的理念與加拿大的幼教思想相當契合，教師在佈置秘密角時，不可將秘密角完全封閉，應以活動式的門簾或櫃子來作為區隔的工具。老師要特別注意，秘密角不是老師懲罰幼兒的地方，幼兒在這個角落應該是放鬆與隱私的，否則這個角落將失去原有的功能。

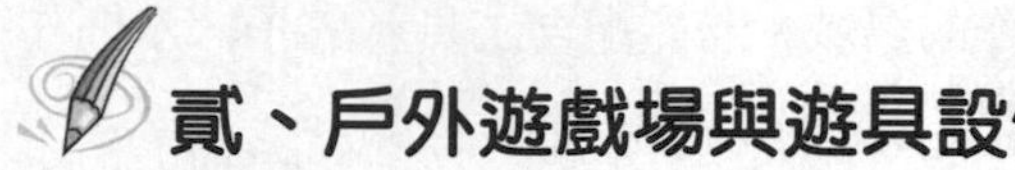

貳、戶外遊戲場與遊具設備

加拿大共有十個省和兩個特區，每個省的教育廳透過立法，訂定適合該省的課程內容、教育大綱、立案標準、學校經費、師資培育、環境設備等，並也依憲法的「自由與權利憲章」賦予宗教與少數族群教育均等的權利，讓宗教能保有自主性的學校體制，少數族群能保有自己的文化傳統和語言（王如哲，1999）。

基本上各省的教育原則相似，也會彼此學習或引以為鑑，再發展出適合該省風俗民情的本土化教學，以下就以加拿大亞伯達省為例，描繪出亞省的戶外遊戲空間。

一、戶外遊戲場（簡紅珠，1987）

戶外活動的種類很多，可以使用遊戲器材，也可以在戶外場地玩團體遊戲、奔跑、跳躍、翻滾等各項活動。戶外遊戲場基本標準當然是光線充足、通風良好、下雨不積水、夏日有遮陰、冬天不迎風、陽光不直曬、有草皮或軟墊鋪地，都是戶外遊戲場需注意的事項。其中較特別的是，亞省還列出一些戶外遊戲的場域或活動：

㈠小山丘

自然的山丘是幼兒最好的遊戲場，柔軟的泥土、自然的生態、分明的四季，都是很好的學習，幼兒能在最天然的環境下，感受生命的激動，並能充分釋放活力，不管是大小肌肉的協調，抑或是觀察力的培養都大有助益。

都市則無法享有這種得天獨厚的自然環境，但也可用泥土堆個土丘，提供孩子玩滑板、滑橇，甚至是設置溜滑梯，都是很好的遊戲方式。

㈡沙箱或沙池

「沙」在幼稚園所扮演的角色已是很難被替代了，這種結構性低的素材，容易取得、容易捏塑、又可以反覆操作，有助於幼兒創造性的發展。可以單人創造、也可以雙人合作、更適合團體分工，蓋沙堡、挖溝渠、疊山脈，這不但是創意的成果，更是學習團體合作的場域。若能配合工具（鏟子、水桶、水管、各式鍋碗瓢盆……），也能創造出更多不同的變化。

㈢水池

水是最能促進發展的活動，有著放鬆精神、穩定情緒的功能。水這種低結構性的素材，唾手可得，有著相當多的變化和玩法，游泳、泡水、水槍、打水球、水管噴灑、結合沙池，都是夏天最好的戶外活動。

㈣花園

花園的建立不是以美輪美奐的觀賞為目的，重要的是讓幼兒有親手摘種的機會，觀察植物的成長，負起照顧的責任，從中獲得種植的經驗，觀察記錄也可發展出測量長短的概念，都是很好的生活教育，不脫離日常生活，又是很好的發展主題。

㈤小動物

生命教育一直是學校教育中重要的課題之一，透過飼養動物除了可以學到與生物相關的知識、培養責任感、訓練觀察力之外，尊重生命、愛護生命、自我認同、認識生命週期，都是可以延伸的議題，用小動物來作為班級寵物，也是凝聚向心力的一個好方法。

㈥休息區

休息區重要的當然就是舒適了，視野開闊、不風吹日曬、能做短暫休息，便是最理想的狀態了！

休息與遊戲一般重要，有人認為「休息是為了走更長遠的路」，但休息也何嘗不是種學習，在休息區休息的幼兒並不是將眼睛閉上、耳朵闔起，他們是用另一種方式在參與遊戲，眼神緊跟著遊戲者上上下下，稍作沈澱後，對遊戲也能有更深一層的體驗。

㈦綠地

能擁有一片綠油油的草地是每間園所的夢想，能讓孩子用腳感受泥土的濕潤，在草地上發現躍動的昆蟲，都是一種與自然交流的幸福，也是一個豐富愉快的經驗。也許沒辦法在校內擁有，但戶外多的是自然環境，若能善加利用，就能享受更多的自然資源，也能有更多不同的學習經驗。

二、遊具設備

偌大的遊樂設施總是吸引大人小孩的目光，常見孩子鑽上鑽下，玩得十分投入，但是遊戲意外時有耳聞，安全問題值得大家好好重視。好的遊具設備和戶外遊戲場一樣需考慮光線、通風、遮陽、遊戲動線，尤其首重安全問題，器材維修、定時保養都是最基本的要求。亞省提到的戶外遊具包含了：

㈠鞦韆

能有情緒安撫和宣導的功能，並有助於體能發展，也是孩子最喜歡的遊戲之一。不過鞦韆也是事故頻傳的遊具，所以更要注意安全問題，鞦韆高度應符合幼兒身高，地上應鋪上軟墊，在鞦韆的前後不安排動線，定時維修遊戲器材，來保護幼兒安全。

㈡攀爬架

廣義的包含了原野遊樂場、打結的繩子、大鞦韆、繩梯、木梯、繩橋、木橋等。在這種複雜的設施中，動線的安排就顯得重要，好的動線安排能讓幼兒一次體驗多種遊戲，不好的動線則容易造成碰撞、摩擦。當然也是要定期維修，注意金屬部分不能直曬太陽，以免溫度過高造成燙傷。

㈢遊戲小屋

一個秘密的空間讓幼兒一起遊戲、談話，盡情發揮想像力。除了定期維修外，也要注意人數的控管，以免過度壅塞，不但容易引起紛爭，也會影響遊戲品質。

㈣大積木

最具有創造力的遊戲，大積木的用途很廣，變化甚多，這裡不再贅述，要注意積木的完整性，不要脫落、掉屑，在鋪有軟墊的地方進行遊戲，以免積木不穩而跌倒受傷。

第五節

加拿大幼稚園實例舉隅

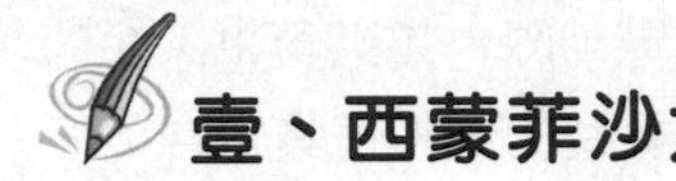

壹、西蒙菲沙大學附設兒童中心（Simon Fraser University CHILDREN'S CENTER, SFUCC）

一、SFUCC 的幼兒教育哲學觀

我們相信幼兒和他們的家庭有權利確保他們的孩子接受高品質的托育照顧。SFU 用下列的方法來促進這些品質：

1. 有價值的個人。尊重幼兒獨特的需求和個人特質。
2. 提高社會、生理、智慧、創意、情感，和每位幼兒的道德發展。
3. 了解遊戲是幼兒生活的任務。
4. 提供一個安全、健康和自然的環境，可以不受到偏見、刻板印象和歧視，並促進幼兒對不同文化間的了解。
5. 追求和鼓勵融入家庭和社區。
6. 確保開放的社區和資訊交流。
7. 在一起透過工作、合作及操作來提升合群性和互相依賴。
8. 教師扮演幼兒保護者的角色。
9. 維護一個高標準的幼兒教師專業精神。
10. 提供機會來支持友情和個人成長。

二、簡介

1. 本園所為合法的機構，有證照的合格教師。
2. 提供全天或是半天的托育服務給幼兒、員工、全體教職員及社區中的家庭。

3.提供三個月到十二歲的兒童十一種課程模式。

4.為幼兒量身訂做適合他們的獨特設計。

5.每一個活動都有其獨立的空間，例如：午睡室、戶外活動場等。

6.每週一到週五，早上八點到下午五點提供服務（除了配合學校各級活動）。

7.例假日休業。

8.歡迎參觀，可電洽 SFUCC。

三、入學須知

1.現場參觀或電洽托育中心。

2.強烈建議先觀察各個年齡適合的中心，再選擇適合幼兒的班級。

3.回到辦公室填寫入學申請表，先付五十元加幣的訂金，才能為幼兒保留名額，此金額在幼兒要離開托育中心時，會退費。

4.愈早加入愈好。

5.當托育中心有名額時，本機構辦公室的員工將會在入學前一個月左右通知您。

6.入學的日期無法保證。

四、費用

1.請洽詢托育中心，拿取費用單。

2.接受外地政府之補助金。

3.符合條件的家庭可得到 SFU 大學的獎學金。

五、地點

位於校園中的西北角，鄰近幼兒宿舍，校園公車會停靠。

六、課程介紹

㈠嬰兒課程

1. 班級人數：十二位幼兒。
2. 收托年齡：三至十八個月。
3. 師生比：1：3.5。
4. 教學特色：合格、有愛心的保育人員，提供個別化的照顧。安全、令人安心的環境讓幼兒可以在這裡發展出最大的潛力。鼓勵親師之間的密切互動，歡迎家長參與分享。

㈡學步兒課程

1. 班級人數：十二位幼兒。
2. 收托年齡：一至三歲。
3. 師生比：1：4。
4. 教學特色：規律、有彈性的部分時段照顧，給予培育、健康的遊戲環境。提供熱呼呼的午餐，除此之外，亦非常歡迎家長參與分享。課程反應了個人和團體的需求，溫暖、輕鬆、安全的環境，讓幼兒可以漸漸適應離開家的生活。一致的、更有彈性的促進日常生活的規律性。多樣化的活動彈性的配合每一位幼兒的個別需求，無論雨天或是晴天都會有戶外活動，也會在社區中的場地散散步。

圖 5-7　SFUCC 的室內擺設

圖 5-8　SFUCC 的室外活動空間

圖 5-9　SFUCC 的室外遊戲區

㈢三到五歲幼兒課程

1. 班級人數：二十五位幼兒。
2. 收托年齡：三至五歲。
3. 師生比：1：8。
4. 教學特色：課程主要是在提高社會、情緒、認知及動作技能，提供健康及音樂方面的課程。也提供問題解決的技巧，在教學環境中鼓勵健康的社會情緒發展，亦提供半天班課程一個星期上課二、三或四天，主要是培養幼兒從遊戲中學習，以多樣性的活動去激勵幼兒探索、想像及成功的動機。

㈣五到六歲幼兒課程

1. 班級人數：二十五位幼兒。
2. 收托年齡：五歲。
3. 師生比：1：10。
4. 教學特色：照顧去幼稚園之前或是之後的幼兒，轉為提供給 SPERLING 和 AUBERY 小學。主要是注重培養幼兒的高自尊和正向社會技巧，特別致力於幫助幼兒度過介於家庭、學校和托育機構的過渡時期。可以自己帶午餐來，亦會提供點心。

㈤六到八歲兒童安親班

1. 班級人數：二十五位幼兒。
2. 收托年齡：六至八歲。
3. 師生比：1：10。
4. 教學特色：包含場地探索、美術、雕刻、音樂、運動和特別方案，在學期中的托育時間是早上七點半到九點，下午三點到六點。管理接送小學兒童不用上課的日子或時段，提供托育服務，暑假的課程是七月和八月，時間是早上七點半到晚上六點。

㈥八到十二歲兒童安親班

1. 班級人數：二十五位幼兒。
2. 收托年齡：八至十二歲。
3. 師生比：1：10。
4. 教學特色：包含場地探索、美術、雕刻、音樂、運動和特別方案，在學期中的托育時間是早上七點半到九點，下午三點到六點。管理接送幼兒到 SPERLING 和 AUBERY 小學，並在 SPERLING 和 AUBERY 小學不用上課的日子提供托育服務。暑假的課程是七月和八月，時間是早上七點半到晚上六點。

貳、加拿大英屬哥倫比亞大學附設幼兒園（University of British Columbia CHILD CARE SERVICE, UBCCCS）

一、UBCCCS 的幼兒教育哲學觀

1. 在 Acadia Park 的學前教育機構中，以兒童為中心，即以遊戲為基礎的幼兒教育上，才能得到最好的學習。
2. 這種自由建構的環境讓幼兒可以用自然的材料，在遊戲中探索及學習。
3. 其課程注重幼兒的全人發展。
4. 鼓勵社會、身體、情緒、認知及創造力的成長。
5. 為了達成這些目標，在日常的教學中提供多樣化的活動，例如：美術、科學、音樂、文學、戲劇及戶外活動等。
6. 今年度新加入的課程是很具體的音樂課程，由相當專業的音樂老師來引導幼兒。
7. 場地探索、烹飪和其他特別的事件會規律的穿插在年度的課程設計中。

本機構提供幼兒多元文化的觀念，讓幼兒在此種環境中學習與他人互動、交朋友以及解決彼此之間的差異現象。

二、簡介

1. 這是一個非營利性質的家長參與的學前教育機構。
2. 視家長、幼兒與教師為夥伴的關係。
3. 努力去符合這一個特別且多樣化的社區的需求。
4. 這裡的保育人員是有愛心的、有知識的，且用專業的經驗於幼兒教育的工作上。
5. 保育人員努力的使課程的活動能符合幼兒的興趣及需求。
6. UBC的目標是要使學前教育能讓幼兒在學習的第一步中，便提供正向的功用。
7. 本托育中心上課時間為上午九點到十二點，下午一點到四點。

三、家長參與

1. 此學校是建立並且維持家長積極主動參與他們小孩的教育。
2. 家長必須負起責任，透過家長會來管理學校的事務。
3. 在學校中有很多樣的自願參與機會，可以讓家長從中選擇自己喜歡的貢獻方式。

四、收費

1. 兩個早上：星期二及星期四，一個月九十五美元。
2. 三個早上及下午：星期一、三、五，一個月一百四十五美元。
3. 五個早上：星期一到星期五，一個月二百四十美元。
4. 在要申請入學時要先繳三十五美元的註冊費，其他費用要在開學前付清。

五、地點

位於英屬哥倫比亞大學校園中的幼兒家庭中心與大學中的公寓的中間。

六、課程簡介

(一)三歲到四歲幼兒半天課程

1. 收托時間：一天四小時。
2. 收托年齡：三至四歲。
3. 教學特色：
   (1)致力於幼兒的照顧及幼兒的全人及多元文化教育。
   (2)在團體的部分，其目的是以接受的態度去描述多樣性的文化及事物，並豐富生活的每一個部分。
   (3)在個人方面，承諾要透過喜好的支持、刺激及規範，鼓勵幼兒發展其個人的特性。
   (4)為了建立幼兒尊重的觀念，幫助幼兒促進其社會行為及同情心的發展。
   (5)在活動中，幼兒花了極大的時間在學習了解他們自己。

⑹透過多樣的媒材讓幼兒由遊戲中學習。

⑺由幼兒的準備度來決定幼兒應該學習的內容。

㈡三歲到四歲幼兒部分時間托育課程

1. 收托時間：一天兩個半小時。

2. 班級人數：二十位幼兒以下。

3. 收托年齡：三至四歲。

4. 教學特色：

⑴由三歲與四歲的幼兒混齡組成。

⑵課程包括許多活動和方案，包含美術、音樂、社會、數學、戲劇、動作發展及初階文學等內容。

⑶透過幼兒自我對於方案的高動機，使幼兒在遊戲經驗的基礎下，發展其語言及社會的能力。

⑷每天都有戶外活動，且常在鄰近有趣的地區舉辦戶外教學。

⑸必須由兩位幼兒教師搭檔，其中一名必須為資深教師。

㈢五歲到六歲幼兒課程

1. 收托時間：星期一和星期二的早上八點半到十一點半或是下午十二點半到三點半。

2. 班級人數：十八位幼兒以下。

3. 收托年齡：五歲。

4. 教學特色：

⑴課程的設計依照政府頒布的課程設計模式。

⑵促進幼兒對自我及其日常生活領域的知識及常識的增長。

⑶此課程認為幼兒獲得語言方面的知識，會幫助幼兒的思考及學習能力。

⑷此種學習模式亦能融合光譜計畫於幼兒的學習模式、知識、經驗、興趣及背景。

㈣一歲半到三歲幼兒課程

1. 收托時間：上午八點到十二點半。

2. 班級人數：八位幼兒以下。

3. 收托年齡：十八至三十六個月。

4. 教學特色：

(1)重視每一位幼兒都能接受到足夠的營養及情緒發展階段需要的滿足。

(2)幼兒有機會去探索及操作各種材料，並透過試誤學習的方式發展其認知。

(3)本課程包含建構遊戲，用來提升幼兒的主動性，其遊戲內容包括：藝術、水的遊戲、桌上型玩具、益智遊戲、書本、角落及戲劇遊戲等等。

(五)一歲到三歲半天班課程

1. 班級人數：每班十位左右。

2. 收托年齡：一至三歲。

3. 教學特色：

(1)此種模式主要是配合家長的時間，指導的教師會盡可能的投入大量的時間，以符合家長的需求。

(2)在考量要進行的活動時，必須考量許多因素（例如：師生比、日常生活事件、孩童成員、變化性等）。

(3)有時候無法讓孩子都能參與到這個半天制的課程。

1. 請小組討論有關加拿大幼兒教育的歷史沿革。
2. 試想你是一位加拿大幼兒教師，你所能參與的師資培訓課程有哪些？其內容目的為何？
3. 依照加拿大的課程模式研擬出適合的教學方案。
4. 與同學討論在加拿大設置幼稚園的條件與方式。
5. 舉出加拿大戶外遊戲場的設備與優缺點。
6. 比較加拿大與台灣幼教評鑑的內容，評估優缺點與改善方向。

第六章 台灣幼兒教育

【教學目標】

1. 認識台灣幼兒教育的歷史背景。
2. 了解幼稚園與托兒所的行政組織。
3. 探討目前台灣的幼兒課程與教學模式。
4. 了解幼兒教育評鑑的意義與內涵。
5. 認識台灣戶外遊戲場規劃與遊具設施。
6. 學習師資培訓的內涵。

幼兒教育史與幼兒教育哲學

壹、台灣幼兒教育史

台灣幼兒教育史的起源，要從清末民初時講起，真正由台灣自己創辦的幼稚園是在光緒二十三年，之後台灣幼教發展的歷史沿革，可以從下面的表中了解（表 6-1）。

表 6-1　台灣幼教發展歷史沿革

年代	歷史沿革
一八九七年	位於台南的「關帝廟幼稚園」，台灣自辦的第一所幼稚園。
一九〇五年	二月九日，日人以府令第十六號發布幼稚園規程，為辦理幼兒教育之準繩；五月二十五日，以訓令第一四九號發布修正，第一條中「台北廳長」改為「國語學校長」，第三條中「廳長」改為「國語學校長」。
一九〇七年	此種公立之台北幼稚園廢止，私立之幼稚園雖續有設立，但僅以私立學校規則為準。
一九二〇～一九二三年	日督府訂定「公立幼稚園辦法」、「台灣公立幼稚園規則」、「台灣公私立幼稚園官制」三大項，幼稚園之規則至此大備。
一九二一年	日人以府令第一〇九號制定台灣公立幼稚園規則，自此之後，公立幼稚園才開始正式被認可，而以市街庄為其設立主體。

（續上表）

年代	歷史沿革
一九四九年以前	日據時期台灣省共設立九十五所幼稚園，宗旨在保育身心發育健全，養成良善習慣及講日語。至大戰期間，幼稚園皆停辦。
一九四九～一九五二年	光復後，急欲恢復幼稚園之設立，因此先計畫於市區設立幼稚園，且在國民學校附設幼稚班，並鼓勵熱心之教育人士設立私立幼稚園。幼稚園依據一九四三年國民政府公布的「幼稚園設置辦法」而設立，此時期每年平均幼稚園數只有 165 所，平均每年收容幼兒人數僅為 22,391 名。
一九五三～一九六四年	幼稚園所數漸增，教育部於一九五三年修訂「幼稚園課程標準」，一九五六年，教育部統一其名稱為「幼稚園」，一九六一年頒布「幼稚園暫行設備標準」，奠定幼稚園發展的法令基礎。此時期每年平均幼稚園數為 528 所，平均每年招收幼兒人數為 63,431 名。
一九六五～一九八一年	此時期之幼稚園型態以私幼為主，約佔 64%，收托 74%之幼兒，主因其人口激增，幼兒教保需求迫切，但政府經費不足，所以便鼓勵民間設立幼稚園，一方面又於一九六二年頒訂「國民小學附設自立幼稚園（班）試行要點」。此時期每年平均幼稚園數為 766 所，平均每年招收幼兒人數達 121,013 名。
一九八二年	1981 年公布「幼稚教育法」，一九八七年修訂「幼稚園課程標準」以提升幼教品質，幼稚園總數平均約為2362 所，其中私立佔 74%；每年招收幼兒人數平均約達 233,748 名，而私立園所的招收人數則佔 81%。
一九八七年	再次修訂「幼稚園課程標準」將課程劃分為六大領域。
一九八九年	修訂「幼稚園設備標準」。
一九九九年	國際兒童人權日成立「兒童局」。
二〇〇〇年	九月開始發放幼兒教育津貼。目前台灣幼兒教育機構分兩類：(1)幼稚園：收托四～六歲幼兒由教育部管轄；(2)托兒所：收托一個月～六歲幼兒由內政部管轄。
二〇〇五年	國民教育向下延伸一年，提供免費教育但非義務性質，另外將五歲以下兒童歸為內政部，並整合現行之幼稚園與托兒所暫稱「幼兒園」。

（續上表）

年代	歷史沿革
二〇〇九年	決定實施「幼兒教育及照顧法」草案，則為「幼托整合」的配套之一，幼托整合的初步規劃將以年齡劃分，五至六歲兒童歸為教育部，政府預計實施從業人員暫稱教保師，幼兒園可提供托嬰、托兒，課後照顧等複合式之服務內涵。幼兒園之長程發展方向將訂立專法，名稱暫定為「幼兒教育與照顧法」，規範幼兒教保工作內涵，包括幼兒園暨從業人員之界定與定位。

資料來源：翁麗芳等（1995），洪福財（2000）。

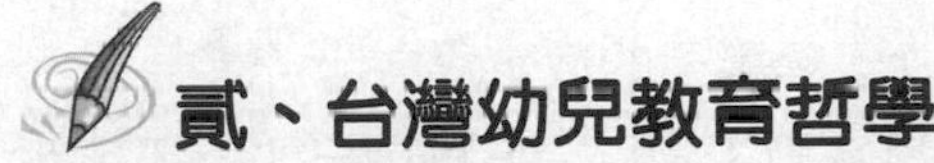

貳、台灣幼兒教育哲學

「志於道，據於德，依於仁，游於藝」為孔子的教育哲學思想，而孔子的教育哲學思想除了影響我國五千年的文化外，也影響了我們對於教育的態度。在我國先秦的學者中，非常重視「教育愛」的實踐。此外，國父　孫中山先生的三民主義思想，也影響了我國的教育哲學，以下就分別介紹先秦各家對「教育愛」的解釋及國父　孫中山先生的「三民主義」教育哲學。

一、教育愛

教育愛是一種無條件的愛，在我國的教育哲學中，教育愛的落實是最受重視的。所謂教育愛，指的就是教育的愛，教師將教育愛的觀念實施於生活中時，即稱作愛的教育。愛的教育代表在教育的過程中，教師對於幼兒的付出是只求付出，不求回報的，因為這般偉大的情操代表了教師對於幼兒及教學的愛，故稱之為「教育愛」。不少學者皆針對教育愛提出個人的見解，舉例說明如下：

㈠孔子

孔子提到教育目的時曾提出「士志於道」，「道，仁與不仁而已」，而其中「仁」指的就是「愛」，代表對社會的博愛情懷。孔子的教育主張「志於道、據於德、依於仁、游於藝」，可見孔子的教育思想中除了道德之外，還充滿了仁愛的精神，亦即教育愛。

㈡孟子

孟子發揚孔子的仁愛思想，並極力反對「揠苗助長」，承襲孔子「因材施教」的精神，顧及幼兒的個別差異，站在幼兒的立場著場，表現出孟子的教育愛。

㈢墨子

發揮兼愛非攻的人格感化教育，並提出「視人之身若其身，視人之家若其家，視人之國若其國」，與《禮運・大同篇》的「人不獨親其親，不獨子其子」的博愛思想理論相呼應，由此可以了解墨子的教育愛。

由以上各個學者之論點可以發現，早在數千年以前我國就已開始認識教育愛的重要性，並加以落實這份精神。

二、三民主義的教育哲學

依循著國父　孫中山先生所言「因襲吾國故有之思想，規撫歐洲之學說事蹟，有吾所獨見而創獲」，我國才漸漸在傳統教育思潮與西洋教育思潮間取得平衡點。而國父結合東西方教育思想所創造的三民主義思想，更成為我國教育的里程碑。三民主義的教育哲學即為大同世界主義，希望能透過三民主義達成世界大同的理想。

三民主義的教育哲學不但對於我國教育有深遠的影響，幼教界也不例外。以三民主義的思想來對照今日的幼教發展，可以從中發現許多相關的議題，以下將從民族、民權、民生的角度來說明，三民主義的教育哲學與現今幼教的關係。

㈠民族主義

在政策制定上，關心族群之間的融合問題（如：新台灣之子議題、原住民的補助措施），對於弱勢族群的立場也相當重視，以多項輔助措施來拉近族群之間的不平等，而不盲目的以立足點的平等來代表真正的平等。在幼教課程方面，重視幼兒是否透過課程活動而接收到多元文化的內容，藉此降低族群差異所造成的歧視問題，透過這些政策使我國的各民族間能擁有屬於彼此的發展空間。

㈡民權主義

人們漸漸開始為自己的權益而努力，開始探討自己真的需要、想要的是什麼，也因此各個幼教機構必須提升機構的服務品質，顧及幼兒及家長的需求，提供更適合幼兒發展的服務。同時因為人民有了權利，因此對於政府政策上有不滿意的地方時，能夠加以表達，使得幼兒教育成為雙向互動的，不再像以前一樣只能被動的接受。透過民權主義的發展，幼兒的人權也相對受到重視，使得幼兒與家庭都能得到符合自己需求的服務。

㈢民生主義

由於少子女化現象，家庭對幼兒教育的品質與資源的考量也比過去更加重視。因此，許多幼教機構紛紛提升自己的服務，而家長方面也願意嘗試多元的幼教資源，在供需雙方的互惠交流之下，使得幼教的品質全面提升。時下科技發展快速且多元，幼教課程的設計也跟著不斷進步，與早年所謂「萬年教材」的現象有很大的差異。拜科技發達所賜，現在的幼兒可以透過不同的管道，獲得最新的知識及資訊，並學習最新的技巧，掌握社會的動向。這些現象，讓幼兒教育日益受到重視，現今的幼兒教育已跳脫只有「托育」的功能，真正讓幼兒在學習的過程中不斷成長與進步。

行政組織、師資培訓、幼教評鑑與幼教政策研究

台灣目前管理幼教機構的行政機關，以幼稚園來說，中央的行政機關為「教育部」，地方則是各縣市的教育局；以托兒所來說，中央的行政機關為

「內政部」，地方則是各縣市的「社會局」，以下將更詳細介紹其內容並針對台灣幼教的「師資培育」及「幼教評鑑」做詳細介紹。

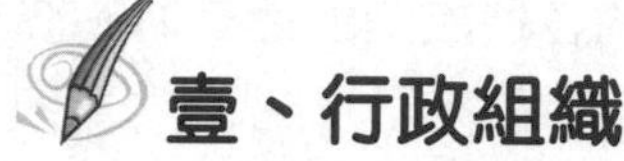

壹、行政組織

我國幼教機構主要分為幼稚園及托兒所，兩者隸屬的機構與依循的法令等方面並不相同，以下將探討幼稚園與托兒所之差異（表 6-2）。

貳、師資培訓

在本國的幼兒教育體制中，區分為教育與保育體系，猶如前述表（表 6-2）中提到，在此兩類體系均有其不同的法令及其不同主管別管轄，國內保育員資格分別以甲類：助理教保員（職校畢業或非相關科系者）；乙類：助理教保員（相關專科系院校畢業）；丙類：教保員（大學或技術學院幼保系畢業）；托兒所所長資格等，由各縣市政府委託相關機關辦理訓練課程。另外在幼稚園合格教師部分除國內各教育大學畢業學生之外，另由教育部委以國內部分公私立大學設置之幼稚教育學程學分，來作為其他人員進修幼稚園教師培訓的管道，學程修習內容包含了：⑴教育實習（educational practicum）；⑵教育方法學（educational methodology）；⑶教學基礎（teaching foundation）；⑷教學方法學（teaching methodology），作為師資培育基礎課程學習範圍。

另外在幼稚教育法規部分，主要是依循一九九四年制訂的「師資培育法」，此法於二〇〇五年十二月二十八日修正，在此以最新修訂的師資培育法來介紹幼兒教育之師資培育之法源依據如下。

一、師資培育法

㈠師資培育法第一條

為培育高級中等以下學校及幼稚園師資，充裕教師來源，並增進其專業知能，特制定本法。

表 6-2　幼稚園與托兒所之比較

內容＼機構	幼稚園	托兒所
主管單位	教育部	內政部
法令來源	◎依據教育部「幼稚教育法」辦理。該法重要日期如下： ◎一九八一年十一月六日公布。 ◎二〇〇三年六月二十五日修正。	根據一九八一年八月十五日修正的「托兒所設置辦法」與「托兒所設施規範」辦理。
設立宗旨	根據幼稚教育法第一條規定：「幼稚教育以促進兒童身心健全發展為宗旨。」	根據托兒所設施規範第一章規定：「以促進幼兒之身心健康與平衡發展，並配合家庭需要，協助婦女工作，以增進兒童福祉為宗旨。」
對象	根據幼稚教育法第二條規定：「本法所稱幼稚教育，係指四歲至入國民小學前之兒童，在幼稚園所受之教育。」	根據托兒所設置辦法第三條規定：「托兒所收托兒童之年齡，以初生滿一月至未滿六歲者為限，滿一月至未滿二歲者為托嬰部，滿二歲至未滿六歲者為托兒部。」
教育目標	根據幼稚教育法第三條規定：「幼稚教育之實施，應以健康教育、生活教育及倫理教育為主，並與家庭教育密切配合。」達成下列目標： ◎維護兒童身心健康。 ◎養成兒童良好習慣。 ◎充實兒童生活經驗。 ◎增進兒童倫理觀念。 ◎培養兒童合群習性。	根據托兒所設施規範第三章規定：「為滿足嬰幼兒身心需要，充實嬰幼兒生活經驗。」達成下列目標： ◎增加兒童身心健康。 ◎培養兒童優良習慣。 ◎啟發兒童基本之生活知能。 ◎增進兒童之快樂和幸福。

（續上表）

內容＼機構	幼稚園	托兒所
主管單位	教育部	內政部
設備標準	根據幼稚教育法第五條規定：幼稚園之設立應符合下列標準： ◎園址適當且確保安全。 ◎園長及教師符合規定資格。 ◎私立者應寬籌基金，其資產及經費來源，足供設園及發展之需要。 ◎園舍、面積、保健、衛生、遊戲、工作、教學等設備符合幼稚園設備標準；其標準由教育部定之。	根據托兒所設置辦法第五條規定：設置托兒所應注意維護兒童安全與健康，必須有固定所址及良好環境，其房舍以地面層及二樓為原則，並具備下列設備： ◎遊戲室。 ◎活動室。 ◎保健室。 ◎寢室。 ◎辦公室。 ◎接待室。 ◎廚房。 ◎廁所。 ◎浴室。 ◎露天遊戲場。 ◎升旗台。 ◎教學用具。 ◎康樂用具。 ◎消防設備。 ◎基金或經常費。 前項各款設備及每一嬰幼兒應佔室內外活動之面積，由當地主管機關參照當地實際情形訂定之。 依第二條各款設置之季節性、流動性或固定性農村村里托兒所應具備之條件，由當地主管機關視環境需要訂定之，不受前項之限制。
設立標準	◎根據幼稚教育法第四條規定：「幼稚園由直轄市、縣（市）政府設立或由師資培育機構及公立國民小學附設者為公立；其餘為私立。」	根據托兒所設置辦法第二條規定：托兒所之設置分下列三種： ◎政府設立。 ◎機關、學校、團體、工廠、公司附設。 ◎私人創設。

（續上表）

機構／內容	幼稚園	托兒所
主管單位	教育部	內政部
立案標準	根據幼稚教育法第六之一條規定：私立幼稚園依前條第三項之規定籌設完竣後，由設立機關、團體或創辦人檢具下列文件，向所在地主管教育行政機關申請立案： ◎園則：包括兒童之人數、班級數、兒童入園出園之手續及免費名額等。 ◎設園園址、園舍所有權證明或租用或借用三年以上經公證之契約。 ◎園舍平面圖及設備一覽表。 ◎財產目錄。基金存款證明文件；其屬財團法人者，以法人名義專戶儲存；非屬財團法人者，應以負責人，並列幼稚園名義專戶儲存。 ◎園長及教職員名冊。	根據托兒所設置辦法第二十條規定：「設置托兒所應向當地主管機關辦妥立案手續後始得收托兒童，其逾半年不為立案之申請者，應勒令停辦。」 托兒所申請立案所需文件： ◎所舍產權證明文件。 ◎所舍平面圖。 ◎概況表。 ◎工作人員名單。 ◎財產清冊。 ◎組織章程。 ◎預算計畫。 ◎收托辦法。 ◎存款證明文件。 ◎衛生設備合格證明。 ◎立案申請書。
人員任用資格	園長： ◎根據幼稚教育法第十條規定：直轄市、縣（市）政府設立之幼稚園，其園長由各該政府派任。 ◎師資培育機構附設之幼稚園，其園長由該機構遴選合格人員聘任，並報請所在地主管教育行政機關備查。 ◎公立國民小學附設之幼稚園，其園長由校長遴選合格人員報請該管主管教育行政機關派任。	所長： 根據托兒所設置辦法第九條規定：托兒所所長應以具有下列資格之一者任之。 ◎專科以上學校兒童福利系科或相關系科畢業並具有一年以上幼兒教保工作經驗者。 ◎師範或家事職業學校幼教科或相關系科畢業並具有二年以上幼兒教保工作經驗者。 ◎高中或高職以上畢業，曾受保育人員專業訓練六個月以上，並具有三年以上幼兒教保工作經驗者。 專辦托嬰部之托兒所所長以領有醫

（續上表）

機構 內容	幼稚園	托兒所
主管單位	教育部	內政部
人員任用資格	◎私立幼稚園，其園長由董事會遴選合格人員聘任；未設董事會者，由設立機構、團體或創辦人遴選合格人員聘任，並均報請所在地主管教育行政機關核備。 幼稚園教師： 凡幼教系畢業者或修過大學附設幼教學程者，經過半年實習，再通過筆試及格者，可以取得幼稚園教師資格。	師、護理師、護士或助產士之證明者為合格。其為高中或高職畢業者，以曾受育嬰專業訓練，並從事托嬰工作一年以上為限。 托兒所教師： 根據托兒所設置辦法第十條規定：托兒所教師應以具有下列資格之一者任之。 ◎專科以上學校兒童福利系科或相關系科畢業修畢兒童福利及幼兒教育有關課程二十個學分以上者。 ◎師範或高級家事職業學校幼教科或相關系科畢業並具有一年以上教保經驗者。 ◎高級中學或高級職業學校畢業，曾修習幼兒教育二十個學分以上或曾參加保育人員專業訓練六個月以上，並具有二年以上教保經驗者。 ◎幼稚園教師登記或檢定合格者。 ◎國民小學級任教師登記或檢定合格者。 托兒所保育員： 根據托兒所設置辦法第十二條規定：托兒所保育員應以具有下列資格之一者任之。 ◎護理、助產學校畢業者。 ◎高職幼兒保育相關科畢業者。 ◎高中以上學校畢業並曾接受三個月以上保育工作訓練者。 托兒所社會工作員： 根據托兒所設置辦法第十一條規定：托兒所社會工作員應以具有下列資格之一者任之。 ◎專科以上學校社會工作系或相關系科畢業者。

（續上表）

機構 內容	幼稚園	托兒所
主管單位	教育部	內政部
人員任用資格		◎大專及高級中學或高級職業學校畢業，曾修習社會工作十二個學分或曾參加社會工作專業訓練者。 ◎高級中學或高級職業學校畢業，曾從事社會福利及社會服務工作三年以上者。
人員配置	根據幼稚教育法第八條規定：幼稚園教學每班兒童不得超過三十人。幼稚園兒童得按年齡分班，每班置教師二人，其中一人為導師。	根據托兒所設置辦法第八條規定：托兒所置所長一人，負責所務，所長之下得分設教保、衛生、社會工作及總務等部門，其負責人分別由教師、護士、社會工作員及保育員擔任之。 托嬰部應增置特約醫師及專任護理人員。 托兒所教師、保育員及護理人員設置標準： 根據托兒所設置辦法第十三條規定：托兒所教師、保育員及護理人員應依下列標準設置之。 ◎滿一月至未滿一歲之嬰兒，每十名須置護理人員一名，超過十名者，可增置保育員。 ◎滿一歲至未滿二歲之嬰兒每十名至十五名，須置護理人員一名，超過十五名嬰兒以上者，可增置保育員。 ◎滿二歲至未滿四歲之幼兒，每十三名至十五名須置保育員一名。 ◎滿四歲至未滿六歲之幼兒每十六名至二十名，須置教師一名。 ◎社會工作員得視需要設置之。

㈡師資培育法第二條

師資培育應著重教學知能及專業精神之培養，並加強民主、法治之涵泳與生活、品德之陶冶。

因此幼兒教育的師資培育主要也是注重教師的品德培養，欲求能讓品德優良之幼兒教師培育出品德優良之幼兒。

㈢師資培育法第三條

本法用詞定義如下：

1. 主管機關：在中央為教育部；在直轄市為直轄市政府；在縣（市）為縣（市）政府。
2. 師資培育之大學：指師範校院、設有師資培育相關學系或師資培育中心之大學。
3. 師資職前教育課程：指參加教師資格檢定前，依本法所接受之各項有關課程。

㈣師資培育法第四條

中央主管機關應設師資培育審議委員會，辦理下列事項：

1. 關於師資培育政策之建議及諮詢事項。
2. 關於師資培育計畫及重要發展方案之審議事項。
3. 關於師範校院變更及停辦之審議事項。
4. 關於師資培育相關學系認定之審議事項。
5. 關於大學設立師資培育中心之審議事項。
6. 關於師資培育教育專業課程之審議事項。
7. 關於持國外學歷修畢師資職前教育課程認定標準之審議事項。
8. 關於師資培育評鑑及輔導之審議事項。
9. 其他有關師資培育之審議事項。

前項委員會之委員應包括中央主管機關代表、師資培育之大學代表、教師代表及社會公正人士；其設置辦法，由中央主管機關定之。

㈤師資培育法第五條

師資培育，由師範校院、設有師資培育相關學系或師資培育中心之大學為之。前項師資培育相關學系，由中央主管機關認定之。

大學設立師資培育中心，應經中央主管機關核准；其設立條件與程序、師資、設施、招生、課程、修業年限及停辦等相關事項之辦法，由中央主管機關定之。

㈥師資培育法第六條

師資培育之大學辦理師資職前教育課程，應按中等學校、國民小學、幼稚園及特殊教育學校（班）師資類科分別規劃，並報請中央主管機關核定後實施。

為配合教學需要，中等學校、國民小學師資類科得依前項程序合併規劃為中小學校師資類科。

㈦師資培育法第七條

師資培育包括師資職前教育及教師資格檢定。師資職前教育課程包括普通課程、專門課程、教育專業課程及教育實習課程。前項專門課程，由師資培育之大學擬定，並報請中央主管機關核定。

第二項教育專業課程，包括跨師資類科共同課程及各師資類科課程，經師資培育審議委員會審議，中央主管機關核定後實施。

㈧師資培育法第八條

修習師資職前教育課程者，含其本學系之修業期限以四年為原則，並另加教育實習課程半年。成績優異者，得依大學法之規定提前畢業。但半年之教育實習課程不得減少。

㈨師資培育法第九條

各大學師資培育相關學系之學生，其入學資格及修業年限，依大學法之規定。

設有師資培育中心之大學，得甄選大學二年級以上及碩、博士班在校生修習師資職前教育課程。

師資培育之大學，得視實際需要報請中央主管機關核定後，招收大學畢業生，修習師資職前教育課程至少一年，並另加教育實習課程半年。

學生修畢前三項規定之師資職前教育課程，成績及格者，由師資培育之大學發給修畢師資職前教育證明書。

㈩師資培育法第十條

持國外大學以上學歷者，經中央主管機關認定其已修畢第七條第二項之普通課程、專門課程及教育專業課程者，得向師資培育之大學申請參加半年教育實習，成績及格者，由師資培育之大學發給修畢師資職前教育證明書。前項認定標準，由中央主管機關定之。

㈩㈠師資培育法第十一條

大學畢業依第九條第四項或前條第一項規定取得修畢師資職前教育證明書者，參加教師資格檢定通過後，由中央主管機關發給教師證書。

前項教師資格檢定之資格、報名程序、應檢附之文件資料、應繳納之費用、檢定方式、時間、錄取標準及其他應遵行事項之辦法，由中央主管機關定之。

已取得第六條其中一類科合格教師證書，修畢另一類科師資職前教育課程之普通課程、專門課程及教育專業課程，並取得證明書者，由中央主管機關發給該類科教師證書，免依規定修習教育實習課程及參加教師資格檢定。

㈩㈡師資培育法第十二條

中央主管機關辦理教師資格檢定，應設教師資格檢定委員會。必要時，得委託學校或有關機關（構）辦理。

㈩㈢師資培育法第十三條

師資培育以自費為主，兼採公費及助學金方式實施，公費生畢業後，應至偏遠或特殊地區學校服務。

公費與助學金之數額、公費生之公費受領年限、應訂定契約之內容、應履行及其應遵循事項之義務、違反義務之處理、分發服務之辦法，由中央主管機關定之。

㈩㈣師資培育法第十四條

取得教師證書欲從事教職者，除公費生應依前條規定分發外，應參加與其所取得資格相符之學校或幼稚園辦理之教師公開甄選。

㈤師資培育法第十五條

師資培育之大學應有實習就業輔導單位，辦理教育實習、輔導畢業生就業及地方教育輔導工作。

前項地方教育輔導工作，應結合各級主管機關、教師進修機構及學校或幼稚園共同辦理之。

㈥師資培育法第十六條

高級中等以下學校、幼稚園及特殊教育學校（班）應配合師資培育之大學辦理全時教育實習。主管機關應督導辦理教育實習相關事宜，並給予必要之經費與協助。

㈦師資培育法第十七條

師資培育之大學得設立與其培育之師資類科相同之附設實驗學校、幼稚園或特殊教育學校（班），以供教育實習、實驗及研究。

㈧師資培育法第十八條

師資培育之大學，向學生收取費用之項目、用途及數額，不得逾中央主管機關之規定，並應報經中央主管機關核定後實施。

㈨師資培育法第十九條

主管機關得依下列方式，提供高級中等以下學校及幼稚園教師進修：

1. 單獨或聯合設立教師進修機構。
2. 協調或委託師資培育之大學開設各類型教師進修課程。
3. 經中央主管機關認可之社會教育機構或法人開辦各種教師進修課程。

前項第二款師資培育之大學得設專責單位，辦理教師在職進修。

第一項第三款之認可辦法，由中央主管機關定之。

㈩師資培育法第二十條

一九九四年二月九日本法修正生效前，依師範教育法考入師範校院肄業之學生，其教師資格之取得與分發，仍適用修正生效前之規定。

二、台灣師資培訓特色與問題

㈠注重能力本位的師資培訓

目前幼兒教育師資培訓的方向，主要是針對職場上的需求來培育師資，職場對幼兒教師的能力有什麼樣的訴求，師資培訓機構便會在培育課程上加重此一方面能力的培養，目的在於使幼兒教育更有競爭力，也讓幼兒教師能夠符合社會的需求。

㈡多元化的師資培訓

幼兒教育的師資培訓已漸漸走向多元化，過去只有畢業於師範體系學生才具有幼兒教師的資格，目前則是開放其他大學院校得以設置教育學程，讓幼兒教育的師資培育有了更廣的路。目前，台灣也因為流行蒙特梭利教學法，因此坊間紛紛成立蒙特梭利師資培育機構及課程。

不過，儘管師資培訓的管道增加，合格的幼教師資人數漸漸提高，但由於少子女化的緣故，使得幼教機構市場有供過於求的現象，讓許多辛苦拿到幼教教師資格的老師找不到公立幼托園所任教的機會，而私立幼托園所待遇普遍比公立幼托園所約少一萬元左右，又缺乏合理退休與福利等制度，造成私立幼托園所教師流失率高與流浪教師的問題，對此，師資培訓的主管單位應考量適切的配套措施，才不至於造成師資培訓資源的浪費。

參、幼教評鑑

台灣目前幼稚園評鑑採用的是 CIPP 的評鑑模式，CIPP 評鑑模式是背景評鑑（context evaluation）、輸入評鑑（input evaluation）、過程評鑑（process evaluation）、成果評鑑（product evaluation）四種評鑑方式的縮寫。目前我國所有縣市的評鑑中，台北市的幼教評鑑實行得非常完善，在此以「台北市九十四學年度幼稚園評鑑手冊」（教育部，2005a）作為主要參考，來說明台灣幼教評鑑之現況；九十四學年度是台北市最後一年舉辦幼稚園評鑑工作，九十五學年度開始為期五年，已將幼稚園評鑑工作轉型為幼稚園輔導，旨在根據評鑑結果提供更深入的幫助，與更個性化及個人化的輔導。以下乃是九十四學年度幼稚園評鑑之內涵：

一、幼稚園評鑑計畫（以台北市為例）

㈠依據

教育部公私立幼稚園評鑑及獎勵實施計畫。

㈡目的

為了解台北市幼稚園現況，期望透過評鑑過程、獎勵績優、追蹤輔導等措施，促進幼稚園自我成長；並藉以引導幼兒教育正常發展，提升教育品質。

㈢辦理單位

指導單位：教育部。

主辦單位：台北市政府教育局。

承辦單位：台北市松山區民權國民小學。

㈣評鑑方式

結合了自我評鑑和委員評鑑。

1. 自我評鑑：各幼稚評鑑手冊各項指標進行自我評鑑。
2. 委員評鑑：由教育局組成評鑑小組到園實地進行訪視評鑑。

㈤評鑑對象

1. 自我評鑑：台北市所有公私立幼稚園皆需參加。
2. 委員評鑑：士林區、北投區、文山區等區之私立幼稚園。

㈥評鑑項目

1. 幼教行政（含園務行政），佔 40%。
2. 教學與保育（含社區融合度），佔 30%。
3. 教學設施及公共安全，佔 30%。

㈦評鑑程序

1. 自我評鑑：各幼稚園組成自我評鑑小組（可邀請友園參加，進行合作評鑑）→ 召開園務會議共同討論 → 填寫基本資料及園方自評說明 → 當年度受評幼稚園請將自評資料（評鑑手冊）送承辦學校彙辦；其餘幼稚園請將自我評鑑記錄表送達教育局幼兒教育科查考。

2. 委員評鑑：

⑴初評日程為二〇〇五年三月至四月，複評日程為二〇〇五年五月至六月，訪評日期不事先通知。訪評時間以全天為主，並於上午八點三十分以前抵園。

⑵訪視結束後，由委員於評鑑手冊上做訪視記錄與建議。

㈧獎勵與輔導

1. 獎勵

⑴本年度受評總園數五分之二提列優等並列入複評。依複評結果擇取二分之一予以教育部績優獎勵，每園發與獎牌一面及獎勵金，每位教師及四名相關行政人員得核與嘉獎兩次；另評鑑優良者由本局發與獎牌一面，每位教師及兩名相關行政人員得核與嘉獎一次。未達績優獎勵標準者得以從缺。

⑵績優獎勵金限用於辦理教學觀摩、充實或改善教學設備與設施及提供教師教學研究，不得購置事務型設備（如影印機、傳真機、碎紙機等），違者除追回獎金外，三年內不再給與任何獎勵或補助。

2. 輔導

⑴評鑑結果績效不佳者，列入追蹤輔導接受本局之輔導措施，並視實際進步情形予以補助。

⑵如未積極改善者，將公布名單，並於三年內不得受領本局其他補助經費。

㈨經費來源

由教育局年度經費暨教育部補助經費項下支應。

二、評鑑的內容

在施行幼兒教育評鑑時，一般會分為以下三個向度：

㈠幼兒教育行政

有關幼兒教育行政的評鑑內容，主要包含八大項目：經營理念、園務發展、園務領導、行政運作、總務制度、財務制度、人事制度、接送制度等。由此可知幼兒教育行政主要的範疇為何。

在九十四學年度教育局發行的《台北市幼稚園評鑑手冊》中，對於幼教行政有八項期許：

1. 改變「行政就是準備許多簿冊資料」的概念，簡化靜態簿冊，落實實際行政運作。
2. 考量幼稚園特色，主動規劃各項目內容及特色呈現方式。
3. 觀察各園制度或辦法的實際運作方式，非僅以靜態的書面資料做判斷。
4. 園長能發揮領導與行政才能，正確的經營幼稚園。
5. 各園所能就自身條件與營造特色，提出計畫與遠景。
6. 幼教行政是連貫、承先啟後的，而非專為評鑑的準備。
7. 透過評鑑發現各園的困難，共同討論解決方案，協助幼稚園的專業成長。
8. 藉由評鑑傳達幼教理念，激勵各園自我成長，順利推展園務。

對幼教機構來說，幼教評鑑的目的督促園所的事務，園所必須根據評鑑的標準與模式，加以改善園所的條件以符合評鑑標準，此外，評鑑結果也提供了園所一些發現困難和解決問題的機會。

根據上述八項幼兒教育評鑑之期許，不難看出教育學者與行政主管機關對幼兒教育的用心。幼教評鑑可以確實的執行，並希望評鑑的內容能夠偏向「園所本位」，讓各園所呈現出自己的特色與風格，期望能夠讓幼兒教育機構培養自己的特質及優勢條件。

㈡幼兒教學與課程

現在台北市幼稚園評鑑要求幼稚園必須記錄教學前、教學中、教學後的情形，以建立教學歷程之紀錄，透過此紀錄檢視園所的課程內涵及發展取向。

近年來也開始重視在評鑑時，教師與幼兒之間的互動角色關係，至於一直以來都有執行上困難及實質效益不佳的教師自評、互評及家長評量等項目則已刪除之，改以專業成長的角度來檢視教師之教學改進與求精歷程。

在幼兒教學方面的評量也注重園所與家庭及社區的互動，注重親師的聯繫，在評鑑中增列幼稚園老師宜定期提供家長有關幼兒學習和成長的書面資料，如幼兒學習檔案、學習行為觀察紀錄、教學歷程紀錄等。另外也重視評鑑衛生保健方面，如廚房人員是否有戴口罩等等，還希望教師能給予幼兒協助盛飯舀菜的機會，以增進幼兒用餐知能。

現代在幼兒教學與課程方面的評鑑是愈來愈多元，不單只是針對課程內容做能力測驗，而是以幼兒多方面的表現加以綜合評估，讓不同特性的幼兒都可以得到良好的發展機會。

㈢幼兒學習環境

在幼兒學習環境部分，最重視三項特性：

1. 合法性：幼稚園的環境設備要符合幼稚園設備標準；托兒所的環境設備要符合托兒所設置辦法，如此一來才能符合合法性的條件。
2. 安全性：目前的評鑑十分要求幼教機構的安全及衛生，安全是在環境中的教室佈置、戶外遊戲區等，都應該提供幼兒一個非常安全的空間，讓幼兒能在其中安心的活動。衛生方面，除了教室中要衛生，另外廚房及廁所也是很重要的評鑑點，因此一定要定時清掃，以維護幼兒的健康。也要注意幼兒的牙刷、漱口杯是否衛生，並要有保健中心設置，讓幼兒能夠健康、安心的在園所中活動。
3. 教育性：幼兒很長的時間都待在幼兒園中，因此幼兒園的環境佈置也會對幼兒造成很大的影響，若是情境佈置得宜，並配合課程的進行，則幼兒的學習可以更加的快速和深入，因此在幼兒環境的評鑑中，教育性也是不可忽略的。

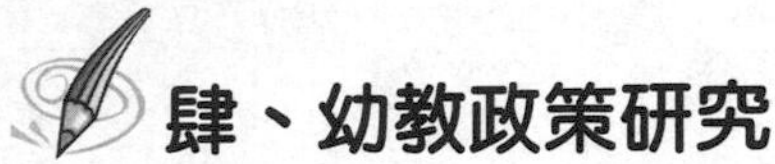

肆、幼教政策研究

一、國內少子女化現況

根據魏惠貞（2007）研究中提及，國內近十一年幼稚園幼兒人數變遷情形、國內近十一年幼稚園總量變遷分布與國內近八年幼稚園教師人數變遷情形發現，由幼稚園人數部分，幼兒人數多寡依序為：北部、南部、中部、東部與離島，其中值得我們注意的是，於二〇〇三年開始，以上四個區域除了東部與離島地區之外，其它三區之幼兒人數皆出現下滑現象，不過離島與東部區域的幼兒人數減少量較沒其他縣市明顯。

由幼稚園總量部分發現，國內北中南東部與離島其幼稚園總量多寡依序為：北部、中部、南部、東部與離島。值得注意的是中部、南部、東部與離島三個區域幼稚園總量皆出現成長，而北部區域於二〇〇一年幼稚園總量後有些許的下滑。但於四區各縣市之中，東部與離島地區縣市裡的台東縣與花蓮縣幼稚園總量於二〇〇六年時出現了大幅成長。

由幼稚園教師人數總量部分發現，北中南東部與離島於幼稚園教師人數多寡依序為：北部、南部、中部、東部與離島。以上北部、中部、南部三個區域幼稚園教師於二〇〇五年後皆出現負成長現象，且於二〇〇六年的數量與一九九九年數量差不多，而東部與離島區域於一九九九年至二〇〇八年間，幼稚園教師人數總量呈現緩慢成長，例如：金門地區公幼在九十二學年度時，大班從半日制改為全日制，大班老師人數由一班一位增加為一班兩位，九十三學年度時，中班也開始實施全日制，中班老師人數又由一班一位增加為一班兩位。

綜上所述，東部與離島幼稚園總人數雖然在這四個區域中是最少的，但其幼兒人數的變化上，於近十年皆無太大的變動，且幼稚園總數及教師人數皆出現了成長，究其原因：因政策上實施國幼班政策以及扶持五歲弱勢幼兒及早教育計畫。其中必須要注意的是，於北中南三個區域，其幼稚園幼兒人數、幼稚園總量、幼稚園教師人數皆出現了減少的現象。

二、少子女化變遷的學前教育問題與契機

由以上三部分的分析已可清楚了解，國內近幾年的人口結構已漸漸變化當中，近十年的生育率逐漸降低，而生育率的降低已是全球各國所面臨以及必須因應的現況。為因應生育率下降的問題，許多國家已提出許多政策以及改進之道，希望提高生育水準以及改變人口結構，例如：提供產假與親職假，彈性工作時間，減輕照顧者在工作與家庭之間的衝突，也利用幼兒托育政策，對於育有子女的家庭提供教育上的協助，以及提供幼兒津貼、生產津貼與稅負上的優惠等經濟上的支持（McIntosh,1981; Hofferth & Deich,1994）。

反觀國內，也在積極研擬因應少子女化政策與措施或具體作法，以解決少子女化所帶來的衝擊與問題，且我國正落實執行「台灣經濟發展會議結論共同意見具體執行計畫」與「大溫暖」社會福利套案，其中均針對少子女化議題研提具體措施，主要包括：建立友善的婚姻制度、落實性別平等政策、健全生育保健體系、提供兼顧工作與家庭生活之工作條件、建構完善幼兒托育及教育環境、營造友善婚育與工作環境等（行政院經濟建設委員會，2007）。此外，由中正大學社會福利系李美玲副教授主持之「人口政策白皮書」中提及的少子女化政策，例如：健全家庭兒童照顧體系、改善產假及親職假政策、育兒家庭的經濟支持、營造友善家庭的職場環境、健全生育保健支持體系、改善婚姻機會等等。茲綜合分析如下：

㈠托幼整合計畫

1. 政策現況：托幼整合目的在於：⑴整合運用國家資源，健全學前幼兒教保機構；⑵因應現代社會與家庭之教保需求；⑶提供幼兒享有同等教保品質；⑷確保立案幼稚園、托兒所暨合格教保人員之基本合法權益。托幼整合目前現況將分為兩大部分，依現行幼稚教育法及兒童福利法，就幼托機構收托年齡層之現況，配合二〇〇一年教育改革檢討會議結論，國民教育向下延伸一年之政策目標，政府對〇歲至入國民小學前之嬰幼兒，提供教育或保育之措施與機構之管理，初步朝向兩歲以下之托嬰部分，原隸屬內政部主管，其相關法令及措施應加強部分，仍由該部持續

籌劃督導管理；由內政部主政；二至五歲幼兒的教保業務，由整合後之「幼兒園」辦理（現行幼稚園、托兒所依整合之規劃，將定為幼兒園），其主管機關為內政部，惟幼兒園可提供托嬰、托兒、課後照顧等複合式之服務內涵：五至六歲納入教育部國民教育向下延伸一年之規劃，由教育部就細部研議處理（教育部，2003a）。

2. 問題：托幼整合的問題有下列幾項：

(1)政策推行有賴於教育主管機關承辦人員之專業能力素養與編制充足人力，但是不論是在中央或是地方，幼兒教育相關業務並無專責機構統籌辦理，形成教育主管機關之人力不足（程祺，2006）。

因當下現況為四至六歲幼兒可進入幼稚園就讀，亦可選擇托兒所。而兩歲至四歲幼兒可選擇托兒所就讀。主管單位原本服務之對象，皆有其人力、資源以及財政上的輔助，但若托幼整合計畫將其區分為〇至五歲幼兒皆由內政部主管，五至六歲由教育部主管，其中〇歲至四歲階段的業務將會有所重疊，所以必須要去考慮其中人力、物力、財力是否能夠相互支援，以及做好妥善的分配。再者托兒所與幼稚園年齡層重疊部分除了保育功能之外，教育的功能相對之下更為重要。例如：瑞典為歐洲托幼整合完成的第二個國家，一九九八年瑞典政府立法通過學校法取代原本的社會服務法，將幼稚園與托兒所合併為單一的教育體系（OECD, 2001; 李新民，2003），主管部門由衛生社會事務部門轉至教育暨科學統計部統籌。目前在瑞典一至六歲的幼兒服務稱為學前教育（per-school），六足歲至七足歲稱為學前班，七足歲以上才進入義務教育，但從一至七歲的幼教機構都歸教育部門主管（OECD, 2001）。根據統計（OECD, 2002a），瑞典一至六歲幼兒有64%在全天制教學機構，六至七歲就學率更高達98%。所以是否能考量將托育的部分規劃為〇至二歲階段以保育為主，教育為輔。二至六歲階段，以教育為主，保育為輔。

國內學者王珮玲（2005）在第三屆兩岸民辦幼教發展論壇中曾指出，國幼班並非單一幼教政策，必須與幼托整合計畫併行施政，才能有助於實施國教向下延伸一年的政策。

⑵師資養成過程之課程規劃尚未完全（程祺，2006）：

目前保育員與幼稚園教師培育核心課程大致相同，但所取得的資格以及養成過程目前不盡相同，謝子元亦指出師資培育過程互相矛盾（謝子元，2005）。

我們必須要去思考，幼保系學生的修習課程偏向保育導向，幼教系學生修習課程偏向教育導向，我們是否可在課程規劃上各補其所缺的部分，例如：幼保系幼兒課程規劃上加修教育導向的相關課程，幼教系幼兒課程規劃上加修保育導向的相關課程，並提供現職人員相關配套措施，例如：幼稚園現職合格教師可在職進修保育導向課程，托兒所現職合格保育員可在職進修教育導向課程。

⑶師資之聘用、轉換及權益保障之公平及權益規劃未全（王珮玲，2005）：

針對幼教師資的部分，應建立起評鑑制度、進修管道、訂定長期培育計畫等配套措施，讓教師素養能向上提升（蔡佳純，2004；黃麗君，2004）。同時對於師資培育的課程內容也需重新進行成效的評估，持續評估與追蹤這些課程的效益，以保障師資的品質，建立評鑑原有課程與師資認可的學程機制（林瑋茹，2003）。另外陳惠姿（2002）建議推動教師證照制度，同時落實幼教學程的複檢制度，藉以提升幼教老師專業地位、權威。

⑷家庭與社會型態轉變、雙薪核心家庭型態增多之後，家外托育成為國民必須仰賴的服務，全日制、融合教育與照顧功能的園所應運而生，引發幼稚園與托兒所互相混淆、制度紊亂的現象（教育部，2003b）：

目前實施課後留園班，依一九九八年一月六日台北市政府教育局（87）北市教三字第8720075100號函修正發布名稱及內容（原名稱：台北市國民小學附設幼稚園辦理課後留園實施要點），有相關配套措施，幼稚園亦提供相關服務，但許多偏遠地區由於課後留園人數不足，導致課後留園家長所需負擔費用過高，以致未達辦理課後留園預期之效果。

此外，瑞典於一九九六年起將托育的主管機關從衛生與福利部挪至教育部，而瑞典的改制，用意則在於「將學前機構、學校及課後托育融入為終身學習的一部分」（The National Board of Health and Welfare, 1997）；瑞典強調的是不受正式教育體系局限、持續不斷、全方位的終身學習（我們必須注意，照顧亦為此終身學習或教育活動的一環，正如前面所說明過的），並將其教育部的視野及管轄內涵往這個方向推展，這可以說是全世界最進步的國家教育學習政策。

3.契機：根據上述問題，提出契機如下：

⑴檢討各階段教育經費的需求以及分配的適切性，提高幼教經費的補助（曾玉慧，2003）。

⑵以專業知識為核心課程，輔以實習、實務經驗的練習，同時建立教保師退場機制，提升教保專業形象（林璟玲，2005）。

⑶制定專屬教保師的法規，使教保師在薪資福利方面有所保障（程祺，2006）。

⑷托幼整合後，橫跨二至六歲的幼兒，家長勢必面對將孩子送至不同托育機構的問題，所以增加學制上的彈性，以符合市場需求（程祺，2006）。

⑸利用媒體網路等平台，加強托幼整合的政策宣導，提供民眾獲得相關資訊管道（段慧瑩等，2006）。

㈡扶持五歲弱勢幼兒及早教育計畫

1.政策現況：「扶持五歲弱勢幼兒及早教育計畫」係專指為弱勢地區與一般地區經濟弱勢（低收入戶及中低收入戶）之滿五足歲至入國民小學前幼兒所安排，符合其身心發展需要之學前教育，採非強迫、非義務、漸進免學費方式實施，其現況如下：

⑴提供弱勢地區與一般地區經濟弱勢（低收入戶及中低收入戶）之滿五足歲幼兒充分的就學機會，保障幼兒受教權益（教育部，2005a；教育部國教司，2007a；行政院經建會，2006；內政部，2007；行政院衛生署國民健康局，2005 ）。

⑵建構滿五足歲弱勢幼兒優質的幼教環境，改善幼兒受教品質（行政院，2007；教育部國教司，2007 a）。

⑶規劃全面實施國教向下延伸一年之配套機制（教育部國教司，2007b；行政院，2007；內政部，2007）。

2.問題：依教育部二〇〇五年一月二十日發布實施扶持五歲弱勢幼兒及早教育計畫，並於二〇〇七年四月二日修訂以及教育部補助扶持五歲弱勢幼兒及早教育計畫作業要點，於二〇〇六年一月五日與二〇〇七年一月十一日歷經兩次修訂內文中指出：

⑴基於就近入學原則，部分地區必須協調公私立托兒所加入試辦國幼班，因涉幼托機構之不同設置與專業人員資格標準，較難提升教學品質。

⑵政府機構提供普及優質之機構，惟學前教育非屬強迫教育，爰弱勢幼兒是否入園接受學前教育，仍為家長自由意願。

⑶基於學前教育屬地方自治事項，是否普遍設置公立幼稚園仍為地方政府之權責。

⑷基於整體財政考量，近程計畫尚無法提供全體參與對象免費之教育。

3.建議：

⑴政府應考量重新分配教育經費，增加對幼兒教育經費支出，保障所有幼兒的受教權（程祺，2006）。

⑵深思發放幼兒教育券的用意，除了評鑑其成效外，可思考將幼教券與國幼班政策做一整合性的討論（王珮玲，2005）。

⑶俟幼托整合後，國家整體財政充裕，及相關配套措施研定周全，再研議全面辦理相關配套措施，提供符合全國五足歲幼兒就學需求，滿足五足歲幼兒受教環境的品質，以及優良的師資品質（教育部，2005b；行政院，2007；內政部，2007），以確保幼兒受教權益。

⑷瑞典的幼托機構大多數是由政府設置，而且在一九八〇年代已完成幼托整合的計畫，由單一的教育部門主管，並統籌經費的分配（謝子元，2005）。

⑸法國也早將幼稚園併入小學成為附屬幼稚園，由政府提供免費的教育。〇到三歲之幼兒可進入公立托兒所或由合格托育人員照護。

⑹蔡佳純（2004）也曾在其研究中建議，五至八歲兒童的教育制度應以一貫性為主要原則，課程、師資、授課時間等皆應有相同的標準。

⑺高誼婷（2006）也建議在幼托整合以後，幼兒教育由統一的政府機關主管明確訂定行政權責，也要統整相關法規以確保幼托服務品質。

㈢提升教保專業

1. 政策現況：公私立幼稚園輔導計畫：針對輔導立案幼稚園經營正常化、輔導績優幼稚園發展專業特色方案、輔導幼稚園、托兒所提升教保專業三方面進行（教育部，2006）。

   另外，公私立幼稚園的評鑑作業，針對幼稚園發展特色，常態化的園務經營與班級教學內涵，並兼顧親職教育與社區良性互動進行評鑑，根據評鑑結果予以適當獎勵，缺失者續予追蹤輔導（教育部，2006）。

2. 問題：由花蓮縣康樂國小校長吳惠貞於全國幼教網《幼教簡訊》二十六期發表〈我看花蓮縣幼稚園評鑑〉一文提及：

   ⑴目前追蹤輔導機制建立未完全。

   ⑵評鑑只對總體表現較好的園所做獎勵，未考慮到部分單項成績較高的園所，其專長項目亦有參考價值。

   ⑶評鑑委員對課程模式各有所偏好，有時自然會有比較偏向於某種教學法的情況。

3. 建議：由花蓮縣康樂國小校長吳惠貞於全國幼教網《幼教簡訊》二十六期發表〈我看花蓮縣幼稚園評鑑〉一文提及：

   ⑴主管機關於評鑑結果公布後，要求需輔導園所就需改進部分於半年至一年內完成改善，並規劃追蹤輔導之辦理方式及期程。

   ⑵各園所接受評鑑當年應得免接受其他主題式教育之評鑑。

   ⑶對於各項評鑑應重視其歷程，不應演變成書面之總結評鑑；此外，訪談應顧及各校之差異以學校規模做區隔。

   ⑷將評鑑資訊化，將各項資料文件分類，減少評鑑的繁複。

   ⑸將性質相近之評鑑項目合併之。

   ⑹建立一套標準化之評鑑指標及令人信服、遵循之評鑑內容。

   ⑺教育主管機關應積極籌設成立幼教輔導團，透過輔導團的運作機制提供各園所諮詢服務。

㈣提供適當的幼兒照顧服務

1. 政策現況：二〇〇七年一月二十四日經教育部部務會報審議通過兒童教育及照顧法草案，其目的是為了保障兒童接受適當教育及照顧之權利，確立兒童教育及照顧方針，健全兒童教育及照顧體系，以促進其身心健全發展，特制定本法。兒童之國民教育，依國民教育法之規定辦理。

2. 問題：

⑴我國兒童福利照顧政策制度尚未規劃完整：澳洲、丹麥、荷蘭三個國家正式的兒童照顧服務已有所提升，因此也衍生出不同的兒童照顧參與模式（葉郁菁，2006）。例如：在澳洲聯邦政府兒童照顧形式分為五種：中心日間照顧、家庭日間照顧、學前教育服務、課後照顧、臨時托育，皆有詳盡的配套措施（葉郁菁，2006）。

⑵機構設立要件方面：同屬培育四歲至六歲幼兒，但其設立要件標準並不相同（教育部，2007）。台灣目前的幼教福利制度，是屬於現代福利混合經濟（包含三種模式公營、非營利、私營）的方式，且多數為私立機構（謝子元，2005），且公私立機構設立標準要件不盡相同，難給予兒童相同的照顧品質。

⑶幼兒照顧參與度與整體收托人數率：受惠於兒童教育及照顧法草案兒童人數以及普及率是否達到預期的目的。澳洲、丹麥、荷蘭三個國家，丹麥擁有最高正式兒童照顧服務使用率，近 3/4 嬰幼兒得以進入兒童照顧系統，其他兩個國家因不同學制，入學法定年齡不同，使得幼兒照顧服務比率較為複雜（葉郁菁，2006）。我們必須要去思考受惠於兒童教育及照顧法草案兒童人數以及普及率是否達到預期的目的。

3. 建議：

⑴考量政府財政事宜規劃我國的兒童照顧福利制度：

內政部兒童局黃碧霞局長於二〇〇七年七月二十四訪問稿中指出：我國現今托育補助部分：對低收入戶的托育補助每個月一千五百元、中低托教補助每個月一千元、原住民托教補助私立每學期一萬元、公立每學期五千元，依原住民身分教育法，不論是否為中低收入戶，其幼教券部分，五歲以上私立每年補助一萬元。且二〇〇七年八月「及早教育計畫」，對五歲以上中低收入戶加強協助，公立的低收入戶學、雜費全免、中收入戶學費全免。保障五歲以上中、低收入學童確實進入學前教育。

給孩子更早的學前教育的機會是世界的趨勢，對於中低收入的輔助與協助是應該要全面的推展，不只有五歲以上。與教育部合作把低收入戶部分能夠向下延伸，使其未來人力資本會比較好一點。

由以上可知，政府財政問題是首要解決之道，這必須透過稅負制度變革，才是長遠的解決之道。

⑵有系統性規劃兒童照顧服務機構設立標準：

於幼托整合以後，幼兒教育由統一的政府機關主管，明確訂定行政權責，也要統整相關法規，以確保幼托服務品質（高誼婷，2006）。且二〇〇七年五月二十三日於幼兒教育照顧法草案中提到，為解決現行幼托體系分流所衍生之問題，並且使學前教育及保育制度整合之國際趨勢，積極統整幼稚園與托兒所共同負擔之教保發展責任。

⑶以公平性原則規劃幼兒照顧所需經費，提升參與度與整體托收人數率：

在選擇性社會福利制度中，政府對於弱勢族群給予適當的照顧，為可被社會所接受的，不過於托幼機構資源分配上卻出現了明顯的矛盾，在私立幼托機構的營運成本以人事佔最大宗，而公立幼托機構人事成本是由政府部門編列預算，相較於私立機構所有費用皆來自家長，福利資源分配極為不公，故選擇就讀機構的不同，使得付出教育成本相差倍數增多（謝子元，2005）。且葉郁菁（2006）亦指出於澳洲、丹麥、荷蘭三個國家中，因照顧方式不同，地區性的成本差異，故所需支出的經費亦不同，但有一件事情非常清楚：正式兒童照顧服務並不便宜。

㈤完善的產假及親職假制度

1. 政策現況：提供兼顧工作與家庭生活之工作條件是很重要的，例如：陳怡君（2006）提及，丹麥和瑞典是北歐模式托育制度的代表，其政策目

標有三：一為給予孩童平等普及的托育，二為支持父母（尤其是母親）就業，三為實現男女平等。目前在勞委會已制定的兩性工作平等法中，第二章制定性別歧視之禁止，第四章制定促進工作平等措施。第二章第十一條制定工作規則、勞動契約或團體協約，不得規定或事先約定受僱者有結婚、懷孕、分娩或育兒之情事時，應行離職或留職停薪；亦不得以其為解僱之理由。第四章第十五條制定僱主於女性受僱者分娩前後，應使其停止工作，給予產假，受僱者於其配偶分娩時，僱主應給予陪產假二日。

育嬰留職停薪津貼部分於其他法令另訂之，鑑於育嬰留職停薪津貼發放規定遲未訂定，在無育嬰留職停薪津貼之情形下，受僱者受限於經濟壓力，申請育嬰留職停薪之意願低落，兩性工作平等法規範目的難以落實，故二○○六年間政府召開之台灣經濟永續發展會議乃做成「落實兩性工作平等法規定；發放育嬰留職停薪津貼」之共同意見。為落實上開共識意見，爰檢討擬具「兩性工作平等法」第十六條、第四十條修正草案，取消受僱者申請育嬰留職停薪之人數門檻限制，配合另案修正之就業保險法所增列發給育嬰留職停薪津貼規定，使受僱者無論男女，亦不分所受僱企業大小，只要符合法定要件，皆可申請育嬰留職停薪，並請領津貼。至於施行日期部分，因二法互為搭配，且相關宣導及準備需時，有關托兒津貼配套措施與軍公教人員育嬰留職停薪及津貼發放等事宜亦應整體考量，乃授權行政院另行訂定。勞委會希望二○○七年年底前修法送行政院二○○八年底前完成立法。

2. 問題：

(1)育嬰留職津貼措施在規劃當中：

兒童局局長黃碧霞於二○○七年七月二十四日的訪談中提及：目前有些育嬰假與育嬰津貼由勞委會規劃中。對育嬰政策而言，勞委會對育嬰津貼、留職、停薪、親職假提出更進一步規劃。

目前規劃是用保險的方式，將其放在就業保險法當中，來支付育嬰津貼，就業保險法的修正草案已送至立法院審核，若審核通過，政府開辦育嬰留職津貼措施就有了法源的依據，就可以開辦了。

於就業保險法部分條文修正草案總說明，目前僅行政院通過，立法院未讀。其中修正要點第五點中說明育嬰留職停薪之發放金額，按上年度全體被保險人平均月投保薪資百分之五十計算；其中百分之八十，於被保人育嬰留職停薪期間按月發給，合計最長發給六個月；其餘百分之二十，於被保險人育嬰留職停薪期滿兩年內回復工作滿六個後，按其育嬰留職停薪期間領取津貼之日數計算，依次發給（修正條文第十九條之一）。

⑵育嬰假政策實施是否落實：

行政院勞工委員會副主委曹愛蘭於訪談中提到，婦女勞動率的提升，就要從產假開始，勞委會已通過用勞保來給付產假當中的薪資，這個案子目前送到立法院，至於勞保的生育津貼部分，由勞保付其兩個月的薪資，此外派人來取代其休產假的工作，所以我們把產假都歸屬於資方所要來承擔這樣的成本，所以懷孕的女人在職場會受到很多的排斥跟失去工作的危機。

⑶政府財政是否能夠因應相關措施的實施；

陳怡君（2006）提及：丹麥和瑞典的托育「福利」，有著另一個面向，那是其餘地區研究者容易忽視的面向，便是其為國家積極勞動政策之一環。其作法為：規定只有在父母雙方（或單親）參與勞動的狀況下，其小孩才有享受托育福利服務的權利。這項規定具有相當完善的配套措施，包括為期相當長的有薪育嬰假、條件相當寬鬆的親職假（用以照顧病童）、完善的再就業訓練及輔導（失業者只要進入此訓輔計畫，即能讓子女繼續享受公共托育服務）等等。

3.建議：

⑴建立育嬰留職津貼實施相關配套措施：

在之前曾提及正式兒童照顧服務並不便宜，其中也包括育嬰留職津貼部分。行政院勞工委員會副主委曹愛蘭於訪談中提到目前正修訂兩個法令，一個是兩性工作平等法，一個是工作保險法，其中增加育嬰假津貼。育嬰假津貼基本上是因現代社會裡很多父母希望孩子在非常小的時候，就能夠親自照顧他一段時間，所以希望婦女在生產完之後可以有兩個選擇，一為照顧嬰兒，勞委會給其六個月的津貼，另一為把孩子送給保母，保母由內政部兒童局來提供他們托兒的補助，於二〇〇八年四月一日實施。這是非常非常重要的，因為過去雖然對於幼稚園有托兒券的補助，但是對於〇到二歲的嬰兒卻沒有任何的協助，所以將來很可能婦女在生產完後，請六個月的育嬰假，然後可能申請托兒補助一直到孩子兩歲，兩歲以後就換到托兒所或幼稚園，幼兒園再申請幼兒補助，此為全程從懷孕開始一直到兒童長大的過程，國家都會介入協助。

另外還有育嬰假跟托兒補助。育嬰假讓有勞保的女性在生完孩子之後，根據兩性公平法可再請一年的育嬰假。過去育嬰假是三十個人以上的公司才能請，現在則無限制。第一是放寬育嬰假的請假限制，在育嬰假期間會有平均薪資的一半，係根據就業保險法的條文，此留職停薪津貼是採取所有女性平均薪資的中間數，為滿足生孩子所需，每個人育嬰假拿到的應該是一樣的，所以為一平均值，也就是社會公平正義法。在此法案推出之後，所有薪水較低的女性都非常支持，但是薪水在頂端的女性是反對的。

另外，參考國外部分，例如：日本政府也鼓勵幼稚園延長托兒時間，減輕雙薪家庭的育兒壓力。

⑵落實育嬰假政策實施：

根據新加坡政府的調查，該國三十五歲至三十九歲的婦女有將近四成只有一個小孩或是沒有小孩，為此政府提出一套政策因應。在產假方面，強制性的產假有八週，產假期間員工領全薪，非強制產假則有十六週，假期長短由僱主與勞方協議，員工在非強制產假期間領半薪，工資成本由政府負擔。除了產假與津貼的發放外，星國政府也積極設置嬰兒托管服務，目前約有二十多家嬰兒托管中心，可照料三百個嬰兒，星國政府更計畫在未來五年，將嬰兒托管中心增加至三千個。

⑶「享受福利」和「工作／納稅」兩件事情是相輔相成的：

要有完善的福利措施，政府財政也必須要有良好的體質。例如：丹麥和瑞典的托育制度不是單純的福利政策，而是福利政策與勞動政策的結合體。從這項特質可以看到北歐模式福利國家的務實本質，他們將「享受福利」和「工作／納稅」兩件事緊緊地綁在一起，讓兩者互相支撐，相輔相成。

就托育而言，這意味著傳統家庭與保守意識型態下的「養家活口的男人與家庭主婦的相互責任（他負責賺錢養家，她負責家務育兒）」，已為「成年公民與國家的相互責任（成年公民參與勞動，國家於工作時間為他們育兒）」所取代（江麗莉等，1997）。當我們思考效法北歐制度時，必須特別注意這項設計，因為這是立意甚高的北歐模式的存活訣竅（陳怡君，2006）。必須建構完善的稅收架構，支持政府財政，以及運用網路、媒體、廣播等各種通路，加強民眾「享受福利」和「工作／納稅」的概念。

㈥提高單親家庭之相關協助

1. 政策現況：現今社會結構當中，單親與其子女較缺乏大家庭成員與鄰居的照顧，易落入生活困境，造成社會問題，亟須整合相關的社會福利資源，提供具體的照顧方案。就單親家庭目前生活的主要困擾來看，以經濟問題、子女問題、工作事業困擾等為主。絕大多數單親家庭的主要經濟來源仍為本身薪資所得，如需要金錢或人力支援，多來自父母或其他親人。根據調查，只有一成左右的單親家庭接受外界經濟性服務，其中曾接受政府機構現金補助者佔 11.3%、醫療補助 6.5%、實物補助 4.0%（張清富，1992）。而其他如職業訓練、就業輔導則甚少；接受民間機構或宗教團體補助或服務的比例亦不高。

此外，以法國為例，由於其非婚生子女和未婚媽媽人數增加，因此法國政府在一九九八年將生育政策的適用範圍擴大至未婚配偶，與其他家庭同時享有政府對於幼兒及其父母的所有權利與義務。國內學者葉郁菁（2006）也以英國為例，說明英國政府結合兒童照顧的資源與就業服務，提供單親家庭、弱勢家庭的家長在非正常工作時間的臨時托育及托育費用的補助。

游顯瑜（2006）也指出，台北市政府建立單親家庭服務網絡，提供課後照顧、成長團體等服務，並且將政府部門、民間團體的資源整合成聯繫完整的網絡系統。

2. 問題：

(1)子女教養的問題與同儕關係難兼顧：

由於社會結構的變化，許多單親家庭無論是父或母，或其子女都面臨著生活適應之困境，喪偶單親的母親在肩負家庭經濟、謀生不易的情形下，多以長時間工作換取微薄所得，能陪伴孩子的時間有限，若無其他家屬幫忙照顧，單親母親不免擔心子女在長期疏忽照顧下，造成行為偏差。且並非所有的單親家庭的生活條件都和傳統雙親家庭一樣，許多單親家庭的家長必須兼顧工作和養育子女，因此在時間和精力上無法充分的花在輔導及監督小孩子身上，也容易以處罰或虐待式的手段管教小孩子，如此一來，便無法和孩子們發展出互相信任、親密的親子關係（沈玉琴，2005）。

對於大部分單親母親而言，她們非常擔憂自己的教育方式，為了使她們的子女身心健康，她們什麼都肯做，因為社會潛伏著各種偏見，單親家庭的孩子不允許出任何差錯，否則母親會遭眾人的譴責：「這毫不奇怪，因為你是個單親媽媽」。

(2)單親家庭社會支持來源：

女性單親家庭的社會支持來源多為非正式的結構，但是在傳統父權文化結構下，單親母親們的身分模糊，地位尷尬（張麗芬，1996），而在非正式的網絡支持來源中，父母、親友、手足均是單親女性尋求幫助的對象，尤其是原生家庭父母經常是女性單親家長首先尋求幫助的對象（鄭麗珍，1999）。因此，對於女性單親家庭而言，社會支持網絡的提供與運用相對格外重要（鄭乃蓉，2004）。

(3)單親家庭經濟問題：

張銀真於賽珍珠基金會中指出，單親家庭中女性單親家庭佔多數，許多女性單親家庭易陷入貧窮，主要原因可歸納為三點：第一，單親母親賺錢能力較低。女性於職場中所得薪資本就較男性低，一個單親母親的平均收入僅有雙親家庭的 63.6%，若是家庭中孩子數目多，更易陷入貧窮；第二，單親母親因獨力照顧孩子，常因孩子的需要（生病、接送、照顧）無法全心全力工作，以致中斷年資或僅能擔任兼職工作，使所得更低，家境一直停留在貧窮中無法突破。且有些單親母親需要提早下班接送小孩，薪資更低；第三，現今市場經濟不景氣，帶著小孩的單親母親找工作不易，常因單親而找工作遭拒。

3. 建議：

⑴改善子女教養困難給予相當協助：

內政部統計處於二〇〇四年公布台閩地區單親家庭狀況調查結果，調查期間：二〇〇一年七月一日至七月三十一日，其中提到單親家長認為在「子女教養方面」，應優先提供的福利措施，依序為「兒童課後輔導」佔34.7%、「親子活動」佔34.4%及「親職教育」佔32.9%。所以可以規劃更完善之兒童課後輔導、親子活動、親職教育政策。簡秀娟（1996）也建議要廣設親子諮詢管道、推廣親職教育的重要性。

⑵提供單親家庭社會支持網絡：

公部門建構的社會福利體系，築成了社會正式支持體系，社會救助成為社會安全制度的最後一道防線（鄭乃蓉，2004），但卻無法給予單親家庭社會支持網絡。吳明儒（2003）歸納有三種情況：其一不符合社會救助規則，其二符合資格卻無從取得相關資訊，其三符合資格卻不願意接受救助。亦即建構單親家庭社會支持網絡也必須排除以上困難點。

且亦需了解單親家庭所需要的支持為何，內政部統計處於二〇〇四年公布台閩地區單親家庭狀況調查結果，調查期間：二〇〇一年七月一日至七月三十一日，其中提到，近五成的單親家長表示，對社會所提供協助單親家庭的措施「了解不多」。且單親家長的社會支持來源，以來自「父母」、「兄弟姊妹」及「鄰居親朋同事」為主，較少使用「政府單位」、「學校機構團體」及「分離配偶」等。且在其中發現近五成的單親家長表示，對社會所提供協助單親家庭的措施「了解不多」。

我們必須去思考的部分是政府做了許多措施，但何以較少使用到的部分是政府單位。我們的政策制度架構應該更完整，以及對於政府好的措施應給予適當的推廣與宣傳。作業更有效率，並且維護求助者的自尊心，創造一個友善的福利服務體系。

⑶協助單親家庭解決經濟問題：

目前我國勞委會有提供下列措施：其一建構就業諮詢網絡，協助單親婦女就業；其二開創單親婦女工作機會，辦理「多元就業開發方案」；其三協助單親婦女就業服務措施；其四提供臨時性工作機會與相關津貼，亦推動創業鳳凰婦女小額創業貸款計畫，辦理微型企業及特殊境遇婦女創業貸款，推展創業諮詢輔導服務——創薪行動計畫。

亦可參考國外相關作法，再輔以推動之政策，或不及之政策加以檢討改進，以及加強宣導民間企業提供女性單親家庭穩定的就業機會，在福利私有化的服務供給上提供低收入戶女性戶長就業機會（鄭乃蓉，2004）。

⑷補助資格審定相關問題：

單親媽媽申請補助的門檻上，更是處處設限。以單親母親申請中低收入戶補助為例，申請人必須出具娘家以及夫家所有財產資料，由於台灣民間文化長期有「嫁出去的女兒，潑出去的水」的觀念，因此某些離了婚的婦女、遭強暴而受孕的婦女以及愈來愈多的「小媽媽」，在經濟上已經得不到家族的支持，社會局所設立的諸多條件，無疑成為此一族群申請補助上的限制。而根據民間團體受理單親母親求助案件的經驗顯示，市府各局處橫向聯繫不足，凡是跨局處的案件，社會局多半會回以「請自洽相關單位」，令他們在處理案件上曠日廢時，徒增困擾。且目前各縣市勞工局或社會局針對單親母親雖設有就業輔導等課程，但對於面臨婚姻破裂、遭遇經濟上緊急危機的單親母親而言，這些就業輔導課程可說是緩不濟急、看得到吃不到，反而是經濟上較為寬裕的單親母親，才有多餘的時間參加勞工局或社會的就業輔導課程（沈玉琴，2005）。

所以我們可在申請補助相關辦法中修訂，以避免因補助上的資格限制，而沒有辦法給予需要資源的對象充分的協助。因此，社會救助相關法令修訂有其必然性及迫切性。就法條規範的角度切入，放寬應併入所得計算家戶人口，也可以達到在形式上不變動的貧窮門檻，但實質上卻有效放寬貧窮基準線的替代效用，即是源於在實際生活中家人間生活資源未必共享的情況（鄭乃蓉，2004）。

㈦落實性別平等政策

1. 政策現況：落實性別平等政策，以及提供女性安全的工作環境是很重要的。統計處於二〇〇七年三月七日簡報中提及兩平法實施情形，包含促進工作平等措施、性別歧視之禁止、性騷擾防治等，與提供女性安全的工作環境與落實平等相關議題的政策。

2. 問題：

⑴政府實施兩性工作平等法需為實施對象所了解：

統計處於二〇〇七年三月七日簡報中兩性工作平等法實施情形中提及，女性受僱者對「就業歧視評議委員會」、「兩性工作平等委員會」設置之認知，不知道者高達75.9%，知道者卻只有24.1%，所以我們必須加強兩性工作平等法的宣導與落實。

⑵女性安全的工作環境是否因兩性工作平等法實施後而有所改善：

提供女性安全的工作環境是很重要的，例如前哈佛校長 Summers，指女性在數學及科學方面，天生不如男性，引發哈佛教職員群起攻之，最後黯然辭職。將由著名女歷史學家 Faust, D. G.出任這個重要職位，成為哈佛大學創校三百七十一年來，第一位女校長。且日本厚生勞動省大臣柳澤伯夫在一場關於生育率降低的演講中，要求日本婦女努力多生，提高人口出生率，形容女性為「生育機器」的歧視性言論，遭到各界批評，成為輿論攻擊的目標。

統計處於二〇〇七年三月七日簡報中亦提及，女性勞工認為薪資與陞遷為職場上比較有性別差異之項目，事業單位亦認為在薪資給付及陞遷方面，比較有性別考量，與其他國家（如英國、美國等）面臨相同的問題。

3.建議：

(1)加強落實男女兩性的工作平等：

一八三〇年起法國的出生率開始出現停滯，而節育的觀念也廣為勞動階級所接受，自始法國人口呈現負成長的現象，此時政府在獲得政治上的支持後，開始制定提升人口的政策。一九五〇年開始，法國基於之前通過的家庭法規，大量的家庭政策和人口政策得以發展，除了對於一般家庭的補助之外，一九九八年開始也將福利政策擴大至未婚配偶家庭。對於婦女的工作保障，使得婦女都有全職的工作，這些全拜法國完善的托育福利與友善的婦女工作環境所致。

且統計處於二〇〇七年三月七日簡報中提及促進工作平等措施方面，有生理假、流產假、陪產假、照顧假之事業單位均未過半，主因可用其他假別替代，未來宣導時可加以說明與事假、病假之差別。

勞動市場結構性與人為歧視，導致女性在招募、任用、升遷、考核、薪資等處於不公平地位，連帶使女性在工作薪資、相關工作福利以及企業經營成果的分享上，均無法獲得應有的合理報酬，因此加強宣導兩性工作平等，嚴格執行勞動檢查是有其必要性與重要性的。尤其女性經常會面臨婚育及年齡限制等問題，影響女性工作權益，其中年齡歧視目前尚未有明文禁止，但已違反憲法上所規定的保障工作權益、平等權的精神。故建議將年齡限制規範到法令明文禁止的範疇（鄭乃蓉，2004）。

(2)制定不安全工作的權益保障：

女性由於就業市場結構性與人為歧視，復因家庭照顧者身分，被迫失業、從事次級勞動市場或部分工時、低薪、非正式部門、無正式勞動契約，亦無一定僱主等不安全工作，導致較佳工作機會、就業安全、社會保險等相關權益的維護被排除，對於女性且為單親家庭的經濟安全與個人安全影響甚鉅。故實有必要將這些不安全性質工作環境納入勞動法令與社會保險體制內。

行政院勞工委員會副主委曹愛蘭亦提到，將修改法令以勞保來支付育嬰假兩個月的薪資，最大好處為減少資方負擔，然後資方就可以把這些減少的錢拿來請替代的人工，這個可以避免婦女因為請產假而被歧視以致被迫退出職場的問題。

㈧綜合彙整分析

綜上所述，將國內少子女化變遷幼兒教育（含托育）相關問題及契機彙整如表 6-3：

表 6-3　國內少子女化變遷幼兒教育（含托育）相關問題及契機

政策與措施	政策具體措施	問題現況
托幼整合計畫	◎初步朝向兩歲以下之托嬰部分，隸屬內政部主管。 ◎二至五歲幼兒的教保業務，由整合後之「幼兒園」辦理，其主管機關為內政部。 ◎五至六歲納入教育部國民教育向下延伸一年之規劃。	◎幼兒教育相關業務並無專責機構統籌辦理。 ◎保育員與幼稚園教師培育核心課程相同，但所取得資格與養成過程不盡相同。 ◎師資養成過程之課程規劃尚未完全。 ◎師資之聘用、轉換及權益保障規劃未全。
扶持五歲弱勢幼兒及早教育計畫	◎第一階段自九十三學年度起：金門縣、連江縣、澎湖縣、台東縣及屏東縣之滿五足歲幼兒。 ◎第二階段自九十四學年度起：加入原住民五十四個鄉鎮市之滿五足歲幼兒。 ◎第三階段自九十五學年度起：加入一般地區經濟弱勢（低收入戶及中低收入戶）之滿五足歲幼兒。	◎部分地區必須協調公私立托兒所加入試辦國幼班，因涉幼托機構之不同設置與專業人員資格標準，較難提升教學品質。 ◎學前教育非屬強迫教育，幼兒是否入園接受學前教育，仍為家長自由意願。 ◎因整體財政考量，尚無法提供全體參與對象免費之教育。
提升教保專業	◎實施公私立幼稚園輔導計畫。 ◎實施公私立幼稚園評鑑作業。	◎追蹤輔導機制建立未完全。 ◎並未考慮到部分單項成績較高的園所，其專長項目亦有參考價值。 ◎因對課程模式各有所偏好，所以會偏好某種教學法的情況。

（續上表）

政策與措施	政策具體措施	問題現況
提供適當的幼兒照顧服務	二〇〇七年一月二十四日經教育部部務會報審議通過兒童教育及照顧法草案。	◎兒童福利照顧政策制度尚未規劃完整。 ◎機構設立要件標準不同。 ◎兒童教育及照顧法草案能提供的輔助有多少。
完善的產假及親職假制度	◎兩性工作平等法制定性別歧視之禁止。 ◎第二章中第十一條中制定結婚、懷孕、分娩或育兒之情事。	◎育嬰留職津貼措施在規劃當中。 ◎育嬰假政策實施是否落實。 ◎政府財政來源。
提高單親家庭之相關協助	◎目前只有一成左右的單親家庭接受外界經濟性服務。 ◎亟需整合相關的社會福利資源，提供具體的照顧方案。	◎單親家庭社會支持來源多為非正式的結構。 ◎單親家庭經濟問題如何解決。 ◎政府財政來源。
落實性別平等政策	◎已制定兩性關係平等法。 ◎統計處調查二〇〇二年至二〇〇六年兩性平等法實施情形。	◎女性受僱者對「就業歧視評議委員會」、「兩性工作平等委員會」設置之認知，不知道者高達75.9%。 ◎女性安全的工作環境是否因兩性工作平等法實施後而有所改善。 ◎企業主對於法令的支持。

承上所述，可將上列我國因應少子女化所提出的政策歸納為三個面向：

1. 教育面向：為提升生育率，我國積極規劃完善的幼托制度，例如：托幼整合政策的推動。或是現在為因應政府財政問題無法立即實行托幼整合之替代方案——扶持五歲弱勢幼兒及早教育計畫。此外，我國亦提出了公私立幼稚園輔導計畫與公私立幼稚園評鑑作業等政策，改善我國教育機構師資品質，以及提升幼教人員的專業化。
2. 福利面向：行政院（2007）兩平法實施情形中提及女性勞動參與率近五

年上升快速，平均每年上升約 0.5%，預計明年可突破 50%，再者我國婦女勞動參與率在二十五至三十九歲婚育年齡均高於日、韓，惟因婚育退出職場，再重返工作之比率低於日、韓。為提高婦女勞動參與率，並將家庭與事業兼顧的女性塑造成正面形象，以促進工作及提高生育率，所以我國於兩性工作平等法之中規定了產假、生理假、流產假、陪產假、家庭照顧假等社會福利政策，亦積極規劃生育津貼、育兒津貼及托育津貼等措施。亦於社會救助法中對於特殊對象施行補助等福利措施。

3. 經濟面向：鼓勵協助父母投入就業市場，對於特殊對象，勞委會亦提供許多相關措施，例如建構就業諮詢網絡，協助單親婦女就業；開創單親婦女工作機會，辦理「多元就業開發方案」；協助單親婦女就業服務措施；提供臨時性工作機會與相關津貼；亦推動創業鳳凰婦女小額創業貸款計畫；辦理微型企業及特殊境遇婦女創業貸款；推展創業諮詢輔導服務——創薪行動計畫。

第三節　課程與教學

我們都知道課程安排的好壞，會影響老師的教學及幼兒學習的品質，因此，國家一定要因應我國的文化背景、教育資源及未來發展方向來制定我國的「課程標準」及「課程架構」，如此一來，才能確定我國的「課程理論基礎」及可行的「教學模式」。以下將我國的課程與教學分為四部分：「課程標準」、「課程架構」、「課程理論基礎」及「課程與教學模式」，分別論述如下：

壹、課程標準

根據教育部一九八七年一月二十三日公布的幼稚園課程標準中，提出了

幼稚園的課程依循準則：

一、教育目標

幼兒教育之實施，應以健康教育、生活教育及倫理教育為主，並與家庭教育密切配合，達成下列目標：

1. 維護兒童身心健康。
2. 養成兒童良好習慣。
3. 充實兒童生活經驗。
4. 增進兒童倫理觀念。
5. 培養兒童合群習性。

二、實施通則

㈠課程編製

1. 本課程標準是課程編製的基準，各幼稚園需依照規定實施。
2. 本課程標準以生活教育為中心。
3. 幼稚教育得為國民小學課程的預習和熟悉，以免影響幼兒身心的正常發展。
4. 課程設計應符合幼教目標，根據課程領域，以活動課程設計型態做統整性實施。
5. 課程設計應以幼兒為主體，教師站在輔導的地位幫助幼兒成長。
6. 幼兒大都透過遊戲而學習，因此編製課程時，應盡量將其設計成遊戲的型態。
7. 學期開學前應訂定完善的教學計畫，以供課程編製之參考。

㈡教材編選

1. 教材的選擇應依據下列要點：

⑴符合幼兒的教育目標。

⑵考慮實際情況與需要。

①配合幼兒需要及個別差異。

②配合時令及社會需要。

③配合幼稚園環境及設備。

⑶注重生活性。

⑷具有價值性。

⑸具有基本性。

⑹具有多樣性。

⑺具有統整性。

2. 教材組織，以幼兒的學習經驗為基礎，逐漸擴大其範圍，以提高幼兒學習興趣，並符合實際的生活情境。

3. 教材宜依幼兒需要、興趣轉移而彈性編製，相關單元得視需要而增減內容，使分別適用於相同班別、對象或情境。

㈢教學活動

1. 教師行為

⑴教師在教學前應依實際需要，編訂單元教學計畫。

⑵教師在每一單元教學前，應佈置適當的環境，準備充足的教具或實物，以引起幼兒學習動機和興趣。

⑶教師要熟悉教學內容，對於實驗性或示範性教材，必須於教學前事先實驗過，證實無誤方能使用。

⑷教師教學時，應注意各單元教學目標的達成，對於態度、情感、興趣、是非觀念的培養及知識概念、動作技能的學習亦應同時重視。

⑸教師對於幼兒的生活狀況、個性、好惡、習慣及在家庭中的地位等皆須有所了解，並隨時記錄特殊行為現象，以為施教和輔導之參考。

⑹教師對幼兒不可要求有同等的表現，不做幼兒與幼兒間的比較，只要幼兒對園內生活有興趣，在活動進行中能盡力而為，各種作業在自我比較下有進步者，理應予以重視並給予贊許。

⑺教師對幼兒良好習慣的養成，必須要有一貫方針，從基本習慣開始，在日常生活中隨時輔導，不斷重複與練習，在養成過程中，教師要有愛心與耐心，當幼兒有好的表現時要給予讚賞，期以培養自動學習的

精神。

⑻教師必須以身作則，注意自己的言行態度，並讓幼兒透過教師的認定與否定，慢慢區分是非善惡的觀念。

⑼教師應以真誠態度對待幼兒，並有寬容性，接納每一位幼兒的獨特個性。

⑽教師處理幼兒行為問題應公正合理，態度要前後一致。

2.教學方法

⑴幼稚園適用的教學方法很多，惟任何一種方法，本身並無好壞之分，教師應針對目標、幼兒能力和教學資源條件等，採取適當的教學方法，以提高幼兒的學習興趣。

⑵凡思想、概念的學習活動，宜採用啟發教學的方法。指導幼兒提出問題、蒐集資料、分析比較等，以發展幼兒思考能力。

⑶凡語文、美術及音樂等學習活動皆可採用發表教學法，指導幼兒發表，以發展幼兒說話、繪畫及唱歌等能力。

⑷凡語文符號的熟識記憶、動作技能的學習活動，在了解之後，宜用練習教學法，指導幼兒學習。

⑸適時運用園外參觀等活動，以增進幼兒對自然及社區生活之了解。

3.教學型態

⑴幼稚園教學活動，得依年齡、性質、場地分成下列各種不同型態。

①依年齡分：

- 有四足歲幼兒編組的小班，五足歲編組的大班。
- 有適合幼兒各年齡階層混合編組的混齡班級。

②依性質分：

- 自由活動：幼兒在幼稚園中，進行自發性的學習活動，教師可隨機觀察指導。
- 個別活動：教師與幼兒以一對一的方式進行教學活動。
- 分組活動：教師將全班幼兒編成小組，以小團體方式進行教學活動。
- 團體活動：教師以全班幼兒或大部分幼兒為教學對象，進行教學活動。

③依場地分：

- 室內活動：幼兒在幼稚園安排的室內場地，及教師指導下所進行的教學活動。
- 室外活動：幼兒在幼稚園安排的室外場地，及教師指導下所進行的教學活動。

⑵幼兒每天在園的時間，各種教學活動不宜呆板的分節，在安排教學活動時須注意室內與室外、靜態與動態及個別與團體等活動的適當調配。

㈣教學評量

1. 教師應根據教學目標進行教學評量，以作為改進教學的依據。
2. 教學評量應包括前評量、教學活動中的評量、後評量及追蹤評量。
3. 教學評量的方法有觀察、記錄、口述、表演、操作、作品等，教師可視教學評量內容配合運用。
4. 教學評量的工作可從教師方面與幼兒兩方面分別進行；其評量內容宜依課程性質加以訂定。
5. 教學評量的結果，需妥善運用，除作為教師改進教學及輔導幼兒的依據外，並應通知幼兒家長，期與家庭教育相配合。

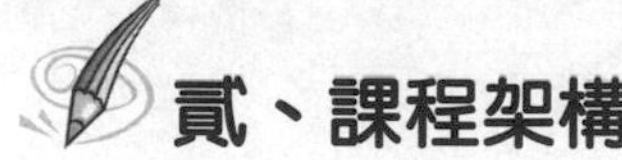

貳、課程架構

我國幼兒教育課程理論之建構模式，主要有四個組成要素，四者之間彼此有交互作用，其圖示如圖 6-1。

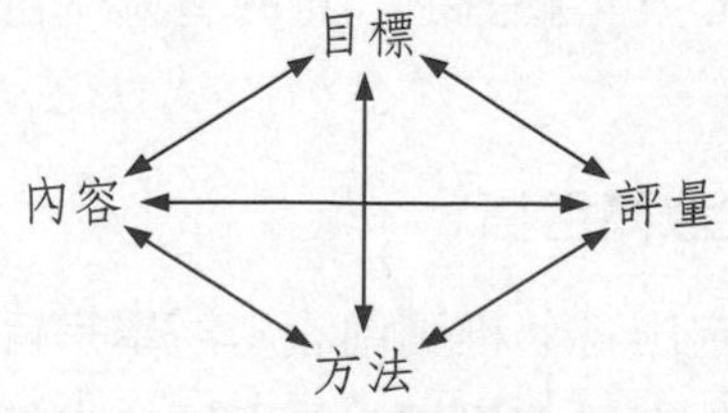

圖 6-1　幼兒教育課程理論建構模式圖

茲就上圖之建構模式，詳細交代其步驟，以裨益應用之價值。

首先找出幼稚園教育總目標、釐定自己的幼稚園教育目標、單元目標的訂定、敘寫具體的教學目標。以下分別敘述之：

一、幼稚園教育目標

㈠首先考慮到要符合我國憲法的規定

一九四七年公布：「教育文化應發展國民之民族精神、自治精神、國民道德、健全體格、科學及生活智能」。

㈡接著要考慮符合我國教育宗旨的規定

一九二九年公布：「中華民國之教育根據三民主義，以充實人民生活，扶植社會生存，發展國民生計，延續民族生命，務期民族獨立，民權普遍，民生發展，以促進世界大同」。

㈢參考幼稚教育法第三條規定之總目標

一九八一年十一月公布：幼稚教育之實施，應以健康教育、生活教育及倫理教育為主，並與家庭教育密切配合，達成下列目標：

1. 維護兒童身心健康。
2. 養成兒童良好習慣。
3. 充實兒童生活經驗。
4. 增進兒童倫理觀念。
5. 培養兒童合群習性。

㈣根據幼稚園課程標準之規定

除了必須達到一九七五年修訂之幼稚教育六個目標之外，尚需達到六大範圍的各教學目標。

㈤最後才釐定出本園之教育目標

課程設計首先需釐定出各幼稚園創設之辦學宗旨、教育目標，此則需由憲法、教育宗旨、幼稚教育法總目標、最新頒布之幼稚園課程標準四種層次目標著手，逐一了解清楚之後，才能不違背國家教育法令之規定，釐定完成自己的教育目標（魏惠貞，1985）。

二、釐定自己的幼稚園教育目標

依師大人類發展與家庭學系盧素碧教授的看法，有下列數點可供參考：

1. 從研究幼兒的身心發展及發展的任務去尋求目標。
2. 從課程專家的建議、有關法令規章之研究，以及課程標準之研究，尋求目標。
3. 了解當代社會的變遷與需要去尋求目標。
4. 從研究學習心理學去尋求目標。
5. 利用教育「哲學」選擇目標。
6. 採取「有助於選擇學習經驗及引導教學」的方式敘寫目標（魏惠貞，1985）。

目前國內的幼稚園、托兒所，缺乏目標的情況非常嚴重，有的園長誤以為「我們都是依照部定目標在做」即為健全，其實各校應有自己的目標，因為各校的文化及其需求、學習者等皆不同，若沒有自己的目標，則一切都是空談，所謂設備、評鑑也都需針對目標決定有沒有用、有沒有達到目標，總之，訂目標一定要從學習者所欠缺的、為達到的層次，及其需求著手。

三、單元目標的訂定

有關單元的教學目標內容應包含有：

1. 知識概念的學習。
2. 能力培養的學習。
3. 操作技術的學習。
4. 態度與習慣的培養。

四、敘寫具體的教學目標

課程為實施教育目標的方式，故教師對於幼兒教育課程之編製撰寫是否成功，影響到教育目標是否能達成，那麼如何敘寫具體的教育目標呢？敘寫

目標最有用的方式，是以「指出欲使其在幼兒身上發生的哪種行為，以及該行為將運作的生活內容或領域」的形式予以表達。例如：「養成兒童良好習慣」則太籠統，層次不明確，容易超出幼兒所能及的能力，若改為：「養成飯前洗手的習慣」，則具體、明確，易達目標（魏惠貞，1985）。

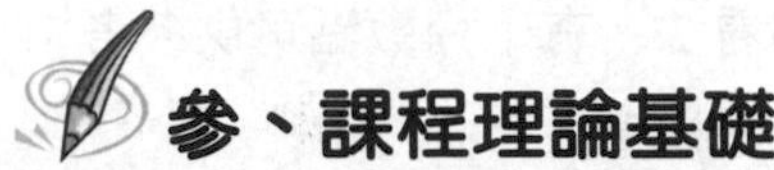

參、課程理論基礎

一、幼兒教育課程理論之意義及現況

課程理論大師 Beauchamp 把「課程理論」界定為「一組相關聯的敘述，它以指出課程中所含之諸要素間的關係，以及引導課程的發展、應用和評價，而賦予學校課程以意義」。

課程理論之功能乃在描述、解釋和預測課程現象，並作為引導課程活動的一種方針。所謂「幼兒教育課程理論」，意指幼稚教育課程設計、課程目標、課程發展、課程系統及課程理論之本身、基礎和模式。就目前國內幼兒教育課程理論之現況言，研究趨向太偏向於幼兒教育活動設計、幼兒活動單元教材教法、單元活動設計等實用性之研究，而對於幼兒教育課程理論之本身、基礎和模式等理論性之研究卻相當忽略（魏惠貞，1985）。

二、建立幼兒教育課程理論應遵循之途徑

今後似乎有必要把課程的研究從實用性的層次提升到理論性的層次，欲達成此一目標，在近程方面可從幼教課程之理論基礎——心理學、社會學、哲學——分別著手或加強研究之。因為照杜威的看法，理論才是世上最實用的東西，就好像建房子一樣，必須先有地基，所以想要建立一套適合我國國情的幼兒教育課程理論（或模式），必須先找出並界定那些構成學前教育課程理論之「基礎」的東西，因此，我們的當務之急在於做好近程目標——「幼教課程理論基礎之研究」，方能達成終極或長遠的目標——「幼兒教育課程理論之建立」。若只是研究實用性的層次，不懂理論性的層次，而猶如沒有「打樁奠基」的大樓一樣，岌岌可危。故目前幼兒教育課程理論之建立必須

從理論基礎的探討著手（魏惠貞，1985）。

三、幼兒教育課程理論之建構模式

國外課程發展模式之探討：

㈠泰勒（R. W. Tyler）課程發展模式之探討

敘述目標、選擇學習經驗、組織學習經驗、評價。

1. 敘述目標：

⑴對「學習者本身」之研究。

⑵有關「校外當代生活」的資訊。

⑶從「學科專家的建議」當中去尋找教育目標。

⑷利用哲學。

⑸利用學習心理學。

2. 選擇學習經驗：

⑴練習原則。

⑵興趣原則。

⑶準備原則。

⑷多樣性原則。

⑸經濟原則。

此外，黃炳煌教授提出了適切性與符合性兩個選擇學習的經驗，適切性是指，適切於人的興趣、能力；適切於時代、季節；適切於本地、本國；符合性，即根據教育目標來選擇符合目標的學習經驗。

3. 組織學習經驗：把合適的學習經驗選出來以後，必須加以組織，使上、下學年之間新舊教材得以銜接，深淺教材能夠組織得更有層次性，而且使各教材相互連貫、統整。

4. 評價：即評鑑，主要是看教育目標是否已達到（魏惠貞，1985）。

㈡凱爾（Kerr. J.）課程發展模式之探討

課程四要素，即目標、知識、學習經驗和評價。

1. 目標：依布魯姆分類法，分成認知、技能、情意三種。

2. 知識：有效組織知識的原則為統整原則、程序原則、重複原則。

3. 學習經驗：所謂課程乃指幼兒在學校的計畫與指引下所獲得的經驗，相關的課程如下：

⑴社會教育。

⑵學校、社區的特性。

⑶師生間的關係。

⑷由於個別差異和準備狀態的不同所產生的變動。

⑸每一課的內容。

⑹老師的教學方法（魏惠貞，1985）。

4. 評價：課程發展的每一階段都要做決定，及依據目標達成的程度做決定。為此必須蒐集並採用較為有效即可信的資料。這是評鑑的用意，無評鑑即不確定目標是否達成。

㈢幼稚園課程發展模式之探討

綜合黃炳煌（1981）及黃政傑（1985），針對課程發展模式應用在幼稚園課程設計，提出架構圖如圖 6-2（魏惠貞，1985）所示：

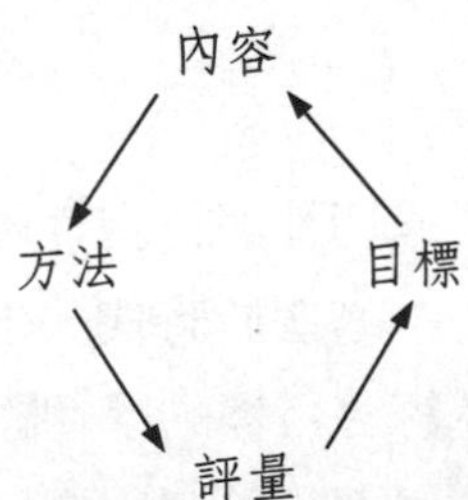

圖 6-2　幼稚園課程設計四架構圖

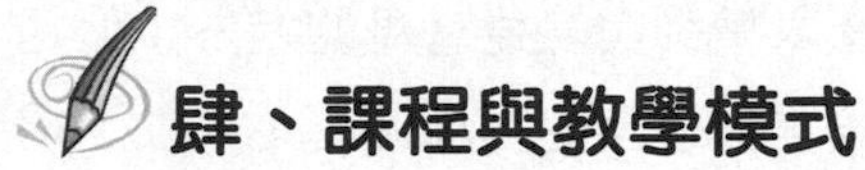

肆、課程與教學模式

一、單元教學法

單元（Unit）教學法是台灣的幼兒教育中最早採用的課程與教學模式，出現於十九世紀末和二十世紀初，傳入台灣的時間則是在一九二〇年代，單元教學法的目的在於希望幼兒的學習活動和內容是完整的。

單元教學法的教案設計中主要分成四個教學課程要素：教學目標、教學內容、教學方法、教學評量。設計教學方案時應注意教案的內容，主要包含健康、語文、工作、音樂、常識、遊戲六大領域的課程內容。在教案設計的教學方法中，要詳細的把教學前、教學中、教學後需要做的事情都先加以規劃，並詳細列出準備活動、發展活動、延伸活動的內容，在課程結束之後，也要進行教學評量，以了解課程進行的效果及幼兒的回應。

由於單元強調教學內容的廣度，常常無法顧及課程深度；加上太強調有系統地按照事前設計的教案進行活動，教學便易流於不知變通、無法隨著孩子當場的反應、學習狀況做調整；另外，團體取向的教學較無法顧及孩子的個別差異。因此單元教學法現在在台灣常受到詬病，認為單元教學法並不符合幼兒心理發展的狀況，也不利於培養幼兒的綜合應用能力和合作精神。除此之外，在使用單元教學法時，教師之引導方式也十分重要，教師引導幼兒學習之方式也會影響單元教學法的品質。

二、主題教學法

主題（Theme）教學法是一種以某項主題為出發點，然後再將主題放在主題網的中心，開始去延伸課程，延伸的課程跟主題也是有相關的。主題教學法的課程內容沒有固定進行的時間，因此在課程進行時可以依照幼兒的能力及興趣做深度的延展。在設計主題時，都會依循一個「解決問題」的準則，希望主題教學能增強幼兒在日常生活中解決問題的能力。

主題教學法非常注重團體討論，教師與幼兒及同儕之間互動十分頻繁，透過密切的社會互動，可藉此培養幼兒的團隊精神與表達意見的能力，但是此模式較不適合年紀較小的幼兒，因為其語言表達及生活經驗不足，加上這種以幼兒為主導的教學方式，老師開放的尺度如何掌握是關鍵，這方面的掌握在面對年紀較小的幼兒時不是很容易。

所以，目前國內完全採主題教學法的幼稚園並不多，但是在實施單元教學及方案教學等教學法時，常常搭配著主題教學法中的主題網來進行課程教學。

三、方案教學

起源於美國，一九〇〇年由美國哥倫比亞大學手工訓練科主任 Richards 所提出。他主張手工訓練教學的目的不僅在訓練幼兒用手去做，還應該訓練幼兒用腦去想，認為幼兒不應照著教師的規定依樣完成，而是應該由幼兒自己計畫並實行。這種由幼兒計畫，然後照著計畫去進行活動的過程，稱之為方案（簡楚瑛，2001）。方案（Project）教學的出現，與二十世紀初期進步主義教育思潮和科學化的兒童研究運動認為當時的教育目的流於形式主義，課程偏於學科教材的型態，而教法上只側重記誦與機械式練習有關。方案教學的提出是為了反對傳統上的課程組織以「科目」型態為本位，主張應讓幼兒透過一系列實際的行動，以培養解決各種問題的能力。

美國二十世紀著名的教育家與哲學家 W. H. Kilpatrick，師承杜威，秉持著「教育即生活」、「教育即生長」及「教育即經驗的繼續改造」的看法，並且於一九二〇年為文提出 "The Project Method"，大力提倡方案教學法，方案教學開始被受到重視。Kilpatrick 在一九二一年把方案的定義加以修正為：「方案是一個有目的經驗的單元，或有目的的活動。在此項活動中，幼兒內心為此項目所驅策，老師方面則提供⑴決定其活動的目標；⑵指導其行為的步驟；⑶供給其學習的動機」（引自郭廷琦，2001）。現代教學法專家們大都認為Kilpatrick的學說過於籠統，主張把「實際活動」和「有目的的活動」兩個特點合併起來。唯有由幼兒自己計畫，自己實行，一面做，一面思考，這種活動才算是真實的方案活動。美國教學專家 Bossing 則認為：「方案是一種問題性質的、有意義的、實際活動的單元，它是在自然狀態之下，利用實際的物質材料，由幼兒自己計畫、自己實行，以求完成的單元工作。」（引自陳雯靚，2001）。

方案教學具備延伸性與深入性的特性，其主題活動實施的過程也是一個循環擴展的歷程。一個方案活動的結束可能是另一方案活動開始，每一個實施階段都必須經過師生回饋與檢核，引導方案進行的方向，隨時發現並提出學習的問題，成為學習資源與經驗的重要依據；教師在方案中是很重要的觀察者，每一過程都必須觀察幼兒的學習情形，記錄幼兒的學習表現，評鑑幼兒的學習狀況，以做出適當的反應與回饋，洪福財（1997）提出一個方案教學的實施過程應如圖 6-3，才能完整表現出方案教學的精神。

方案教學的實施是以幼兒為中心為主要精神，教師卻是方案教學是否進行流暢的靈魂人物。在方案教學法中，由幼兒自行決定目的、計畫過程、自我學習，在主題決定後，是由幼兒憑感覺引導主題發展，或是老師在適當時

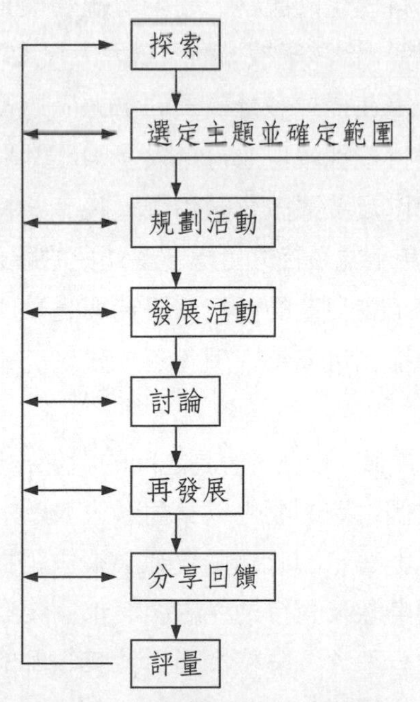

圖 6-3　方案實施的教學過程

資料來源：洪福財（1997）。

介入，如何去拿捏教師的介入程度，扮演一專業的方案教學法教師，對於教學的流暢性及品質會有很大的影響。方案教學重視教學中師生的主體性及其互動關係，亦重視每個教學的過程，給予幼兒自我建構的空間；現在幼兒教育思潮很重視幼兒在學習過程中的主體性，因此方案教學法在此思潮下更是不可或缺的一種教學模式。

四、蒙特梭利教學法

蒙特梭利的教育思想是在其經營兒童之家時，透過不斷的試驗及改良，才漸漸建立出來的一套教學法，蒙特梭利以科學的角度去觀察孩子的需求與學習能力，發現當孩子在〇至三歲這段無意識學習狀態時期，完全未受成人影響之前，是他的學習力最完整的時期。因此，當孩子置身在一個透過感官及動作從事學習的預備環境中時，他的需求、欲望和潛力便自然流露出來了。

蒙特梭利經過多年科學化的觀察，發現傳統學校犯了兩方面嚴重失誤：⑴孩子的學習開始得太晚；⑵孩子被迫融入以大人尺度為基準的世界。因此，蒙特梭利教學法特別著重在提早發覺孩子的潛力，以及創造一個完全配合孩子學習需求的環境。蒙特梭利發現並肯定大多數正常兒童的心智發展不是被壓抑，就是被錯誤教育以及啟蒙教育開始得太晚。蒙特梭利開發出科學的教育理論和方法，以世界和平為最終的目標，讓幼兒的福祉有了新希望。從「兒童之家」為起點，開始了對兒童的觀察、研究與實驗工作。蒙特梭利科學化的幼兒教育也迅速地傳播到世界每一個角落，成為二十世紀最重要的幼兒教育改革家。

蒙特梭利十分重視教師、幼兒、家長之間的關係，也很重視幼兒、環境、教具之間的關係，將它們之間的關係以三角形來表示，認為三者之間的關係非常密切，彼此會互相影響，因此幼兒教師必須去維持這兩個三角形間的平衡，也認為教師平常的身教及對待幼兒的態度都需要有相當的專業水準，及保持良好的蒙特梭利教育理念。蒙特梭利對於其教師的培養有一定的要求，義大利在一九〇六年建立了 AMI（Association Montessori International，義大利的蒙特梭利基金會）；之後一九六〇年美國成立了 AMS（American Montessori Society，美國的蒙特梭利基金會），讓蒙特梭利的師資培育有專門的機構負責，以確保其教師的專業品質。

蒙特梭利將教室佈置為五大區：日常生活教育區、感官區、語文區、數學區、文化區。每一區都有特定擺放的教具，當時蒙特梭利設計的每一樣教具都有其意義與功能，因此教具的擺放、操作與教學都十分重要，以蒙特梭利設計的教具為主，教師教學若感到不足時，則可以教師自製的教具作為輔助的教學材料。

第四節 環境與設備

幼兒的學習與環境息息相關，幼教界的先驅們一再強調環境是一種潛在的學習課程，對於幼兒學習方面是相當重要，且深深的影響他們的成長與學習，一個好的學習環境能讓幼兒主動的學習。

學習環境的設計可以讓幼兒藉由環境的引導及啟發與他人發生互動與關係，學習環境主要分為室內環境與戶外環境兩部分，有了室內及戶外兩種情境後，更重要的是要進行規劃設計及佈置，並能依據幼兒教育理念進行適合各年齡幼兒的發展，以下就分別介紹台灣幼教室內的「學習中心」及「學習角落區」和室外的「戶外遊戲場與遊具設備」。

壹、學習中心／區／角

在了解我國幼教「學習中心」及「學習角落區」之前，必須要先認識環境規劃設計的重點，主要環境規劃設計的重點有下列幾點：

一、需要具備主動學習的要素

一個良好的學習環境必須使幼兒能隨時進行學習活動，學習活動並不限於老師帶領的活動，幼兒透過環境的佈置與安排潛移默化觸發的學習及感覺，都是學習活動的一部分，這樣的學習就必須透過良好學習環境的安排才能達到，在這樣的環境中，老師不需要特別給予指導及教學，老師扮演的工作是輔導及支持鼓勵的角色，在幼兒有所想法的時候老師介入引導，這是一個幫助幼兒學習的環境，它帶給幼兒的學習是更多樣化的，此外，學習環境也須具備更換動態環境的特質，教師應時常對環境給予修正，以提供更多的學習機會。

二、環境規劃應適合幼兒的發展階段

幼兒是獨立的個體，有個別不同的能力及需要，他們會以不同的速度學習，也會以不同的方式學習，能讓幼兒主動的引發興趣去學習是最好的方式，學習區的學習正可以達到此種效果。

三、以幼兒為中心的學習環境規劃

幼兒是學習活動的主體，學習環境的規劃需要符合幼兒的發展興趣及能力，這個觀點也稱為是以學習者為中心的教室規劃，教師是引導者的角色並不是主導的角色，學習真正的主角是幼兒。

學習環境的設計除了需考量到幼兒的發展及能力之外，也需要考量到物理環境設計的基本要素，在此提供五種向度作為規劃物質設施及選擇設備的重要參考：

㈠冷硬—柔和

冷硬形象的材質主要是以水泥為主的這種冷性的建築材質，此種情境會讓人感覺到嚴肅且有助於工作的效率，但是也讓人感覺冷漠也較有距離感。柔和的環境會讓人感覺溫馨，會有較高的向心力及動機。教室基本材質無法改變冷硬的水泥油漆，老師就可以扮演軟化環境的工作，他可以給予幼兒溫暖的關懷與親密的接觸，甚至是提供具備溫暖特質的家具擺設。

㈡開放—封閉

開放和封閉並沒有好與壞的分別，所謂開放的環境是可以發展不同玩法且有變化的環境，可以啟發幼兒創新及創造力的能力，因為沒有框框也沒有對錯，所以幼兒不會擔心做錯或被責備。相反的，封閉的器材讓幼兒可以挑戰，但是過度的困難會導致挫折感發生，最好的規劃是依據幼兒的能力及發展規劃開放與封閉的平衡。

㈢簡單—複雜

簡單的環境對尚未具有先備知識的幼兒來說可以讓他們集中注意力學習，複雜的環境對幼兒來說可提供更多的可能性，因為遊戲的預測性愈少，會使幼兒在操作時覺得更有趣，能夠吸引幼兒投入更長的時間。

㈣干預—隱退

干預的環境可以促進新奇刺激和強化學習。隱退是讓幼兒有機會避開刺激，提供專心思考的機會。

㈤低活動性—高活動性

低活動性指的是小肌肉的活動，高活動性是指大肌肉活動和積極的動作。低活動性活動也不限於是在室內活動，高活動性活動也不限於在室外的活動，可以將活動與場地做綜合搭配。

四、學習區的種類及安排方式

㈠益智區

在益智區中學習，幼兒會面臨很多不同的思考和挑戰，幼兒也會從一次又一次的挑戰中獲得成就感及學習的樂趣，在活動的過程中增加手眼協調的能力，也增進自信心，可以一再的挑戰自己的能力並不斷的超越，益智區充滿不確定的挑戰及無限的想像空間，值得讓幼兒學習。

圖 6-4　益智區教具分類

圖 6-5　益智區擺設

㈡美勞區

幼兒在美勞區可以盡情的剪、貼、撕、黏、塗色、摺疊及搓揉，這裡是幼兒的創作天地，美勞區可以幫助幼兒自由表達創意及思考，它可以讓幼兒自由的表達情感與態度，更可以訓練手眼協調及小肌肉的發展與操作。

美勞區應靠近水源方便的地方，有水槽的設備是最理想的，或是鄰近洗手間以方便幼兒用水清洗雙手或美勞工具，在靠窗及有自然光源下則更為理想。美勞區的地板以易清潔的瓷磚和塑膠地面為佳，美勞區必須有作品展示的牆面或矮櫃，可以讓幼兒自己呈現作品，彼此分享及欣賞，美勞區不宜呈現展示成人作品，以免限制幼兒的創意思考能力，也會讓幼兒因為達不到老師的要求而產生挫折感。美勞區的素材為消耗品必須不斷補充。

圖 6-6　美勞區材料擺設

圖 6-7　美勞區作品展示

圖 6-8　美勞區材料收納⑴

圖 6-9　美勞區材料收納⑵

圖 6-10　美勞區材料收納⑶

㈢積木區

積木遊戲對於增進幼兒的身體、社會和智能等各方面都很有發展，幼兒可以自由選擇積木的建構和組合，可以互相討論它的可能性並增進腦力的發展。積木是幼兒可以自我學習的一項最佳玩具，也是最受幼兒喜愛的一種活動，積木區可以讓幼兒運動大肌肉促進發展，提供幾何圖形及空間的概念。

積木區需要有大型的創作活動空間，在遊戲的工作過程中會發出大聲響，所以地面宜鋪上地毯以減少噪音，積木的收納可以以一格一格的置物櫃擺放，依形狀大小及材料分類放置，貼上標籤，也可以方便幼兒遊戲過後的收納整理及取用。

圖 6-11　積木區教具成品展示

圖 6-12　積木區教具分類歸位

㈣科學區

科學區能鼓勵幼兒動腦學習，學習發問及解決問題排除困難的能力，科學經驗能讓幼兒建立他們對環境的關心，增進觀察的能力，引發幼兒去探索並激發其好奇心。

科學區應安排在安靜的區域，可以靠近室外以方便觀察飼養在戶外的小動物，如果在室內也可以安排與圖書區靠近，幼兒在發現不懂的問題時可以方便查閱，科學區的儲藏空間應具開放性，以方便幼兒隨時掌握及記錄科學的現象。

圖 6-13　科學區觀察角落

圖 6-14　科學區實驗角落

圖 6-15　科學區植物種植角落

圖 6-16　科學區教具展示角落

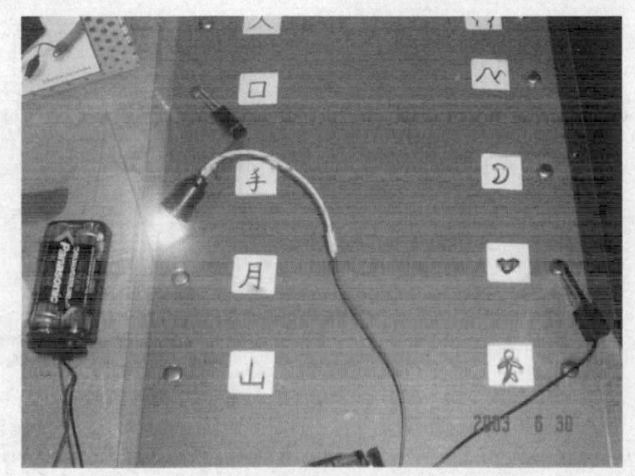

圖 6-17　科學區配對教具

㈤娃娃家

娃娃家是鼓勵幼兒與他人建立關係及談話發展語言技巧的地方，在扮演的活動中會增進溝通及與人相處的能力及技巧。在娃娃家裡，可以將現實生活的情境複製，讓幼兒享受扮演的樂趣及學習對未來生活的準備，因能與幼兒的生活經驗結合，更可以在扮演的過程中嘗試新的角色。

盡量以鋪地毯的方式營造一個溫暖舒適的環境，讓幼兒在娃娃家中享受跟家一樣舒適的感覺，也是一個能抒發情感及放鬆的空間。

圖 6-18 娃娃家情境規劃圖

圖 6-19 娃娃家教具分類

(六)音樂區

音樂的節奏常能吸引幼兒的注意，幼兒是音樂的創作者，喜歡唱歌、跳舞、聽音樂，音樂區可以訓練幼兒的欣賞能力，學習使用樂器抒發情感及保持愉悅和創造性的經驗。音樂區因為會發出很大的聲響，所以通常都會和娃娃家還有積木角擺在一起，音樂區宜鋪上地毯，會有吸音和靜音的作用。

圖 6-20 音樂區教具

(七)圖書區

圖書區可以引發幼兒對書籍及學習上的興趣，教師可以展示圖書並隨時更換易於吸引幼兒的注意，柔軟的抱枕及地面可以吸引幼兒進入閱讀。幼兒和其他人一起分享看書，聽故事，說故事，不僅可以發展語言的能力，更可以學習與他人和睦相處。圖書區適合安排在安靜的角落，可以擺放小桌椅或是柔軟舒適的地板及抱枕，多樣的書籍封面朝上展示吸引幼兒們的注意，要依據單元活動或是幼兒興趣隨時更換新書，在圖書區每一名幼兒至少要有五本書的數量。

圖 6-21　圖書區擺設規劃

圖 6-22　圖書區空間運用

㈧沙水區

沙水遊戲是最具創意沒有框線的素材，這些自然的材料可以激勵幼兒大膽的去摸索，幫助幼兒學習與大自然和諧相處的美德。幼兒可以自已玩，也可以和大家一起合作遊戲，盡情利用沙水等自然的素材建構想像中的城堡，在建構的過程中學習空間概念、數字概念和語言表達的能力。

圖 6-23　沙坑

圖 6-24　戲水區

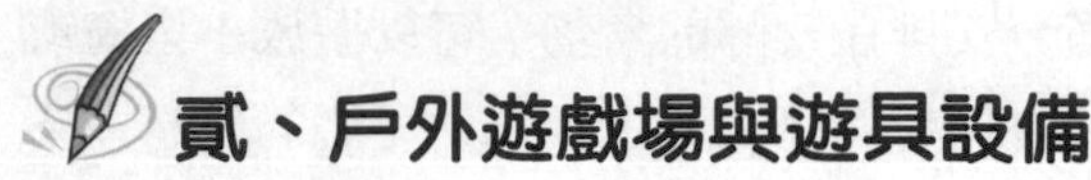

貳、戶外遊戲場與遊具設備

一般人對幼兒「戶外遊戲場」的刻板印象多留在溜滑梯、盪鞦韆等等的設備上，對於遊戲場的設計與細節都不甚了解。其實「幼兒遊戲場的規劃設計」是一門相當專業的學問，基本上，它以環境設計、空間設計與遊具設計等各方面的相互配合為主。這是幼兒遊玩學習、成長體驗的場所，所以安全、舒適、且富有創造想像空間等條件是相當重要的。基於對兒童福利的日漸重視，以下舉例有關於幼兒戶外遊戲場的設計及規劃的五大方向作為說明：

一、幼兒戶外遊戲空間的設計與規劃

幼兒的戶外遊戲場及遊具對每一個園所而言，都是不可或缺的，它提供幼兒發展大小肌肉運動與發展體能遊戲的空間，園所在創立之前，就應先事前規劃幼兒遊戲的空間，例如，每位幼兒所需要的空間比有多少？遊戲場的設備與動線的安排為何？在「幼托整合政策規劃結論報告」中，規定室外面積密度：每名幼兒最少需有 1.5 平方公尺，這部分可用室內相同的面積取代之，但是不少人都質疑這個替代方案的價值與可行性。幼兒身處在園所內的時間相當長，依據幼兒身體發展的適切性，幼兒非常需要戶外活動的空間與時間，故在戶外空間的規劃上，園所最好能達到每名幼兒至少 1.5 平方公尺，盡量避免以室內面積取代的方案。選擇遊具上，要考量園所各個年齡層幼兒的需求，以每位幼兒都適合使用的遊具為首要選購的目標，在設計幼兒戶外遊戲場與遊具設備時，除了結合學理及實務的觀點外，還需要探討如何設計創造理想的幼兒遊戲場所。

二、幼兒遊戲場之安全管理與維護

在日常生活中，幼兒可取得的戶外遊戲場與遊具設備共有兩大類，一是園所中附設的戶外遊戲場及遊具，另一種是公共場所附設的戶外遊戲場及遊具，公共的戶外遊戲場及遊具大都設置於公園中。在園所中的戶外遊戲場及遊具按照規定應要定期清潔與維護，並接受評鑑與安全檢驗，以確保幼兒的

安全；在公共的戶外遊戲設施也必須定期檢查、審核遊戲場與遊具是否符合安全的原則；另外，針對付費使用的遊樂園之遊具則必須按照政策規定去定期維修與保養。為幼兒設計遊戲場與遊具時，首先應對細部安全做完善的考量，日常的維修觀念與制度的建立也應重視。

三、幼兒遊戲行為與心理學的關係

在幼兒教育與遊戲理論被大眾接受以後，大家開始理解並肯定遊戲的價值，了解遊戲對幼兒來說不只是一種單純的玩而已，而是幼兒發揮自我成長的方式。幼兒透過遊戲行為會反應出內在的需求，此外，遊戲可幫助幼兒大肌肉及小肌肉的發展，透過遊戲，幼兒可以宣泄其心中潛藏的不滿，並且得到調適，因此在為幼兒設計或挑選戶外遊戲場時，應探討幼兒成長的環境、遊戲場的重要性與功能。

四、殘障幼兒遊戲場之考量

現在在規劃各種公共設施時，都會考量無障礙空間的設備，在幼兒遊戲場的設計這個考量更是重要，從為全體幼兒設計遊戲場的觀點，考慮如何設計無障礙的遊戲空間，讓每一位幼兒都能夠享有使用此遊戲場的權益，也讓殘障幼兒能享有像正常孩童一樣的遊戲體驗。

五、遊具的種類功能及規劃

近年來台灣由於社會進步、生活水準之提升、生育率之降低，及對社會福利之關切，使得大家相對地注意兒童的休閒生活。因此有不同專業領域的人，如社會學者、教育學者、景觀建築師、建築師、幼教老師、工業設計者等，來關心兒童遊戲問題，投入各式各樣的主題加以深入研究，以下就分別介紹「遊具的定義」、「遊具的種類」、「遊具的功能」、「遊戲場的規劃」及「遊戲場的設計原則」。

㈠遊具的定義

遊具是指以運動機能為中心的遊戲所使用之「物」。遊具包括遊戲的「設施」、「設備」及「器材」，「固定遊具」即為固定的遊戲設備和場地，「非固定遊具」即為一般的「遊戲器材」。

幼兒遊戲所用的「物」分為：

1. 設施：如砂場、廣場、水池、遊戲室等。
2. 設備：如滑梯、鞦韆、低單槓等。
3. 器材：如墊子、繩子、球、大型積木等。

根據體育大辭典的解釋：「遊戲設備」是指遊戲用具固定在一定地點，不可隨意搬動者；「遊戲器材」是指遊戲用具可自由搬動，或交換使用地點者（陳克宗，1990）。

(二)遊具的種類

在幼兒教育上，愈來愈重視遊戲對幼兒學習與各方面發展的重要性，使得遊具在幼兒的遊戲發展上扮演不可或缺的角色。遊具不僅能提供幼兒發展肢體動作與感官的機會，還可以滿足幼兒的興趣及好奇，啟發幼兒的思考，增進幼兒與同儕社會互動的機會，也是幼兒活動時的最佳良伴，以下將針對遊具的類別，從幼兒遊戲種類及幼兒的精神和心理機能觀點做分析：

日本學者仙田滿將固定遊具分為三類，如創造性（creation）遊具、挑戰性（challenge）遊具，及共同社會性（community）遊具（引自陳克宗，1990）。以下將介紹上述遊具的功能。

1. 創造性遊具：這些素材具有相當高的可塑性，因此幼兒可以運用在創作上，並發揮其想像力與樂趣。例如水、泥土、黏土、沙子、大型積木等皆屬之。
2. 挑戰性遊具：除了可以訓練幼兒感覺統合上的發展之外，更可藉此評估幼兒在肌肉力量運用的能力，例如各種溜滑梯、鞦韆、攀爬架、旋轉架等皆屬之。
3. 共同社會性遊具：經由遊具的使用增進幼兒彼此間的互動，同時可培養幼兒在語言、想像力與生活經驗內化的能力，例如洋娃娃、廚房用具、各類衣物等皆屬之。

㈢遊具的功能

在遊具設備的研究上，有許多相關的研究，楊淑朱（1998）曾綜合中外學者對戶外遊具的看法，提出十四種遊戲設備、器材及設施，以下就根據這十四種的遊具，以型式與功能做說明（表 6-4～6-6）。

表 6-4　遊戲設備

	型式	功能
滑梯	單直立式、雙併直立式、多重直立式、寬直立式、波浪式、迴旋式、曲折式及圓桶式。	◎刺激前庭感覺的發展。 ◎體會身體快速移動的協調性。 ◎增加平衡感。
攀爬架	方形式、直線式、曲線式、圓形式、幾何圖形式。	◎促進大小肌肉的發展。 ◎訓練四肢的協調性。 ◎培養身體知覺的敏銳度。
鞦韆	包括有單一座位式、雙座位式及三座位式。	◎培養身體的控制力及平衡性。 ◎加強手眼協調的能力。 ◎促進四肢肌肉的發達。 ◎培養協調性及耐力。 ◎學習輪流與遊戲的秩序。
浪船	有船型、椅型及方舟型。	增進韻律感及平衡感。
浪橋及浪木	扶手處的材質與造形之區分外，其餘的差異性並不大。	增進韻律感及平衡感。
蹺蹺板	有座椅式及懸掛式。	促進身體的平衡感及增進高低的適應能力。
旋轉架	有座椅式、站立式及懸掛式。	◎培養平衡感及對目眩的抵抗力。 ◎懸掛式旋轉架需使用到手臂的肌肉，故可增進臂力。
平台	有木頭製與金屬製等不同材質所組成。	◎滿足幼兒心理特性的需求。 ◎促進社會互動。

表 6-5　遊戲器材

	型式	功能
輪車	有三輪腳踏車、手推車、扭扭車及滑板。	◎幫助手部與腿部大肌肉的發展和練習。 ◎學習如何控制速度、方向和平衡的能力。 ◎促進社會互動及提供互助合作機會。
球類	軟、硬皮球。	◎促進身體及四肢肌肉的發展。 ◎訓練計數及數數能力。

表 6-6　遊戲設施

	型式	功能
沙區	水泥圍邊、圓木圍邊與活動式圍邊。	◎培養社會性及創造力。 ◎藉由創作發揮生活經驗與抒發情緒。
挖掘區	硬泥土及草坪鋪面。	◎促進大、小肌肉的發展。 ◎培養手眼協調的能力。 ◎鼓勵發現與探索。
開放區	包括有草坪、人工草皮、硬泥土，及水泥鋪面。	◎增進跑、跳間的身體協調。 ◎培養合作與遵守遊戲規則的概念。
種植區	包括蔬菜及花卉種植。	◎提供探索、生活科學的經驗。 ◎鼓勵與大自然接近的作用。

根據上表可以發現，幼兒在戶外遊戲的過程中，各種遊具能提供幼兒多元化的學習與發展。這證明遊具的使用確實能促進幼兒在情緒、身體、社會、語言等各方面的發展，為幼兒準備安全、適合年齡與發展的遊具，是父母及教師所必須注意的。

㈣遊戲場的規劃

有關台灣本身的遊戲場規劃，近幾年來已有不少本國的研究者提出這項理論的依據，以下就介紹中外雙方對這方面的見解。

簡美宜（1998）提出適合幼兒的遊戲場所具備的七項特質為：

1. 安全性：遊具的首要考量是以安全為最重要的依歸。
2. 多樣性：遊戲能提供活潑、鮮明、多變化的色彩，及不同的質料、大小或造型等刺激，以提高並維持幼兒遊戲的樂趣。
3. 多功能性：遊戲場能提供具有多種附加設計的設施或易於搭配的器材，以激發兒童嘗試多重玩法及豐富遊戲內涵的創造力。
4. 自助性：遊戲場能提供幼兒自行取用及操弄遊具的經驗，以提高幼兒遊戲的自主程度。
5. 易近性：遊戲場應提供智能較低、體能較弱或行動不便幼童之無障礙的環境，以增進幼兒接近與使用各項設備與設施的可能性。
6. 動作性：遊戲場能提供各種可移動、擺動、轉動，或激發肢體大幅度活動的經驗，以促進肢體各部位大肌肉均衡運用的機會。
7. 社交性：遊戲場能提供與日常生活有關，可自由選擇與友伴互動或獨自靜處的活動經驗，以促進社會適應的能力。

Beckwith（1985）認為創造幼兒遊戲經驗和一個良好遊戲場應呈現的品質有：

1. 複雜性（complex）：環境應盡量包含許多不同的經驗類型。
2. 連結性（linked）：遊戲事件環環相連，創造遊戲活動的自然「流動」。
3. 社會性（social）：增進幼兒間的互動。
4. 彈性（flexible）：遊戲場的彈性應兼具機械的，例如，在設備裝上彈簧，或遊戲事件可做多種方式的運用。
5. 挑戰性（challenging）：需包含動作的協調、平衡能力、柔韌性和持久力的事件。
6. 發展性（developmental）：應提供廣泛技能和年齡的挑戰事件。
7. 安全性（safe）：必須依照消費者產品安全委員會（CPSC）的指引，除減少意外的發生，更能使幼兒以較少的傷害恐懼做更多的冒險。
8. 耐久性（durability）：遊戲場設備必須是完整無損的，因為設備的損壞會提升對幼兒的傷害（引自湯志民，2002）。

綜合上述觀點，一個良好的遊戲場除了考量遊戲空間與遊戲設備之間如何做妥善的連結，也應考慮幼兒身心的發展與實際需求，遊戲空間及設備豐富多樣、具有挑戰性、安全性、合作性、創造性及可玩連續性的遊戲，都是規劃遊戲場時的重要考量因素，如此將遊戲環境統整規劃、強調動線流暢，既能創造出遊戲場本身的特色，更有助於幼兒遊戲的品質保障。

㈤遊戲場設計原則

有關遊戲場設計的原則，國內外許多專家都有提出，其中湯志民（2002）參考專家學者（Beckwith, 1985; Graves et al., 1996; Moore et al., 1992; 侯錦雄、林鈺專譯，1996；曾錦煌譯，1997；湯志民，1998；游明國，1993；簡美宜，1998）的見解加以綜合整理，提出遊戲場設計的七項原則：統整性（unification）、發展性（development）、多樣性（variation）、挑戰性（challenge）、創造性（creativity）、近便性（accessibility）及安全性（safety），現將其分述如下：

1. 統整性

學校遊戲場與公共（園）遊戲場不同，並非單獨存在，應考量幼兒的年級（齡）分布、上下課時間，並配合學校的校舍建築、校園和其他運動設施做統整性的規劃，使其功能得以發揮。因此，學校遊戲場規劃的統整性，可從「區域分置」、「場地統整」、「設備連結」及「動線循環」來構思。以下分別敘述之：

⑴區域分置：在使用功能上能依年齡發展將場地分區，以保障不同年齡層幼兒的遊戲機會，並增加其使用的安全性，同時可讓每個年齡層幼兒及其同儕盡情遊戲並有充分互動的機會。

⑵場地統整：遊戲場的統整環境應有從小的、封閉的，到大的、開放的多樣空間，該遊戲場也必須是可提供多樣活動的場地，由交叉通道系統相連接。

⑶設備連結：連結可以增加器材的複雜度，增加許多的玩法。好處是可以讓孩子從這一項玩到那一項，持續的玩，同時將孩子聚集在一起，增加彼此的社會互動。

⑷動線循環：遊戲場的動線設計可增進場地統整和設備連結的循環遊戲效果。

2.發展性

幼兒隨年齡的增長，身高、體重、體能、智能、社會（群）性、情緒的發展有些差異，遊戲場規劃的發展性，應從「身體的發展」、「智能的發展」、「社會的發展」、「課程的發展」及「遊戲的發展」來構思。以下分別敘述之：

⑴身體的發展：幼兒的身高、體重、胸圍、體（適）能隨著年齡成長迅速，因此幼稚園大、中、小班遊戲場設備的結構規格、材料的承載力、耐用度、複雜度、難度等應隨著年齡適度增加。

⑵智能的發展：遊戲場的設計，應考量為練習性遊戲設置蹺蹺板、旋轉木馬、滑梯、網繩等，為象徵性遊戲提供工具、容器、沙水區等，為規則性遊戲提供益智遊戲或球場等。

⑶社會的發展：遊戲場的設計，應考量幼兒是會發展的個體，提供兒童旁觀的平台、座椅或空間、小型團體遊戲、大型團體活動以及幼兒個人私密的空間。

⑷課程的發展：幼稚園的遊戲課程是正式課程的主要內涵，遊戲即教育，幼兒上下課皆在遊戲，因此幼稚園室內外及半室外遊戲空間的設計都很重要。

⑸遊戲的發展：幼兒在遊戲設備上遊戲的發展過程可區分為「機能性」、「技術性」及「社交性」三個遊戲階段，因而遊戲設施的規劃應考慮促進幼兒各階段遊戲的充分發展（侯錦雄、林鈺專譯，1996）。

3.多樣性

多樣性的遊戲場提供許多不同的遊戲活動，如此才能吸引孩子的注意、引導遊戲的開始、給予興趣的選擇及鼓勵幼兒探索，並使其感官經驗更為豐富。遊戲場規劃的多樣性，可從「場地多樣」、「設備及器材多樣」、「性別差異」來構思。以下分別敘述之：

⑴場地多樣：遊戲場地的設計，可就年齡團體、活動性質、場地功能、使用人數、遊戲設施、地形變化、場地鋪面、造型色彩等來分區、變化。

⑵設備及器材多樣：遊戲環境應具多樣性，兼有固定的、複雜的、簡單的、散置的、可自行創造建構的或可移動的器材。

⑶性別差異：遊戲場的設計，應考慮性別差異，讓遊戲場地和器材能兼顧男、女生個別的需求。

4. **挑戰性**

事實上，遊戲場之所以吸引人，主要在其產生的刺激效果，因此，遊戲場的挑戰性，可從「製造暈眩」、「進階挑戰」來構思。以下分別敘述之：

⑴製造暈眩：仙田滿指出兒童遊戲約有70%是藉「暈眩」所產生，暈眩體驗的形式能被表現在：搖盪、身在高處、身處斜坡、在通道中、在迷宮內（侯錦雄、林鈺專譯，1996）。

⑵進階挑戰：Johnson 指出進階挑戰可讓每個幼兒找出最適合他的難度，既不太難也不會太容易（郭靜晃譯，1993）。因此遊戲場進階挑戰的設計重點可包含：

①增加繁雜度。

②提高難度。

③變換器材。

④變換感覺。

5. **創造性**

幼兒有無限的好奇心，遊戲場的規劃，應能激發幼兒的想像力和創造本能。遊戲場規劃的創造性，應從造型新奇、多功能性、善用巧思來構思。

⑴造型新奇：造型新奇的遊戲場，其場地設施的設計重點如下：

①器材新穎。

②外型特殊。

③形體多變。

④結構複雜。

⑤空間連結。

⑥時間延續。

⑦色彩豔麗。

⑧質感特殊。

⑵多功能性：設計重點應多提供多功能的彈性器材和無標的環境，包括：

①無標的空間。

②建構性材料。

③流體性材料。

④非固定的遊具。

⑶善用巧思：可由意境奇巧和廢物利用來著手。

6. 近便性

遊戲場是兒童的天地，應讓所有幼兒（含殘障幼兒）皆有易近性（臨近）、易達（動線）、易用（方便）的便利性；因此，遊戲場規劃的近便性，可從「易達易用」、「無障礙環境」來構思。以下分別敘述之：

⑴易達易用：應考慮臨近教室及附屬設施兩方面。

⑵無障礙環境：行動不便幼兒和一般幼兒一樣，皆應具有接近性及使用遊戲場的權利，遊戲場無障礙環境的設計重點應該是為不同身心障礙類別的幼兒設計出不同的無障礙空間。以下以四類的身心障礙幼兒為例，分別來介紹（郭靜晃，1992）：

①肢障兒童：基本考量是近便性，遊戲場的所有區域、遊具和結構，必須讓所有（包括坐輪椅）的幼兒進入；遊戲場的佈置應使其連續循環；所有坡道和遊戲結構應設手扶欄杆。

②盲童：設計一個「感覺豐富的遊戲環境」，包括沙、碎石、木頭、水、草等不同質地的材料，讓盲童運用觸、聽和空間知覺，以引導其遊戲和選擇。

③智障幼兒：設置同形狀、色彩、規格的大型乙烯基泡沫或充氣床墊所組成的「軟性遊戲環境」，並以彩色的燈光和柔和的音樂提高幼兒對特殊玩具的興趣。

④情緒障礙幼兒：可採用遊戲治療運用廣泛的器材讓幼兒自我表達，如：以打洋娃娃或撕毀黏土圖畫來抒發憤怒的情緒。

7. 安全性

安全是遊戲場最基本的考量，遊戲場設計的安全性，應從「遊具設計」、「遊戲督導」、「安全維護」來構思。以下分別敘述之：

⑴遊具設計：幼兒的遊戲動作衝擊性大，遊具的設計應著重其安全耐用。

⑵遊戲督導：遊戲場的設計，對較新奇、新設置或特別注意的遊戲設備，可在適當位置上立說明牌，應提供注意事項或遊戲規則，幼稚園遊戲場則由教師（或家長）協助說明，以教導幼兒如何安全地遊戲；此外，遊戲場地及遊具的設計，應有明顯的區域、視覺穿透性強、沒有死角等，以利幼兒自由遊戲時，教師（或家長）的從旁督導。

⑶安全維護：遊戲場的安全維護應以「安全防護」和「定期檢修」為重點。將重點敘述如下：

①安全防護：遊戲場地應有明顯的使用區界，如遊戲設備的擺盪裝置、滑梯裝置、旋轉裝置和固定裝置。

②定期檢修：遊戲場的檢查和維護應有定期的時間表，並善用安全檢核表以協助確保所有項目的檢查，破損部分的修理和重置，應連同設備和結構立即處理。

因此，秉持良好遊戲場的特徵及原則，在設計遊戲場時，妥善運用整個遊戲空間，將所需遊戲設備、器材及設施應設置的地點做適當的分區規劃，考量不同年齡幼兒的需求、安全等，為幼兒規劃一座良好的遊戲場，以提供其發展與學習的機會。

第五節 台灣幼稚園實例舉隅

壹、台北市永安國民小學附設幼稚園

一、辦學理念

台北市永安國小以「新世紀、新教育、新空間、新學校、新思維、新課程、新環境、新社區」為創校基調，於二○○○年創校，依據開放空間的理念規劃建築，以總體營造的觀念建構課程，幼稚園提供彈性且多樣的學習情境，規劃優質的課程架構，期盼啟迪幼兒的自主學習，培養幼兒樂於探索、主動學習、分工合作、思考應變、組織創新等能力。

圖 6-25　實施專用室內鞋

圖 6-26　室內鞋專用走道標示

圖 6-27　幼兒作品展示

二、園務概況

核定招生四班，可招收幼兒一百二十人，每班兩位教師，包含園長共有八位教師，一位廚工。

三、願景

結合幼稚園的條件與社區資源，以人性化的觀點來考量幼稚園的課程規劃，並配合多元化的空間設計與彈性化的時間配置，提供多樣的學習型態，以因應幼兒的個別差異，培養健康、主動、尊重、創新的態度與能力，達到全人教育的終極目標。

四、課程理念與架構

因應教育改革的趨勢，幼稚園應以自己的優勢條件，發展自己的本位課程，永安附幼的課程設計思考，乃強調以幼兒關心及有興趣的生活相關事項為主要題材，藉以引發幼兒的學習意願，再配合具體的體驗活動，來作為幼兒學習的起步點，觸發幼兒最內化的原始學習潛力。教學情境乃提供豐富的教材教具，讓幼兒能自主選擇、實際操作；教學活動時間則依幼兒的參與度保持彈性；教學活動方式尊重幼兒的學習自主權，重視幼兒的個別差異，分為團體活動、分組活動、小組活動和個別活動。課程架構涵蓋基本課程和彈性課程：

幼兒圖像

健康—能健康享受學習
主動—會主動探索興趣
尊重—尊重自己和別人
創新—提升思考並創新

教師圖像

愛心—重視多樣化的個別差異，啟迪多元化的學習潛力
共識—培養信任討論的團隊，形塑共識的學習組織
合作—建立班群協同的機制，建立親師合作的機制
專業—保持高度的專業成長，追求卓越的教育品質

家長圖像

溝通—感性接觸
參與—理性表達
支援—熱誠協助
成長—教育成長、願意服務

圖示如下：

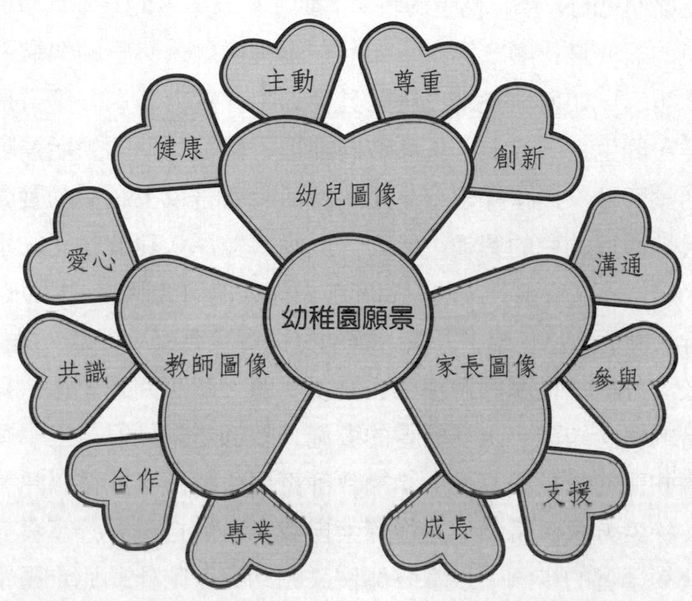

1. 基本課程：採「班群主題統整教學」，是教師預先設計的教學計畫，將幼兒該具備的基本學習能力列入學習範圍，以充分掌握幼兒的學習內容與進展。透過「主題統整教學」讓幼兒的基本能力有反覆練習精熟的操作學習，以應用於彈性課程明水時間的探索及「永安學習」之探究。
2. 彈性課程：分為個人興趣自由探索的明水時間和團體興趣深入探究的永安學習。

⑴明水時間：是幼兒個人興趣的自由探索活動，強調開放自主的學習，讓幼兒學習依自己的興趣做選擇，期待幼兒自主學習的能力與信心之養成，建立自立自主的學習態度（學習者中心導向）。明水時間讓幼兒自己決定探索的教材，主動發現並設法解決問題，透過孩子自主的過程，培養孩子為自己的選擇負責；透過班群同儕的互動，培養幼兒討論、欣賞、接納的能力；老師「放手不放眼」兼顧到學習過程的安全性與探究興趣的增強。

⑵永安學習：是以幼兒為學習主體，轉變傳統以教師為主的「教」，更改為以幼兒的「學」為主的教學活動。永安學習的基本教育觀：第一，幼兒的需要是什麼？第二，如何在過程中融入必要的知識、技能和價值？第三，如何培養幼兒應該具備的生存實力？永安學習是幼兒團體興趣，師生共同發展之方案取向課程，是從幼兒的生活經驗發表、參觀活動回顧、角落探索分享、閱讀活動報告或主題活動發展中，老師敏銳地觀察幼兒的興趣、能力、反應，並深入理解幼兒的想法與舊經驗，結合社區資源，讓幼兒對興趣做深入的研究調查，協助幼兒擬定、執行、評估、修正學習計畫，讓幼兒從實際觀察、探索、操作、實驗、比較、分析、推論等過程中去發現問題、解決問題，深入探討，以建構新的概念知識。永安學習的實施，教師看到幼兒自主學習的發生及建構知識的成長與喜悅，激勵教師更用心付出，期待以具體的體驗活動及探索方式，帶領幼兒從探索自我，了解自己，分享發表，找到自己快樂學習的步調，以掌聲關懷鼓勵幼兒，陪伴幼兒走穩學習的每一步，幫助幼兒開創屬於自己的快樂學習管道。

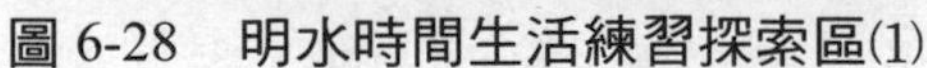
圖 6-28　明水時間生活練習探索區⑴

圖 6-29　明水時間生活練習探索區⑵

圖 6-30　明水時間水墨區自由探索(1)

圖 6-31　明水時間水墨區自由探索(2)

圖 6-32　明水時間美術區自由探索(1)

圖 6-33　明水時間美術區自由探索(2)

圖 6-34　明水時間體能區砂石與水的自由探索(1)

圖 6-35　明水時間體能區砂石與水的自由探索(2)

圖 6-36　明水時間體能區砂石與水的自由探索(3)

圖 6-37　明水時間體能區砂石與水的自由探索(4)

圖 6-38　明水時間科學觀察區自由探索(1)

圖 6-39　明水時間科學觀察區自由探索(2)

圖 6-40　明水時間圖書閱覽區(1)

圖 6-41　明水時間圖書閱覽區(2)

圖 6-42　永安學習——探究昆蟲的分享發表

圖 6-43　永安學習——探究影子

圖 6-44　永安學習斜坡滾動軌道之探究(1)

圖 6-45　永安學習斜坡滾動軌道之探究(2)

五、學習環境

幼稚園開放空間的學習情境規劃採資源區和學習角落的佈置，有語文角、益智角、視聽角、大積木區、生活練習區、美術區、水墨區、烹飪區、科學區、體能運動區等，讓幼兒自由選擇活動，老師是輔導與引導的角色，從幼兒探索、操作、實驗、遊戲中學習，透過細心的觀察和記錄，以了解啟發幼兒在各方面的發展情形。

幼稚園專屬戶外庭院設有野餐區、烤肉區、塗鴉彩繪區、戲水區、沙石區、種植區、果樹觀察區、綜合遊樂區、攀岩區；此外小學的共用資源區有動物飼養區、鳥園、植物觀察區、沙坑區、親水區、蝌蚪觀察區、韻律舞蹈教室、烹飪教室、電腦教室、星象館、陶藝教室、感覺統合教室等。

圖 6-46　庭院野餐烤肉區

圖 6-47　庭院健康步道攀爬架遊戲區

圖 6-48　彩繪塗鴉戲水區(1)

圖 6-49　彩繪塗鴉戲水區(2)

圖 6-50　彩繪塗鴉戲水區(3)

圖 6-51　彩繪塗鴉戲水區(4)

六、教學特色與績效

開放教育打破了傳統講述式灌輸知識的教學概念，永安教師團隊相信知識是幼兒主動操作，透過與老師、同儕的互動，共同建構而來，方案教學是能不斷延伸幼兒想法的教學，讓幼兒在尋找解決問題的過程中激盪創意，幼兒在如此自主、有彈性、有意義的情境中學習，當然是事半功倍，樂在其中，更重要的是培養幼兒思考判斷、合作分享、彈性應變、解決問題等能力。永安附幼創校至今七年，走過如此的課程計畫，令人深刻體會幾個不同層面的改變：

1. 教師不是「班級王國」的國王，和其他班級也不是競爭的關係，而是以互相討論、臨場觀摩，學習彼此的教學活動。
2. 幼兒在學習活動中常有機會和其他班級的幼兒一起互動，互相觀察，例如明水時間自由探索，及各班因發展不同的方案活動而產生班級深入探索的特色情境，吸引幼兒彼此欣賞討論。
3. 開放的空間裡提供豐富的學習教材教具及幼兒的學習經驗，幼兒可以隨時再操作、再體驗、再修正，幼兒的學習持續延伸至所有學習時段。
4. 因開放空間的活用性與方便性，幼兒的發表、創造呈現可隨時取材。豐富的生活體驗才是未來知識學習的穩固資產，若缺乏這一塊，不只會斷送幼兒好奇探索的快樂，更會嚴重阻礙幼兒人格的形塑。優質的學前教育是幼兒認知層面潛能的發現與發揮，是幼兒社會感性層面同儕生活的認同與合作，我們提供多元多樣的活動，讓幼兒的探索觸角因豐富的學習情境而產生強烈探索動機，激發幼兒內在的自主學習意願，啟發幼兒的優質智慧。

永安國小在創校之前，籌備處的教師研究小組即著手完成了社區的實地調查，了解社區、家長、幼兒的期望，並規劃永安國小的課程架構。課程開放，讓永安教師團隊有了飛翔的空間。在校長的課程帶領下，凝聚了幼稚園八位教師的優勢智慧，結合了小學教師團隊的多方專長，及各處室行政人員的協助，一起帶領幼兒起飛築夢。課程發展的過程中雖有顛簸、有困境之衝擊，但團結就是力量，教師團隊以行動研究的歷程來改善解決困境，曾多次獲得行動研究之獎項。永安附幼發展課程的理想特色，在教師團隊的努力下已一步步實現，獲得家長與社區的肯定，二○○六年榮獲教育部全國教師教學卓越學前教育組金質獎。

貳、台北市立教育大學附設實驗國民小學附設幼稚園

幼稚園全名為台北市立教育大學附設實驗國民小學附設幼稚園（簡稱北市教大附幼），創立於一九四六年十二月二十五日，由張金鑑校長於女子師範學校時代為「教學實驗與示範」設立於師院一角。一九八五年暑假，因師院重建勤僕大樓之校舍，遷至公園路師院實小靠愛國東路側之校園一隅，以一幢二層樓教室作為兒童主要活動空間，與小學部區隔，擁有獨立完整的園區，室外活動區亦完整、寬敞。

一、課程發展介紹

㈠背景分析

因應時空環境及社會的變遷，在人本化、民主化、科技化、國際化、多元化的催促下，各校依其資源與特色發展學校本位課程，北市教大附幼為提升教學品質，更不得不著墨將社區豐厚的資源做結合，建構一個安全快樂的

學習樂園，以滿足幼兒的需求與家長殷殷的期盼。

㈡發展歷程

自創園時期之傳統「幼兒蒙學」至「五指教學」，演變至「單元教學」、「大單元」教學，幼兒在老師的課程規劃下學習，課程偏向由教師主導發展。一九九二年，教師陸續回師院或他校繼續專業進修，研習歐美「開放教育」理念啟發的「方案」與「主題」教學；又在當時附小許信雄校長的推動下，進行以「民主」、「開放」為教育理念，以幼兒為學習主體，以生活化、遊戲化、活動化的課程安排，尊重個別差異的適性化「主題」教學。

「主題」教學實施過程中，老師們不停地思考、反省一個怎樣的主題教學之課程發展，才能讓幼兒成為學習之主體，能達到社會發展之期望與要求，及如何在趣味遊戲化的活動之中協助幼兒架構鷹架，並內化幼兒的基本能力，於是在教師的專業努力下發展課程規劃。

㈢課程規劃

依民主開放之教育理念及幼兒學習心理與發展，以幼兒為學習之主體。以生活為主軸，以健康、主動、創意為發展重點；透過親師生互動、教師觀察、協助、示範、引導幼兒學習，並運用貼近幼兒生活的「主題發展架構學習活動」；以「情境」及「角落」學習活動發展幼兒個別能力，並結合參觀、探索；大小群組活動，讓幼兒在生活中學習、體驗、應用，激發幼兒主動思考、問題解決、創意發表的能力及自信、負責、合作的態度，以達成教師、家長一致的願景，培養幼兒成為健康快樂、自信自主、多元創意、智慧生活的二十一世紀全方位優質好兒童。

二、教學活動

教學活動能依課程規劃執行，並符合下列原則：

㈠活動形式

在活動設計上，依需要進行團體、分組、小組、個別及學習區等不同方式。

㈡活動進行

能使用教學技巧，讓活動銜接順暢，同時在活動過程中提供幼兒生活體驗、實際操作、自由選擇及自主學習的機會。

㈢作息時間

作息時間動靜態、室內或戶外、個人及團體或小組的分配上，皆能依學習狀況做調整。

㈣師生互動

1. 教師態度：能尊重、接納及親近幼兒，對孩子有微笑及眼神上的接觸，並隨時察覺孩子的反應，做適當的回應。
2. 口頭語言：使用開放性語言引導，和孩子溝通。
3. 肢體語言：適時運用眼神、手勢或表情等肢體語言教學，和孩子互動協商。
4. 衝突解決：協助幼兒用正面的方式解決衝突及問題。
5. 處理特殊狀況：對於幼兒的特殊狀況，能接納並給予適當且立即性的協助。

㈤教師的協調

在教學及生活上能相互支持、配合與協調，讓教室氣氛輕鬆自在。採用混齡班級的編制及正常化教學，無才藝課程，獲家長認同，招生工作順暢。

㈥主題課程學習

北市教大附幼主題課程活動，重視師生互動與共同決定的學習歷程，以激發幼兒主動、思考、創造、發表、合作與解決問題的能力。北市教大附幼主題課程活動實施歷程如下：

1. 主題的訂定：各班老師和幼兒共同決定，來源十分多元，可以從故事、圖畫書、生活經驗、談話、環境觀察、季節、節慶等出發。每學期選定十五本繪本，老師亦可和幼兒從選定的故事繪本發展課程設計，最後與繪本結合強調口語能力的表達。

2. 概念分析擬定主題網：就選定的主題，師生腦力激盪，進一步了解人地事物的真相及關係，再經由討論互動決定與延伸主題的走向，師生腦力激盪、討論互動、允許幼兒做決定。
3. 確定問題：以列舉的方式，老師和孩子共同討論要研究的問題，師生共同列舉討論。
4. 選擇活動：根據解決問題的過程選擇活動，依環境／資源（實物、模型、故事、媒體、人士資源……）考慮活動的可行性，注重主題資源的豐富性。
5. 活動規劃：依據所選擇的活動，師生共同討論與規劃，老師和幼兒共同討論活動方式、資源、時間、地點及人員的安排。
6. 進行探究：彈性與互動、實際操作、建構及扮演等活動及形成性評量。
7. 成果記錄：主題課程結束後，展示學習成果、與人分享學習、省思與建議。

㈦理想的主題課程模式

各幼稚園主題課程的應用方式的發現，認為主題課程應包含兩個向度，即課程與實施途徑（如圖 6-52）。課程包含幼稚園課程領域、目標、方法、內容、評量、計畫、正式課程或非正式課程；主題課程的實施途徑是以主題教學活動為主，實施過程以主題為探究的核心，重視師生互動、共同計畫、共同蒐集資料，引發共同的活動，以幼兒興趣為導向、與生活相連結，鼓勵幼兒主動的調查與研究，是一種協同合作與學習，幼兒有選擇和決定主題的權利，並透過主題課程活動獲得深度理解（魏惠貞、黃瓊秋，2006）。

而主題課程在實施的歷程中，必須依組織有順序的統整與連結，以建構學習的歷程。其學習的歷程是尊重幼兒個別差異、能力發展、興趣與需求，並鼓勵幼兒自發性學習，強調幼兒能力的啟發、學習經驗及背景，注重知識及技能概念的學習。同時在主題課程學習過程中，建立反覆思考、周而復始、再分享討論的循環過程，以幫助幼兒學習問題解決的方法。本文將理想的幼稚園主題課程模式，以圖 6-52 說明：

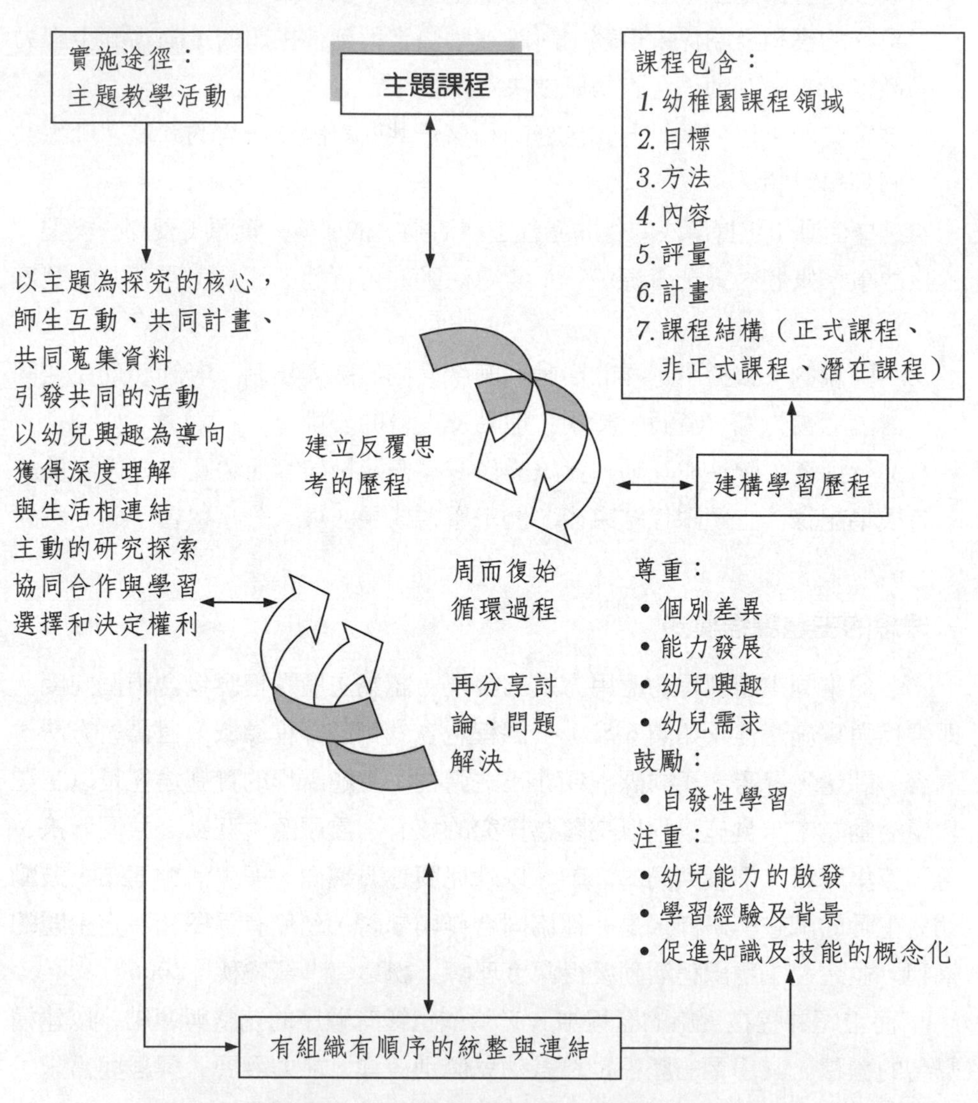

圖 6-52　理想的主題課程模式

資料來源：魏惠貞、黃瓊秋（2006）。

三、教學評量

㈠幼兒評量

1. 起始評量：幼兒基本資料紀錄、教師觀察基本能力檢核活動、自畫像檢核表、故事畫檢核表、生活自理檢核表。
2. 過程評量：
   ⑴蒐集作品：蒐集各方面作品或與他人合作之作品，並以照片拍攝存檔，作為了解幼兒發展及學習之用。
   ⑵檔案評量：彙整並運用觀察紀錄及作品，對幼兒學習做過程性評量，以真實呈現個人的學習與成長紀錄。
   ⑶讀書紀錄表。
   ⑷總結評量：期末彙整並妥善運用平常的觀察紀錄和作品，作為下次課程設計的依據，家長了解幼兒的學習或輔導之參考。
   ⑸特殊需求幼兒：教師對特殊需求幼兒的反應和學習情況有詳細紀錄和檢討。
   ⑹觀察紀錄：隨時觀察記錄幼兒的學習和行為。

㈡教學評量

教師教學自評表、教師教學互評表。

四、親職教育

依據本園願景與親師生圖像訂有親職教育實施辦法，以緊密結合親師生共同為本園的教育環境、精緻化優質化打拚，實施方式大略有以下方式：

㈠每學期定期有學校日活動計畫，依計畫舉辦

1. 新生家長說明會：將教學理念、教學方法、課程架構、親師合作方向、家長配合事項、園務概況、歷史沿革敘明，讓家長了解，並選舉家長代表。
2. 班級家長說明會：各班老師將班級經營及課程規劃，提出向家長報告，

與家長溝通與聯誼。

3.親職講座：每學期舉辦一至二場親職講座。

㈡親師溝通管道多元化

1.家長手冊：每學期發刊一本，幼兒於週末前攜帶回家（手冊內包含班上主題進行的說明、學習單、園所通知單、家長與老師的溝通），週一帶回學校。

2.園刊：每學期發刊，內容含各班主題活動歷程、家長育兒經驗分享、幼兒的作品及童言童語。

3.試辦教學資源網站：每週老師將寫在親職手冊的一週活動公布於資源網站上，提供家長上網密碼，家長可留言給老師做雙向溝通。

4.園所網站：將全園活動、通知單、活動照片、相關幼教資源網站連結。

5.簡易型溝通管道：

⑴每日晨間送幼兒來園時。

⑵以電話與家長聯繫。

⑶書面傳真。

㈢親師合作

溝通協調、支援活動、參與教學、實施家長參與計畫、家長會組織、到各班分享專長、共同規劃活動、家長戲劇表演、親職講座、新生座談會、必要性家訪、親職手冊、不定期書面分享、各項活動禮物的提供、義務協助硬體設備更新維修、協助安排工作所在地參觀、支援社區各項活動、參與社區各項活動、個別化教育計畫會議、定期不定期參與小學部家長會會議、愛心義賣、跳蚤市場。

㈣參與社區

1.課程設計時，與社區資源結合。

2.社區服務：安排幼兒到附近街道協助撿垃圾，擔任環保小義工。

3.社區資源活動單的設計與實施。

五、環境規劃理念

1. 以幼兒「生活教育」為主軸，運用「情境教育」，藉良好的情境規劃與設備之改善，提供幼兒生活自主自理之方便性與自主探索學習的最佳場所。規劃案如：個人物品置物櫃、餐點空間、午休被櫃、自然觀察區、探索區。
2. 室內外空間規劃及設施豐富多元，符合安全性、多樣性、易操作性、耐久性。

六、每日作息

所有學習活動從一進大門就開始……

(一) 08：00～09：00 入園

親切的導護老師與進門的每一位小朋友進行「禮儀教育」互道「早安」，並請每一位進門的家長、小朋友進行「衛生」防護教育，做「手部清潔消毒」工作。接著大夥兒陸續愉快地踏進幼稚園。老師會鼓勵家長利用晨間時間帶領孩子進行「故事閱讀」或輕鬆地聊天、叮嚀共度美好晨光。為了「安全」理由，老師們教導小朋友與父母分開道再見後，宜先到教室做「生活自理」工作；例如：將書包及餐袋放入個人工作櫃，與原班老師道「早安」，表示自己到校出席了，並與原班老師一起進行晨間的角落或小組探遊活動。各班的晨間活動或依主題分組或依「個別教育計畫」進行；在室內大都進行「自由探索」；室外的就是打理自己班級的「植栽」或「自然觀察」；老師也藉著小朋友的「自主學習」活動，觀察記錄幼兒的行為及發展，作為一天活動的開始。

(二) 09：00～09：30「餐點教育」（能量補充，非早餐也非午餐！）

強調能量補充，非早餐也非午餐！所以在全園教師共識下，準時進行早上點心能量補給，進行前，手部清潔衛生及個人生活自理活動的要求與執行十分重要，在老師的殷切關注下，讓小朋友在日常生活中「做中學、學中做」，漸次依自己的能力逐步改善，與自己比較、求進步：舉凡對餐點的名稱及營養的認識；對自己進食的點心分量，幼兒要能自我拿捏；對自己的取餐、進食的方式與技巧進行學習模仿；社會化人際互動的禮儀、排隊、等候、致謝，都在老師的示範、引領下，做同儕的互動、模仿與學習。

餐後的餐具收拾及桌面清潔整理、「口腔衛生教育」的實施更需徹底，奠下一生健康習慣的基礎。

㈢ 09：30～10：00 快樂晨光

【週一】、【週五】全園律動——德、智、體、群、美育融合：節奏旋律活潑的幼兒律動或是幼兒即興律動遊戲，都經老師及實習老師精心設計、規劃，小朋友晴天在綠色廣場上；雨天在風雨操場中都能盡情伸展肢體，開懷唱歌及遊戲、無負擔地放鬆舞動自己的肢體，達到趣味體適能之發展。

【週三】教育推廣活動——教育局推行的重點教育活動：除了融入式的鄉土教學、兩性教育、生命教育、幼兒哲學、親子閱讀、禮儀教學等之外，老師們也為全體小朋友在快樂晨光活動時段裡，精心設計、排練精彩的哲學或兩性議題等戲劇表演，或班級性團體活動，由負責計畫老師前往班級中帶領相關活動，九十一至九十二學年度達三十次以上，讓小朋友在全園性的大團體活動或個別活動室中享受思考活動的樂趣。

㈣ 09：30～11：30 主題教學活動

透過引起動機，以故事、圖畫書、生活經驗、談話、環境觀察、季節、節慶等計畫及可能採取的工作步驟及材料，有時也執筆畫下自己的想法。老師鼓勵、維護並協助說話者的表達；同樣地也幫助小聽眾們確實了解彼此的對話內容，適時地協助小朋友間的溝通技巧；老師也在小朋友的互動、分享、表達中帶入「書寫」、「工作計畫網圖」、「步驟」呈現方式示範，及社會化的人際禮儀互動的建立。適時地將小朋友的思考引導回到探討的主題、方向，並運用巧妙有序地「詰問」帶領小朋友做有方向、有層次、有效的思考。討論過的、計畫好的都要透過「實作」、實踐出來。

有獨自一人的工作任務、也有三四人的合作小組、也有團體的工作執行，在教室裡、或在室外、在預定計畫的工作區裡，將會看到小朋友「專注」、「投入」地工作，因為這些活動是小朋友「內在的學習動機」引發的，自行從內在「欲求」、「思考」、「發展」、「主動發動」的工作；透過操作、觀察、記錄、比較等活動，經歷「實踐歷程」，或有挫折，總有老師的溫暖、支持及鼓勵；或有迷失、困惑，總有老師帶領「再」思考、「再試一試」！

㈤ 11：30～14：30 午間休息與自我健康管理教育

午間放學：目前半日班幼兒人數僅佔所有幼兒人數之五分之一，因輔導午餐及午休的人力調度，放學在原班執行，幼兒家長持「接送證」，經小學大門警衛檢核後，進入幼稚園到班級向原班老師接回幼兒。

午間餐點教育：在教師設計的餐點活動中，每餐每份熱量不超過八百九十大卡、主要形式為三餐一湯，五大類食材均衡設計，主食米飯多添加胚芽米，幼兒自行依序、依自己的食量取用，進食完成後，做桌面整理及個人衛生管理。午休的品質及與午餐的銜接活動都在各班教師的經營下呈現不同的特色：有的加重在個人清潔衛生的維護整理，口腔清潔、如廁、洗手、鋪被等；有的班級則重在午休情緒的過渡銜接活動經營，例如在中餐與午休中加入靜態活動；或是畫自畫像或單色硬筆日記畫；或是開放靜態的角落探遊，或是團體閱讀聽床前故事。鋪被及收整被子讓特殊或個別差異的幼兒得以均衡發展。經過一天快樂的學習，教師在放學前帶領全班幼兒進行全日工作及學習的回憶、整理與分享，讓所有的活動在幼兒的表達、分享下彼此觀摩、學習，也讓幼兒的視野從自我出發，拓展及同儕身上，將自己與他人的學習活動在心中留影、沈澱、反思及內化。讓學習與生活的經驗在人、我互動下能有機、相乘的發展，收穫更多元。

㈥ 15：50～16：10 全日班放學

依園所門禁安全接送制度，教師將幼兒帶至幼稚園大門，由導護老師廣播幼兒姓名班級後，至大門由家長接回。豐富的學習告一段落。

㈦ 16：10～17：50 課後留園系統

平均維持二十五至三十人左右。由園所教師及實習老師共同擔任，並設計不同領域活動課程，目的為協助雙薪家庭父母在課後照護幼兒。

1. 請敘述台灣幼兒教育發展的歷史。
2. 針對幼托整合提出在行政組織、教學課程的問題與解決方案。
3. 說明師資培育法的優缺點，並針對缺點提出改善的措施。
4. 請討論雙語教學對於台灣幼兒教育的正面及負面影響。
5. 小組討論幼稚園與托兒所評鑑制度上的不同與可改進的地方。
6. 列舉兩種台灣常見的課程模式，並依照模式內容，設計出可行的教學方案。
7. 比較美國、日本與台灣在戶外遊戲場的差異，並針對殘障幼兒規劃合適的戶外遊戲場與遊具。

各國幼兒教育專題研究：以因應少子女化政策措施研究為例

【教學目標】

1. 了解國內少子女化幼兒教育政策實施現況與困境。
2. 了解國內外因應少子女化幼教政策現況。
3. 落實幼兒教育及照顧政策的因應措施。

「幼兒教育專題研究」的要點（tip），可以從三方面來探究：趨勢（trend）、議題（issue）、問題（problem）。趨勢就是未來的發展方向；議題就是正反兩方爭論不休的話題，見解尚未成定論；問題就是理論上應該如何，但實際上卻是如何，兩者之間的落差就是問題的所在。本章擬舉全球性少子女化的趨勢、議題與問題，進行各國幼兒教育專題研究的探討，提出「各國幼兒教育」理論在教育上的應用與後續研究上的建議，以代本書之結論。

本章共分三節如下：

第一節　「我國少子女化幼兒教育趨勢、議題與問題」專題研究㈠

第二節　「各國因應少子女化問題的幼教政策成功案例分析」專題研究㈡

第三節　「國內及國際少子女化現況探討、問題分析比較與可行性應用」專題研究㈢

第四節　「落實幼兒教育及照顧政策的因應措施」專題研究㈣

「我國少子女化幼兒教育趨勢、議題與問題」專題研究㈠

國內因應少子女化幼兒教育政策實施的現況為何？可行的具體作法為何？這兩個待答問題為本節的重點。

根據內政部統計，自二〇〇〇年至二〇〇五年台灣總生育率大幅衰退33%，少子女化的結果，將使高齡化社會提早到來，行政院經濟建設委員會表示，台灣很快進入高齡化社會。少子女化現象對國家的人口素質，人力結構、經濟、財政及學校教育等各方面都會帶來很大衝擊，然而少子女化並非台灣獨有，許多國家如日本、歐洲早在多年前就對此問題關注，我們可藉由他國的經驗策略，思考因應的方法。

壹、國內少子女化幼兒教育政策實施的現況與困境

㈠幼兒教育部分

1. 現況：國內少子女化幼兒教育政策實施的現況問題可彙整為四個面向，包括幼托整合、扶弱計畫、國教向下延伸一年、幼兒教育券。

2. 困境：

⑴幼托整合年齡層分界未明，無專司部門設立，教保師師資培育課程尚未見配套措施，公私立幼兒園評鑑輔導制度用不同標準，公私立幼兒園教保師薪資與福利懸殊太大。

⑵扶弱計畫每學期給予的就學補助幫助不大，單親家庭及特殊境遇家庭幼兒未納入計畫。

⑶國教向下延伸一年尚無法提供全體參與對象免費教育。

⑷家長領幼兒教育券後實際使用情形與幫助在哪裡缺乏真實評估。

㈡兒童照顧部分

1. 現況：問題可彙整為七個面向，包括兒童托育服務、提升教保人員專業素養、親職假、各項津貼與補助措施、課後照顧、單親家庭支持系統、公辦民營化。

2. 困境：

⑴尚未提供家長完整且安全之職業保母人力之資料庫。

⑵公私立托育人員素質不一，政府對於兒童照顧諮詢服務還不是很完善。

⑶家長對於親職假政策內容現況不太清楚，企業主對於親職假支持度缺乏規範。

⑷我國目前尚未規劃補助人工受孕費用及購屋或購物優惠方案以及特殊幼兒津貼，以減輕家長負擔，給予補助金只治標未治本。

⑸公幼老師不願課後留園，外聘老師品質不一。

⑹缺乏社會支持網絡給予單親家庭直接的支持。

⑺政府公文往返幾年，企業附設托兒所立案困難。

國內因應少子女化幼兒教育政策實施的現況與困境，彙整如表 7-1。

表 7-1　國內少子女化幼兒教育政策實施的現況與困境

領域	政策	措施	實施現況與困境	研究發現
幼兒教育	幼托整合	◎初步朝向兩歲以下之托嬰部分，隸屬內政部主管。 ◎二至五歲幼兒的教保業務，由整合後之「幼兒園」辦理，其主管機關為內政部。 ◎五至六歲納入教育部國民教育向下延伸一年之規劃。	◎幼托整合計畫尚未確立實施。 ◎幼兒教育年齡層分界未明，造成無法確定設立專司部門。 ◎教保制度系統尚未統一管理：師資訓練與轉換、園所設立標準、評鑑管理制度皆不同。	
	扶弱計畫	實施扶弱計畫，對於低社經地位幼兒家庭，給予相關就學補助。	◎在政府財政困難，暫無法實行幼托整合之際，先行實施扶弱計畫，此為第二選擇。 ◎每學期給予的就學補助，幫助不大。 ◎單親家庭及特殊境遇家庭幼兒未納入計畫。	

（續上表）

領域	政策	措施	實施現況與困境	研究發現
幼兒教育	國教向下延伸	目前實施國教向下延伸一年。	◎目前仍非屬義務教育性質。 ◎因整體財政考量，尚無法提供全體參與對象免費之教育。	◎義務教育往下延伸，才會對於弱勢的照顧比較公平。 ◎國教向下延伸，可降低婦女的教育責任壓力、提高生育意願以及減少幼托所的經營困難。 ◎國教向下延伸，可幫助弱勢的兒童有機會接受幼稚園教育。
	幼兒教育券	目前發放幼兒教育券補貼幼兒教育費用。	◎家長經濟負擔沈重，幼兒教育券緩不濟急。 ◎必須深思發放幼兒教育券的用意，並考量家長領幼兒教育券後，實際使用情形與幫助在哪裡。	
兒童照顧	兒童托育服務	目前建立〇至二歲社區保母系統	◎尚未提供家長完整且安全之職業保母人力資料庫。 ◎托育人員素質不一。 ◎政府對於兒童照顧諮詢服務還不是很完善。	◎輔導私托轉型為兩歲以下的托育中心，並培養老師第二專長成為托育中心照顧員。 ◎公私立幼稚園與托兒所具有同等教保品質，可以形成具體政策，具體政策內容應包含：主管機關一致、統一的專業幼托教保人員資格標準、統一的立案及設置標準。 ◎公私立幼托機構能夠有同等的教保品質，如設施標準、教保人員的專業、提供多元的服務。

（續上表）

領域	政策	措施	實施現況與困境	研究發現
兒童照顧	兒童托育服務			◎政府應請專人專款補助建立社區保母，並對目前的保母要求擁有證照，並落實管理。
	提升教保人員專業素養	依據法令制定教育與保育師資課程規劃，但目前之法規還有需要檢討部分。	◎師資證照與認可制度還需配合我國現況做修訂，教保人員所修訂之課程，需綜合相互取其沒有的部分做互補。 ◎需要改進師資培育課程。 ◎公私立教保人員在職進修機會與政府提供經費來源不同，缺乏平等的進修管道。 ◎公私立教保人員做相同的事，但薪資與福利不同。	◎目前保育員沒有合格教師證，幼托整合以後，能透過證照或合格教師證的方式進入幼教職場，讓工作更有保障。 ◎公辦民營後，應給私立的園所一個轉換的空間，例如如何二度就業、進階的課程，並用考試檢定，現有托兒所保育員應讓其有機會進修提升專業知能。
	親職假	目前於兩性工作平等法中規定相關條文。	◎對於親職假政策實施落實之現況並不是很了解。 ◎親職假實施政府財政可以給予多少支持，企業主對於親職假支持度有多少，必須深入調查了解。	研究發現，最有效提高生育率的作法為「納入申報所得稅」及「生育津貼」，其次是「育嬰假、陪產假、產前假」、「托育政策」。

（續上表）

領域	政策	措施	實施現況與困境	研究發現
兒童照顧	各項津貼與補助措施	於相關法令部分規定生育津貼及育兒津貼。	◎目前僅規劃發放生育津貼及育兒津貼，但實際上能給予的補助不多。 ◎我國目前尚未規劃補助人工受孕費用及購屋或購物優惠方案以及特殊幼兒津貼，以減輕家長負擔。	政府應提供各項的補助，以減輕教育、經濟的負擔。並且因兒童會將其家庭的問題帶至學校，所以教育應結合社會政策，實行更多元的社會福利政策或措施，加強學校的社會工作。針對特殊對象應有更精緻、具體的作為，如成立外籍配偶服務中心、對高風險家庭提出緊急救助，及目前有提出的教育優先區補助等作法。這是針對目前高教育、高水準的人不願意生，中低或者其他特殊教育的生較多的現象的改善辦法。
	課後照顧	目前實施課後留園政策。	◎幼兒上全日加上課後留園，幾乎是每週五日，每日上學超過十一小時，幼兒在校時間過長，值得省思家長應負之教育責任何在。 ◎許多偏遠地區由於課後留園人數不足，導致課後留園家長所需負擔費用過高，以致未達辦理課後留園預期之效果。	

（續上表）

領域	政策	措施	實施現況與困境	研究發現
兒童照顧	單親家庭支持系統	勞委會提供單親家庭之相關協助：建構就業諮詢網絡，辦理「多元就業開發方案」，協助單親婦女就業服務措施，提供臨時性工作機會與相關津貼，亦推動小額創業貸款計畫。	◎政府部門、營利組織、公益團體並未建立彼此之間的聯繫網絡。 ◎補助發放並非長久，只是短期間之補助。 ◎給予補助金只治標未治本。 ◎社會支持網絡缺乏給予單親家庭直接的支持。 ◎近五成的單親家長，對社會所提供協助單親家庭的措施「了解不多」。	
	公辦民營化	目前已有公辦民營之教育及保育機構。	◎公辦民營之幼兒園評鑑制度有許多缺失，無法確保其教保品質。 ◎公辦民營政策宣導未明確，引起私營業者焦慮不安與反彈。 ◎土地房屋取得不易，資金不足，無法投入辦學。 ◎私立幼托機構因經濟壓力，專業合格教師留不住，經常異動，造成幼兒流失，面臨關門。	未來幼兒園朝向公辦民營，以非營利事業機構來辦理，或是由數類教師共同經營，都將依教師法或納入工會由相關法規規範。幼兒園的師資培育，採用相同的培訓標準。

資料來源：魏惠貞（2007）。

表 7-1 說明國內少子女化幼兒教育政策實施的現況，有幼兒教育與兒童照顧兩方面，可以整理出九大政策與十一項具體措施，困境或盲點已彙整如上表所述。

貳、國內及國際現況探討與問題分析比較

近幾十年來，女性在就業市場上的參與程度迅速擴大，這個趨勢反映出市場動力，以及政策的成效。在影響生育率的因素中，許多專家指出女性承受雙倍的負擔，分別來自教養子女以及在外就業。因此，如何使婦女兼顧母職和就業，即成為政策的重要方向之一。在生育率較高國家中，如美國與北歐國家等，這些調和就業與家庭的政策十分普遍，相較之下，南歐國家的就業相關政策相當缺乏（Demeny, 2003），也顯示出維持就業與家庭生活協調是鼓勵生育的有效方向，可以透過例如更完整的幼托服務、彈性工時以及開明的福利假等方式達到協調。普遍而言，婦女能維持穩定工作狀況以及養育一到兩名子女，但兩名以上子女將可能超過負荷。根據文獻資料顯示，美國與歐洲國家也有愈來愈多的職業女性不願生育，而且有許多人則選擇僅生一名子女。為了要維持人口替代水準，政府的生育措施必須平衡這些無生育意願或低生育意願人口，可以藉由鼓勵三胎或四胎以上的大型家庭來達成平衡。

綜合國外因應少子女化政策比較分析結果發現，提高生育率的首要之務，在於提供完善的托育與兒童照顧服務系統，並且制訂法令規範獎勵生育，協助家庭減輕育兒負擔，創造友善的工作環境使家長獲得較高的薪資水準。雖然政府確實有鼓勵生育的決心，但卻缺乏有效的鼓勵生育措施。傳統的社會政策形式為提高物質誘因，以便提高婦女的生育意願。這些經濟上的刺激可以由政府來重新規劃，改由財政賦稅方面著手，例如福利稅務，以及提供更多的社會福利服務。

根據以上比較分析結果，進一步彙整分析「國外既有但為國內所缺乏的因應少子女化政策措施」，彙整分析結果如表 7-2。

表 7-2 指出，國外既有但國內缺乏的因應少子女化幼兒教育及照顧政策與措施或具體作法前兩名依序為：改進師資培育課程（兒童托育服務）、三至六歲免費學齡前教育（免費學前教育），第三名為：提供〇至三歲免費托育服務（免費托育服務）、提供放學後及假日照顧服務（課後照顧）、給予現金補助（單親家庭支持系統），第四順位為：設立專司部門（幼托整合）、

表 7-2　國外既有政策與國內缺乏的具體措施

領域	政策	具體措施	國家									次數統計
			美國	英國	法國	日本	南韓	瑞典	芬蘭	蘇格蘭	台灣	
幼兒教育	幼托整合	設立專司部門		✓		✓			✓			3
		教保合一制度				✓						1
	免費學前教育	三至六歲免費學齡前教育	✓		✓			✓	✓	✓		5
兒童照顧	兒童托育服務	家庭育嬰師					✓					1
		成立兒童照顧諮詢中心	✓	✓	✓							3
		改進師資培育課程	✓	✓	✓	✓		✓	✓			6
		補助在職進修或訓練之經費		✓		✓						2
		提高教保人員薪資與福利	✓				✓					2
	各項津貼與補助措施	發放特殊幼兒津貼			✓	✓						2
		購屋或購物優惠方案			✓		✓					2
	免費托育服務	提供〇至三歲免費托育服務		✓	✓			✓	✓			4
	課後照顧	提供放學後及假日照顧服務	✓	✓		✓		✓				4
	單親家庭支持系統	給予現金補助			✓	✓		✓	✓			4
	公辦民營化	委託民間團體	✓					✓				2
	企業托育服務	獎勵企業附設托育中心		✓	✓	✓						3

成立兒童照顧諮詢中心（兒童托育服務）、獎勵企業附設托育中心（企業托育服務），第五順位為：補助在職進修或訓練之經費（兒童托育服務）、提高教保人員薪資與福利（兒童托育服務）、發放特殊幼兒津貼（各項津貼與補助措施）、購屋或購物優惠方案（各項津貼與補助措施）、委託民間團體（公辦民營化），第六順位是：教保合一制度（幼托整合）、家庭育嬰師（兒童托育服務）。

參、落實幼兒教育及照顧政策的因應措施

為因應國內人口結構轉變趨勢，少子女化、高齡化與新移民化等現象，所造成的公私立幼教機構品質差異懸殊，本章參考外國的幼托相關政策與因應措施，分析國內因應少子女化相關政策的盲點與契機，深入探究成功國家因應少子女化趨勢的幼教政策與措施，作為分析比較之依據，進而依現況提出具體的改進建議及因應措施，以作為我國教育政策發展之重要參考與依據。結論共提出十一個可行方案，包括教育部的七個可行方案：實施國教向下延伸一年，發展閒置教室資源有利性，提升幼教師資品質，強化家長親職教育，擴大公辦民營政策，推動幼托整合政策，及建立幼兒園進退場機制；與跨部會四個可行方案：擴大特殊需求與津貼補助，建置單親家庭的照護網絡，建構社區保母支持系統，及訂定待產、生產、育嬰之一貫假期。

以下進一步就國內人口結構（含直轄市、縣市或各區域）、幼稚園（含托兒所）分布情形或其他面向，分析因應人口結構變遷下，幼兒教育（含托育）相關問題及契機現況作歸納，結果如下。

1. 參考國外的經驗：英國、美國提供五歲幼兒免費的幼兒教育，這是一種就業導向，最終的目的就是希望父母親都能就業。澳洲、法國、英國這些國家，對少子女化抗壓性較高，文獻顯示很多國家有很好的作法，國外經驗值得參考。
2. 滿足家庭、幼兒、母親的需求：父母親育兒的經濟負擔沈重，要如何促進年輕人生育意願？因應少子女化幼兒教育政策，能不能滿足家庭、幼兒、母親的需求，是一個重要議題。

3.對真正有需要的對象補助：對高待遇、高所得的人，就不應該再給予某些補助，對於低收入及弱勢家庭，要讓他們生小孩而免於經濟的恐慌。

4.稅法的修正：目前生第三胎會多補助數千元，等到孩子讀大學時卻不給補助，而生三個減免稅款最多仍是二萬五千元，如此對家長而言負擔仍很重，應該整體配套調整稅法制度。

5.社會及國家共同責任：生兒育女不是量的增加而是育兒的教育品質是否提升，社會與國家共同有責任儘速建立非營利之多元化普及照顧服務。建構一個生育及養育的優質環境，提供兼顧育兒與父母就業之友善條件，落實家庭支持系統。

6.因應父母的工作型態：為因應父母的工作型態，提供延托與多元性的教保服務，可以提高生育意願。

7.重視貧窮和特殊的孩子：少子女化的政策與措施，要重視單親、新住民、原住民等貧窮和特殊的孩子與家庭，防範貧窮帶來的社會問題。

8.跨部會意見整合：因應少子女化的幼教政策與措施，應結合行政院各部會，如內政部、教育部等，只靠單個部會無法有效解決問題，例如親子假、育嬰假的實施就必須要勞工團體支持，至於補助經費的部分，則需要整合地方經費與中央經費。

9.少子女化影響因素與衝擊的研究：造成少子女化的因素為何？例如年平均國民所得等經濟因素，是否與少子女化現象有關聯？少子女化現象對幼稚園、幼兒、家長、老師等又會產生什麼衝擊？

肆、總結

「兒童是我們未來的主人翁」，這句話告訴我們教育的重要性，其中更以〇到六歲的學前教育為重要，我國目前正處於少子女化的趨勢，家長對於家中少數子女的教育也會愈來愈重視，會花更多心思去為孩子選擇最好的園所，但是目前的家長並沒有概念「什麼對幼兒是最好的？」是讓孩子去學習很多才藝嗎？是讓孩子去學習英語嗎？還是讓孩子去念貴族學校呢？筆者認為這些都不是，「只要孩子快樂！」就是最好的，給孩子一個快樂的童年才是最好的！如果我們的孩子每天能主動的告訴我們：「媽媽！爸爸！趕快帶我去學校上學！」如果孩子能自己願意去學校上課，就算孩子不會念ABC又如何？畢竟，學會ABC不是這階段孩子的學習重點，讓孩子學習生活習慣的技能、品格教育的培養及大小肌肉的訓練等，都比學會ABC重要。所以，希望透過本書將各國以「遊戲」為主要課程目標的理念帶給幼教實務工作者參考，此外，各國幼教的「角落學習區」及「戶外遊戲場及遊具」的介紹，是希望帶給國內幼托機構負責人借鏡參考，讓我們的孩子有豐富的空間從遊戲中學習，而各章節最後的各國幼稚園實例也是很好的一個參考，有興趣的朋友，更可以上他們的網站去欣賞觀摩。最後，希望本書能帶給大家許多有用的知識及資訊，讓我們一起為幼教努力吧！

「各國因應少子女化問題的幼教政策成功案例分析」專題研究㈡

本節將以「法國、韓國、瑞典、芬蘭因應少子女化幼兒教育政策分析」為例，分析各國幼兒教育少子女化問題現況，並提出因應措施，作為各國幼兒教育專題研究㈡的例子。

壹、法國因應少子女化幼兒教育政策分析

法國經濟暨統計研究局（INSEE）二〇〇七年一月十六日發表的統計數字指出，法國以婦女平均生育兩個孩子的比率，成為西方國家生育率最高的一個國家（許惠雯，2007）。

一、法國生育率折線圖

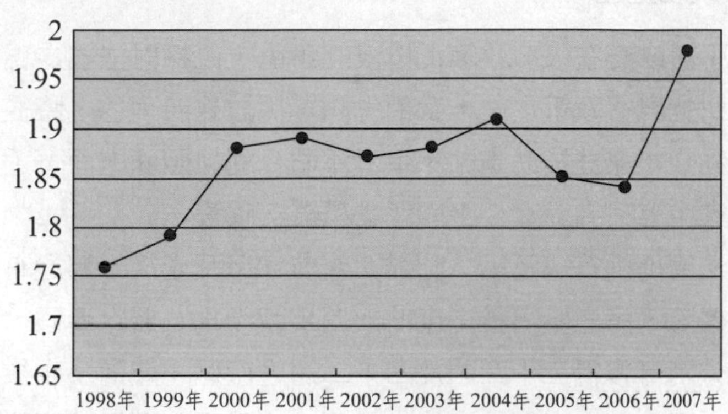

圖 7-1　法國近十年生育率變遷折線圖

資料來源：Sleebos, J. E. (2003).

由圖 7-1 可知法國的生育率由二〇〇〇年每位婦女平均生育 1.88 個孩子，增加為二〇〇七年的 1.98 個。

二、政府的相關因應政策和措施

㈠現況

1. 背景：在歐洲國家中，法國是最先發生出生率下降的國家，在國家主義、資本主義興起的考量之下，法國政府開始思考關於家庭制度與提高生育率的人口政策。自一九二〇年代開始，法國政府積極投入強化家庭力量的政策，希冀能增加人口成長、創造就業機會，以提升整體國力。
2. 社會脈動：一九三〇年起法國的出生率開始出現停滯，而節育的觀念也廣為勞動階級所接受，從此法國人口呈現負成長的現象，此時政府在獲得政治上的支持後，開始制定提升人口的政策。一九五〇年開始，法國基於之前通過的家庭法規，大量的家庭政策和人口政策得以發展，除了對於一般家庭的補助之外，一九九八年開始也將福利政策擴大至未婚或單親配偶家庭。對於婦女的工作保障，使得婦女都有全職的工作，這些全為法國完善的托育福利，與友善的婦女工作環境所致。

㈡政府的政策和措施

為了要了解政府在人口政策上扮演的角色，先探討法國之現行政策是有必要的。在研究現行政策之前，我們先簡單探討政府角色，將從產假、育嬰假、幼兒福利金、家庭補助津貼、生產津貼及幼兒照顧方面著手。之後，將進一步探究家中第三名子女、平衡就業和婦女政策。

1. 產假：法國提供第一及第二胎婦女產前六週及產後十週之有薪產假，就業也有保障，第三胎可獲得產前八週及產後十八週之產假，而雙胞胎和三胞胎分別可獲得三十四週及四十二週之產假。產前及產後產假是強制規定的。而且，在產假結束後，母親（或父親）可以請育嬰假直到小孩滿三歲。如因此而中斷就業，家長可獲得生育補助津貼，與其他五個深入探討之國家類似，照顧之兒童需小於三歲且必須照顧至少兩名以上之兒童，並保證獲得 84%之薪資。
2. 各項津貼：所有家中有兩名以上低於十八歲兒童之家庭可獲得家庭補助津貼。在一九九九年，兩名低於十八歲孩童之補助津貼為每月八十法郎，三名孩童則為一百八十三法郎，而四名為兩百八十六法郎，五名為三百九十法郎，六名為四百九十三法郎。法國之生育補助津貼對於一個家有兩名幼兒之家庭而言，價值等同於 9.5%之一九九二年平均男性工資。比起其他歐盟國家屬相當高。再者，下列之外，經濟情況調整之福利也是可得資源之一：

⑴生育補助：有一個小孩或三個小孩的補助金額分別為每個月 119.13 歐元及 271.75 歐元。另外若有年齡介於十一到十六歲階段的小孩，還有額外的津貼，不只針對法國公民，只要擁有法國居留權的人士，都有領取資格（台灣立報，2007）。家中有三名三歲以上之孩童的生育補助如下：

①單親家庭補助。

②領養補助：僅提供二十一週之補助。

③家長教育補助。

④特教補助：特別的是，根據孩童之身心障礙層級。

⑤全年就學補助：六歲至十八歲之孩童。

⑥購屋補助：將考量家庭之情況。

⑵托育津貼：托嬰方面，托育補貼三到六歲子女，每月有相當於新台幣五千元的產假補貼（李建德，2006），產假期間按全薪補貼，最高相當於每日新台幣兩千元。幼兒補助時間為懷孕第四週直到三歲。生育津貼保障第一及第二胎婦女八成之收入十六週，隨後子女二十六週，及多胞胎四十六週。

3.廣設幼托機構與提供免費全日幼教：政府設立公立托兒所、公家補助的受訓合格保母〔由法國國家家庭補助局（CNAF）所管制的托兒服務〕，付錢制度按照繳稅額而定。每一間小學都有一個托嬰部，凡超過兩歲的小孩都可以免費參加。全國二至三歲幼童，可獲得全日免費的幼托服務；所有三至五歲幼兒，均可獲得免費參加幼教的課程（許惠雯，2007），全法三歲以下兒童有兩百四十萬人次，其中48%由政府贊助的照護系統照顧（許惠雯，2007）。

4.減稅政策：

⑴在法國，生育補助、每月生活津貼、育兒及托兒補貼皆不需繳稅（彭顯鈞，2007）。

⑵自二〇〇四年開始，附有托兒所的企業可退稅。由社會共同協助負擔大家庭及單親家庭之部分稅（許惠雯，2007）。

5.第三名子女政策：法國家庭政策中，其中一項有別於其他國家，為其系統化的支持並鼓勵家庭中第三名子女之到來。考量到人口重整和配偶之意願，法國政府成功的將政策聚焦在如何促進更多大型家庭。在法國，補助給家中第三名子女或隨後子女之金額相當多，並且第一名子女並無津貼補助。其原因可能為維持大型家庭勢必面臨支出增加等問題。家中第三名子女之出現將導致更高的支出，由於婦女更不可能繼續維持就業，且家庭可能有遷移至更大房屋之需求。

6.平衡家庭與就業：法國家庭政策在提供職業婦女選擇上展現更廣泛之保障。第一個有薪產假，而比起其他國家，公共托育服務也廣泛地被使用。

法國婦女有相當高之比例為全時工作，特別像是單親媽媽們，由於她們可以獲得許多高品質之兒童托育補助。在法國，20%之兩歲或以下幼兒和95%之三到五歲幼童是在公立兒童托育機構。在一九九五年，將近八成之十八歲到三十九歲婦女就業。

㈢目前法國家庭政策之走向

現今法國家庭政策目標已經轉變。有鑑於直接補助生育之支出仍備受爭議，政府開始朝其他方向間接補助，特別是在大量婦女投入職場後，如何維持就業與家庭生活之良好平衡變成首要考量。鼓勵婦女生育不再意味婦女將遠離職場，而是提供充分之幼兒照顧（Letablier, 2003）。

近年來，政府推行許多經濟情況調查之福利，不再是用以往之水平分配資源，而是以垂直方式重新分配資源，這將鼓勵低收入婦女留在家中照顧幼兒，特別是當他們可以獲得更高之產前補助和更長的育嬰假。由於單親媽媽們的收入相對較低，因此單薪家庭所得之經濟情況補助津貼將高於職業婦女。近期的單親婦女補助數量明顯上升，以及家庭購屋補助數量也有上升趨勢。

㈣未來法國家庭政策之走向

法國政府最近提出一項新的改革方案以取代之前的補助方式，包括APE和APJE，這項改革適用於二○○四年一月一日後出生之嬰幼兒，新的補助方式有四項特色（EOSSD, 2003）：

1. 產前特別補助八百法郎。
2. 經濟情況補助最高上限為4,120法郎，且將平均分配到幼兒的第三年當中。
3. 家庭可依據其收入及照顧者之意願，選擇將子女交由立案之幼兒代管人員或托兒所。
4. 家長如願意中斷就業來照顧其子女，可獲得有薪育嬰假，每月可獲得三百四十法郎。這只限制在家中有兩名以上三歲幼兒的情形，且家長必須從事職業活動（至少從事兩年以上）。家中第一位子女也可得到補助，但只限於產假結束後之六個月內，並且媽媽過去兩年必須是就業的情況。

此外，政府也提出財政獎勵，意圖吸引企業投入發展私人幼托，並且也編列二十億法郎之預算以擴建兩萬所托兒所。

㈤政策影響

當大量的研究調查在探討政府可用方式改善低生育率時，卻只有微乎其微的研究在評估政策的有效性，那些少數的例外包括Buttner和Lutz（1990）, Hohn（1988）、Olah（1998）、Sundstrom 和 Stafford（1992）。這些研究分析出特定政策在某些領域的創始意義，但可惜的是，沒有詳細的關於法國之成功家庭政策的研究調查可供我們參考，以下我們將探討不同學者提出之政策對生育率之影響：

1. Calot 和 Hecht（1978）：估計在一九四○年晚期和一九五○年約有一成之法國生育率可以歸因於家庭生育法規之建立。
2. Kaufmann（2002）：清楚的推斷出法國長久之家庭政策和人口控制造成之人口效應。法國在一八三○年到一九五○年間是生育率最低的國家，但在廣泛推行家庭政策後，生育率大幅的上升。雖然生育率在一九六○年代有再度下跌之趨勢，但生育比率仍然是家庭政策之代表國家。
3. Letablier（2003）：推論法國之家庭政策成功在營造出家庭之和諧環境（雖然現行之兒童照顧措施仍然無法符合所有的需求）。自從政策目標從直接補助轉變成促進工作與家庭生活平衡，家庭政策便成功的維持高生育率。根據 Letablier，政府可透過與企業協商，一同促進就業與家庭生活平衡，進而提升生育率。這也顯示了大眾價值觀的轉變，兒童不再只是家庭的開銷，而是一種社會投資。然而，目前並沒有有力之例證支持這項推論。

㈥政策與措施之利弊分析

法國政府在父母親選擇就業時，提供大量的公共托育服務，由於大部分的政策對於就業方面給予優先性，故多數的父母在工作和家庭中會選擇前者（陳建志，2001）。但是也因為法國政府規劃了完善的福利制度與托育措施，使得法國的父母無後顧之憂，因此其出生率領先其他歐洲國家。

㈦結論

雖然我們沒有在這份研究中去確認特定政策之有效性，以及政策方面的建議，但是許多調查指出，政策之有效性取決於設定層面是否夠廣博。他們認為一項政策影響不大，但整個社會習性便能影響廣大，包括工作態度、大型家庭等。家庭政策可幫助紓解家庭經濟、社會及人口需求，對於高生育率有潛在但間接的貢獻。因此，在此總結法國自一九七五年起之高生育率與其成功的家庭政策有關。

㈧在我國的應用之可行性

法國政府給予婦女們優渥的親職假及津貼，提供合格的保母站服務，建立完善的托育服務，不但促使婦女們投入就業市場，同時也提高了其生育率，值得台灣借鏡。

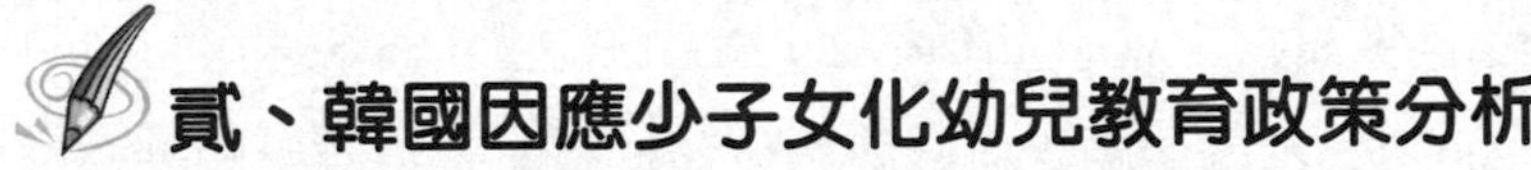

貳、韓國因應少子女化幼兒教育政策分析

南韓的出生率從二○○一年開始一直下降，甚至南韓在二○○五年出現1.26 的低總出生率。自一九九○年代開始，由於人口出生率就偏低，出生人口性別比也嚴重失調，迫使南韓政府著手調整人口政策，積極鼓勵生育。

一、南韓生育率折線圖

由圖 7-2 可知南韓的生育率在二○○○年時，每位婦女平均生育 1.47 個孩子，隨著晚婚晚育的趨勢，韓國生育年齡也在向後推遲，到二○○七年平均一對夫婦只生 1.28 人。

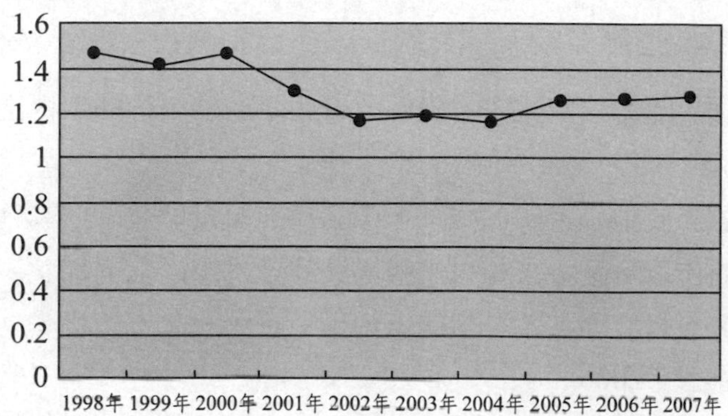

圖 7-2　南韓近十年生育率變遷折線圖

資料來源：Sleebos, J. E. (2003).

二、政府的相關因應政策和措施

㈠現況

1. **背景**：南北韓戰爭以後，南韓出現了人口高峰期，至一九六〇年，人口成長率提高，為此，南韓政府於一九六二年制定了家庭生育計畫方案，目標是減緩人口成長。儘管這一方案促使南韓婦女生育率大幅下降，至一九八〇年代，又出現人口成長高峰期，政府進一步加強人口政策，對獨生子女夫婦實行獎勵，並將流產和節育合法化。然而自一九九〇年代開始，人口出生率偏低、出生人口性別比嚴重失調的問題，迫使南韓政府再一次重新調整人口政策，獎勵生育，試圖平衡出生人口性別比。
2. **社會脈動**：南韓實行自願計畫生育政策，在一九八〇年代以前是以抑制人口成長為主要政策目標，一九九〇年代起開始轉變，為了應對老齡化危機、提高生產力，以鼓勵生育為主要政策目標。雖然新的人口政策在此期間引起各界對於調整人口控制政策以便推行鼓勵生育政策的作法之爭論，但是南韓政府仍持續推動此政策，改變南韓人民對於過去人口控制政策根深柢固的想法。

㈡政府的政策和措施

有鑑於逐年降低的出生率，南韓政府與企業及銀行攜手提出許多相關政策和優惠措施，來提升萎靡不振的出生率。

1. 產假：服務於中小企業的婦女在申請產前產後休假時，其九十天的產假薪資，將由保險基金來給予支援；懷孕十六週以上的婦女，倘若發生流產或死產，將按照其懷孕期間，給予三十天至九十天不等的有給薪資休假（姜遠珍，2006）。
2. 育兒津貼：婦女在生育第一胎時獲得最低補貼，生育第二胎、第三胎時還會有更多補貼。但實際上很少家庭會為獲得補貼而願意生養更多的小孩。
3. 政府增加嬰幼兒保育教育的費用，並擴大至中產階級，預計到二〇一〇年為止，對於〇到四歲幼兒的保育教育費用，將擴增至都市上班家族平均所得的130%的水準（姜遠珍，2006）。
4. 引進國民年金「生產信用制度」，即出生第二名子女時，將被視為繳納了一整年的國民年金，出生第三名子女時，則可算為繳納了一年六個月份的國民年金，這種獎勵生產的折算方式，最高上限為五十個月（姜遠珍，2006）。
5. 對於育有三名以上子女的多子女家庭，給予銀行利率優惠，同時賦予購買各種產品的優惠措施，如公寓的優先順位的購買權。

㈢政策與措施之利弊分析

南韓政府希望藉由優厚的福利措施來吸引婦女們生育子女，但是各項的政策和措施都需要龐大的經費支持，因此在實施之際也需要考量政府的財政問題。

㈣窒礙難行之現況

南韓的幼托園所目前只招收三到六歲的幼兒，對於缺少〇到三歲的幼托園所是年輕的職業婦女們所頭痛的事情。另外在教保師的薪資方面，南韓幼教相關人員普遍薪資較低，政府努力提高其薪資水準以提升教保品質。

㈤建議

1. 落實在職教保師的進修管道和建立證照制度，如此一來可以提高教保師的質與量。
2. 建構社區保母支持系統，可以解決〇到三歲幼兒的托育問題。

㈥在我國的應用之可行性

我國在建構保母制度的行動上面稍嫌緩慢，政府若能提供合格保母的服務以及補貼保母費用的措施，對於低薪化的多數家庭而言將是一大福祉。

參、瑞典因應少子女化幼兒教育政策分析

瑞典堪稱是北歐模式社會福利服務的典範，由於一九六〇年代起，政府大規模投資於公共托育措施，以其公部門所扮演的核心角色、完善的公共托育服務體系，以及注重品質和普及性，瑞典呈現出最典型的北歐模式。

一、瑞典生育率折線圖

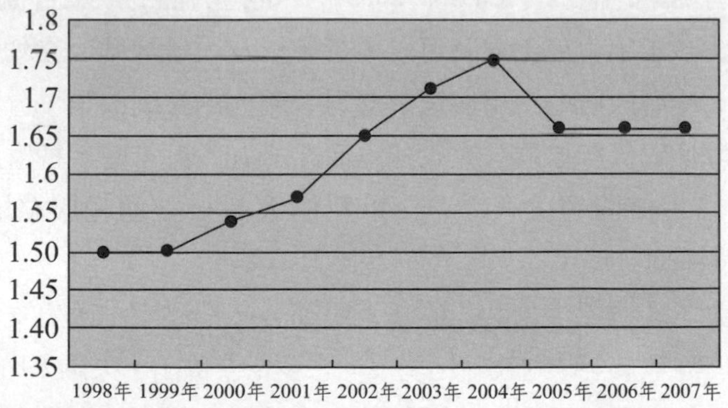

圖 7-3　瑞典近十年生育率變遷折線圖

資料來源：Sleebos, J. E. (2003).

由圖 7-3 可得知瑞典的生育率由二〇〇〇年每位婦女平均生育 1.54 個孩子，成長為二〇〇七年的 1.66 個。

二、政府的相關因應政策和措施

㈠現況

1. 背景：瑞典的家庭政策乃是遵守斯堪地納維亞模式（UN/ECE, 2002），亦即政府與自治市有責任賦予人民福利。瑞典的社會福利是以提供普及式幼兒托育、支持父母就業、實現男女平等為主要政策目標，以平等的精神來照顧勞工階級的子女、促進勞動力、實現女性要求平等的想法來訂定符合其需求的托育與教育制度。瑞典是屬於福利國家，高福利來自於高稅負的支持，因此政府所實施的福利措施也依據來自人民的稅收來訂定其比例。為了獲得勞動生產價值，對於幼托政策的推行也非常重視。這些家庭政策具有悠久的歷史，但是，與其他國家如澳洲、比利時、法國和德國之家庭政策不同，瑞典的家庭政策並非針對家庭，而是直接針對兒童，致力改善兒童的生長狀況（Kaufmann, 2002）。
瑞典的家庭政策也與就業相關政策息息相關，長年致力於協助家長兼顧就業與家庭生活。在現今雙薪家庭的年代，男人與女人在職場以及家庭上應具有同等的地位（Jönsson, 2003）。而這方面的政策包括有薪家庭照顧假，當孩子出生或生病時可以申請，以及大量補助公立幼托服務。在一九〇七年時政府的三項決策影響現今瑞典的家庭政策，分別是個人稅金、家庭照顧假和擴展公立幼托。而在一九八五年時，把家庭照顧假期間的薪資補償問題納入考量，以及擴大對公立幼托服務的補助經費（Jönsson, 2003）。
2. 社會脈動：瑞典提供公共化的托育服務，長期以來由政府支付大部分的費用，但近年來全球的競爭化現象，許多企業倒閉，失業人口節節攀升，使得政府財政日益困難，家長的教育負擔比例提高，導致有些幼兒無法進入學校就讀，降低出生率。瑞典人口統計學家曾以雲霄飛車來比喻瑞典的生育行為，因為在一九八〇年代，瑞典的生育率提高，但卻在一九九〇年開始下降，在一九九九年時，雖然仍些微高於歐盟平均生育率，但是瑞典的總生育率卻下降至有史以來最低點。所以政府與研究者開始

分析生育率下降的原因，以及相關的社經及人口特徵，希望能找出解決之道。因此自二〇〇二年起，瑞典政府大量發行公債來支付龐大的幼教經費支出，協助失業家庭子女就學問題。

㈡政府的政策和措施

瑞典的家庭政策包括留職產假、父親假和家庭照顧假等，這些制度的設立是為了要達到三個重要目標：⑴兒童福利；⑵女性經濟獨立；⑶男性的家庭與幼兒照顧參與（Jönsson, 2003）。

1. 產假：產假的概念是在一九三九年出現的，到一九九五年演變成有薪補給。在這些福利制度推行之初，家長們便可以獲得六個月的家庭照顧假，到了一九八〇年，家庭照顧假的福利更為擴充。以一九九〇年為例，家庭照顧假延長到三百九十天，並有額外九十天的單一費率優惠。最高可以請到六百七十二天，產假期間的生產給付水準為 100%的所得替換率（劉一龍、陳寬政、楊靜利，2003）。
2. 帶薪育兒假：在其子女八歲以前，父母可申請四百五十天的親職假，從二〇〇二年開始，父親可申請的親職假也延長到六十天。而且家長有資格去彈性運用這些福利假，直到子女滿八歲以前。前三百六十天的給付水準為 80%薪資替代率，後九十天為最低保障水準（劉一龍、陳寬政、楊靜利，2003）。

   在一九八五年，瑞典家庭政策的全盛時期，政府提出另一項優惠政策，只要在生產後三十週產下另一名子女，則可以獲得與第一名子女相同的替代所得（Jönsson, 2003）。雖然家庭照顧假的制度數度改變，但這些政策確實有助於提高年輕族群組成家庭的意願（Oláh, 1998）。
3. 各項津貼：

   ⑴母親請產假，父親請育兒假，抑或是父母請假照顧生病子女，可領取類似補助金達十八個月（陳惠銛，2004）。

   ⑵政府補助的育兒津貼：每名子女每月一百一十二歐元（約新台幣五千元），隨著子女數增加而遞增，從出生一直領到十六歲（林育立，2007）。

(3)自一九八二年起，瑞典政府特別新增對於三胎以上的特別獎金。

(4)一九九○年後期政策：在一九九○年之後，瑞典面臨了經濟危機，導致了失業率激升，特別是年輕女性族群。由於經濟上的困境，社會福利上的補助相對減少，自治市的家庭安全補助經費也面臨縮減的命運，但政府仍然致力於改進家庭政策，以提供家庭和兒童最大的福利（Bernhardt, 2000）。

4.優惠稅務政策：自一九七一年起，瑞典政府開始推行配偶分開評稅制度，訴求能達到兩性平權並提高女性就業率。稅務福利有效的增加家庭收入，另外像是提供彈性工時制度的政策，也都能提高家庭收入。

5.完善的托育服務體系：

(1)由於一九六○年代大量投資公共托育措施，六歲幼兒享有五百二十五小時的免費的學齡前教育（劉一龍、陳寬政、楊靜利，2003）。並於一九九八年完成幼托整合，將六歲幼兒納入國小幼兒班，利用學校的硬體設施來降低幼教資源成本（謝子元，2005）。

(2)全日托育照顧機構的普及設立，由政府負擔大部分的費用，而父母只需負擔少部分的費用，使得父母得以無後顧之憂（謝子元，2005），所以自一九七○年起，兒童接受公立幼托教育的比例提高。

(3)大約有三分之二的婦女由於就業關係而無法親自照顧子女，便選擇將子女交由公立托兒所照顧（Bernhardt, 2000）。在一九六○年代以前，公立托兒所的來源僅有一般的單親媽媽，但隨著瑞典家庭政策的轉變，政府在一九七○年即著手擴大對公立幼托機構的補助。就傳統而言，涉及到補助、改善以及擴展幼托服務的政策，皆與議會和大眾的支持息息相關。根據二○○一年的經濟合作暨發展組織（OECD）報告，瑞典的幼托政策首要目標如下：

①使家長能順利兼顧就業、就學與家庭生活。

②提供兒童良好的發展與學習環境，幫助他們成長。在一九七○年到一九八○年這段期間，瑞典的公立幼托機構擴展迅速，從那時以來，高品質的幼托已成為瑞典福利制度的一項商標（Jönsson, 2003）。

㈢政策與措施之利弊分析

瑞典一直是個高福利國家，但由於日漸沈重的財政問題，使得父母在支付托育費用的比例上也逐漸增高，而且並非每一個瑞典的幼兒都可以接受免費的幼兒教育，尤其是已申請育嬰假的父母、失業的父母、移民家庭之子女不能免費進入幼托園所。此外，自一九九〇年代開始，瑞典政府依據自由市場的機制，進行實驗性的學校民營化政策，但其成效如何仍需長期的觀察（謝子元，2005）。

㈣窒礙難行之現況

由於自治市編列之經費縮減，導致公立幼托機構學費明顯提高，營運成本從 15%到 20%，提升到 25%到 30%。雖然政府仍持續對幼托服務機構補助，但每名兒童的平均支出縮減了 14%，幼托品質也相對下降。主要的原因出自於接受公立幼托服務兒童人數大量增加，但資金的來源卻沒有相對提高，以致經費不足。這個問題導致了接受業餘活動中心兒童的人數比例提高，而任教於業餘活動中心的師資比例也相對增加。

㈤建議

1. 建立完善的評鑑制度可以提高學校民營化的經營效率，並且成立進退場的機制，政府可以有效的管控幼托品質。
2. 擴大對特殊家庭的需求與補助，尤其是失業父母的家庭，更需要政府的協助，以保障其子女的受教育權。

㈥在我國的應用之可行性

在幼托整合之後，實施國教向下延伸一年，可以整合資源，提升人力、物力的效益，運用國小現有的設備來擴大幼托的服務。

肆、芬蘭因應少子女化幼兒教育政策分析

芬蘭的出生率在歐洲國家中位居較高的排名。由於北歐四國都是以其完善的社會福利著稱，所以芬蘭政府為了提升出生率，也提出許多獎勵政策以及措施，以因應人口嚴重老化的問題。

一、芬蘭生育率折線圖

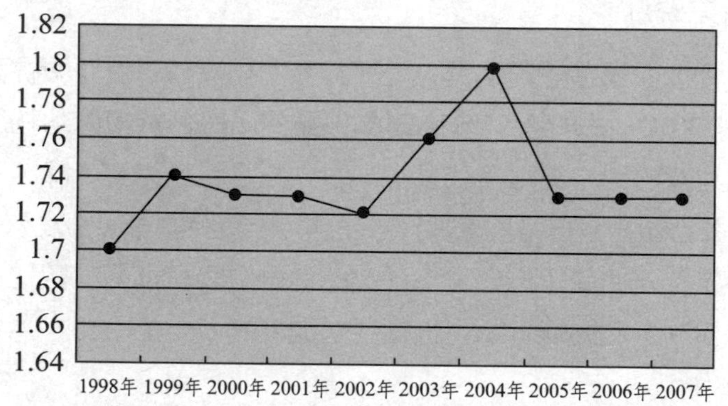

圖 7-4　芬蘭近十年生育率變遷折線圖

資料來源：Sleebos, J. E. (2003).

由圖 7-4 可以知道芬蘭的生育率由二〇〇〇年每位婦女平均生育 1.73 個孩子，二〇〇七年仍然為 1.73 個。

二、政府的相關因應政策和措施

㈠現況

1. 背景：芬蘭與其他北歐國家同樣致力於普及幼托、支持家庭養育子女、兩性平等的政策目標，芬蘭之所以能實施如此優渥的托育政策，是來自於國家的高額公共補助支出，而這些支出有賴於政府對富人們的課稅。

2. 社會脈動：第二次世界大戰之後，芬蘭也同樣面臨出生率下降、人口高齡化、失業率升高的威脅，雖然政府仍然提供高福利措施，但卻也增加財政的負擔。近年來芬蘭政府對於提供托育的服務不進反退，此外對於幼兒教育津貼、幼托服務與設施的經費分配比例，也會隨著政黨輪替而有所增減。

㈡政府的政策和措施

1. 產假：婦女有十八週的產假。父母亦可享有二十六週的有薪育嬰假。此外，芬蘭政府鼓勵彈性工時。在芬蘭某間市立醫院，僱員可按其個人需要與院方磋商工作時間表。
2. 親職假：就業的父母在其子女三歲以前可以申請一天最多十歐元（約新台幣四百四十元）的津貼。
3. 普及化的照顧服務系統：父母可以將三歲以下的幼兒送入公立托兒所，由父母自行照顧領取育兒津貼，或是政府補助進入私立幼托園所的托育津貼。對於六歲的幼兒則有全額補助但並不強迫就讀。
4. 芬蘭政府補助的育兒津貼：第一胎四千元，二到四胎之間陸續增加，第五胎與之後每胎約 6,880 元。

㈢政策與措施之利弊分析

芬蘭的兒童照顧體系是十分依賴政府部門的支持，但是近年來的托育服務卻不進反退。其起因於一九八〇年代由農民黨開始執政後，將托育服務的經費挪用於支付家庭照顧津貼之用，並未考量父母實際的托育需求，使得芬蘭的托育服務居於北歐五國之末。

㈣窒礙難行之現況

政府對於托育服務的減少，使得父母在投入就業市場方面有所顧慮，芬蘭政府當局以支付現金津貼的方式來作為其獎勵生育措施，並未能完全解決就業父母們的托育問題。

㈤建議

增加公辦民營的幼托園所可以彌補政府在托育服務經費上的不足。

㈥在我國的應用之可行性

芬蘭政府利用育兒津貼來補助需進入私立幼托園所的幼兒之家庭，此作法類似我國的幼兒教育券政策。由於公立的幼托園所供不應求，政府藉由幼兒教育券的發放，可以確保每位幼兒享有相同品質的教保服務。

第三節 「國內及國際少子女化現況探討、問題分析比較與可行性應用」專題研究㈢

壹、國內及國際現況探討與問題分析比較

綜合前述分析所提出國內因應少子女化現象（含新住民之趨勢）學前教育之相關問題與契機，以及探討國內少子女化幼兒教育政策實施的現況與困境之分析結果，並參考分析國際上重要學前教育相關措施及作為之後，茲彙整國內及國際現況分析比較如表 7-3。

表 7-3 指出，國外既有的政策措施而國內也有的共計十五項，國外既有的政策措施而國內沒有的也共計十五項，國內政府相當努力，成果算是相當不錯。根據上述比較分析結果發現，可歸納出四種結果，省思對國內的啟示及可行性應用，研究者特別提出看法如下：

表 7-3　國內及國際現況探討與問題分析比較摘要表

領域	政策	具體措施	國家									備註
			美國	英國	法國	日本	南韓	瑞典	芬蘭	蘇格蘭	台灣	
幼兒教育	幼托整合	幼托整合計畫		*				*	*	*	*	
		設立專司部門		*		*			*			日本稱為「幼保連攜推進室」。
		教保合一制度				*						日本自二〇〇六年推動認可幼兒園，其為教保合一之綜合措施。
	扶弱計畫	扶助低社經家庭幼兒	*	*							*	◎美國為「起頭方案」。 ◎英國為「確保啟動方案」（Sure Start Project）。 ◎台灣為「扶持五歲弱勢幼兒及早教育計畫」。
	國教向下延伸	向下延伸義務教育年齡	*	*	*	*		*		*	*	台灣國幼班計畫已規劃，但尚未落實。
		幼稚園併入公立小學	*		*						*	台灣僅公立幼兒園併入小學。
	幼兒教育券	補貼幼兒教育費用	*	*							*	
	免費學前教育	三至六歲免費學齡前教育	*		*			*	*	*		◎在芬蘭僅六歲幼兒可獲得全額補助。 ◎美、英之免費托育僅為半日托。
兒童照顧	兒童托育服務	保母職業證照	*						*		*	

（續上表）

領域	政策	具體措施	國家 美國	英國	法國	日本	南韓	瑞典	芬蘭	蘇格蘭	台灣	備註
兒童照顧	兒童托育服務	家庭育嬰師					*					
		合格保母站體制		*	*	*		*			*	◎法國為中央統籌，瑞典由地方負責督導，英國在法律上由地方管轄。 ◎日本則有民間的全國保母協會，台灣也有類似的組織。
		成立兒童照顧諮詢中心	*	*	*							◎美國稱為資訊轉介中心（Information and Referral services, I & R）。 ◎日本稱為家庭兒童諮詢室。 ◎英國稱為幼兒中心計畫。
	提升教保人員專業素養	師資證照與認可制度	*		*						*	
		改進師資培育課程	*	*	*	*		*	*			
		補助在職進修或訓練之經費		*		*						
		提高教保人員薪資與福利	*				*					
	親職假	產假	*	*	*	*	*	*	*	*	*	◎美國的十二週親職假包含產假和照顧假，其餘國家則分開計算。 ◎台灣的父母親育嬰假處於立法審查階段。
		家庭照顧假	*	*	*			*			*	
		父親育嬰假			*			*	*	*	*	

（續上表）

領域	政策	具體措施	國家									備註
			美國	英國	法國	日本	南韓	瑞典	芬蘭	蘇格蘭	台灣	
	各項津貼與補助措施	發放生育津貼	*	*	*	*	*	*	*	*	*	
		補助人工受孕費用		*			*				*	
		發放特殊幼兒津貼			*	*						日本於一九六六年修訂「特別兒童扶養津貼法」。
		購屋或購物優惠方案			*		*					
	優稅政策	減免托育費用稅負	*	*	*	*		*	*	*	*	
	免費托育服務	提供〇至三歲免費托育服務		*	*			*	*			英國為半日托；法國為全日托。
	課後照顧	提供放學後及假日照顧服務	*	*		*		*				英國未普遍設立課後照顧中心，端視地方財政而定。
	單親家庭支持系統	給予現金補助			*	*		*	*			法國由政府支持；日本制訂「母子家庭兒童扶養津貼法」。
		提供各方面協助		*							*	◎台灣大都由非官方組織支持。 ◎英國則結合政府、民間、企業。
	公辦民營化	委託民間團體	*					*				◎美國稱為「委辦學校政策」（Charter School）。 ◎瑞典實施學校民營化。
	企業托育服務	獎勵企業附設托育中心		*	*	*						日本訂定「新新天使計畫」。

一、出生率持續成長

美國、英國、法國、蘇格蘭的出生率大約自二〇〇二年起，一直維持正成長的趨勢。由文獻資料和相關研究中可以得知，這四個國家在一九七〇、八〇年代起陸續制訂許多關於家庭照顧及改善女性工作環境的友善法案，例如，美國前總統柯林頓於一九九三年通過「家庭暨醫療假法」，允許僱員在家中有生產或直系親屬罹患嚴重疾病時，可以申請十二週無薪假（陳惠銛，2004）。雖然美國人口持續成長，但是深究其原因，發現除了制定相關政策外，外來移民家庭，尤其是拉丁美洲移民的生育率是相當高的。

另外，法國政府也致力投入家庭政策，一九九八年時還將有關幼兒福利政策擴大其社會法規範圍至未婚配偶。同時，這四個國家都規劃完善的教育與托育服務，如法國二到三歲的幼兒可享有全日式的免費托育服務，對於保母支持服務也由公部門統一管轄。至於三歲以上的學齡前幼兒則可參加由政府提供的免費學前教育。由此可知，提高生育率的首要之務，在於提供完善的托育與兒童照顧服務系統，並且制訂法令規範獎勵生育，協助家庭減輕育兒負擔，創造友善的工作環境，使家長獲得較高的薪資水準。

二、出生率持平穩定

北歐國家中瑞典可屬於福利國家的典範，與其他國家，如法國和德國的家庭政策不同之處，瑞典的家庭政策並非直接針對家庭，而是直接針對兒童，致力改善兒童的成長環境。因此瑞典家庭政策的特色，在於鼓勵家長擔負起照顧子女的責任，所以致力於推動兩性平權觀念，並訂定與性別相關的政策，例如從一九七四年起，父親也可以申請育嬰假來照顧其子女。另外，瑞典的家庭政策也與就業相關政策息息相關，提供父母同時兼顧就業與家庭生活的托育照顧服務體系的支持，如一九九〇年時將父母親職假和薪資補償水準修改為四百五十天，前三百六十天可獲得相當於原收入 90%的薪資替代率（馮燕，2004）。

在兒童教育和托育方面，大量的公立幼托園所成為瑞典兒童福利制度的重要指標，尤其是在接受公立幼托服務的比例上以三到六歲幼兒較高。雖然

瑞典政府在一九九〇年代同樣面臨經濟危機，但仍致力於維持家庭津貼補助水準。總而言之，瑞典政府的鼓勵就業政策、托育與兒童照顧政策以及家庭津貼政策，成功提高了生育率，並且使其出生率居高不下。

三、出生率波動起伏

芬蘭雖地處北歐福利國家之林，但是其出生率的成長卻是呈現不穩的走勢。芬蘭的兒童福利政策與瑞典類似，也是以普及化的幼托服務、支持父母照顧子女、促進兩性工作平權為三大主軸，建立完善的兒童照顧體系，但是近年來也因為世界經濟危機和政黨輪替的效應，對於教育經費的分配會有比例上的增減。例如因為一九八〇年代之後農民政黨掌政，刪減托育服務的經費，挪為家庭照顧津貼。

另外，近年來芬蘭國內另一派學者認為與其提高出生率，不如致力於精緻教育，提升人力產值。芬蘭的人力素質和競爭力數度名列世界第一，起因於政府認為家庭教育是幼兒教育的基礎，所以政府投注大量經費補貼父母對小孩的照顧，給小孩的生活補助與福利津貼也部分限於教育和文化上的用途，鼓勵父母帶孩子到與政府簽約的書店、美術館等文化教育單位消費，從學齡前即開始擴展幼兒文化視野。

四、出生率不增反降

日本與南韓的婦女生育率在近十年來持續有下降的危機，政府為了刺激生育率，積極研究因應對策，希望藉由改善教育與托育問題來解決少子女化現象。在陳乃慈（2006）的研究中指出，難以兼顧工作與家庭是造成日本生育率下降的原因之一，加上日本在托育措施上的不夠完善，讓許多已婚婦女倍感壓力。因此，為解決家長托育的問題，日本在二〇〇一年至二〇〇五年間推動「幼兒教育振興方案」，延長托育時間，解決家長就業問題。另外在二〇〇五年至二〇〇九年之間實施「新新天使計畫」，結合社區和企業力量，改善育兒環境。同時從二〇〇六年開始推動的「認可幼兒園」將教保合一，並成立專司部門（幼保連攜推進室），統籌幼教相關業務。

南韓二〇〇七年的出生率為 1.1，在八國居於末位。南韓政府為鼓勵生育，改善年輕夫妻因為鉅額育兒費用而不願意生育子女的問題，同時為減輕擁有一歲以下嬰兒的家庭之負擔，並擴大女性參加經濟活動，從二〇〇五年開始，派遣「家庭育嬰師」提供協助。韓國政府還從二〇〇六年起，把企業主承擔的六十天產後休假薪資，由政府分擔其中部分薪資，並且提高育嬰停職津貼，以期刺激生育率。

 貳、對我國幼教政策措施研究的啓示與可行性應用

台灣少子女化的現象在近二、三十年來日趨嚴重，出生率下降的同時，也伴隨著入學學童人數減少，間接也導致教師需求的銳減，並且造成流浪教師充斥的社會現象。欲解決台灣少子女化問題，可以從兩個觀點著眼，第一是必須補助年輕父母生育及教育其子女的費用，因為近年來台灣生活支出費用節節攀升，使得許多年輕夫妻不願意生；第二則是增加就業收入，使家庭的育兒費用佔其總收入的比例不致太大。倘若政府的政策評估和經費允許，將來可以整合〇到六歲幼兒的托育與教育政策，建構完善的幼兒教育及兒童照顧體系，如此一來更會大幅減輕年輕父母教養子女的負擔，增加其生育子女的意願（鄧岱賢，2007）。

少子女化的趨勢是因為生育率降低，人們傾向晚生與少生。為了減緩此趨勢，世界各國，如美國、瑞典除了制訂相關家庭政策以提高生育率之外，還有修訂外來移民政策以增加人口成長；而台灣目前因應少子女化問題的政策或措施，以發放生育津貼為主，不過對於提高生育率似乎發現沒有明顯效果，因為生育率下降因素還牽涉經濟、社會、文化等大環境的互動影響。

從文獻探討時發現，上述八個國家為鼓勵生育，從提供完善的托育服務，如在法國〇到三歲幼兒可享有免費托育服務、發放生育津貼，如稅務制度的改革，如美國提高對育兒費用的減稅額度、鼓勵多子女之住屋政策，如法國補助住屋津貼、落實產假、育嬰假與家庭照顧假制度，如瑞典強迫父親請親職假等諸多方面來著手。由此可知，已開發國家的家庭政策，已跳脫補貼與扶助弱勢的舊有思維，而是改以協助兒童健全成長以及促進家庭的穩定與健康，作為未來訂定政策的基石。

為了提高台灣的出生率，政府應致力於營造良好的育兒環境，提供優質的托育機制與學前教育體系，落實兩性工作平權，保障婦女的就業機會，而不是僅以發放生育補助或津貼的層面，將提升出生率的政策單純化。此外，民間企業也應配合政府的相關政策，鼓勵員工生育，給予適當育嬰假與薪資補償。總而言之，台灣在因應少子女化的現象，將會整合政府、民間企業與社區的資源，共同為家庭規劃養育子女的優質環境，以提升國家整體的競爭力（鄭美惠，2007）。

第四節　「落實幼兒教育及照顧政策的因應措施」專題研究㈣

根據前述國內外現況探討與問題分析比較結果，研究者先針對國內幼兒教育現行政策實施情形進行問題分析，接著逐一分析國外的相對作法，然後研提具體的政策建議與因應措施，供政府參考，茲詳細說明如下。

一、實施國教向下延伸一年

㈠現行政策現況

「五歲幼兒納入國民教育正規體制」，於九十三學年度，以離島三縣（連江、澎湖、金門）三鄉（蘭嶼、綠島、琉球）為試辦地區；九十四學年度除離島地區外，另以五十四個原住民鄉鎮市區納入試辦，優先扶持資源弱勢與文化不利地區，本來希冀於九十五學年度推動全面實施但並未執行；若未能全面執行國幼班實施計畫，將國民義務教育向下延伸一年，對於提升出生率將未能有實質的助益。此外「五歲幼兒納入國民教育正規體制」係教育部跨世紀教改建議方向，主張「非義務」、「漸進免學費」；本研究強調如果不能免費及強制入學，則「五歲幼兒納入國民教育正規體制」無實質意義。以下針對國教向下延伸實驗兩年的情形，進行問題背景的分析（表 7-4）。

㈡國外的作法

目前世界各國在幼兒教育方面的學制並不一致。在英國，學前教育體系中，無論是托兒所或是幼稚園，皆由英國政府提供基金，實施對象主要是三歲以上的幼兒。學前教育包括托育中心、幼稚園、育幼院和小學附設幼稚園等等。想當然爾，英國的學前教育也包括民營的幼稚園，可提供系統性的學前教育及幼兒保育設施。相同地，在蘇格蘭，三歲以上幼兒便可進入幼稚園就讀，銜接小學基礎教育。在法國，公立幼稚園由國家經費設立，由國家負擔經費，相當普及，私立幼稚園的成長趨緩，人數比例逐年下降，在一九八七至一九八八年約僅剩 12.3%（林貴美，1991：69）。另外還包括與學校有關的休閒中心（les centers de loisirs associes a lècole, CLAAE），此類中心係根據一九七〇年的法令設立的，專為社區兒童開放，提供玩樂與休閒，目的在減輕家長的負擔、幼兒放學後的輔導問題，或父母尚未下班，「孩子無處去」的困擾。另外還有幼兒中心（les centers de la petite enfance, CPE）：一九六八年後，法國的一些社區紛紛成立幼兒中心，其設立的目的主要在於協助家長做好學前教育及幼兒保育。在德國，幼兒教育隸屬於社會福利制度，由社會局管轄，內容可分為托兒所、幼稚園和小學附設幼稚園。其中托兒所負責〇至三歲幼童，而幼稚園負責三到六歲幼童，多為民營團體經營。而小學附設幼稚園主要負責六歲以上但心理行為尚未成熟的孩童，主要訴求在銜接學前教育及小學教育，經費上屬於公立免費。另外，在美國，三歲以上幼兒即可獲得全面或部分補助之早期教育，事務由學校及地方政府教育機構統轄。

美國眾議院於二〇〇四年通過由眾議員 Norm Coleman 提出之共同補助幼兒義務教育資金，政府將提供額外七十億美金於五年內投入義務幼兒教育，另外，也提供額外的 2,300 萬美元予明尼蘇達州。議員 Coleman 指出，雖然最好的福利方式就是提供家長穩定的工作，但為了要圓滿實現這個需求，家長們也需要有完善的幼兒保育。原先的 PRIDE 法案已通過每年提供明尼蘇達州之社會救濟家庭 7,400 萬美金，而現在將再增加至每年 9,700 萬美金。

表 7-4　實施國教向下延伸一年政策的問題背景現況分析

政策	實施國教向下延伸一年
現況問題	◎少子女化產生許多閒置教室的問題；實施國教向下延伸一年，可活化閒置教室再利用。 ◎除了離島離鄉原住民外，還有新住民與弱勢族群經濟力差的孩子缺乏教育與照顧，幼兒受教機會均等亟待落實。 ◎少子女化產生許多新住民，幼兒背景差異加大，學習落差增大，導致國高中往後的學習問題。 ◎年輕人經濟負擔太重，「非義務」、「幼兒教育券」、「漸進免學費」緩不濟急。 ◎教育改革、企業全球化等因素，引發家長對讓孩子贏在起跑點的迷思，造成全美語補習班、開發潛能安親班、才藝補習班等到處林立。 ◎公立幼稚園、托兒所供不應求，私立幼稚園、托兒所、補習班為招徠幼兒，紛紛加入噱頭（美語、才藝、正音）不另收費，免除家長帶著孩子到處補這補那的麻煩與接送困擾，吸引不知正確幼兒教育的家長將幼兒送往就讀。 ◎私立托兒所、補習班等不乏利用大樓的一樓與地下室作為教室，密閉的空間、不合格的師資、強迫記憶背誦的學習、要求紙筆測驗的成績展現等等亂象，造成孩子不喜歡學習、畏懼上學；視力不良、胃口不佳、不愛運動、體適能薄弱；探究興趣與自信心從小嚴重受挫。
具體措施	◎各校重新調整全校教室含閒置教室的使用，規劃適合幼稚園的獨立空間，重新設計佈置與運用，建立學校特色吸引更多家長選擇該校。 ◎偏遠地區缺乏私立幼托且家長社經背景較需協助者可優先辦理。 ◎免費念幼稚園大班的政策，可以及早開始優質幼兒教育。 ◎政府提供免費念幼稚園大班，將讀幼稚園大班費用納入國教支出範圍，能鼓勵年輕人生育。 ◎國教向下延伸一年能有效獎勵私人團體、非營利團體辦學，政府提供高額之獎勵優質辦學，能激發幼托機構發展適合本土的多元優質辦學特色，讓家長有多元的就學選擇。

（續上表）

政策	實施國教向下延伸一年
佐證資料	◎因應少子女化提出國教向下延伸一年的好處是，可以解決少子女化衍生的教室空閒問題。 ◎現階段幼兒教育相關現況如下：全國公私立幼稚園比例約4：6；公私立托兒所比例為1：9；五歲幼兒入園率已達96%（含立案幼稚園、托兒所或補習班及部分未立案機構），就讀幼稚園部分之比率約44%，托兒所部分約51%；至就讀幼稚園部分之幼兒，約34%就讀公立幼稚園。相較於台灣國中畢業生進入高中數量已經超過九成，所以國教向下延伸一年比向上延伸三年，更迫切需要且更具實質意義（行政院，2007）。 ◎對照台灣現存之城鄉差距以及弱勢族群問題，家庭與機構間幼兒教育之供需，因區域資源、文化等主客觀條件之差異而有不同。應以均衡資源、調節城鄉差距、以達受教機會之公平為思考。 ◎在「人口少子女化對國民小學教育發展影響之研究」中，針對人口少子女化對國民小學整體發展衝擊層面進行分析，就教師教學與幼兒學習而言，少子女化造成「幼兒背景差異加大，學習落差增大」的問題（蔡佳純，2004）。 ◎建議政府提供經費讓幼稚園大班幼兒免費及強制入學，能實質鼓勵年輕人結婚勇於生產。 ◎國教向下延伸一年，可以改善一部分流浪教師的人力問題。
專家建議	◎義務教育往下延伸，可減少幼托所的經營困難。 ◎義務教育往下延伸，才會對於弱勢的照顧比較公平。 ◎國教向下延伸，可幫助弱勢的兒童有機會接受幼稚園教育；降低婦女的教育責任壓力；提高生育意願。 ◎優質的幼托機構能有效推動正確的親職教育，能助長親密的家人關係，進而增進家庭的美滿和諧，促進祥和的社會。 ◎掌握公立學校的教育品質，維護幼兒教育的正軌，對私立幼托機構亦有監督的功效。

㈢建議策略與具體措施

根據問題現況、綜合問卷調查與焦點座談、深度訪談結果與國外相關政策措施，整理提出改進策略與具體措施，並建議分階段實施，茲說明如表7-5。

表 7-5　實施國教向下延伸一年政策的階段性具體作法

	政策改進或新增	
	近程	中、長程
策略	擴大接受「國教向下延伸幼兒教育計畫」的適用對象。	全面實施國教向下延伸一年。
具體措施	◎提供滿五足歲之低收入戶、新住民、單親家庭及緊急危難家庭子女，免費接受公立幼托園所大班教育，私立幼托園所比照公立幼托園所學雜費補助。 ◎建議分三個方向兩個階段進行，偏遠地區缺乏公立幼托園所，家長社經背景較需協助，可優先辦理。	◎政府編列預算，對全國滿五足歲之幼童實施強制且免費的一年義務教育。 ◎循序漸進：先向下延伸一年到大班。 ◎融合教育：身心障礙或發展遲緩兒童，基於照顧弱勢及早期療育成效，可優先辦理。 ◎提高對國教班的補助經費，落實國教向下延伸一年計畫。
佐證資料	在「國民教育向下延伸一年政策分析之研究」結果顯示，對國教向下延伸一年的目的中，認為「促進幼稚園（托兒所）和小學之順利銜接」和「減輕家長經濟負擔」是最重要目的（蔡佳純，2004）。	◎瑞典國會於一九八五年宣布所有介於十八個月到學齡前的兒童，最晚於一九九一年一定可以進入日間照顧學校，部分時間的學齡前團體，或是開放的學前學校等學齡前的托育機構。在此刺激之下，瑞典的出生率大幅提高（葉郁菁，2006）。 ◎美國政府撥放五年七十億美元的經費投入幼兒義務教育。

（續上表）

	政策改進或新增	
	近程	中、長程
專家建議	◎政府應提供各項的補助，以減輕教育、經濟的負擔。並且因兒童會把他家庭的問題帶到學校來！所以教育應結合社會政策，實行更多元的一些社會福利政策或措施，加強學校的社會工作。針對特殊對象應有更精緻、具體的一些作為，如成立外籍配偶服務中心、對高風險家庭提出緊急救助，及目前有提出的教育優先區補助等作法。這是針對目前高教育、高水準的人不願意生，中低或者其他特殊教育的生較多的現象的改善辦法。 ◎對生育的補助因為對高所得的家庭幫助不大，只會鼓勵中、低收入戶家庭，但中、低收入戶卻常無法提供良好的家庭教育環境。 ◎實施國教向下延伸一年有其急迫與必要性，因為目前幼托機構未能整合，立案標準與師資差異太大，許多父母根本搞不清楚期間的差異標準，更不懂對孩子的發展與學習有何影響，造成幼兒受教育的差異頗大，政府有責任為社會做學前教育品質的把關。	◎優質的幼兒教育機構，國教向下延伸一年，能有效結合社區發展良好的社區親子活動，建立社區推展親職教育方案，讓年輕夫妻及即將為人父母的家庭有方便的教育學習與諮詢管道，能建立年輕夫妻養兒育女的信心。

表 7-5 國內可行的政策措施與具體作法，研究建議藉由「扶持五歲弱勢幼兒及早教育計畫」先擴大提供經濟弱勢的五歲兒童免費就學機會，改善教保品質，提供優質的受教育環境，再逐步規劃國教向下延伸一年的配套措施 。

二、發展閒置教室資源有利性

㈠現行政策現況（表 7-6）

根據世界人口行動計畫（United Nations, 2000）與國際人口與發展會議決議：我國永續人口政策的訂定，應與美國及聯合國的主張相同，一九九五年美國總統頒布十五點國家永續基本策略方向中，其中第十四點為永續人口之策略方向，強調資源永續利用，因此，各國人口政策應著重於資源有利性的增加，而非著重於量的增加，各縣市政府應配合政府推行永續生活型態，以推廣永續校園之政策。因此，重視已出生孩子的教育品質，讓家長有信心生孩子，是當前政府要加強的方向。

目前並無法令明文規定閒置教室的使用條例，但是許多學校或園所會針對校園內其父母無法接送的幼童給予課後照顧的服務，利用校內閒置的教室進行課業輔導服務，若是能建立完善的系統，對於減輕父母照顧方面的負擔有著很大的益處。

㈡國外的作法

目前世界各個已開發國家大都面臨到少子女化、生育率下降等人口問題，逐年衰減的幼兒人口造成許多幼兒園所面臨招收不足的命運。因此，許多園區內的空間使用率下降，造成無謂的資源浪費。在東亞國家中，日本的少子女化問題相當嚴重，從一九八二年起至二○○七年連續第二十六年下降；至於總人口中的兒童比例，也創下歷史新低，只有 13.6%，是連續三十三年遞減。兒童比例的減少直接影響到就學人口，因此日本各地的學校都在思考要如何處理這些閒置的教室。在許多案例中，學校讓閒置教室保持開放，或改做他用。儘管在自己的座位上吃午餐是項傳統，但許多日本學校將閒置教室改成午餐室，讓不同年級的幼兒可以一起用餐。教育人士指出，這個作法很重要，因為今日許多日本兒童來自於小家庭，少有機會與不同年齡的小孩一起互動。如能透過每日午餐時間交流互動，自然能提升學童人際相處能力。

表 7-6　發展閒置教室資源有利性政策的問題背景現況分析

政策	發展閒置教室資源有利性
現況問題	◎班級數減少，產生閒置設備。 ◎大都會區土地寸土寸金，私人辦學困難重重，租用工廠或農業用地搭建鐵皮屋作為教室，或大樓一樓及地下室充當教室，或共用大樓公共資源空間或鄰近公園作為幼兒的運動場所，幼兒安全問題重重。 ◎國小幼兒並非週間均上全日，小學運動場所有許多閒置時段，幼兒上全日加上課後留園，幾乎是每週五日，每日上學超過十一小時。
具體措施	◎學校經營之改變、小型學校經營方式的評估與規劃。 ◎重視學校對外關係，提升學校效能，追求服務品質。 ◎校長領導方式的改變，建立學校特色。
佐證資料	◎在「人口少子女化對國民小學教育發展影響之研究」，人口少子女化對國民小學整體發展衝擊層面之分析中，就學校經營層面而言，提到少子女化會造成「學校閒置設備的產生」。 ◎在「人口少子女化對國民小學教育發展影響之研究」人口少子女化對國民小學整體發展衝擊層面之分析中，就改變學校經營方式，重視學校行銷，建立學校特色的部分，建議可以進行「學校經營的改變，小型學校經營方式的評估與規劃」、「重視學校對外關係，提升學校效能，追求服務品質」及「校長領導方式的改變，建立學校特色」（蔡佳純，2004）。
專家建議	◎國中、國小空餘教室再利用，校中有校，幼兒實驗學校模式值得參考。 ◎國中、國小學校操場與室內體能活動空間的釋出，學校場地多功能、多層次使用，不但提高學校空間的使用價值，更增加幼兒有安全的戶外活動、運動場所。 ◎校園閒置教室資源充分運用，校中校模式能提供幼兒有健康寬敞的活動空間，能給予幼兒正軌的學習成長環境。

㈢建議策略與具體措施

根據問題現況、綜合問卷調查與焦點座談、深度訪談結果與國外相關政策措施，整理提出改進策略與具體措施，並建議分階段實施，茲說明如表7-7：

表 7-7　發展閒置教室資源有利性政策的階段性具體作法

	政策改進或新增	
	近程	中、長程
策略	◎擴大閒置教室的使用。 ◎學校社區化。	舉辦「發展閒置教室資源有利性」方案創意競賽。
具體措施	◎夜間普通班教室也開放民間團體租用，從事社會文教活動或安親服務。 ◎各縣市制訂「發展閒置教室資源有利性」方案實施與獎勵辦法。 ◎利用閒置教室於課後時間舉辦活動，增加兒童人際互動機會。 ◎制訂活用設備深耕社區比賽辦法，落實學校社區化。	◎訂定「發展閒置教室資源有利性」方案創意競賽辦法。 ◎從各縣市執行，逐步發展閒置教室資源有利性。
佐證資料	◎在「人口少子女化對國民小學教育發展影響之研究」的國民小學教育發展對人口少子女化之因應策略之分析中，認為學校閒置教室可轉型作為專科教室、社教場所、外租或作為特色學校、公辦民營學校或另類學校（陳怡婷，2005）。 ◎日本學校將閒置教室改為午餐室，促進兒童與其他同儕交流互動。 ◎「西門新象：一所老校新生的故事」，內容具體說明他如何活用設備深耕社區，其落實學校社區化的成功作法，值得大家前往觀摩學習。	透過觀摩，各校展開創意應用，當各校表現都如同台南市西門國民小學有傑出點子成功發展各校特色時，閒置教室資源有利性的發展目標也同時達成。
專家建議	◎公私立企業提供完善的托育服務，以利家長專心工作，因強制性不足，執行上有其困難度。 ◎健全的育嬰福利措施，能鼓勵生育意願。	公立學校提供寬敞的校園，辦理優質的幼兒教育，能有效結合社區發展良好的社區親子活動，提供社區教育諮詢，建立社區推展親職教育方案。

表 7-7 說明國內可行的政策與具體作法若能藉由閒置教室的使用，擴大兒童照顧養護的服務，對於人口政策的永續發展將有實質的助益，同時也會減少因父母忙碌而無法照顧的課後流浪兒的社會現象。

三、提升幼教師資品質

㈠現行政策現況（表 7-8）

檢討現階段之幼教師資品質相關問題，可歸納如下：

1. 相關機構設立後，其性質與主體功能未符：坊間幼兒機構性質者眾，以其機構應依設置性質及功能予以區別，惟其人力配置、設備、實施內涵、品質等，於基本條件顯有差異。
2. 幼稚園教師宜「質量兼備」以提升教育品質：目前五歲幼兒之教育工作，由教師擔任，惟現場因私立幼稚園薪資、福利、待遇等制度之未臻完善，導致合格教師流失，實屬師資培育之浪費；至現行充斥職場之現職未具合格教師資格者，因直接影響幼兒教育品質，其素質之提升、資格之強化，亦屬刻不容緩的議題。
3. 幼教機構之服務品質必須改善：公幼普遍附設於國民小學，於下午四時放學，相似於國小低年級半日制學制，其邏輯思考似非合理；其次，私立幼托機構雖能因應家長需求延長收托時間，惟仍普遍存在另行收費、環境設備不一、工作人員薪資、福利偏低等現象。

自一九九〇年以來，對於幼兒園教師資格之要求已提升至大專學歷，可是政府對於幼教師和現場工作環境缺少全面性的政策援助，致使幼教師的地位低落，缺乏自身專業角色的認同感（戴文青，2001）。

表 7-8　提升幼教師資品質政策的問題背景現況分析

政策	提升幼教師資品質
現況問題	◎公私立幼教老師薪資待遇差別太大。 ◎公立幼稚園近 100%為合格教師；私立幼稚園合格教師比率約為 46%；至於公私立托兒所人員則悉依兒童福利專業人員資格要點規範，現職保育人員必須修畢幼教師資職前課程，方具教師資格。 ◎幼兒人數減少，師資市場供需失衡。教師缺乏退場機制。 ◎師資培育與檢定的標準化評量及規準建立不全。 ◎師資培育內容與實習制度流於工具取向（戴文青，2001）。 ◎私立托兒所、托育中心、補習班等到處林立，聘用不具教育專業之外師，雇用不具資格之教師、保育員等，甚至雇用付時薪的工讀生，殘害幼兒身心，托育機構問題叢生。
具體措施	◎平衡公私立幼托園所老師的薪資。 ◎提高私立幼稚園老師合格比率為 100%。 ◎推動教師證照、評鑑、修正教師退休制度、淘汰不適任教師。 ◎根據職場老師需求能力，規劃師資培育機構的課程目標。 ◎建立標準化「幼稚園老師應有教學能力評量指標與工具」。
佐證資料	◎在「人口少子女化對國民小學教育發展影響之研究」人口少子女化對國民小學整體發展衝擊層面之分析中，就師資供需層面而言，提到少子女化會造成「幼兒人數減少，師資市場供需失衡」以及「教師面臨超額問題，教師感到惶惶不安」、「師資人力缺乏流動、新陳代謝產生落差，影響教育品質」。 ◎在「人口少子女化對國民小學教育發展影響之研究」，人口少子女化下國民小學教育發展之因應中的師資供需失衡之因應策略中，提到可以推動教師評鑑制度、修正教師退休制度、淘汰不適任教師。 ◎在「幼托整合方案下托教人員專業能力指標建構之研究」中，研究者建議教育行政機關「宜推動托教人員證照制度」（林瑋茹，2003）。 ◎在「幼托整合方案下托教人員專業能力指標建構之研究」中，研究者建議師資培育機構「宜設計多元認可課程」，以符合各資格認可學程規劃目的與課程，滿足托教人員專業發展的需求；以及「宜設立評鑑原有課程與資格認可學程的機制」，透過師培機構中的研究單位，持續評估與追蹤這些課程的成效，以保障師資的品質（林瑋茹，2003）。

（續上表）

政策	提升幼教師資品質
佐證資料	◎在「幼托整合方案下托教人員專業能力指標建構之研究」中，研究者對托教人員專業能力建構部分，建議師資培育機構應用「幼托整合方案下托教人員專業能力指標體系」，以規劃未來托教人員培育課程內容，以符合各資格認可學程規劃目的與課程；並透過師資培育機構中的研究單位進一步評估與改善「幼托整合方案下托教人員專業能力指標體系」（林瑋茹，2002）。
專家建議	◎政府應多補助經費給老師，如果幼稚園跟保母的薪水很高，他有一份很高的收入，便有一份很高的尊嚴，就會願意去付出，就不會發生虐童等事件；幼教薪資的低落，最需要補助。 ◎幼教的薪資偏低，並且目前公托的保育員，多轉到了公所或行政單位，現任公托很多保育員都是臨時人員或聘僱人員。且因聘僱牽制到勞保契約問題，大概都不用聘僱，所以大部分都請臨時日薪的。 ◎統籌幼教相關業務（戴文青，2001；許玉齡，2004），此外，簡楚瑛（2001）曾指出，可由教育部和內政部聯合設立「中央幼教委員會」，來共同處理幼托的事務。 ◎除了依據實際需求增加和更新師資培訓內容之外，更要落實教師實習制度，以確保教保師專業能力之培養（陳惠姿，2002）。 ◎研訂一套客觀公正的幼托園所教保師之教師評鑑制度，進行獎勵或定期追蹤輔導。 ◎建立教保人員證照分級制度，同時規劃分級要求的專業能力與課程、符合分級的福利待遇、暢通進修管道及升等檢定辦法等，來提升幼托人員的素質。 ◎政府有責任為家長做幼托機構師資之把關，大多數的家長仍搞不清楚幼稚園、托兒所、托育中心、安親班、補習班等有何不同，教師與保育員的資格有何不同，更不會要求要查證照顧他的小孩者是否為合格教師或是合格保育員。

㈡國外的作法

1. 師資培育：師資的品質是一項決定性因素，影響幼兒教育的品質，並影響幼兒日後的發展。然而，幼兒教育卻時常因為幼教師所獲得的地位及薪資偏低，而無法獲得良好推廣。從英國政府人力資源策略（DfES, 2005）和新修訂的兒童人力發展協調會中，即可看出英國政府在幼兒教育上的重視。但事實上，許多幼教師資無法勝任這項工作，特別是在民營及志願性質幼稚園，並且非教職的行政人員薪資更為低廉。因此，如何確實的評估幼教師資的適任性，並賦予他們合理的薪資及地位是當前重要的課題之一。

以德國幼教師資培育制度為例，幼教人員的角色，在於「保育」以及「教育」，幼師的培育重視從工作中學習，中學畢業後，先到兒童日間照護機構實習一年，才能報考社會教育職業學校，進入師資培育管道，畢業後通過考試才能列入國家認可的保育員。此外，幼稚園主管需要有相關的工作經驗和社會體系工作專業學院的學位，強調必須具備實務經驗，較能去體會未來的工作意義及減少中途轉業的困擾。這項舉動可以確保幼教師的人員，免於造成人才浪費的情形。德國的學前教育人員有幼師、幼護師、實習年幼師、學前實習生等四種。惟幼師社經地位及薪資較差，且目前仍然以女性幼教人員為主（Borman, 2006）。

芬蘭的早期兒童教育系統是五個北歐國家中最為傳統的。教師培育課程長達三年，且設定在大學程度。芬蘭的早期教育教師們通常任教於幼稚園和托育中心，主要對象是三至六歲的兒童。然普遍而言，在目前的幼稚園和托育中心裡，專業幼教師比例僅佔兩成，有一成是社工人員，剩下的七成則是受過幼教職業培訓者，具備高中以上學歷（Borman, 2006）。

瑞典的傳統幼教師資培育已納入大學和中等教育師資培育中。而在二〇〇〇年實施的師資培育改革方案中，幼教老師必須完成三年半的培育，以取得在幼稚園、課後中心及托育中心任教的資格。現今的瑞典幼教師培育是依據一般綜合大學模式，與一般課後教師類似。而一般的小學教師也是由綜合師範學院產生。然而，中等及高等教育教師培育課程又與小學及幼教師資培育課程大不相同。小學及幼教師資培育強調教育學觀點和兒童的發展特性，而中高等教育師資培育著重在學科及課程本身。在師資培育改革後，閱讀寫作及算術等科目新增至國民教育課程中（Borman, 2006）。

2. 幼教師社經地位及薪資提升：由於薪資待遇低，國外許多國家的幼教人才流失現象非常嚴重。根據美國史丹福大學教育學院院長 Stipek 博士的研究，美國每年有至少五分之一的幼兒園教師離職。Stipek 博士也指出美國幼兒園教師素質良莠不齊；此外，他也認為幼兒園教師的收入與其素質有關，一旦教師素質提高，他們的收入也自然增加。美國幼兒園教師有許多尚不具備教師資格，持有的是其他專業的學位。美國幼兒園教師資格證書是由各州政府發放，統一的標準是：申請者除修完必修的專業課程和實務學習外，尚需參加 Praxis 考試。針對幼兒園教師的 Praxis 考試有三大部分：基本技能、教學基本原理和早期教育，其中基本技能又可分為閱讀、數學和寫作。美國政府目前大力倡導幼兒園教師在工作之餘，進入大學研修課程，進而考取教師資格。許多州已經開始藉由提高福利、待遇來鼓勵幼兒園教師取得教師資格。

㈢建議策略與具體措施

根據問題現況、綜合問卷調查與焦點座談、深度訪談結果與國外相關政策措施，整理提出改進策略與具體措施，並建議分階段實施，茲說明如表 7-9：

㈣國內可行的具體作法

在台灣，幼教師除了在公立幼托園所外，大致上來說待遇普遍都不高，不過由於近年來幼兒教育的專業性受到重視，社會對於幼托的需求，因此對於幼教師的資格、證照、專業素養，與相關法令，都需要政府當局制定明確的條文來保障和規範幼教師。

表 7-9　提升幼教師資品質政策的階段性具體作法

	政策改進或新增	
	近程	中、長程
策略	◎重新整合幼教資源，設法提高私立幼教老師薪資。 ◎由政府舉辦「提升幼教師資品質說明會」。 ◎培養幼師第二專長。 ◎控管師資培育通過的幼教師資品質。	◎制訂教保師資培育辦法。 ◎提高私立幼稚園老師薪資。 ◎擴增教保師在職進修的管道。 ◎建置教保師評鑑制度。 ◎訂定教師分級制，讓教師的專業成長有升等機制，建立輔導教師，落實教師輔導系統。
具體措施	◎制訂安親班待遇給付辦法。 ◎規定所有公私立幼托園所，所有受聘老師都需領有合格幼教人員執照。 ◎提升幼師專業能力。 ◎幼師應培養溝通輔導能力。 ◎增加幼師對特殊教育的知能。 ◎調整課程內容與教學方式。 ◎實習幼兒根據「幼稚園老師應有教學能力評量指標與工具」每天每週舉證自評，透過形成性實作評量，建立教學檔案，由幼稚園輔導老師與大學指導老師共評教學檔案，成績及格者，取得實習教師資格。 ◎具實習教師資格者得參加教學試教複試，評審老師根據標準化「幼稚園老師應有教學能力評量指標與工具」，評量試教者教學能力表現，評分者間信度在 75% 以上時，達到一致性，且成績及格者，通過試教複試，取得教師資格。	◎由教育大學與師培中心規劃教保師資培育與在職進修課程。 ◎政府提供私立幼稚園老師課後輔導津貼。 ◎舉辦各種與幼教相關的研習營，如新的教材教法、心理輔導、班級經營等專業知能。 ◎建立評鑑制度並由政府成立專責評鑑機構進行評鑑工作，同時針對評鑑結果進行獎勵或追蹤輔導。

（續上表）

	政策改進或新增	
	近程	中、長程
佐證資料	◎在「幼托整合方案下托教人員專業能力指標建構之研究」中，研究者建議教育行政機關「宜建立幼教政策對話機制」（林瑋茹，2003）。 ◎在「幼托整合方案下托教人員專業能力指標建構之研究」中，研究者在托教人員專業能力部分，建議「宜辦理研討會議或相關進修，促進幼兒教育體系與社會福利體系的人員交流」。 ◎在「人口少子女化對國民小學教育發展影響之研究」人口少子女化對國民小學整體發展衝擊層面之分析中，就教師教學與幼兒學習而言，歸納研究提出因為少子女化後，大都僅有一、兩個孩子，形成獨生子女增多的情形，這些獨生子女在個性上可能比較嬌生慣養、霸道，因此「獨生子女增加，教師教學壓力增大」，教師不論是在教學、師生互動或親師互動上都需要調適。 ◎在「人口少子女化對國民小學教育發展影響之研究」人口少子女化對國民小學整體發展衝擊層面之分析中，研究者建議要「調整課程內容與教學方式」、「提升教師自我專業能力，加強教師進修」。 ◎在「幼稚園本位在職進修與幼教師專業成長之研究」對幼稚	◎在「人口少子女化對國民小學教育發展影響之研究」中的人口少子女化對國民小學教育發展的新契機之分析中，就教師教學與幼兒學習層面而言，提出少子女化應該要「促進教師教學競爭，提升師資品質」。 ◎在「人口少子女化對國民小學教育發展影響之研究」在師資供需失衡問題之因應策略中，研究者認為在師資培育政策部分，應轉變師資培育對象為現職教師，變成是一種在職訓練。 ◎在「人口少子女化對國民小學教育發展影響之研究」的國民小學教育發展對人口少子女化之因應策略之分析中，認為要提升教師專業能力，加強教師進修。 ◎國家可以從供給面，提供合格的、立案的私營機構，聘用高學歷師資的相對經費補助，這也是另一個協助機構提升幼托品質的方式（葉郁菁，2006）。 ◎一九七二年在英國的「師資教育與訓練」的報告書中，揭示建立教師在職進修的重要性。 ◎美國政府目前大力倡導幼兒園教師在工作之餘進入大學研修課程，進而考取教師資格。

（續上表）

	政策改進或新增	
	近程	中、長程
	園本位在職進修的方式，建議可以「與其他園所合作的幼稚園本位在職進修」、「種子教師可以是幼稚園自行設立的教師分級方式」、「幼稚園本位在職進修的研習內容必須經過規劃，有系統的進行」與「幼稚園本位在職進修的方式應該更多元化，增加與外界交流的機會」（巫鐘琳，2006）。 ◎瑞典改革師資培育課程內容，提高教師專業素養（Borman, 2006）。 ◎美國建立師資認可制度來提升師資水準（Burks, 1988）。	
專家建議	◎幼師應培養溝通輔導能力為第二專長，在對同事及家長的溝通方面，應更有技巧，以正確傳達訊息，並避免糾紛。 ◎現在國幼班老師多代課老師，合格幼教老師工作不穩定；應在幼教師資的學程增加第二專長，可轉任一般國小教師。 ◎政府應對幼師回流教育，幫忙受訓特教相關知能，以配合早療及融合教育。 ◎加強幼師多元文化的認識了解跟對特教幼兒特殊處理的一些觀念作法，以免因外籍配偶的孩子及特教幼兒會增加負擔，而有消極排拒的措施。	◎未來幼兒園朝向公辦民營，以非營利事業機構來辦理，或是由數個教師共同經營，都將依教師法或納入工會由相關法規規範。幼托園所的師資培育，採用相同的培訓標準。 ◎政府應研訂一套客觀公正的幼托園所教保師之教師評鑑制度，進行獎勵或定期追蹤輔導。

四、強化家長親職教育

㈠現行政策現況

繼「兒童教育與照顧法」於二〇〇七年一月二十四日公布以來，其內容對於家長的參與事項有了明確的法條規定，明定了家長參與的權利義務，以及對於未成立家長委員會的幼托園所予以處罰。這些都在強調親職教育的重要性，幼托園所必須提供家長有關教養的知能，才能使其子女有健全發展的父母（表 7-10）。還有過去對外籍配偶的輔導，太側重於辦理活動。

表 7-10　強化家長親職教育政策的問題背景現況分析

政策	強化家長親職教育政策
現況問題	◎社會變遷快速，科技日新月異，家長面臨求職與經濟壓力，缺乏教育子女知識，以自己舊經驗與成長背景來養育教育小孩，迷失於功利主義與認知導向。 ◎認知、才藝與美語為教學導向的幼托機構及補習班到處林立，幼兒被迫忍受不喜歡的學習，家長不懂，花大把鈔票讓自己的孩子受害卻不自知。 ◎雙薪家庭，父母工作時間長，假手外傭照顧扶養、隔代教養等現象與日俱增，親子關係疏離，幼兒教育問題層出不窮，值得憂心。
具體措施	◎加強親職教育，輔以家庭教育。 ◎父母學校親師懇談會與親職教育講座，政府應明訂憑參加證明任職機關核予公假。 ◎政府應有幼托機構與補習班之專責管理機構，並應訂定相關取締辦法與罰則，以保障保護幼兒的學習與成長。 ◎明訂親職教育假，讓父母能兼顧工作與照顧養育子女之責。 ◎強制規定父母應參與子女的學校活動基本時數。
佐證資料	在「兒童教育與照顧法」中明訂家長參與學校相關事務的權利義務。

（續上表）

政策	強化家長親職教育政策
專家建議	◎加強親職教育，針對衝突及不同家庭需求做協調處理。並且因家長給孩子的壓力，會影響孩子在學校裡面各種的行為或態度，所以政府應執行強制性的親職教育、全面的去提升親職教育。 ◎在親職教育的部分，幼師可加強家長教育的訓練，讓家長可有較好的成效與技巧對待他的孩子，以彌補現代家長與孩子互動少的缺憾，實質上提升親子互動的品質。 ◎加強親職教育可建立家長對教育正確的觀念，以選擇能真正依照孩子能力適性發展、優質的幼稚園，使正常運作的園所得以生存。 ◎加強親職教育應輔以家庭教育，彌補現在愈來愈薄弱的家庭功能。 ◎請了解什麼才是孩子最合宜的教育方式。

㈡國外的作法

學校、家庭及社會，三者之間互動所造成的整體教育環境，對兒童的發展與學習，具有決定性的影響力。在家庭之中，父母擔任子女第一人的位置，也扮演著啟蒙老師的角色。因此，舉凡學前教育準備以及入學後的持續關懷與輔助，都會影響兒童學習與成長。早在一九六〇年代，美國社會學家 J. Coleman，從一項全國性的研究調查中，即發現各學校之間幼兒成績的差異，大幅反映幼兒家庭環境的差異（Coleman et al., 1966）。

與家長達成良好合作關係是教育的關鍵因素之一，家長應被視為兒童的啟蒙教育者，並帶給兒童長久的影響；因此，加強家長親職教育是強化兒童學習及發展的重要關鍵（DfES, 2003）。在國外的親職教育已有長遠的歷史，在二十世紀初，Magaret Mc Millan 即在其創辦之托兒所，針對家長團體設立專業課程。到了一九六〇年，親職教育的對象轉變成針對學業成就較差子女之家長，並且，參與親職教育成為一種補償性質的活動。近幾年來，大眾對於親職教育的參與模式已從補償性質轉變成積極參與的態度。近二十年中，英國政府大力鼓勵學校與家長合作，在一九九八年的教育改革法案中特別強調，學校必須提供家長自由選擇的權利，而且在一九八九年的兒童法案中也特別介紹了家長之責任。現今的學前教育範疇也不僅局限於幼兒的教育及保育部分，還包括提供家長必要的協助以及健康諮詢、親子管理等幫助。例如在Thomas Coram兒童中心裡，安排每週兩日的諮詢服務，家長可以向心理治療師或輔導人員詢問子女管教問題，以及其他在教養子女所面臨的問題。實施以來，成效非常良好，家長參加比例高達93%。

以美國起頭方案為例，美國考量移民者經濟不佳，無法提供第二代良好教育及營養條件，勢必影響美國三十年後的國民素質與國力，因此結合教育、社工、衛生營養等領域專家，規劃起頭方案。實施主軸再教育，更結合家庭親職功能與衛生營養整套方案。另外，在美國，成功的親職教育專案尚有美國密蘇里州的親師專案（Parents as Teachers, PTA），實施範圍相當廣泛，遍及州內30%的家庭教育，以及五百四十三個州內學區。在此專案中，專業的教育人員提供家長如何培育及教育幼兒的課程，這些課程的目標就是為了奠定日後學前教育的基礎，以及提高語言、致力發展，並藉由活動提升學童的求學好奇心及社交能力。在一九八五年，學者將三歲的受測幼兒與未接受此專案的幼兒一同做研究，研究結果更加肯定了親師專案對學童及家長的正面幫助。由於測試結果的成效卓越，親師專案獲得密蘇里州和地方上的經費補助。自一九八五年至今，已經培育出一千五百位親師教育員，並持續的提供親師相關的專業協助。

另外，歐洲國家對提升學童家庭環境、強化親職教育也不遺餘力。英國政府從一九九二年推行「開始閱讀」計畫（Book Start），讓英格蘭省的每名一到四歲的嬰幼兒獲得免費的書袋。未來三年，英國政府將透過衛生所的健康顧問等個人或團體，並委託公益組織「閱讀信託組織」（Book Trust）發送四百五十萬個書袋，並透過衛生所的健康顧問、「確保啟動」中心（Sure Start Center）、兒童圖書館和其他托育中心送書袋，將九百萬本書送給英格蘭省的嬰幼兒，希望父母為小孩閱讀。此項計畫主要目的是為了協助幼童的早期溝通和語言、社交和情緒發展，並鼓勵家長為自己的小孩閱讀書籍、故事和童謠。「開始閱讀」也鼓勵家長帶小孩利用地方圖書館，喚醒大眾關注成人識字問題，並提供各種教育服務。

㈢建議策略與具體措施

根據問題現況、綜合問卷調查與焦點座談、深度訪談結果與國外相關政策措施，整理提出改進策略與具體措施，並建議分階段實施，茲說明如表7-11：

表 7-11 強化家長親職教育政策的階段性具體作法

	政策改進或新增	
	近程	中、長程
策略	修訂「親職教育輔導辦法」。	規定公私立幼稚園建立親師互動平台。
具體措施	◎鼓勵所有公私立幼托園所每學期辦理一場以上的親職教育，列入政府補助的參考條件之一。 ◎針對不同族群的家長設計不同的時間和議題形式。 ◎政府應鼓勵父母參與學校基本時數，鼓勵核予公假。 ◎實施幼托整合政策與相關配套措施。 ◎核定親職教育假，讓父母能兼顧工作與照顧養育子女之責。	◎建立電腦網路親師互動平台。 ◎建立實體親師互動平台，公告、才藝活動、家長聯絡簿等。 ◎訂定評鑑辦法與獎勵、罰則，以保障幼兒的學習與成長。 ◎強制規定父母應參與子女的學校活動基本時數。
佐證資料	◎凡是參與親職教育者可獲得積點，作為政府核發各項補助的參考，可以有效鼓勵家長參與，有效推動親職教育，減少子女教育問題。 ◎實施親職教育，可以強化國家親權責任、社會化行為、道德行為與自我控制等四功能（曹光文，2006）。 ◎美國密蘇里州的親師專案，提供幼兒教育、保育方面專業課程。 ◎英國政府推行「開始閱讀」計畫，提倡親子共讀的活動。 ◎美國親職教育類型中的父母效能研討班實施兒童與青少年之心理輔導與理論的課程（何秀珠，1983）。	

（續上表）

	政策改進或新增	
	近程	中、長程
專家建議	◎外籍配偶的輔導，應請幼教老師或國小老師提供諮詢為主，不能太側重於活動或者研習。 ◎對於危機家庭子女、偏遠的、隔代教養子女達到一定比例的教育優先區，提供教育部的專款補助來額外協助後段幼兒，進行育成專案（由大幼兒來輔導小幼兒的課業）。 ◎可與民間合作，如台南後逸文教基金，會針對窮困家庭中的子女，一星期五天，每天兩小時的課業輔導；暑假期間，也再做加強；並利用育成專案，輔導這些弱勢家庭的子女。 ◎鼓勵幼兒園推展親職教育，提供補助經費給幼兒園辦理親職教育活動，讓年輕夫妻對養育教育子女有信心與方便的諮詢管道，更是鼓勵生產的良策。	◎在二到六歲之間建立良善互動的親子溝通模式；建置為人父母責任與幼童教養經驗的相關學習課程、教材與資源網絡等，作為成人終身學習與生涯進階學習的要項，以降低小家庭與雙薪家庭父母的無力感或覺得失望無助。 ◎政府若能學習日本東京，設立一座親子博物館，讓年輕父母除了幼托機構外，有一處能提供○到六歲幼兒電影欣賞、樂器演奏、欣賞戲劇、借閱圖書、塗鴉捏陶創作、騎車、運動等之博物館，收費便宜、設備豐富、器材先進，讓年輕父母有一處多重選擇且能親子同樂的地方，更是親職教育諮詢中心，不但能鼓勵生育，更是幼兒的福氣。

㈣國內可行的具體作法

幼托園所必須加強親職教育，如定期舉辦校內說明會、才藝表演活動、發刊校內通訊、舉行家長成長團體相關課程，並藉由這些活動來加強親子和親師之間的互動。

五、擴大公辦民營政策

㈠現行政策現況

由於現代父母對於幼托品質的高要求，一般的公立幼稚園數量較少，這種供需失衡的現象促使公辦民營幼托園所的成立勢在必行。雖然政府部門對公辦民營之幼托園所進行評鑑，各縣市政府也都成立遴選委員會，但是現今評鑑制度有許多缺失，對於評鑑結果的可信性，仍抱持存疑的態度，委員會內成員的組成是否適當、專業能力是否足夠，都是政府在委託公辦民營時所需思考的課題（表 7-12）。

表 7-12　擴大公辦民營政策的問題背景現況分析

政策	擴大公辦民營政策
現況問題	◎托兒所公辦民營引起私營業者焦慮不安與反彈。 ◎私人有專業、有熱心辦學，因土地房屋取得不易，資金不足，無法投入辦學。 ◎私立幼托機構投入土地房舍與資金熱心認真辦學，因經濟壓力，專業合格教師留不住，經常異動，造成幼兒流失，面臨關門。
具體措施	◎釋出公家空餘建築與園舍，以公設民營方式，鼓勵專業有心人士辦理幼兒園。 ◎提供高額辦學優質獎金。 ◎提撥私營辦學貸款方案。 ◎制訂公辦民營之監督、評鑑、獎勵辦法與罰則。
佐證資料	◎李怡萱（2004）在其研究中指出，公辦民營的幼托園所是解決公立幼托園所不足以及提升幼托品質的方法之一。但是在實施公辦民營政策時，對於幼托園所的設備、師資、評鑑等方面的配套措施，也需政府事先規劃。 ◎幼托園所委託民營並非是政府卸下教育重責，雖然委託專業教育在公辦民營政策中是不可或缺的條件，但是在制度的規劃上，政府卻不得不慎重（許玉齡，2004）。

（續上表）

政策	擴大公辦民營政策
專家建議	◎認為政府推動非營利化托育制度，最好的作為是規劃優質、近便且收費合理之公辦民營托兒所，個人認為是可以形成政策，但因為政府目前不可能釋出空餘土地以興建校舍，還是必須利用現有閒置之設施。例如：提供誘因鼓勵民間企業單位辦理附設托兒所、國小空教室釋出可採用公設民營方式辦理幼稚園、托兒所。 ◎政府提供學校內的閒置教室、公共空間或在私人財產空間，鼓勵成立大型、政府核可的民營社區托育中心。 ◎已從業社區附近幼稚園人口也相當多，設立新的公辦民營或公辦托兒所，會引起現有民營業者非常大的反彈。 ◎現在因托兒所要轉型公辦民營，保育員出缺時便不再招考，是用約僱人員或臨僱人員，影響幼保品質；執政者要按正常程序進行公辦民營，否則會影響經營成效；公辦民營的幼稚園的確可能因搶走私立業者的飯碗，而引起反彈。 ◎制定公辦民營的獎勵與罰則辦法能有效鼓勵優質辦學。

㈡建議策略與具體措施

根據問題現況、綜合問卷調查與焦點座談和深度訪談結果，整理提出改進策略與具體措施，並建議分階段實施（表 7-13）。

㈢國內可行的具體作法

現今台灣的父母非常重視子女的教育問題，對於幼托園所的需求和要求也愈來愈高，有些父母甚至對公辦幼托園所的服務不滿意，因此坊間私立的幼托園所也如雨後春筍般的來分食幼教這塊大餅。若這些私立幼托園所能在政府機制的管理之下，讓幼兒獲得良好的受教環境，同時滿足家長的需求，對於協助育兒是有很大的助益。

表 7-13　擴大公辦民營政策的階段性具體作法

	政策改進或新增	
	近程	中、長程
策略	◎修訂「公辦民營幼托園所辦法」。 ◎修訂「公立學校課後輔導辦法」。 ◎修訂「幼托園所立案辦法」。	訂定「公辦民營幼托園所獎勵及評鑑設置辦法」。
具體措施	◎企業附設的幼稚園托兒所與安親班，比照「公辦民營幼托園所辦法」，可退稅。 ◎規定各校排定課後輔導課程，並由各校老師擔任課輔老師。 ◎修訂現有不利於幼托園所立案之辦法。	◎利用公家閒置土地資源，由企業進行公辦民營幼托園所的經營，前五年免徵企業幼托園所營利事業所得稅。 ◎實施「公辦民營幼托園所評鑑」，評鑑績優的園所，政府提供獎金鼓勵園所發展特色。
佐證資料	◎擴大公辦民營政策有助於全面提升幼教品質。藉此能引進更多民間資源投資幼稚教育，並提升幼稚園經營效率，提供家長更多元選擇（黃以敏，2006）。 ◎由政府提供土地、建築、設備或其他資源，以公開甄選方式委由民間團體負責營運，這種經營模式，可兼得公辦與民營之優點，提升幼教效能，降低教育成本，保障教育品質，促進多元發展與良性競爭（李錫津，2004）。	
專家建議	◎由鄰近教保機構或單位提供分班服務，達成公私立企業照顧員工幼教托育之需求，安心工作，間接提高生育的意願。 ◎把家長當作顧客，由顧客的角度、需求考慮幼稚園的經營方法。例如，幼稚園提供課輔；幼師增加下課托育的時間，提供對幼童完整的、延續性的照顧，給家長一個安心課輔的地方，擴大幼稚園存在的價值跟規模。	在二到六歲之間建立良善互動的親子溝通模式；建置為人父母責任與幼童教養經驗的相關學習課程、教材與網絡資源等，作為成人終身學習與生涯進階學習的要項，以降低小家庭與雙薪家庭父母的無力感或覺得失望無助。

六、推動幼托整合政策（表 7-14）

㈠現行政策現況

自二〇〇七年一月起，幼稚園和托兒所整合後統稱「幼兒園」，並由教育部為其主管機關，如此一來，就不會造成幼托整合前「雙頭馬車」的現象，對於行政資源的整合運用也可以更加有彈性。

㈡國外的作法

關於幼兒教育與托育分開處理的不利之處，最主要的考慮是如果將幼兒教育與幼兒保育切割處理，將帶來負面影響，包括⑴園所提供之品質不均；⑵幼兒托育部分受到忽略；⑶女性工作機會受限等。Neuman 根據各國對兒童學前教育與保育政策分類做研究，發現少部分國家之幼兒教育與幼兒保育並未結合，恐將因為不同的師資培育方式、資金補助及課程規劃，而影響到學前教育的品質（Neuman, 2005）。國外的幼教系統最初也是將幼兒教育與幼兒保育分成兩個部門，但現今多將兩者整合（Educare Provision）。在英國，第一所融合幼兒保育與教育的幼兒園在一九七一年誕生，並且迅速成為幼兒早期教育的榜樣。英國政府也於一九九七年推行幼教高級中心專案，以鼓勵民間幼教組織能提供結合幼兒保育與教育的服務，以及提供父母親職教育的相關課程。

表 7-14　推動幼托整合政策的問題背景現況分析

政策	推動幼托整合
現況問題	◎政策的推行有賴於教育主管機關承辦人員的專業素養及編制充足人力，但無論在中央或地方，幼兒教育的相關業務並無專責機構統籌辦理，形成教育主管機關之人力不足，無法有效掌握各地方幼托園所的實際情形，亦無法確實推動幼托政策的執行（程祺，2006）。 ◎師資培育過程中之課程規劃尚未完全（程祺，2006）。 ◎師資之轉換、聘用及權益之保障與公平：由於公立幼托園所與私立幼托園所教保師的任用標準不同，加上法源不一，前者適用教師法、師資培育法，而後者適用勞動基準法，其公平性為其考驗之一（王珮玲，2005）。 ◎原有機構為符合（或抗拒）新法令所付出之成本（包括社會成本）偏高。例如幼托園所必須負擔統一名稱（幼兒園）後的招牌更新費用（程祺，2006）。 ◎大多數家長認為幼托課程標準之訂定，未符合世界潮流和家長期望，應由家長及園所決定。如，有些家長認為不應將英語教學一昧摒除，以免英語教學走向地下化，反而更無法掌控品質（程祺，2006）。
具體措施	中央與地方政府均應有幼托教育專責主管單位。
佐證資料	在「幼托整合方案下托教人員專業能力指標建構之研究」中，研究者建議教育行政機關「加速研擬幼托整合方案之配套措施」（林瑋茹，2003）。
專家建議	◎整合幼托園所應兼顧軟體與硬體之間的質量持續提升，著重照顧保育的創意學習建置。 ◎幼托整合後，家中若有横跨二至六歲的幼兒，家長勢必面對將孩子送至不同托育機構的問題，因此可以思索增加學制上的彈性，以符合市場需求（程祺，2006）。 ◎檢討各階段教育經費的需求與分配的適切性，提高幼教經費的補助（曾玉慧，2003）。 ◎以專業知識為核心課程，輔以實習、實務經驗的訓練，同時建立教保師進退場機制，提升教保專業形象（林璟玲，2005）。 ◎訂定專屬教保師的法規，使得教保師在薪資、福利方面有所保障（程祺，2006）。 ◎利用媒體、網路等網路平台，加強幼托整合的政策宣導，提供人民獲得相關資訊管道（段慧瑩等，2006）。

㈢建議策略與具體措施

根據問題現況、綜合問卷調查與焦點座談、深度訪談結果與國外相關政策措施，整理提出改進策略與具體措施，並建議分階段實施，茲說明如表7-15：

表 7-15　推動幼托整合政策的階段性具體作法

	政策改進或新增	
	近程	中、長程
策略	◎將〇至六歲幼兒統籌由教育部管轄。 ◎修訂五至六歲教師之資格。	制訂〇至五歲教保師之資格。
具體措施	◎由教育部主管五至六歲幼兒教育，整合幼稚園與托兒所的定位與功能，統整運用幼教資源。 ◎建立教保師檢定通過者，可擔任為教師的制度。	◎由教育大學負責〇至五歲幼保師的師資培訓及檢定。例如：保育課程要趕快擬定，並且有計畫培訓在職幼稚園老師具有保育能力。 ◎增加舊制保育員檢定升格為教保師的制度。
佐證資料	◎瑞典已於一九九八年完成幼托整合。 ◎英國於一九七一年成立第一所融合幼兒保育與教育的幼兒園。	
專家建議	◎公部門彙整，避免資源浪費又無效率。 ◎幼教及保育人員的培訓應有與趣動機的職業傾向，從事於幼兒照顧與教育的工作，及早發覺自我職業傾向，使幼保工作永續發展與創新。	◎幼保員沒有合格教師證，幼托整合以後，他們怎麼樣能成為幼稚園教育的一環，能不能透過證照或合格教師證的方式進入幼教職場，讓他們的工作更有保障性。 ◎公辦民營後，應給私立的園所有一個轉換的空間，如怎麼樣二度的就業、給他一個進階的課程，然後用考試檢定，現在托兒所內的保育員其實真的是很不錯的一群老師，應給他們機會繼續任教。

㈣國內可行的具體作法

幼稚園教師資格及托兒所保育人員的聘用資格及進修管道不同，幼稚園和托兒所立案標準不同，課程內容方面也不同，由教育部統籌規劃與執行的同時，要多私下先行跨部會溝通協調。

七、建立幼托園所進退場機制（表 7-16）

㈠現行政策現況

我國的評鑑制度是一種由上而下的模式，是以評鑑委員的主觀認定為主，因此每到評鑑期間，各幼托園所為了獲得績優或得到政府的補助款，往往會專程為評鑑而準備，反而失去評鑑真正的美意。

表 7-16　建立幼托園所進退場機制政策的問題背景現況分析

政策	建立幼托園所進退場機制
現況問題	◎現行的評鑑制度並未針對園所應改善的缺失提供建議。 ◎評鑑模式未建立多元化管道，仍依專家認可導向為主（張莉媛，2004：4）。 ◎評鑑報告中的項目繁多，無法針對各類型之園所改變模組進行評鑑。 ◎參與評鑑人員短缺與缺乏幼教專業造成評鑑流程簡化（許玉齡，2004）。
具體措施	◎由評鑑委員會針對各幼托園所進行一年一次的評鑑。 ◎提撥補助經費，供園所申請發展園所的自我評鑑機制。 ◎訂定園所評鑑之獎勵與罰則。
佐證資料	◎程祺（2006）在其研究中曾指出，對於民辦幼托園所應定期檢核其資格及辦理評鑑。至於在評鑑之後，要落實輔導追蹤的工作，協助未通過評鑑之園所針對缺失進行改善，若只是做表面工夫將會失去評鑑的真正意義。 ◎陳惠芝（2004）在其研究中也建議，教育行政主管機關宜設置專責單位持續追蹤輔導結果的機制，協助各幼托園所發展其特色。 ◎同時也應利用傳播媒體將評鑑結果對社會大眾公布，提供家長選擇幼托園所的相關資訊（張莉媛，2004）。

（續上表）

政策	建立幼托園所進退場機制
專家建議	◎設立以非營利為主的評鑑機構，專門負責幼托園所評鑑制度的設計、標準的訂定、評鑑人員的訓練、獎勵與輔導追蹤。例如，美國全國幼兒教育協會成立幼兒教育學術委員會（NAECP），主管幼托園所的評鑑事宜（紀雅芬，2003；陳惠芝，2004）。 ◎建立一套標準化之評鑑指標及令人信服、遵循之評鑑內容（張莉媛，2004）。 ◎若希望評鑑能達到多種目的，就需要同時進行多種模式（許玉齡，2004）。

㈡建議策略與具體措施

根據問題現況、綜合問卷調查與焦點座談和深度訪談結果，整理提出改進策略與具體措施，並建議分階段實施，茲說明如表 7-17：

表 7-17　建立幼托園所進退場機制政策的階段性具體作法

	政策改進或新增	
	近程	中、長程
策略	建立幼托園所進退場評鑑標準。	根據幼托園所的評鑑結果與改善情形，建立進退場機制。
具體措施	將評鑑結果分為通過（70分以上）、待觀察（60-69 分）、未通過（60分以下）三等第。	◎待觀察園所，翌年再接受評鑑一次。 ◎待觀察園所翌年未通過追蹤評鑑者，撤銷立案資格。 ◎未通過園所減收學雜費 1%，並且必須接受教育部專案輔導一年，一年後再接受評鑑。 ◎未通過園所翌年未通過追蹤評鑑者，撤銷立案資格。
佐證資料	建議政府可針對通過的幼托園所發放獎金；對於待觀察之園所進行追蹤觀察；至於未通過的園所則需接受輔導改善缺失。	建議政府應當對轄內的課後照顧機構、托育機構、居家保母限期納入管理，進行定期訪視考核，以了解居家保母、課後照顧機構與托育機構運作的狀況，且訂定違規收托的懲罰標準，並公布考核結果，獎勵優良業者，使私營的兒童及少年福利機構和居家保母可以提供兒童安全、家長安心的照顧環境（葉郁菁，2006）。

（續上表）

	政策改進或新增	
	近程	中、長程
專家建議	◎公私立幼稚園與托兒所具同等教保品質，個人認為是可以形成具體政策，而其實施的具體政策內容應包含：主管機關一致、統一的專業幼托教保人員資格標準、統一的立案及設置標準。 ◎公私立幼托的機構能夠有同等的教保品質，如制定制度設施標準、及提升教保人員的專業以至於提供多元的服務。 ◎鼓勵學前教育發展多元的優質特色，透過評鑑機制，讓家長對子女選擇幼托機構有多元的選擇。	

㈢可行的具體作法

政府當局一直以來都全力推動幼托園所的評鑑制度，但是對於改善或提升幼托園所的教保品質，並未達到實際的成效。因此，政府應積極建立標準化的評鑑制度與培育專業的評鑑人員，並且確實執行獎勵制度，這樣一來才能創造優良的現場教學環境，增加婦女生育意願。

八、擴大特殊需求與津貼補助

㈠現行政策現況（表 7-18）

由於社會環境的變遷，貧富差距擴大，多元文化的衝擊，導致人口結構

表 7-18　擴大特殊需求與津貼補助政策的問題背景現況分析

政策	擴大特殊需求與津貼補助
現況問題	◎家長因生育領錢，卻缺乏良好家庭教育教養子女。 ◎各縣市因經費不足對「扶持五歲弱勢幼兒及早教育計畫」之推行有實質上的困難。 ◎針對低收入戶或經濟上弱勢的幼兒，給予托教補助。 ◎此計畫服務的對象是地區弱勢或經濟弱勢的幼兒，可是地區弱勢或可成為經濟弱勢之原因並非絕對，例如離島地區並非全都是經濟弱勢，此外經濟弱勢只限於低收入戶和中低收入戶，對於社會上的經濟和文化弱勢族群，如單親幼兒未納入計畫（康寧醫護暨管理專科學校網站）。 ◎教育券佔幼兒教育經費的鉅額比例，對於中上階層家庭無關痛癢，對於中下階層補助功效不大，應檢討將經費運用於較高價值所在。
具體措施	◎把補助給家長時，應請他上教養孩子的課，才會對教育孩子有幫助。 ◎各縣市政府部門對於低收入戶列有補助款以及學雜費減免的措施。
專家建議	◎親職教育，跟我們整個大社會很有關係，顯現了社會的價值觀；把補助給家長時，應請他上教養孩子的課，才會對教育孩子有幫助。 ◎多提供一些課程，鼓勵外籍配偶參加，如識字的學習；以減少新住民發生問題的機會。 ◎協助外籍配偶語言與識字的學習亦是值得重視的一環，並藉由協助其子女的學習機會，提高對外籍配偶的文化融合的適應與生活協助。 ◎在政府財政吃緊的狀況之下，既然短期內無法實施國幼班的計畫，何不好好重新規劃「扶持五歲弱勢幼兒及早教育計畫」，讓政府介入的作用能對弱勢幼兒的照顧具有實質的效益（康寧醫護暨管理專科學校網站）。

有相當顯著的變化，政府為因應這樣的變化，提供相關的政策措施。雖然有實施相關政策，但是礙於縣、市政府緊縮的財政，這些政策是否能夠長期執行，著實考驗著政府的應變能力。

㈡國外的作法

目前世界各國對於教育機會均等之實踐，可謂不遺餘力，例如：普及學前幼兒教育機會、增加特殊教育幼兒就學機會、補助低收入家庭、縮短城鄉

教育差距等，致力於讓文化不利或弱勢族群幼兒，也能夠得到同樣「質」與「量」的教育機會。國外政府所推行的法案中，尤以英國之確保啟動計畫（Sure Start Program）以及美國之起頭方案最為成功。

「確保啟動計畫」自一九九六年開始，其立意是要給每一個孩子相對平衡的起點，透過教育、福利、衛生集體診斷、輔導與支持的過程，排除兒童發展障礙，以協助每一位兒童充分發展潛能，奠定未來順利學習、工作以及社會生活的良好基礎。計畫主要內容包括：⑴每名三到四歲兒童獲得每週12.5個小時的幼兒照顧及教育服務；⑵各區均有價格經濟而具質素的課餘活動；⑶於貧窮和偏遠社區提供幼兒中心、保健及家庭支援服務等。

另外，在美國成功的例子尚有派瑞學前教育方案（Perry Preschool Project）。起源於一九六二年的美國密西根派瑞學前教育，致力於提供三到四歲發展遲緩及弱勢學童兩年學前教育，其著重認知、語言、社會和行為上的正確發展，並特別強調學童具備獨立思維和解決問題、溝通相處之能力。此外，每週會有教師至家中訪問，更鼓勵家長能加入學校的志工團體，一同為學校貢獻（Berruta- Clement et al., 1984）。Berruta- Clement在一九八四年針對曾接受派瑞學前方案的學童與未接受學前方案之弱勢學童做研究，結果發現前者在下列各方面皆有顯著的改善：

1. 認知發展顯著成長。
2. 校園中表現較為優越。
3. 青少年犯罪行為減少。
4. 青少年懷孕比率下降。
5. 大專升學率提高 。
6. 高中畢業率提升。
7. 就業率提高。

㈢建議策略與具體措施

根據問題現況、綜合問卷調查與焦點座談、深度訪談結果與國外相關政策措施，整理提出改進策略與具體措施，並建議分階段實施，茲說明如表7-19：

表 7-19　擴大特殊需求與津貼補助政策的階段性具體作法

	政策改進或新增	
	近程	中、長程
策略	修訂「特殊需求與津貼補助」辦法。	◎制訂「家庭津貼及補助」辦法。 ◎制訂「其他功能現金補助」辦法。 ◎制訂「家戶稅制優待」辦法。 ◎普及幼托及提供免費全日幼教。
具體措施	◎提供滿五足歲低收入戶、原住民、新住民家庭子女，優先進入公立幼稚園托兒所，並且免繳學雜費；因公立幼稚園供應量不足而就讀私立幼稚園者，比照公立幼稚園學雜費補助。 ◎緊急危難家庭子女若就讀公立幼稚園托兒所，免繳該學期學雜費；若就讀私立幼稚園托兒所，則比照公立幼稚園托兒所學雜費補助。 ◎接受補助的家庭家長必須先接受親職教育。	◎由教育大學負責〇歲到五歲幼保師的師資培訓及檢定。例如：保育課程的擬定，並且有計畫培訓在職幼稚園老師具有保育能力。 ◎增加舊制保育員檢定升格為教保師的制度。
佐證資料	◎澳洲政策主導提供低收入戶家長、單親家長額外的福利支持。最近的政策更強調低收入戶家庭重回就業市場，以解決澳洲政府在弱勢家庭的沈重負擔，同樣的作法也出現在英國的「重回就業市場」政策（葉郁菁，2006）。 ◎鐘俊文認為，為了因應人口危機，政府應該採取幾項策略：……三、比照軍	◎根據「家庭津貼及補助」辦法，實施一般性家庭津貼及補助。 ◎根據子女數及年齡計算，實施其他功能家庭補助（如住屋、退休、失能現金補助）。 ◎根據「家戶稅制優待」辦法，實施由社會共同協助負擔大家庭及單親家庭之部分稅捐。 ◎提供全國滿五足歲幼童，免繳公立幼稚園托兒所學雜費；因公立幼稚園供應量不足而就讀私立幼稚園者，比照公立幼稚園學雜費補助。

（續上表）

	政策改進或新增	
	近程	中、長程
佐證資料	公教人員，中低收入戶小孩之學費，由國家全額補助（葉郁菁，2006）。 ◎在「從兒童照顧政策探討提升出生率之研究」中，研究者認為回應經續會推動「非營利、普及化的托顧」的研究結果包含國家提供偏遠地區與弱勢家庭的課後照顧（葉郁菁，2006）。 ◎英國的起頭方案針對所有幼兒提供教保服務。 ◎美國的派瑞學前教育方案，提供三到四歲發展遲緩及弱勢學童兩年學前教育（Berruta- Clement et al., 1984）。	◎法國二到三歲的幼兒可以獲得全日托式的免費托育服務，三到五歲的幼兒則可以參加免費的幼教課程（許惠雯，2007）。 ◎美國的「起頭方案」，提供學齡前低收入家庭的教育津貼補助，保障學齡前幼兒的受教權。 ◎另外法國在一九七八年開始提供特殊家庭、低收入戶家庭五項獨立福利，對於單薪家庭，政府也給予額外的協助。在各項津貼補助方面，法國政府對於生育津貼的補助，尤其在擁有兩名子女以上的家庭，相較於其他歐洲國家，的確相當高。此外，法國政府對於身心障礙之幼兒也會依據其身心障礙的層級給予特殊教育補助。總而言之，法國政府非常重視托育問題，建立全日托式的學前教育，幾乎所有的法國幼兒皆參與學前教育。
專家建議	在政府財政吃緊的狀況之下，既然短期內無法實施國幼班的計畫，何不好好重新規劃「扶持五歲弱勢幼兒及早教育計畫」，讓政府介入的作用能對弱勢幼兒的照顧具有實質的效益（康寧醫護暨管理專科學校網站）。	◎強制建立嬰兒健檢紀錄，及早療育與適度補助療育經費。同時對於發展遲緩之幼兒應於健保制度內照顧保護，並比照重大疾病的醫療照顧。 ◎葉郁菁在「從兒童照顧政策探討提升出生率之研究」的遠程規劃中，認為要逐年下降國家提供的學齡前幼兒教育或照顧的年齡（葉郁菁，2006）。

㈣國內可行的具體作法

低收入戶家庭的子女，因為其生活經濟條件不佳，家長對其子女的教育與教養問題未能投入充足的關注，所以政府的扶助政策對於協助弱勢兒童有著舉足輕重的地位。藉由相關政策的執行，可以幫助擴大教育優先區，早日實現國教向下延伸一年的政策。

九、建置單親家庭的照護網絡（表 7-20）

㈠現行政策現況

近幾年來由於離婚率的上升，使得家庭結構中，單親家庭的比例也較以往增加，對於單親家庭子女的教養問題也需要政府的關切。然而，目前對於支援單親家庭的相關政策措施的訂定，卻趕不及單親家庭子女的成長速度，所以政府應加緊腳步，重視這個問題。

㈡國外的作法

一九八〇年代末一九九〇年代初，英國經歷過長達十年的經濟衰退，失業率高居全歐第一，救濟失業人口曾經是英國政府解決問題的傳統方式。多年之後，英國在解決單親家庭社會問題時，改弦易轍，由單親家庭與家長的切身問題開始解決，非常貼近實際生活面。透過精確調查與分析研究得到他們的需求與需求排序之後，政府、民間與企業三方，均能夠以總體的國家利益為主要考量，進而一起配搭努力，果然締造良好的成效。

為使計畫確實貼合弱勢族群的實際需求，英國政府所做的第一步是透過NGO取得精準的研究與調查數據，分析出阻礙弱勢單親家長重返職場與長期依賴的主要原因繁多，包括兒童托育責任沈重、費用昂貴、缺乏財務規劃能力等。根據這些原因，政府訂下十年計畫，與各個專業民間機構合作，從最基本的需求部分，為單親家長一件一件地解決。這項計畫包括了所有的外圍準備工作：⑴整合教育、就業、福利、財政、國稅、健康各政府部門，為鼓勵單親家長就業的各層面問題，規劃好配套之法規與扶助制度；⑵與民間機構合作，為單親家庭連結或提供托育資源、心理諮商、兒童教育諮商、法律、

表 7-20　建置單親家庭的照顧網絡政策的問題背景現況分析

政策	建置單親家庭的照顧網絡
現況問題	◎未有實際法令政策之相關措施和計畫，而且政府部門、營利組織、公益團體並未建立彼此之間的聯繫網絡。 ◎在福利需求的項目中有許多項目是政府部門、營利組織、公益團體並未提供的服務，如所得稅減免、協助向配偶追討子女生活費等。
具體措施	◎公益團體對於單親家庭以提供子女學業獎助學金為主。 ◎政府部門則提供較多子女教養福利、延長托育照顧為主。
佐證資料	社會團體認為單親家庭在學費減免方面的需求較高（游顓瑜，2006）。
專家建議	配合各種稅法的修訂，中央需要跨部會的協商機制。

稅務、財務管理建議；⑶說服大型企業實施彈性工時、釋出適合單親之工作機會、支持單親家計負擔者、提供友善單親之工作環境，並獎勵配合企業。

㈢建議策略與具體措施

根據問題現況、綜合問卷調查與焦點座談、深度訪談結果與國外相關政策措施，整理提出改進策略與具體措施，並建議分階段實施，茲說明如表7-21。

㈣國內可行的具體作法

單親家庭中的家長或是其子女都是需要關注的對象，不論在學雜費的補助，抑或是其子女的課後照顧，甚至是協助、輔導單親家長，都是政府所應重視的議題。對於目前各公共部門與其他公益團體並未聯結成一個完整的系統，這正是政府當前所應解決的課題。

表 7-21　建置單親家庭的照顧網絡政策的階段性具體作法

	政策改進或新增	
	近程	中、長程
策略	加強公私立幼托園所對單親家庭的照護服務。	建置單親家庭的照護網絡。
具體措施	由公私立幼托園所老師確認幼兒是否已到達下一個托育地點，並回報給家長。	◎由政府建置單親家庭的照護網站，公布合格保母名單及電話，供單親家長直接聯繫，取得服務。 ◎由政府補助公私立幼托園所提供單親子女課後輔導，由公私立幼托園所老師負責教育與照顧。 ◎尚未進入幼托園所之幼兒由社區托嬰中心領有合格證照的保母負責照顧。
佐證資料		◎台北市政府建立單親家庭服務網絡，提供課後照顧、成長團體（游顓瑜，2006）。 ◎政府部門應當採取英國的作法，將兒童照顧的資源媒合與就業服務結合，當就業服務中心單親家庭或弱勢家庭非典型工作時，可以提供非正常上班時間的保母托育、臨時托育的經費補助，或者透過契約式的居家保母，提供免費的托育服務（葉郁菁，2006）。
專家建議	因應社會環境與生活模式的改變，以及幼兒普遍發育良善的情況下，往下扎根的義務教育，以減輕多元文化下社會經濟的差距拉開的鴻溝。	

十、建構社區保母支持系統（表 7-22）

㈠現行政策現況

目前由全國縣市政府局各自舉辦丙級保母檢定考試，只要符合資格者，便可以藉由參加考試而取得資格。但是在考試前後並沒有相關的實習課程，使得保母專業素養不足，保母品質良莠不齊，有時甚至常造成因為照顧者的疏忽而犧牲幼兒寶貴生命的社會事件，引發父母與保母之間的爭執。

㈡國外的作法

北歐國家中仍有部分偏遠地區，無法獲得充分、合適的幼兒保育服務，原因包括幼稚園和托兒所的缺乏、教育師資方面的不足，無法提供適當的教育和保育服務。不僅出現在鄉鎮地區，在部分都市仍有這些問題存在。因此，北歐政府為了因應此項問題，特別增設學校並增加幼教師及幼保員的人數。另外，當家中有不同學齡兒童時，例如當一個已達到學前教育年齡，而另一個低於時，家長很難去處理。因此，英國政府為了提供家長及兒童完善的幼兒保育系統，社區托育機構順應而生。其目標是於較偏遠地區，擴大幼兒保育機構的數量及服務，政府將提供創業基金以鼓勵幼稚園及托兒所業者。這項政策在部分地區成功，根據 Bell 和 La Valle 的研究發現：⑴有三分之二的家庭先前並未使用幼保機構，但開始使用社區托育機構；⑵學校滿意度相當高，近乎五成的家長可以復職。然而這項政策仍需考量到當政府補助津貼結束後，是否所有的園所都可以穩定的經營下去；並且將考量到偏遠地區的發展問題，如家長失業率高等。

表 7-22 建構社區保母支持系統政策的問題背景現況分析

政策	建構社區保母支持系統
現況問題	社區的保母支持系統經費不足。
具體措施	專案補助社區的保母支持系統。
佐證資料	◎社會團體認為單親家庭在學費減免方面的需求較高（游顯瑜，2006）。 ◎由於法國非婚生子女和未婚媽媽人數增加，因此法國政府在一九九八年將生育政策的適用範圍擴大至未婚配偶，與其他家庭同時享有政府對於幼兒及其父母的所有權利與義務。 ◎國內學者葉郁菁（2006）也以英國為例，說明英國政府結合兒童照顧的資源與就業服務，提供單親家庭、弱勢家庭的家長在非正常工作時間的臨時托育及托育費用的補助。 ◎游顯瑜（2006）也指出，台北市政府建立單親家庭服務網絡，提供課後照顧、成長團體等服務，並且將政府部門、民間團體的資源整合成聯繫完整的網絡系統。
專家建議	社區的保母支持系統能夠專案補助，應該可以做。

㈢建議策略與具體措施

根據問題現況、綜合問卷調查與焦點座談、深度訪談結果與國外相關政策措施，整理提出改進策略與具體措施，並建議分階段實施（表 7-23）。

㈣國內可行的具體作法

隨著職業婦女的增加，他們對於其子女的托育服務的需求也隨之增加，因此政府若能建立完善的照顧服務系統，提升保母的專業能力，建立保母證照制度，對於這些職業婦女將是一大福音。

表 7-23　建構社區保母支持系統政策的階段性具體作法

	政策改進或新增	
	近程	中、長程
策略	建立保母證照資格。	◎利用社區資源，辦理社區托嬰中心。 ◎制訂「建構社區保母支持系統」辦法。
具體措施	由各縣市教育大學開設保母證照班與在職進修班，提供基本課程及訓練，並進行檢定。	◎托嬰中心納入評鑑。 ◎保母流失率為評鑑重要指標，因為出生六個月到一歲半或兩歲，是嬰兒發展依附關係（信任感）的關鍵期，因此固定的保母最有利於安全感依附關係的發展。 ◎由政府補助托嬰中心空間改善與托育設備的添購。 ◎實施居家式的托育服務，由合格保母來照顧，政府進行訪視把督導工作管理好。
佐證資料	◎不擴大兒童照顧服務員額的情形下，似乎很難要求女性就業率有任何大幅度的提高（葉郁菁，2006）。 ◎在「幼托整合方案下托教人員專業能力指標建構之研究」中，研究者建議教育行政機關「加速托教人員證照制度」（葉郁菁，2006）。	◎隨著非典型工作、派遣人力等成為現代生活工作趨勢，需要增加臨時托育或者正常上班時間以外的兒童照顧需求的滿足（葉郁菁，2006）。 ◎根據「從兒童照顧政策探討提升出生率之研究」中問卷調查結果，兒童照顧政策的五個向度中，民眾偏好度最高的政策是支持家庭的工作環境與照顧服務（葉郁菁，2006）。 ◎英國成立社區托育機構（馮燕，2004）。 ◎國內平價化且高品質的兒童照顧環境極度缺乏，導致家長必須在有限的選擇中，衡量家庭經濟足以負擔的照顧機構（葉郁菁，2006）。

十一、訂定待產、生產之一貫假期（表 7-24）

㈠現行政策現況

隨著婦女知識水準的提升，女性主義意識的抬頭，台灣婦女加入勞動市場的比率是逐漸升高，許多就業婦女因此不願生養子女，加上物價指數節節攀升，台灣地區的出生率也下降至 1.18。因此自二〇〇二年三月八日「兩性工作平等法」實施之後，在產假、育嬰假、家庭照顧假等方面都有法條給予保障，讓婦女不必再承受這些不平等的待遇，提高其生育意願。

㈡國外的作法

OECD 曾提出兩種平衡工作與家庭兼顧指數，一為〇到五歲托兒設施及育嬰假收入保障程度指數；另一為部分工時及彈性工時的普遍程度指數，根據該報告之研究結果，上述兩種平衡工作與家庭兼顧指數較高的國家，其總生育率亦較高。由此可知若要提高婦女生育率，政府應在產假、育嬰假、家庭照顧假等方面都有法條給予明確保障。

在國外，有許多國家施行明確的政策保障婦女的各項福利，包括產假、育嬰假等。以瑞典為例，婦女產假最高可以請到六百七十二天，而育嬰假也可到四百五十天之長，在小孩滿八歲前都可以利用。特別的是，四百五十天的假期中至少三十天必須由父親請領，強制父親要休假以照顧小孩。由於能夠在不放棄工作的情況下，陪伴孩子走過成長最關鍵的時期，這個政策因此得到大眾的支持，也促使瑞典的生育率仍維持在每名婦女生育 1.8 至 1.9 人左右。而在挪威，為人父母可享有共五十二週的有薪育嬰假，當中包括九週產假和四週陪產假。凡在生育前的十個月內工作滿六個月的婦女，均享有這項福利。此外，每名父母亦可享有一年的停薪留職育嬰假，公務員更可把假期延長至三年。

表 7-24　訂定待產、生產之一貫假期政策的問題背景現況分析

政策	訂定待產、生產一貫假期
現況問題	◎親職假法源未過。 ◎育兒補助資金不足。 ◎生產育兒醫療補助金申請手續過於繁雜。
具體措施	◎親職假立法。 ◎由中央補助政府。 ◎簡化生產育兒醫療補助金申請手續。 ◎可由政府補助企業協助員工申請育嬰假的勞務差額，而非以罰鍰處理。
佐證資料	社會團體認為單親家庭在學費減免方面的需求較高（游顓瑜，2006）。
專家建議	◎對親職假的實施，公私立機構追求的法源一致應該是沒有問題，現在這個門檻還沒完全跨過，不過與過去比較是有改善。 ◎對於第二胎以上的子女十六歲以下教育費免稅，尚需先仔細估算會損失多少稅金，那可以從哪裡補過來，如果評估可以便做，但這都需要跨部會來協調。 ◎政府提供教育津貼、生活補助、住屋補助、醫療補助這些政策，我們當然也是完全同意，但一定會影響政府財政的支付，所以必須透過跨部會來做協調，取得平衡點。 ◎生育補助對一般家庭補助效益不大，應將經費改用在脫困的計畫、弱勢家族貧困的補助；因為現在政府財政愈來愈拮据，生育津貼補助措施的實施有滿大的困難點。 ◎除非中央全額發放生育補助，否則目前各縣市政府財務拮据，不可能發放。 ◎長期脫離職場工作對公私立企業的人力資源培訓與經驗的傳承，有經驗中斷與環境變遷的疑慮，建議部分工時的待產與育嬰的假期。 ◎簡化生產育兒醫療補助金支付的手續，應該是比較容易做的。

㈢建議策略與具體措施

根據問題現況、綜合問卷調查與焦點座談、深度訪談結果與國外相關政策措施，整理提出改進策略與具體措施，並建議分階段實施，茲說明如表7-25：

表 7-25　訂定待產、生產之一貫假期政策的階段性具體作法

	政策改進或新增	
	近程	中、長程
策略	◎修訂「兩性平等法」。 ◎生育第二個以上子女者，補助加成。	訂定保障婦女生育後重返工作之相關法律。
具體措施	增加父親有十一天的額外有給薪陪產假。	◎產假：女性生育第一胎與第二胎均有十六週產假，第三胎以上則有二十六週產假，且保證獲得50%之工資。 ◎育嬰假：生育第一胎，婦人有兩年育嬰假，第二胎及以上有三年的育嬰假，並保證育嬰假後回到原有工作單位及保持年資。
佐證資料	◎積極創造家庭價值有其必要性，北歐國家鼓勵男人請育嬰假，如瑞典強迫男性請一個月的育嬰假，表示男方也有照顧責任（葉郁菁，2006）。 ◎在「從兒童照顧政策探討提升出生率之研究」中，就整體受訪者而言，友善家庭的工作環境在兒童照顧政策的類別中支持度最高，其中又以公司提供的員工子女照顧服務、撫養子女者彈性工作時間、男性享有親職假、參與兒童照顧三項比例最高。從研究結果中發現，對家庭友善的工作環境可以刺	◎政府的政策目標應該協助女性排除就業干擾因素，讓女性了解生育不至於影響她們的職業選擇或意願（葉郁菁，2006）。 ◎瑞典婦女在產假期間的生產給付水準為100%的所得替代率，法國婦女則保證獲得 84%之工資。 ◎許多歐洲國家規劃非常友善的生育政策，包括產後留職停薪九個月，或如美國哥倫比亞大學讓男性也可以留職停薪照顧小孩等，這些減低生育負擔的政策無形中會增加新一代男女生育的意願（葉郁菁，2006）。

	政策改進或新增	
	近程	中、長程
佐證資料	激高教育程度與高家庭收入者的生育率（葉郁菁，2006）。 ◎法國訂定第三子女政策，對於多子女家庭給予優渥的托育補助與購屋優惠。 ◎瑞典於一九八二年時，特別新增對於三胎以上的特別獎金。	◎葉郁菁在「從兒童照顧政策探討提升出生率之研究」的中程規劃中，認為要刪除「兩性平等法」中有關「三十人以上僱主」的限制，且自婦女分娩前即可申請，親職照顧假期間至多為四年，除八週的產假給薪外，照顧津貼的部分則可依照申請者收入，給予一定比例的津貼補助（葉郁菁，2006）。
專家建議	對於補助津貼，應從鼓勵原本便願意生的人，能夠多生一胎或多生兩胎著手。	

㈣國內可行的具體作法

在「兩性工作平等法」實施之後，確立了對婦女的照顧及保障，也讓婦女可以在生育子女期的前、後獲得來自政府的補助和支持，同時也讓各位準媽媽們可以安心生養其子女。只要政府和民間企業能夠確實執行法令政策，相信對於提升我國的出生率是有一股很大的力量。

參考文獻

中文部分

中國教育學會主編（1995）。**教育評鑑**。台北：師大書苑。

中華民國比較教育學會（1987）。**學前教育比較研究**。台北：台灣書店。

內政部（2007）。**兒童教育及照顧法草案**。取自 http://www.ece.moe.edu.tw/document/law20070523.pdf

日本教育年鑑刊行委員會編集（1988）。**日本教育年鑑**。東京都：ぎょうせい。

王正明（2000）。**幼兒活動環境設計與佈置**。台北：華騰。

王如哲（1999）。**比較教育**。台北：五南。

王家通（1984）。**日本教育制度——特徵與趨勢**。高雄：復文。

王珮玲（2005）。**兩岸民辦幼兒教育發展論壇**。台北：教育部。

台灣立報（2007）。**鼓勵生育率，法國砸重本補助家庭**。2007 年 5 月 16 日，取自 http：//www.sisterhood. org.tw/focus. asp ? SubjectNo =22&MessageNo =3490

台灣經濟永續發展會（2006）。**「人口高齡化及少子女化的衝擊與因應」暨「國民年金」**。2006 年 6 月 16 日，取自 http://theme.cepd.gov.tw/tesg/reports/950612 社安組南區座談會會議記錄 new（少子化國民年金）.doc

任慶儀（1988）。日本幼兒教育現況探討。**幼兒教育年刊，2**。

朱敬先（1999）。**幼兒教育概論**。台北：五南。

江麗莉（2006）。**幼托整合後幼兒園教保員培育的核心課程**。論文發表於長庚技術學院舉辦之「系科本位課程設計與規劃」研討會，桃園縣。

江麗莉等譯（1997）。J. L. Frost 著。**兒童遊戲與遊戲環境**（Play and playscapes）。台北：五南。

行政院（2007a）。**行政院勞工委員會 96 年度性別主流化實施成果及未來工作規劃報告**。台北：作者。

行政院（2007b）。**周延弱勢學生助學措施**。2007 年 8 月 2 日，取自 http://news.epochtimes.com.tw/7/8/2/61974.htm

行政院經濟建設委員會（2006）。**人口高齡化及少子女化的衝擊與因應**。論文發表於行政院經建會舉辦之「台灣經濟永續成長會議背景」說明會，台北市。

行政院經濟建設委員會（2007）。**提升生育率之政策趨向**。取自 http://www.cepd.gov.tw /m1.aspx? sNo=0000928&key=&ex=+&ic=&cd=

行政院衛生署國民健康局（2005）。**當老年化與少子女化的來臨，台灣的下一步？**2006 年 3 月 21 日，取自 http://health99.doh.gov. tw/p_health /detail.asp? no=41

何秀珠（1983）。**國小男女教師性別角色與學生學校適應、學業成就之研究**。國立政治大學教育研究所博士論文，未出版，台北市。

吳明儒（2003）。**社區發展組織的反省與出路**。載於佛光人文社會學院地方行政研究中心舉辦之「第二屆地方發展策略」研討會論文集。宜蘭縣。

吳明儒、賴兩陽譯（1997）。Athur Gould 著。**資本主義福利體系：日本、英國與瑞典之比較**（Capitalist welfare systems: A comparison of Japan, Britain, and Sweden）。台北：巨流。

吳盈慧（2004）。**幼稚園戶外遊戲場現況調查——以嘉義市為例**。國立嘉義大學幼兒教育學系碩士論文，未出版，嘉義市。

岑建君（2006）。**英國基礎教育改革淺析**。2006 年 9 月 15 日，取自 http://big5.xinhuanet.com/gate/big5/news.xinhuanet.com/edu/2006-07/04/content_4791547.htm

巫永森、邱志鵬（2002）。台灣地區幼兒教育券政策實施情形之調查研究——以彰化縣為例。**兒童福利，3**，131-152。

巫鐘琳等（2006）。**托育服務**。台北：心理。

李奉儒（2001）。**英國教育：政策與制度**。嘉義：濤石。

李宗文（無日期）。**日本幼兒園參訪有感**。2006 年 9 月 15 日，取自 http://www.nttu.edu.tw/ecte/home_school/06.htm

李幸芳（2002）。**幼稚園戶外遊戲空間之研究——以台南市為例**。長榮大學

土地管理與開發學系碩士論文，未出版，台南縣。

李怡萱（2004）。**幼稚園公辦民營之研究**。國立台北教育大學幼兒教育研究所碩士論文，未出版，台北市。

李建德（2006）。**搶救生育大作戰——淺談各國生育福利政策**。取自 http: //mail.nhu. edu.tw/~society/e-j/63/63-55.htm

李湘凌（2006）。**華德福教育介紹——從幼兒教育談起**。2006 年 9 月 15 日，取自 http://192.192.6.114/~ece/learn/web/e7.htm

李新民（2003）。幼兒教師薪資滿足感、工作壓力與工作滿足感之研究。**教育研究，11**，115-126。

李德高（2001）。**幼兒教育史**。台北：師大書苑。

李錫津（2004）。**幼教發展芻議**。2008 年 3 月 10 日，取自 http://www.ntnu.edu.tw/ policy/getfile.php? lct=./child/child09.php

沈玉琴（2005）。從家庭系統理論看家庭。**網路社會學通訊期刊，46**。

阮碧繡、李連珠（1994）。**中美幼兒教育制度之比較研究**。台北：教育部教育研究委員會。

刺激生育率各國獎勵政策一覽表（2007）。2007 年 4 月 20 日，取自 http//mag.udn.com.mag/ world/storypage.jsp? f_ART_ID=63759

東北亞研究中心（2006）。**日本與韓國人口政策之比較**。2006 年 5 月 21 日，取自 http://www. japanresearch.org.tw/hotnews-2793.asp

林玉体（2003）。**美國教育史**。台北：三民書局。

林秀錦譯（無日期）。**國際兒童教育協會自我評估工具**。2006 年 9 月 15 日，取自 http://www.acei.org/toolchinesetraditional.pdf

林育立（2007）。**瑞典托兒服務和帶薪育兒假為歐洲各國典範**。2007 年 5 月 21 日，取自 http：//www.eckids.org/modules/news/article.php? storyid=3

林育瑋、王怡云、鄭立俐（譯）（1997）。S. C. Chard 著。**進入方案教學的世界（I）**（The project approach）。台北：光佑。

林武憲（2000）。怎樣推行兒童閱讀運動——從美、英、日的經驗談起。**全國新書資訊月刊，22**，15-18。

林瑋茹（2003）。**幼托整合方案下托教人員專業能力指標建構之研究**。暨南國際大學教育政策與行政研究所碩士論文，未出版，南投縣。
林璟玲。（2005）。台灣移民母親與雙語學齡前幼兒間的語言技巧——個案研究。**台南女子技術學院幼兒保育學刊，1**，12-33。
邱志鵬（2005）。英國的幼年教育五年策略報告書——他山之石可以攻錯。**幼改家電子報，26**。
邱淵（1989）。**教學評量**。台北：五南。
侯錦雄、林鈺專譯（1996）。**兒童遊戲環境設計**。台北：田園。
姜遠珍（2006）。**南韓雖制定提高出產率的政策卻績效不彰**。2006 年 8 月 12 日，取自 http://www.epochtimes.com/b5/6/8/12/n1419264.htm
段慧瑩（2001）。英國幼教機構設備標準初探。**教育資料與研究，43**，80-85。
段慧瑩（2006）。**托育機構因應幼托整合政策之現況研究**。台北：國立教育資料館。
段慧瑩、王立杰、田育芬等著（1998）。**托育機構行政管理與實務**。台北：永大。
段慧瑩等（2006）。**蘇格蘭地區幼兒教育初探**。2007 年 4 月 5 日，取自 http://enews.url.com.tw/archiveRead.asp? scheid=3929/#point
洪福財（1997）。方案教學之研究。**國民教育，38**（2），32。
洪福財（2000）。**台灣地區幼兒教育歷史發展及未來義務化政策之探討**。國立台灣師範大學教育系博士論文，未出版，台北市。
洪福財（2002）。**幼兒教育史——台灣觀點**。台北：五南。
紀雅芬（2003）。**兒童福利機構評鑑指標制訂——以台中縣托兒所為例**。南華大學非營利事業管理研究所碩士論文，未出版，嘉義縣。
翁麗芳（2004）。**當代日本的幼托政策——少子女化時代的幼兒托育與教育**。台北：心理。
翁麗芳、黃怡貌（1995）。台灣幼兒教育發展之研究——托兒所的演變在台灣幼兒教育發展上的意義。**中華民國台灣史蹟研究中心史聯雜誌，25**，11-38。
高義展（2004）。**比較教育概論**。台北：鼎茂。
高誼婷（2006）。**幼稚園園長及教師對幼托整合及國幼班政策意見之調查研**

究。國立嘉義大學幼兒教育研究所碩士論文，未出版，嘉義市。

張清富（1992）。貧窮變遷與家庭結構。**婦女與兩性學刊，3**，41-58。

張莉媛（2004）。**幼稚園評鑑實施現況之調查研究——以台南縣幼教行政評鑑為例**。國立嘉義大學幼兒教育研究所碩士論文，未出版，嘉義市。

張碧如、段慧瑩（2003）。**從評鑑看台灣私立學前教育機構——以台中、花蓮為例**。論文發表於中國幼稚教育學會舉辦之「兩岸民辦幼兒教育發表論壇」，台北市。

張碧如、段慧瑩（2004）。台灣原住民偏遠地區學前教保育現況與整合考量之探討。**教育資料與研究，61**，29-36。

張麗芬（1996）。**低收入女性單親家庭的形成過程**。國立政治大學社會學研究所碩士論文，未出版，台北市。

教育部（2003a）。**幼托整合政策規劃專案報告**。台北：作者。

教育部（2003b）。**幼托整合政策規劃專案報告附錄**。台北：作者。

教育部（2005a）。**台北市九十四年度幼稚園評鑑手冊**。台北：作者。

教育部（2005b）。**杜正勝立法院公報第95卷第38期院會紀錄**。台北：作者。

教育部（2006）。**教育部補助辦理公私立幼稚園輔導計畫作業原則**。台北：作者。

教育部（2007）。**兒童教育及照顧法草案**。台北：作者。

教育部國教司（2007a）。**扶持五歲弱勢幼兒及早教育計畫**。台北：作者。

教育部國教司（2007b）。**兒童幼兒教育與照顧法草案**。台北：作者。

曹光文（2006）。**我國親職教育在少年福利暨司法保護推行成效的檢討與展望**。2006 年 8 月 12 日，取自 http://www.pbaroc.org.tw/html/link8-2.htm

梁雲霞（譯）（2001）。Mara Krechevsky 著。**光譜計畫：幼兒教育評量手冊**（*Project spectrum: preschool assessment handbook*）。台北：心理。

畢恆達（2005）。**教授為什麼沒告訴我：論文寫作枕邊書**。台北：學富。

許玉齡（2004）。我國幼稚園評鑑的問題與前瞻。載於國立新竹師範學院舉辦之「**幼稚園評鑑政策回顧與展望**」**研討會會議論文集**（頁 13-18），新竹市。

許惠雯（2007）。**獎勵生育各國政策一覽表**。取自 http://mag.udn.com/mag/world/ storypage.jsp? f_MAIN_ID=235& f_SUB_ID= 2207&f_ART_ID= 63739

郭廷琦（2001）。**方案教學法在國中生物多樣性教學上之應用**。國立高雄師範大學生物科學研究所碩士論文，未出版，高雄縣。

郭靜晃（譯）（1993）。J. E. Johnson等著。**兒童遊戲：遊戲發展的理論與實務**（Play and early childhood development）。台北：揚智。

陳乃慈、葉郁菁等著。（2006）。**托育服務**。台北：心理。

陳正乾（1995）。維高斯基（Vygotsky）的理論來討論其對幼兒教育的應用。**教育資料與研究**，**4**，14-19。

陳克宗（1990）。幼兒遊具遊戲探討。**國教天地**，**85**，37-43。

陳克宗（1999）。**體育教學研究與實務：運動技能學習與體適能促進**。高雄：復文。

陳怡君（2006）。**網路社會學通訊期刊**，**52**。2006年1月15日，取自 http://mail.nhu.edu.tw/~society/e-j/52/index.htm

陳建志（2001）。**台北市公立與公設民營托兒所經營績效之研究**。中國文化大學兒童福利研究所碩士論文，未出版，台北市。

陳美伶（1990）。**國家與家庭分工的兒童照顧政策——台灣、美國、瑞典的比較研究**。國立台灣大學社會學研究所碩士論文，未出版，台北市。

陳惠芝（2004）。**台北縣幼稚園輔導評鑑方案實施狀況之研究——以民國九十年度為例**。國立新竹教育大學幼兒教育研究所碩士論文，未出版，新竹市。

陳惠姿（2002）。**中美幼教機構專業人員之資格標準與培訓制度比較研究**。靜宜大學青少年兒童福利研究所碩士論文，未出版，台中市。

陳惠銛（2004）。**女性工作者對親職假之需求及兒童照顧之因應方式之調查研究**。靜宜大學青少年兒童福利研究所碩士論文，未出版，台中縣。

陳雯靚（2001）。**方案教學法應用於國中生活科技之實驗研究**。國立台灣師範大學工業科技教育學系碩士論文，未出版，台北市。

陳翠琪（2004）。**兩岸幼兒教育事業之產業結構與競爭策略之比較性研究**。元智大學管理研究所碩士論文，未出版，桃園縣。

陳霞（2003）。**課程・教材・教法——英國現行國家課程標準的特徵及啟示**。

2007 年 11 月 30 日，取自 http://www.nekas.net/home.php? subject=2

彭書淮（2003）。**一次讀完八本教育學經典**。台北：靈活。

彭顯鈞（2007）。**補貼幼減稅，就怕你不生**。2004 年 6 月 27 日，取自 http：//www.libertytimes.com.tw/2004/new/jun/27/today-life2.htm

曾玉慧（2003a）。**台灣幼兒教育券之社會運動研究以「一〇一八為幼兒教育而走」為例**。國立嘉義大學幼兒教育學系研究所碩士論文，未出版，嘉義市。

曾玉慧（2003b）。**國小三年級學童數位學習行為及策略之研究——以台北縣「山城國小」為例**。國立台北師範學院教育傳播與科技研究所碩士論文，未出版，台北市。

曾錦煌（譯）（1997）。J. L. Forst & B. L. Klein 著。**兒童遊戲與遊戲場**（**Children's play and playgrounds**）。台北：田園城市。

游明國（1993）。寓教於玩——從兒童的學習環境探討遊戲空間的功能與創造。載於中華民國建築師學會主辦之「**兒童遊戲空間規劃與安全**」**研討會會議論文集**（第一冊）（頁 5-1～5-11），台北。

游顧瑜（2006）。**單親家庭福利需求與福利網路組織的關係研究**。國立中正大學社會福利研究所碩士論文，未出版，嘉義縣。

湯志民（1998）。**學校遊戲場的設計**。台北：台北市政府教育局。

湯志民（2001）。**幼兒學習環境設計**。台北：五南。

湯志民（2002）。**學校遊戲場**。台北：五南。

程祺（2006）。**幼托整合政策對私人業者、私立托教人員及家長之衝擊與因應**。銘傳大學教育研究所碩士在職專班碩士論文，未出版，台北市。

馮燕（2004）。**托育服務生態觀點的分析**（修訂版）。台北：巨流。

黃光雄（1989）。**教育評鑑的模式**。台北：師大書苑。

黃政傑（1985）。**課程改革**。台北：漢文。

黃政傑、沈姍姍（2000）。**國際比較教育學**。台北：正中。

黃炳煌（1981）。**課程與教學的基本原理**。台北：桂冠。

黃瑞琴（1989）。怎樣看「角落教學」。**幼教資訊**，**86**，2-6。

黃碧雲等（2008）。「**生活科技課程之理論依據及資訊與傳播**」**課程規劃**。

2008年5月14日，取自 http://www.nhu.edu.tw/~society/e-j/64/64-19.htm

黃麗君（2004）。**幼稚園教師專業能力評鑑方案之建構**。國立新竹師範學院幼兒教育研究所碩士論文，未出版，新竹市。

楊思偉（1999）。**日本教育**。台北：商鼎。

楊淑朱（1998）。**幼兒小組活動設計**。台北：心理。

楊淑娟（2003）。力倡品格教育：加拿大地方政府教養變成最酷學分。**天下雜誌，287**，88-90。

溫明麗（2004，5 月）。英國教育評鑑的後設分析。載於國立台灣師範大學教育研究中心主辦之「**教育評鑑回顧與展望學術研討會**」**會議論文集**（頁74-85），台北市。

溫明麗（2006）。1998 以降英國教育改革對台灣教育的啟示。**教育研究，148**，5-16。

葉忠達（2001）。加拿大中小學科技教育課程之研究。**新竹師院學報，14**，331-354。

葉郁菁（2006）。**從兒童照顧政策探討提昇出生率之研究**。內政部兒童局 95 年委託研究案。嘉義：國立嘉義大學幼兒教育系。

鼓勵生育率法國砸重本補助家庭（2007）。取自 www.sisterhood.org.tw/focus/focus. asp? subjectNo=22&MessageNo=3490

廖鳳瑞（譯）（2002）。L. G. Katz 著。**與幼教大師對談——邁向專業成長之路**（Talks with teachers of young children: a collection）。台北：信誼。

廖鳳瑞等（譯）（2004）。S. J. Meisels 著。**幼兒表現評量：作品取樣系統**（The work sampling system）。台北：心理。

劉一龍、陳寬政、楊靜利（2003）。鼓勵生育與所得稅與免稅而調整【電子版】。**台灣社會福利學刊，4**，53-774。

劉焱（2003）。英國學前教育的現行國家政策與改革。**比較教育研究，9**，11-16。

劉麗（2005）。**加拿大幼兒教育：課程・觀念**。2006年9月15日，取自 http://www.pre-school.com.cn/ShowArticle.asp? ArticleID=1378

歐用生（譯）（1988）。Geeta Rani Lall 著。**各國幼兒教育**。高雄：復文。

蔡佳純（2004）。**國民教育向下延伸一年政策分析之研究**。中原大學教育研究所碩士論文，未出版，桃園縣。

蔡佳燕（2003）。**幼兒對遊戲場遊具選擇與排列的觀點**。國立嘉義大學幼兒教育學系碩士論文，未出版，嘉義市。

鄭乃蓉（2004）。**社會排除與社會福利政策——以新竹市女性單親低收入戶個案為例**。逢甲大學公共政策研究所碩士論文，未出版，台中市。

鄭美惠（2007）。日本、台灣少子化政策之比較——從政府策略與企業福利觀點來探討。**網路社會學通訊期刊，61**。取自 http://soc. nhu.edu. tw/ e-j/ 61/61 _67.htm

鄭麗珍（1988）。**低收入單親女性家長的角色負合和社會支援網路之相關研究**。東吳大學社會學研究所碩士論文，未出版，台北市。

鄭麗珍（1999）。女性單親家庭的資產累積與世代傳遞過程。**台大社會學刊，1**。

鄭麗珍（2001）。家庭結構與青少年的生活適應之研究——以台北市為例。**台大社工學刊，5**，197-270。

鄧岱賢（2007）。**推行十年國教解決少子化問題**。2007 年 5 月 15 日，取自 http://www.npf.org.tw/particle-2328-1.html

魯文雯（2001）。**英國女性就業問題與促進措施**。淡江大學歐洲研究所碩士論文，未出版，台北縣。

盧美貴、謝美慧（2001）。台北市幼兒教育券政策實施成效分析。**台北市立師範學院學報，32**，429-450。

霍力岩（2002）。**比較幼兒教育**。台北：五南。

戴文青（2001）。**幼兒活動課程設計理論與實務**。台北：偉華。

謝子元（2005）。**近代台灣幼教政策發展之研究——比較福利國家之觀點**。元智大學資訊社會學研究所碩士論文，未出版，桃園縣。

簡秀娟（1996）。**影響父母教養方式因素——生態理論系統之研究**。國立台灣師範大學家政教育研究所之碩士論文，未出版，台北市。

簡明忠（1987）。**學前教育制度比較研究**。高雄：復文。

簡紅珠、王元暉、任秀媚（編譯）（1987）。**幼稚園教師必備的教學技能**。

台北：五南。

簡紅珠、任秀媚等（譯）（1987）。G. R. Laa & B. M. Lall 著。**各國幼兒教育**。高雄：復文。

簡美宜（1998）。**滿分遊戲場：遊戲場合適性量表**。台北：成長。

簡楚瑛（2001）。**方案課程之理論與實務**。台北：文景。

簡楚瑛等（2003）。**幼教課程模式——理論取向與實務經驗**（第二版）。台北：心理。

魏美惠（1995）。**近代幼兒教育思潮**。台北：心理。

魏惠貞（1985）。**學前教育課程設計與教材教法**。台北：千華。

魏惠貞（2007）。**幼兒教育政策與措施之研究**。論文發表於教育部委託國立中正大學主持之「我國人口結構變遷與教育政策之研究（整合型計畫）」，嘉義縣。

魏惠貞、黃瓊秋（2006）。幼稚園主題課程模式之探究。**國教新知，53**，8-17。

魏意芳（2003）。**日本學童保育制度之研究—對我國課後托育的啟示—**。台東師範學院教育研究所碩士論文，未出版，台東市。

英文部分

Beckwith, J. (1985). Equipment selection criteria for modern playgrounds. In J. L. Frost & S. Sunderlin (Eds.), *When children play: Proceedings of the international conference on play and play environments* (pp.209-214). Wheaton, MD: Association for Childhood Education International.

Bernhardt, E. (2000). *Sweden-low fertility, European observatory on family matters*. from http://europa.eu.int/comm/employment_social/eoss/downloads/sweden _ 2000_fertil_en.pdf.

Berruta-Clement (1984). *Changed lives: The effects of PERRY preschool program on youths through 19*. Ypsilanti, Michigan High Scope Press.

Boling, P. (2004, September). *The unexpected convergence of French and Japanese family policy*. Paper presented at the Annual Meeting of RC 19, the Research

Committee on Poverty, Social Welfare and Social Policy, Paris.

Borman, K. M. (2006). *International perspectives on educational policy, research and practice*. Charlotte, NC: Information Age Publishing.

Brayfield, A., Deich, S., & Hofferth, S. (1993). *Caring for children in low-income families*. National Child Care Survey: The Urban Institute Press.

Burks, M. P. (1988). *Requirements for certification*. Chicago University of Chicago Press.

Buttner, T. L., & Lutz, W. (1990). Estimating fertility responses to policy measures in the German Democratic Republic. *Population and Development Review, 16*(3), 539-55.

Calot, G.., & J. Hecht. (1978). "Control of fertility trends." *In Population Decline in Europe*, pp.178-196. London: Council of Europe.

Coleman, J. C., Campbell, E. Q., Hobson, C. J., McPartland, J., Mood, A. M., Weinfeld, F. D., & York, R. L. (1966). *Equality of educational opportunity*. Washington, DC: U.S. Government Printing Office.

Council of Ministers of Education (1996). *Enhancing the role of teachers in a changing world*. from http://www.cmec.ca/index.en.html

Daniel, P., & Ivatts, J. (1998). *Children and social policy*. London: Macmillan.

Demeny, P. (2003). *Population policy: A concise summary*. New York: Macmillan Reference.

DfES (2003). *The curriculum and EAL: Introductory training for teaching assistants*. London: DfES.

DfES (2005). *Performing arts industry report 2005*. London: DfES.

Einarsdottir, J., & Wagner, J. T. (2005). *Nordic childhoods and early education: Philosophy, research, policy and practice in Denmark, Finland, Iceland, Norway, and Sweden*. Oxford: Blackwell.

European Observatory on the Social Situation, Demography and Family (2003). *Key family issues in the EU member states*. from http://europa.eu.int/ comm/employment_social/eoss/index_en.html.

Gillian P., & Bernadette D. (2006). *Contemporary issues in the early years*. London: SAGE.

Graves, S. B., Gargiulo, R. M., & Sluder, L. C. (1996). *Young children: An introduction to early childhood education*. New York: West Publishing Company.

Hofferth, S. L., & Deich S. G. (1994). Recent U.S. child care and family legislation in comparative perspective. *Journal of Family Issues, 15*(3).

Hohn, C. (1988). Population policies in advanced societies: Pronatalist and migration strategies. *European Journal of Population, 3*, 459-81.

Jönsson, I. (2003). Fertility changes and family policy in Sweden. In M.-T Letablier & S. Pennce (Eds.), *Changing family structure in Europe: New challenges for public policy*. Southborough: European Research Centre.

Judge, H., Lemosse, M., Paine, L., & Sedlak, M. (1994). *The university and the teachers*. Cambridge: Cambridge University Press.

Kaufmann, F. X. (2002). Politics and policies towards the family in Europe. In F. X. Kaufmann and H.J. Schulze (eds.), *Family life and family policy in Europe* (pp. 419-90). Oxford: Oxford University Press.

Letablier, M. T. (2003). *Fertility policies in France*. Paris: Centre d'Etudes de l'Emploi.

Margy Whalley and the Pen Green Centre Team (2000). *Involving parents in their children's learning*. CA: Sage.

McIntosh, A. C. (1981). Low fertility and liberal democracy in western Europe. *Population and Development Review, 7*(2), 181-270.

Moore, R. C., Goltsman, S. M., & Iacofano, D. S. (1992). *Play for all guidelines: Planning, design and management of outdoor play settings for all children* (2nd ed.). Berkeley, CA: MIG Communications.

Morrison, G. S. (2007). *Early childhood education today* (10th ed). Upper Saddle River, NJ: Merrill Prentice Hall.

NC (2001). *The school curriculum and the national curriculum: About key stages 1 and 2*. from http://www.nc.uk.net/about/about_ksl_ks2.html. (2001/9/15)

OECD (2001). *Starting strong: Early childhood education and care*. Paris: Organisation for Economic Co-operation and Development.

OECD (2002). *Society at glance*. Paris: Organization for Economic Co-operation and Development.

OECO (1981). *The OECO international education indicators: A framework of analysis*. Paris: Author.

Ohio University, Westinghouse Learning Corporation (1969). *The impact of head start: An evaluation of the effects of head start experience on children's cognitive and affective development*. Westinghouse Learning Corporation and Ohio University.

Olah, L. (1999). Do Public Policies Influence Fertility? Evidence from Sweden and Hungary from a Gender Perspective. *Stockholm Research Reports In Demography, 30*, 3-55.

QCA (2000). *Early years guidance for the foundation stage*. London: Qualifications and Curriculum Authority.

Sleebos, J. E. (2003). Low fertility rates in OECD countries: Facts and policy responses. *OECD Social, Employment and Migration Working Papers, 15*, 1-62.

Sundstrom, M., & Stafford, F. P. (1992). Female labor force participation, fertility and public policy in Sweden. *European Journal of Population, 8*(3), 199-215.

The National Center for Education Statistics (1999). *The condition of education*. New York, NJ: Institute of education sciences U.S. Department of education.

Thompson, D., & Bowers, L. (1989). *Where our children play: Community park playground equipment*. Reston, VA: American Alliance for Health, Physical Education, Recreation and Dance.

Thorndike, E. L. (1903). *Educational psychology*. New York: Lemcke & Buechner.

U. K. Department of Education (1992). *Book Start*. Retrieved April 13, 2007, from http://www.bookstart.org.uk/.

United Nation (UN) (2000). *Replacement migration: Is it a solution to declining and ageing population?* Department of Economic and Social affairs, Population Division. Geneva and New York: United Nations.

United Nation Economic Commission for Europe (UN/ECE) (2002). *Dynamic of fertility and partnership in Europe-insights and lessons from comparative research* (vol.II, eds E. Klijzing and M. Corijn). Geneva and New York: United Nations Economic Commission for Europe.

Vygotsky, L. S. (1978). *Mind in society: The development of higher psychological processes*. Cambridge, MA: Harvard University Press.

Wortham S. C., & Frost J. L. (1990). *Playgrounds for young children: National survey and perspectives*. London: Amazon Inc.

國家圖書館出版品預行編目資料

各國幼兒教育／魏惠貞著.--初版.--
臺北市：心理，2008.08
面； 公分.--（幼兒教育系列；51116）
參考書目：面
ISBN 978-986-191-171-7（平裝）

1.幼兒教育

523.2 97012958

幼兒教育系列 51116

各國幼兒教育

作　　者：魏惠貞
執行編輯：高碧嶸
總 編 輯：林敬堯
發 行 人：洪有義
出 版 者：心理出版社股份有限公司
地　　址：台北市大安區和平東路一段 180 號 7 樓
電　　話：(02) 23671490
傳　　真：(02) 23671457
郵撥帳號：19293172　心理出版社股份有限公司
網　　址：http://www.psy.com.tw
電子信箱：psychoco@ms15.hinet.net
駐美代表：Lisa Wu（Tel：973 546-5845）
排 版 者：臻圓打字印刷有限公司
印 刷 者：正恆實業有限公司
初版一刷：2008 年 8 月
初版二刷：2010 年 2 月
I S B N：978-986-191-171-7
定　　價：新台幣 450 元